Wachholtz Kulturführer Dänemark
KOPENHAGEN

Jens Fleischer

KOPENHAGEN

Kulturhistorischer Stadtführer

Deutsche Übersetzung von Paul Nawrocki

Wachholtz Verlag

Umschlag: Das große Bild zeigt ein restauriertes Haus in der Straße Gammel Mønt. Oben rechts: Relief mit Elefant, an der Ecke des Hauses Sophiegade 10 in Christianshavn. Mitte rechts: Porträt Friedrichs VI., Nationalhistorisches Museum, Frederiksborg. Unten links: Haupteingang zum Schloßpark Frederiksberg. Unten rechts: Eingangspartie des Brandhauses Nybrogade 18.

ISBN 3 529 06189 1

Deutsche Ausgabe Karl Wachholtz Verlag, Neumünster, 1987

Vorwort

In den drei ersten Bänden von „Wachholtz Kulturführer Dänemark" wurden bereits thematische Bereiche angeschnitten. Gebäuden oder anderen historischen Denkmälern wurden vertiefende Texte beigefügt, zum Beispiel die Erklärung eines bestimmten christlichen Symbols in einer Kirche, ein Stück politischer Geschichte im Zusammenhang mit der Errichtung einer Burg und, nicht zu vergessen, die Reihe architektonischer Motive, die aus dem Ausland nach Dänemark kamen. Es war daher bei einem so umfassenden Thema wie Kopenhagen naheliegend, die Stadt in Form selbständiger Artikel zu beschreiben, die alle auf die eine oder andere Weise die Kulturgeschichte der Stadt beleuchten. Kopenhagen umfaßt in diesem Zusammenhang die Stadt Kopenhagen, Frederiksberg und Amager. Zwischen der Geschichte der Straßennamen und der mehr oder weniger bekannten Bauwerke erscheinen Artikel etwa über Dampfmaschinen, Perückenmacher, Schweinezucht und Wallmühlen. Außerdem ist eine Reihe biographischer Artikel beigefügt, die Architekten, Dichter und Künstler behandeln, Personen, die auf verschiedene Weise Kopenhagen geprägt und sein buntes Leben im Laufe der Zeiten geschildert haben. Bei der Besprechung mehrerer historischer Häuser und Personen wurde angeführt, wie lange N. N. in einem bestimmten Gebäude wohnte. Viele dieser Auskünfte stammen aus *Minderige Huse*, herausgegeben von Kraks Vejviser (1922). Der Verfasser hat auch viel Stoff in der Memorienliteratur gefunden sowie in den vielen Zeitungen und Zeitschriften, die man den Kopenhagenern in den letzten 250 Jahren feilgeboten hat. Was den historischen Rahmen betrifft, so umfaßt das Buch die Zeit vom 11. Jahrhundert bis etwa 1920, und es muß betont werden, daß es sich, wie in den vorigen Bänden, um eine Auswahl des Verfassers handelt. Im übrigen sei auf die 17 Tourenvorschläge des Buches verwiesen, die auf S. 211 näher erörtert werden.

Zum Abschluß des Manuskripts sei ein besonderer Dank an Frau Ebon Borg gerichtet, die dem Verfasser viele reichhaltige Auskünfte gegeben und die auch mehrere Illustrationen besorgt hat. Unser warmer Dank gilt auch der Stadtführerin Frau Hanne Brøns, die das Manuskript durchgelesen hat.

Jens Fleischer

A

Abel Cathrines Gade. Die Straße, die die →Istedgade schneidet, wurde nach Abel Cathrine Wolfsdatter (oder Mesing) benannt. Diese wurde 1626 (?) in Norddeutschland geboren und verheiratete sich 1655 mit Hans Hansen Osten, Proviantschreiber auf dem Kopenhagener Schloß. Als ihr Mann bei seinem Tod 1672 ein großes Guthaben und viel Grundbesitz hinterließ, stiftete sie einen Teil des Vermögens für wohltätige Zwecke, darunter ein Haus in *Dronningens Tværgade.* Dort wurde eine Stiftung für „kranke, elende und bettlägerige Arme“ eingerichtet, die gleich nach ihrem Tod 1676 die Tätigkeit aufnahm. Von Anfang an gab es 12 Bewohner, die sich sechs kleine Wohnungen teilten. Abel Cathrine hatte außerdem die Stiftung mit Besitzungen in den Bezirken Fleskum und Hellum bedacht. Das Haus wurde mehrere Male erweitert, auch um ein Nebengebäude. 1751/52 wurde daneben eine Kapelle errichtet, deren Ausstattung bis auf die heiligen Gefäße durch einen Brand 1857 zerstört wurde.

Als der Komplex 1884 abgerissen werden sollte, zog die Stiftung in eine neuangelegte Straße in →Vesterbro um, die danach Abel Cathrines Gade genannt wurde. 1949 verkaufte man das Anwesen, und die Stiftung verfügt jetzt über einige Wohnungen in *Gammel Kloster* in Østerbro, die Abel Cathrines Freiwohnungen heißen.

Åbenrå 25. Das Vorderhaus entstand 1733 für den Bildhauer Friederich Ehbisch. Der mittlere Teil der ursprünglichen Fassade war mit Bildhauerarbeiten und Einfassungen in allen Etagen und am Quergiebel geschmückt, doch das meiste wurde 1895/96 entfernt, als das Gebäude zum Packhaus gemacht wurde. Das kräftig profilierte Hauptgesims ist, von dem großen Zwerchhaus unterbrochen, noch erhalten, ebenso die feinen Lisenen und die Zerrmaske auf dem Schlußstein des Portalbogens. Das →Brandhaus wurde inzwischen restauriert.

Friederich Ehbisch war einer der bedeutendsten Bildhauer in der ersten Hälfte des 18. Jahrhunderts. 1705 empfing er die Bestallung als Hofbildhauer, und er arbeitete danach an den Stuckdecken in den Schlössern →Rosenborg (1706) und →Frederiksberg (1709), die durch eine Vorliebe für Festons, Blumen und Laubwerk gekennzeichnet sind. Eines seiner Hauptwerke ist der Barockaltar in der →Trinitatiskirche.

Åbenrå 32–34, s. Musikhistorisches Museum.

Abildgaard, Nicolai (1743–1809), einer der bahnbrechenden Maler des dänischen Klassizismus. Er erlangte früh große Anerkennung in Kopenhagen und wurde 1778 Professor an der Kunstakademie. Kurz darauf bekam er den Auftrag, 22 Gemälde für den Rittersaal des damaligen Schlosses →Christiansborg zu liefern. Thema war die Geschichte Dänemarks unter den oldenburgischen Königen. Es verursachte ihm viele verdrießliche Stunden, denn er wollte lieber die ersten christlichen Könige schildern. Um so größer war der Ärger, als Christiansborg 1794 brannte und das Ergebnis von 12 mühevollen Jahren zerstört wurde. Gelähmt soll er gesagt haben: „Da brennt mein Name.“

Von 1786 an hatte der Maler seine Wohnung im Erdgeschoß von →Charlottenborg, rechts vom Eingang. Hier empfing er u. a. den Besuch des berühmten schwedischen Bildhauers Johan Tobias Sergel. Zu Abildgaards bekanntesten Gemälden gehört eine Serie mit Motiven aus der Komödie *Das Mädchen von Andros* von Terentius, die jetzt dem →Staatlichen Kunstmuseum gehört.

Abildgaardsgade. Die Straße hat ihren Namen nach dem Maler Nicolai →Abildgaard. Sie ist eine der vielen Straßen der →„Kartoffelreihen“, die nach dänischen Künstlern benannt sind. Die übrigen tragen die Namen von Wiedewelt, Jens Juel, →Eckersberg, Marstrand und Skovgaard. In Soyas Erinnerungsroman *Min Farmors Hus, et Tidsbillede* (Das Haus meiner Großmutter, ein Zeitbild) von 1943 werden sie prosaischer als „Kartoffelstraßen“ bezeichnet.

Aborrepark. Früherer Park in dem Dreieck Vester Farimagsgade – H. C. Andersens Boulevard – Studiestræde. Der erste Schritt zu seiner Anlage geschah, als man 1873 begann, die Wälle zu schleifen. Drei Parks, nämlich der Ørstedpark, der Aborrepark und die Ostanlage (Østre Anlæg), sollten danach als Grüngebiete auf dem westlichen Wallabschnitt geschaffen werden, damit die schnell wachsende Stadt einige neue Atemlöcher bekam. Während der Ørstedpark und die Ostanlage überlebt haben, hatte der Aborrepark nur eine kurze Lebenszeit. Von Anfang an gab es Widerstand gegen das Projekt. Meldahl behauptete in der Bürgervertretung, es bedeute Geldverschwendung, solange man nicht wisse, wo die künftigen Eisenbahnen einmal fahren sollten.

Es dauerte nicht lange, und man begann die etwa zwei Hektar große Anlage anzutasten. 1897 kam der Maler J. F. Willumsen mit dem Vorschlag, dort ein Ausstellungsgebäude zu errichten, und trotz Widerstands von seiten des Stadtarchitekten wurde der Plan von Martin →Nyrop, Andreas Clemmensen und Ulrik Plesner unterstützt und angenommen. Im Jahr darauf stand der Bau, zu einem Preis von 16 000 Kronen in Holz erstellt. Er erregte Aufsehen, und *Vort Land* schrieb: „Von der Kählerschen Keramikfabrik hat man gebrannte Dachsteine bezogen, wechselweise weiß und blau, so daß das Dach in den Tönen des dänischen Porzellans erscheint."

1908 entstand ein neues Gebäude im Aborrepark. Die *Studentenvereinigung* hatte sich ein pompöseres Haus gewünscht, und nach einem Wettbewerb bekam Ulrik Plesner den Auftrag, seinen Vorschlag auszuführen. Das große Eckhaus mit den volutengeschmückten Giebeln spiegelt sowohl damalige englische Bauformen wie den dekorativen Stil in Kopenhagen, kurz gesagt: die Stilvermischung, die für die Jahrhundertwende typisch war. Bald nach der Einweihung des Hauses 1910 wurde der Park ganz aufgehoben.

Åboulevarden. Der Straßenzug, der über die Grenze zwischen Kopenhagen und Frederiksberg reicht, wurde über der alten *Ladegårdså* angelegt, als dieser Wasserlauf von 1897 an abgedeckt wurde. Er war am Ende des Mittelalters gegraben worden, damit das Wasser aus dem Damhussee und dem Lundehussee nach Kopenhagen gelangte. Doch der Name des Bachs entstand erst nach der Einrichtung (1623?) des nahegelegenen Wirtschaftshofes (→Ladegård). Ein tragisches Ereignis fand in der Nacht zum 27. November 1812 statt, als eine Kutsche mit sechs Personen von einer Hochzeit zurückkehrte. Der Wagen fuhr in den Wasserlauf, und vier Menschen ertranken. An die Tragödie erinnert ein Stein vor dem Haus *Åboulevarden Nr. 16.* Nach der Tradition soll der Stein nach dem Unglück gesetzt worden sein, aber als man ihn 1827 reinigte, zeigte es sich, daß er ein alter Wasserstandsmesser war, in den man das Unglücksdatum eingehauen hatte. Ein Text wurde später ausgelöscht.

Niels Neergaard von der Venstre-Partei erzählt in seinen Erinnerungen, wie er als Junge in den 1860er Jahren mit seinen Freunden „auf lange Entdeckungszüge ging, entweder um die Quellen der Ladegårdså zu finden – nach dem Vorbild der großen Afrikareisenden –, oder um, mit einem langen Seil versehen, ihre Länge zu messen".

Abraham Lehns Gård, Strandgade 6. Hinter der jetzigen spätklassizistischen Fassade verbirgt sich ein Haus, das 1703 für Abraham Lehn den Älteren gebaut wurde. Er war einer von Kopenhagens

Partie an der Ladegårdså mit der „Blågårdsbro". Der Wasserlauf wurde später in den Åboulevard verwandelt. Fotosammlung der Kunstakademie.

großen Weinhändlern und betrieb mehrere Jahre lang das angesehene Weinhaus „Dyrkøb". Sein großes Vermögen verdiente Abraham Lehn aber erst, als er Reeder wurde und in den Indienhandel einstieg. Von ihm oder seinen Söhnen sind einige schöne Interieurs im Erdgeschoß des Vorderhauses erhalten.

Absalon (1128–1201), Erzbischof und Gründer Kopenhagens. Er war der Enkel des mächtigen Skjalm Hvide, der zur Zeit König Sven Estridsens Seeland regierte. Absalon wurde auf dem alten Wohnsitz der Familie in Fjenneslev geboren und reiste in jungen Jahren nach Paris, um Theologie und Kirchenrecht zu studieren. Während des Aufenthalts in Paris schloß Absalon Freundschaft mit dem Kanoniker Vilhelm, der später der Gründer des berühmten Klosters Æbelholt in Nord-Seeland werden sollte. 1157 stand Absalon im Kampf um die Königsmacht auf der Seite Waldemars des Großen, und das brachte ihm im Jahr darauf das hohe Amt eines Bischofs von Roskilde ein. Absalon bekam vom König auch die Rechte über den Ort *Havn* (vgl. Karte S. 96). Die ursprüngliche Schenkungsurkunde ist aber verlorengegangen.

Erst zehn Jahre später – 1167 – trat der Bischof in nähere Beziehung zu dem Ort, als er ihn mit Glück gegen den Angriff einer norwegischen Flotte verteidigte. Damals wurde er *portus mercatorum* (Købmændenes Havn = Hafen der Kaufleute) genannt. Im selben Jahr begann Absalon mit dem Bau einer Burg auf der Insel Strandholm (jetzt Slotsholm). 1171 wurde Kopenhagen von einem Seeräuberschiff angegriffen, doch das Schiff wurde erobert, und Absalon ließ die Seeräuber köpfen und ihre Köpfe auf Stangen auf der Burgmauer den Strand entlang aufstellen. Als der Lunder Erzbischof Eskil 1177 sein hohes Amt an Absalon übertragen hatte, besuchte er kurz darauf den neuen Erzbischof in seiner Burg bei Havn. Der alte Mann klagte, er könne nicht schlafen, und Absalon ließ resolut den Boden seines Bettes mit einem Kasten heißer Ziegelsteine versehen.

Absalon starb in Sorø zu Ostern 1201, und er wurde vor dem Hochaltar der dortigen Klosterkirche beigesetzt. Als man 1947 sein Grab öffnete, war das Skelett noch recht gut erhalten und ließ einen kräftigen Mann erkennen, der einmal eine wohlentwickelte Beinmuskulatur hatte. Er war aber nicht so groß, wie man früher annahm, nur 179 cm.

Abraham Lehn (1701–1757) übernahm als Sohn Abraham Lehns des Älteren den Hof in der Strandgade 6. Foto: Bildersammlung der Kgl. Bibliothek.

Früh wurde Absalon heroisiert, und die Schriftsteller und Historiker des 17. und 18. Jahrhunderts setzten die Heldenverehrung fort. 1770 schrieb Peder Vogelius ein 104 Seiten starkes Buch, in dem er Absalon mit Leuten wie Cyros, Scipio, Hannibal und Leonidas verglich. Von da an war der Weg zur Absalon-Verzückung der Romantik kurz. Doch es konnte auch respektlos zugehen wie im Oktober 1800 beim Besuch des Fünen Andreas Jørgensen in der Kunstkammer, die damals neben Schloß Christiansborg lag: „Hier sahen wir auch Bischof Absalons Bischofsmütze, seinen Stab, Beutel, seine Pantoffeln usw. Ich hatte diese Bischofsmütze auf dem Kopf . . .".

Auch im 19. Jahrhundert hatte der Absalonkult einen weiten Rahmen. So hieß es in einer Strophe aus einem Revuelied der 1890er Jahre: „In der kleinen Königsstraße, da wohnte Bischof Absalon." Eine Straße in → Vesterbro bekam auch seinen Namen, während B. S. Ingemann in seinem epischen Gedicht *Waldemar der Große und seine Mannen* 1824 das Thema mit großem Pathos behandelte. Etwas Neues kündete sich an,

Absalon hoch zu Roß auf dem Højbro Plads. Das Foto wurde nach der Enthüllung des Denkmals 1901 aufgenommen, bevor der Turm der Nikolaikirche 1908–1910 mit einem neuen Helm versehen wurde. Karten- und Bildersammlung der Kgl. Bibliothek.

als die Archäologen unter Leitung von C. M. Smidt vom Nationalmuseum 1900 mit den Ausgrabungen auf Christiansborg begannen und „Absalons Brunnen“ fanden. Dies inspirierte Sophus Bauditz zu einem Roman mit diesem Titel (1901).

Absalons 700. Todesjahr 1901 wurde besonders gefeiert. Auf dem →*Højbro Plads* wurde ein Reiterdenkmal eingeweiht: der Erzbischof schaut hinüber nach Slotsholmen, wo er seine Burg gründete. Die Figur stammt von dem Bildhauer Christian Gottlieb Vilhelm Bissen und zeigt den Stadtgründer als Heerführer. Das sich bäumende Pferd ist ein romantisierender Zug. Die Gestaltung des Sockels lag bei Martin →Nyrop, der auch die Inschrift formulierte: „Er war mutig, klug und vorausschauend – ein Freund der Gelehrsamkeit – mit reinem Willen Dänemarks getreuer Sohn“.

Das Denkmal wurde von Axel Heide gestiftet, dem Direktor der Privatbank, der die Enthüllung an Absalons Todestag, dem 21. März, wünschte. Die Stadt konnte das aber nicht zulassen, mit der offiziellen Begründung, die Stiftungsangelegenheit sei noch nicht abschließend behandelt. In Wirklichkeit verhielt es sich so, daß die Bürgervertretung am selben Tag eine Absalonfigur an der Rathausfassade enthüllen wollte. Der Stifter hatte auch gewünscht, daß der Radikale Georg Brandes bei der Einweihung auf dem Højbro Plads die Rede halten sollte, aber das ließ man in den feineren Kreisen nicht zu. Sogar Heides Vorschlag, der Bischof von Seeland könnte bei der Gelegenheit ebenfalls reden, wurde abgewiesen. Kronprinzessin Louise drohte, einfach ihr Geld von der Privatbank abzuziehen, worauf Heide Brandes bitten mußte, zu Hause zu bleiben. Seine Rede, ein rhetorisches Meisterwerk, wurde jedoch in der Zeitschrift *Tilskueren* gedruckt. Hier konnte man lesen: „Mit mehr Recht als Waldemar I. könnte er den Beinamen ‚der Große‘ führen. Sein genialer Blick zeigt sich in der Anlage seiner Burg hier. Man denke sich: etwas gegründet zu haben, was jahrhundertelang bestanden hat, stets wachsend, und was in seinem 8. Jahrhundert blüht wie nie zuvor! Mut, Klugheit und Herrschergeist sind die Elemente seiner Größe.“

Die vergoldete Figur *Absalons* hoch oben an der Hauptfassade des →Rathauses wurde ebenfalls 1901 enthüllt. Auch diese Skulptur stammt von dem Bildhauer Christian Gottlieb Vilhelm Bissen, der die Inspiration durch das Studium von Absalons Grabstein auf seinem Sarkophag in Sorø bekam. Absalon ist in bischöflichem Ornat mit Mitra und Krummstab dargestellt. Schon 1872 wurde die Figur von Bissen modelliert, und eine Kolossalskulptur wurde im alten Rathaus auf dem Nytorv aufgestellt. 1899–1900 wurde sie umgearbeitet und in Kupfer getrieben. Sie wurde auf der Weltausstellung 1900 in Paris gezeigt, wo Absalon in jungen Jahren studiert hatte. Die Figur ist in einer über einem romanischen Kirchenportal frei komponierten Nische eingesetzt.

Absolutismus. Am 9. Juni 1658 verlangten die Bürger von Kopenhagen in einem Antrag an den König, es sollte der Stadt eine Reihe von Freiheiten gewährt werden, vor allem das Recht auf eine 32köpfige Stadtvertretung. Zu dieser Zeit war der Krieg gegen Schweden unterbrochen. Doch am 7. August ließ der Schwedenkönig Karl X. 7000 Mann bei Korsør landen, die alsbald in Richtung Kopenhagen marschierten. Wegen dieser Bedrohung schrieb Friedrich III. am 10. August einen Brief an die Bürger, um ihren Verteidigungswillen zu stärken. Darin versprach der König, Kopenhagen und →Christianshavn sollten freie Städte werden und in Reichsangelegenheiten wie Zoll- und Akzisefragen mitbestimmen dürfen. Die Bürger sollten außerdem in einigen Punkten dem Adel gleichgestellt werden.

Nachdem der Sturm der Schweden auf Kopenhagen im Februar 1659 abgewehrt war, nicht zum mindesten durch den Einsatz der Bürger, bekam die Stadt am 24. März desselben Jahres die gewünschten Rechte. Am 14. April wurden erstmals die „32 Männer" der Stadt gewählt, und zwar „aus den vornehmsten Bürgern". Vier Handwerker gehörten auch dazu.

Die Einführung des Absolutismus, bei der die Bürger wieder eine wesentliche Rolle spielten, folgte im Oktober 1660. Das Vorspiel war die Ständeversammlung im Rittersaal des Schlosses, zu der sich am 8. September Vertreter des Adels, der Geistlichkeit und des Bürgertums trafen. Probleme wie die enorme Staatsschuld nach dem verlorenen Krieg sollten diskutiert werden, doch zugleich wurde der Adel wegen seiner Privilegien kritisiert. Die bürgerliche Opposition unter Führung des Kopenhagener Bürgermeisters Hans Nansen und des seeländischen Bischofs Hans Svane hatte weitergehende Pläne. Man wollte die ganze Adelsmacht brechen und rechnete mit Unterstützung durch den Hof und den König. Die Ereignisse überschlugen sich, als der Adel die Befreiung von einer beschlossenen Umsatzabgabe verlangte. Die Opposition verlangte darauf die wirtschaftliche Gleichstellung der Stände, was der Adel schließlich akzeptieren mußte.

Der Konflikt kulminierte am 8. Oktober, als Bürgerschaft und Geistlichkeit beschlossen, das Erbkönigtum einzuführen. Die Vertreter des Adels beugten sich dieser Forderung, als Friedrich III. ihre Stellungnahme verlangte. Als aber die Details der neuen Verfassung besprochen wurden, konnten sich die Stände nicht einigen, und dem König fiel die Aufgabe zu, einen Vorschlag auszuarbeiten. Darauf wartete man vergeblich. Am 18. Oktober empfing Friedrich III. die Erbhuldigung auf Slotsholmen. Die Ständeversammlung wurde im Dezember aufgelöst, ohne daß die Deligierten Sicherheit über das Mitbestimmungsrecht der Stände bei der Regierung des Landes erlangt hatten. Die absolutistische Stellung des Königs war damit gesichert.

Die Kopenhagener hatten guten Grund, sich um ihre Privilegien zu ängstigen, als der König, jetzt nur er, sie im Juni 1661 erneuerte. Die Veränderungen waren deutlich. So wurde das Bewilligungsrecht für Zölle und Akzisen aufgehoben, und was das Versprechen einer Teilnahme an der Regierung betraf, so stand da die enttäuschende Anmerkung: „wenn wir es für gut befinden". Die Bürger von Kopenhagen behielten aber die Bestimmung über die „32 Männer", den Zugang zu Ämtern und Ehrenposten und das Stapelrecht.

Ein Ausdruck des neuen, handfesten Kurses waren der Bau des →Kastells und die vielen militärischen Übungen, die in den Jahren unmittelbar nach 1660 abgehalten wurden, Warnungen an eine eventuelle Opposition. Die Universität, die die Entwicklung auf der Ständeversammlung falsch beurteilt und den Adel unterstützt hatte, mußte teuer bezahlen. Der rector magnificus und ein Vertreter jeder Fakultät mußten mit ansehen, wie die übrigen Stände ihre Privilegien empfingen. Die Universität selbst bekam nichts. Professor Christian Nold, Orientalist und Theologe, gab unglücklicherweise 1666 seine „logica recognita" heraus, wo einige Stellen als Beleidigung der absolutistischen Regierung ausgelegt wurden. Er schrieb u. a., gewählte Fürsten seinen besser als geborene. Darauf wurde er suspendiert und 1667 abgesetzt. Zwei Jahre später erfuhren die Kopenhagener Schuhmacher die Methoden der neuen Regierung: Als sie über Abgaben klagten, wurden sie mit militärischem Besuch und anschließender Bestrafung bedroht, wenn sie sich nicht fügten.

Adelgade. Die Straße wurde bei der Durchführung des Sanierungsgesetzes von 1939 bis zur Unkenntlichkeit verändert. Es handelte sich um eine totale Sanierung, die während des Krieges begonnen und nach einer elfjährigen Unterbrechung 1954 weitergeführt wurde. Heute können nur noch alte Fotos und Dokumente von dem düsteren, doch zugleich historischen und faszinierenden Kopenhagener Milieu berichten, das verschwand.

Die Straße wurde am Ende der 1640er Jahre im Zusammenhang mit der Etablierung von Neu-Kopenhagen angelegt. Damals wurde bestimmt, daß die Straßen nach den Mitgliedern des Königshauses, den der dänischen Krone untertanen Ländern und nach den Ständen des Landes benannt werden sollten.

Verwahrlosung und Überbebauung bewirkten, daß die Adelgade (Adelsstraße) niemals ihrem feinen Namen entsprechen sollte. Der Schmutz floß überall. 1788 wird über die →Gothers-, Adel- und →Borgergade mitgeteilt, man könne an vielen Stellen die Straße kaum überqueren wegen der Anhäufungen von Schlamm im Rinnstein; kaum sei die Müllabfuhr vorbei, so würden die Straßen wieder mit Abfällen geziert, die bis zum nächsten Morgen liegenblieben. Zum 3. März desselben Jahres notierte Luxdorph in seinem Tagebuch, es habe „eine blutige Schlägerei zwischen Soldaten und Matrosen in der Adelgade gegeben, die einige das Leben gekostet hat".

An späteren Ereignissen in der Geschichte der Straße sei die Stiftung des ersten Gesellenheimes – für Zimmermänner – erwähnt, das 1851 in der Adelgade gebaut wurde. 20 Jahre später wurde bei einer Versammlung im Tømmerkro (der Gaststätte der Zimmermänner) in der Adelgade die *Internationale Arbeitervereinigung* für Dänemark gegründet. Der Sozialist Louis Pio war anwesend und wurde zum „Großmeister" gewählt.

Im Laufe des 19. Jahrhunderts wurden die Häuser schlecht gepflegt. Man sah viele Beispiele für Söller, Außentreppen und Holzbalkons, die ein Überbleibsel aus noch älterer Zeit waren. Unter der Treppe zum ersten Stock war der Abort mit zugehöriger Latrinengrube in der Erde darunter eingerichtet. Der spätere Ministerpräsident Thorvald Stauning lebte mit seiner Familie eine Zeitlang in der Adelgade und mußte wegen der Rattenplage wieder umziehen.

1902–1904 wurde eine erste Lücke in die finsteren Häuserreihen gebrochen, als *Anneksværk*, ein kummunales Elektrizitätswerk im Viertel Adelgade-Borgergade, erweitert wurde. In der Adelgade baute man ein Kesselhaus, und dabei mußten einige der kleinen Häuser weichen. Paradoxerweise hatten die modernen Wohnungskomplexe, die nach der großen Sanierung emporschossen, eine größere Einwohnerdichte, als es vorher der Fall war.

Adilsvej. Die Straße in Frederiksberg ist nach dem berühmten schwedischen Sagenkönig Adil benannt. Er verheiratete sich mit Yrsa, der Mutter von Rolf Krake. In der *Lejrechronik* wird von Adil berichtet, er habe von den Dänen Steuern verlangt und einen jungen Hund namens *Rappe* zum König von Dänemark gemacht.

Admiralgade. Der Name erinnert an die Zeit, als der Flottenchef von → Bremerholm seinen Wohnsitz – den Admiralshof – an der Südecke der Admiralgade und Dybensgade hatte. Der Hof, der längst verschwunden ist, gehörte von etwa 1565 bis 1596 der Krone, und die Namen dreier Admirale sind mit ihm verknüpft. Der bekannteste von ihnen, Peder Munk, nahm als junger Mann am nordischen Siebenjährigen Krieg teil. Er war 1566 unter den Kapitänen, die sich aus der Katastrophe bei Gotland retteten, als ein Orkan eine dänisch-lübische Flotte einholte und 6400 Seeleute umkamen. Die dänischen Behörden beschuldigten später einige Frauen, den Sturm durch Zauberei und Teufelsbeschwörung verusacht zu haben, und sie wurden auf dem Scheiterhaufen verbrannt.

Peder Munk erlebte noch einmal eine „Hexerei", als er 1589 mit einem dänischen Flottengeschwader Anna, die zweitälteste Tochter Friedrichs II., zur Eheschließung mit König Jakob VI. nach Schottland geleiten sollte. Ein Sturm zerstreute das Geschwader, so daß es nach Norwegen zurückkehren mußte. Peder Munk beschuldigte später den Schatzmeister Christoffer Valkendorf, die Schiffe schlecht unterhalten zu haben, doch die Klage wurde abgewiesen, und die Anschuldigung richtete sich darauf gegen einige Hexen. Es ist nicht bekannt, ob der Tod der unglücklichen Frauen auf dem Scheiterhaufen den zornigen Reichsadmiral beruhigte.

1596 bekam Peder Munk den Befehl, den Hof in der Admiralgade zu verlegen, da er jetzt als „Harnischkammer" benutzt werden sollte; als solche diente er bis 1604. Später im 17. Jahrhundert kamen fünf Läden auf das Eckgrundstück, aber der Admiralshof hatte inzwischen der kleinen Gasse den Namen gegeben.

Alchimisten haben auch im alten Kopenhagen ihr Spiel getrieben. Der bekannteste war der Italiener Francesco Guiseppe Borri, der 1625 in Mailand geboren und in Rom bei den Jesuiten aufgezogen wurde. Er verfiel später in religiöse Schwärmerei, und als er eine neue Sekte stiften wollte, mußte er 1659 nach Nordeuropa flüchten. In Amsterdam

Adelgade 22, fotografiert 1907 von Kristian Hude. Söller, d. h. offene Gänge vor den höheren Etagen, gehörten noch vor dem Ersten Weltkrieg zu mehreren Kopenhagener Häusern. Foto: Städtisches Museum.

Ø

überredete Ulrik Frederik Gyldenløve ihn, nach Dänemark zu kommen, wo Friedrich III. ihn in dem alten Laboratorium im Königlichen Garten (→Kongens Have) arbeiten ließ. Er bekam auch sein eigenes Laboratorium hinter der Börse. Von dort wurde es 1668 in die Rigensgade verlegt. Hier wurde auf dem östlichen Teil des Grundstücks von Skt. Annæ Rotunda (vgl. S. 179) ein neues Laboratoriumsgebäude errichtet, das man „Goldhaus" nannte.

Aus Borris Goldmacherei wurde aber nichts, es gab nur leere Taschen für Friedrich III. Dagegen genoß der Italiener großes Ansehen als Arzt, er hatte Glück bei mehreren prominenten Patienten und wurde von Ole Borch und Thomas Bartholin bewundert. Als der König 1670 starb, bekam Borri gnädigst den Reisepaß und verließ das Land.

Borris Vorgänger war der Deutsche Casper Herbach, der aus Sachsen stammte und 1643 an den dänischen Hof berufen wurde. Seine erste Anstellung bekam er bei der Hoftischlerei, doch noch im selben Jahr setzte man ihn auch als Goldschmied und zur Herstellung mathematischer Instrumente ein. Das brachte ihm den Spitznamen „Kunst-Casper" ein. →Christian IV. ließ für ihn und den Apotheker Peter Paynck das erwähnte Laboratorium in Kongens Have bauen. Zu großen Versuchen zur alchimistischen Herstellung von Gold kam es aber niemals.

Nyhavn 59, vom Volksmund „Haus des Goldmachers" genannt, wurde um 1690 für den Alchimisten und Kupferschmied Henrik Ehm gebaut. Er war der dritte in der Reihe der Kopenhagener Goldmacher im 17. Jahrhundert. Ehm hatte sein Vermögen durch Kupfermühlen erworben und bekam nahezu das Monopol zur Lieferung von Kupfer für die königlichen Bauten. So lieferte er die Kupferplatten für das Dach des neuen Bibliotheksgebäudes Friedrichs III. auf Slotsholm. Außerdem versorgte er die Hofhaltung auf Frederiksborg mit Kupfergeräten und verkaufte der ersten, 1681 gestifteten Feuerversicherungsgesellschaft kupferne Spritzen.

In den Jahren 1700–1701 hatte er einen Rechtsstreit mit dem Kopenhagener Arzt Christian Wilhelm Hocquart, dem er ein geheimes Rezept zur „rechten Verwandlung von Silber in Gold" gegeben hatte. Hocquart mühte sich mit Pulvern und Kolben ab, aber vergebens, und so weigerte er sich, an Ehm das volle Honorar zu zahlen. In seinen letzten Lebensjahren soll der alte Kupferfabrikant ganz der Alchimie verfallen sein.

Der Rechtsstreit hat sicher Ludvig →Holberg einiges an Inspiration gegeben, als er die Komödie „Das arabische Pulver" schrieb. Dort lautet eine Replik: „Alle Goldmacher sind Betrüger, und du bist ein Narr, ha, ha, ha!"

Alexander-Newski-Kirche, Bredgade 53. Von der Mitte des 19. Jahrhunderts an hatte die russische Gesandtschaft ihre Gottesdienste in einer Kapelle in der Laksegade, und später wurde eine Kapelle in der Store Kongensgade eingerichtet. Die jetzige Kirche wurde in den Jahren 1881–1883 von der russischen Regierung gebaut, und Zar Alexander III. gab auf Veranlassung der Kaiserin Dagmar, der Tochter Christians IX., einen persönlichen Beitrag zum Bau. Man erzählt, der Zar sei aus religiösen Gründen mit dem Kauf des Grundstücks in der →Bredgade nicht zufrieden gewesen. Die Verantwortung für die Entwürfe lag bei dem russischen Architekten David Ivanowitsch Grimm, der als Professor an der Petersburger Kunstakademie wirkte.

Zusammen mit 15 Konkurrenten hatte er sich an einem Wettbewerb beteiligt und für sein Projekt den Auftrag bekommen. Die Ausführung lag unter F. Meldahls Aufsicht bei dem Architekten Albert Nielsen.

Im September 1883 kam Propst Janysev, Rektor der theologischen Akademie in St. Petersburg, nach Kopenhagen, um die Kirche einzuweihen. Ihm assistierten der Gemeindepriester Volobujev und ein Mönch vom Alexander-Newski-Kloster. Das dänische, russische und das griechische Herrscherhaus waren vertreten.

Die Alexander-Newski-Kirche, fotografiert in der Zeit der Pferdebahnen. Zar Alexander III. soll unzufrieden mit dem Erwerb des schmalen Baugrundes gewesen sein. Die russisch-orthodoxen Traditionen verlangen nämlich, daß die Priester in Prozession um die Kirche gehen können. Der Bau in der Bredgade wurde 1883 eingeweiht, im selben Jahr, in dem AlexanderIII. und Dagmar ihr Krönungsfest im Kreml feierten. Karten- und Bildersammlung der Kgl. Bibliothek.

Hinter der Ausformung des Baues mit den drei vergoldeten Zwiebelkuppeln, die den Giebel krönen, liegt die reiche russische Tradition, jedoch mit dem Hauptgewicht auf der Moskauer Bauweise des 17. Jahrhunderts. Die Fassade wurde in rotem und grauem Backstein gehalten, während man für die ornamentalen Details Sandstein verwandte. In einer Nische ganz oben (über den Glocken) sieht man eine Figur des Schutzheiligen der Kirche, Alexander Newski. Er war ein Novgoroder Fürst, der 1240 ein schwedisches Heer an der Neva besiegte. Später schlug er auch den Deutschen Ritterorden, als dieser Rußland von Westen her angriff.

Der Kirchenraum ist in der Oberetage eingerichtet, in die eine Marmortreppe führt. Der Raum wird von der reichverzierten Ikonostase beherrscht, die den Chor vom Schiff trennt. In Übereinstimmung mit der Tradition der orthodoxen Kirche ist sie mit drei Türen ausgestattet, in der Mitte die doppelflügelige Königstür und an den Seiten einflügelige Türen. Die flache, kalkgeputzte Balkendecke ist mit russischen und byzantinischen Motiven geschmückt. Der Kirche gehören mehrere schöne Ikonen sowie religiöse Bilder, die in dem „romantischen Stil" gemalt sind, der die akademische Malkunst Rußlands am Ende des 19. Jahrhunderts prägte. Besonders hervorgehoben sei Professor P. Bogoljoboffs Darstellung von Christi Wanderung auf dem See, bei der das Licht sowohl eine symbolische wie kompositorische Rolle spielt.

Amager. Die Insel wird erstmals 1085 erwähnt, als sie *Amacum* hieß. Im 12. Jahrhundert wurde sie *Amaca* genannt. Die Vorsilbe „Am" kann möglicherweise als alte Bezeichnung des Sundes zwischen Seeland und Amager erklärt werden. Parallel dazu gibt es *Ammen* oder *Ammerännen*, einen früheren Sund auf der Halbinsel Falsterbo in Schonen. Ebenso kann die Vorsilbe verwandt sein mit *ame*, das in dem alten holländischen Ortsnamen *Amstel* enthalten ist und Wasserlauf bedeutet. Die Nachsilbe in Amager kann zurückgeführt werden auf *haki*, das altdänische Wort für Haken.

Als →Absalon den Ort Havn bekam, gehörte Amager dazu und kam unter den Roskilder Bischofsstuhl. Diese Verbindung dauerte bis 1416, als Amager ebenso wie Kopenhagen an die Krone überging. Von größter Bedeutung war die holländische Besiedlung im 16. Jahrhundert. Die ersten Kolonisten bekamen zur Aufgabe, den Boden zu bebauen, besonders Gemüse und andere Gartenprodukte für die Hauptstadt zu beschaffen. Ihre Nachkommen verstanden es, ihre heimischen Sitten zu bewahren, und noch im 18. Jahrhundert hatten sie einen holländischen und deutschen Pastor. Als Mikkel Jernskæg 1693 mit seiner gereimten „Beschreibung Amagerlands" herauskam, hatte er nur Gutes über die fleißigen Bauern zu sagen. Über ihre Nüchternheit und Kleidung schrieb er, sie würden sich nie betrinken, die französische Mode ablehnen und →Perücken zum Teufel wünschen.

Unter den späteren Beschreibungen von Amager sei die von Lauritz de Thurah aus dem Jahre 1758 erwähnt: *Umständliche und verläßliche Beschreibung der kleinen Insel Amager und der nicht weit davon gelegenen noch kleineren Insel Saltholm*

Amagerbrogade. Noch im 18. Jahrhundert war das Straßennetz von Amager sehr einfach. Verließ ein Reisender die Hauptstadt durchs Amagator (→Amagerport), so mußte er eine Zugbrücke von Ravelinen zum eigentlichen Amager passieren, bevor er das flache Amagerland erreichte. Es folgte ein uralter Weg, der *Broen* (die Brücke) oder *Amagervej* hieß. Etwa bei der jetzigen *Markmandsgade* teilte sich der Weg in zwei Zweige. Auf Jens Sørensens Karte der Umgebung Kopenhagens von 1720 sieht man diese Verzweigung deutlich. Der eine Zweig folgte etwa dem *Amagerfælledsvej* nach *Sundbyvester,* während der andere sich etwa bei der jetzigen *Holmbladsgade* nochmals aufteilte. Der wichtigere Weg dieser Verzweigung folgte etwa der heutigen Amagerbrogade und ihrer Fortsetzung, dem *Amager Landevej* nach →Dragør.

Noch das 18. Jahrhundert hindurch war der Sundby-Weg nach Dragør in einem schlechten Zustand, weshalb die Straßenkommission 1780 vorschlug, ihn neu anzulegen. Der König stimmte dem am 8. Mai desselben Jahres zu. Während das Stück bis Sundby 20 Ellen breit werden sollte, wurde die Breite von dort bis Dragør aber auf nur 14 Ellen beschränkt. Der Straßenbau fand 1780–1790 statt. Man pflasterte die ersten 200 Meter, d. h. das Stück vom Wallgraben bis zum Zollhaus (Acciseboden) in Amagerbro. Für die folgenden 270 Meter begnügte man sich mit einer Chaussee, einem Steinweg aus gesiebtem Kies, während das letzte Stück bis Dragør nur ganz gewöhnlich gekiest wurde. Die künftige Pflege der

Auf dem Foto kann man die Häuser Amagerbrogade 5 (links) und 7 (rechts) bzw. Holmblads Villa und „Lykkens Prøve" sehen. Der Agent Jacob Holmblad hatte zu Beginn des 19. Jahrhunderts eine Leimfabrik in Amagerbro gegründet. Der Sohn Lauritz Peter Holmblad fügte eine Reihe angrenzender Grundstücke an, aus denen er einen großartigen Garten schuf. Fotosammlung der Kunstakademie.

Straße wurde durch die Einführung einer Gebühr geregelt, die zu Neujahr 1790 in Kraft trat.

Bis zum Amagertor, wo das Militär eine Schildwache hatte, waren die Straßenbenutzer einigermaßen geschützt. Als die Schildwache 1842 aufgehoben wurde, mußte sich der Gemeindevorstand von Tårnby bei der Kopenhagener Polizei über die mangelnde Sicherheit der Reisenden beklagen. Doch der Polizeidirektor Chr. Jacob Cosmus Bræstrup wies dies mit der Begründung zurück: „Früher gab es wohl in Amagerbro mehrere ständige Tanzlokale, die öfters von den einfachsten Klassen besucht wurden, wobei nicht selten abends und sogar nachts ziemlich großer Unfug auf der Brücke angestellt wurde; nachdem aber diese Tanzlokale später aufgehoben wurden, hat auch dieser Unfug sozusagen aufgehört oder ist doch selten geworden." Der Gemeindevorstand von Tårnby bekam trotzdem recht, und 1845 wurden durch königlichen Erlaß zwei Wächter angestellt und in Amagerbro 12 neue Laternen aufgestellt.

Mit der Eingemeindung von Sundbyøster und Sundbyvester nach Kopenhagen am 1. Januar 1902 wurde Amager Landevej in Amagerbrogade umbenannt, aber noch 1915 mußte eine Wegegebühr gezahlt werden.

Amagermuseum. In einem alten, reetgedeckten Fachwerkhaus von 1782 in →Store Magleby, Hovedgade 12, ist das Amagermuseum untergebracht. Die Amager-Museumsgesellschaft erwarb das Gebäude 1920. Dort sind nun einige kulturgeschichtliche Interieurs aus →Dragør, Store Magleby und Tømmerup wiedererstanden. Außerdem gibt es eine Sammlung von Trachten, Näharbeiten, Gemälden und Möbeln aus Amager.

Amagerport. Nach der Gründung von → Christianshavn 1617 wurde es nötig, ein viertes Stadttor zu errichten, und das geschah am Ende der jetzigen Torvegade. Es wurde mehrere Male erneuert, so etwa 1668 und 1724. Als die Stadtwälle 1856/57 geschleift wurden, wurde auch das Amagertor abgerissen. Eine Erinnerung ist das *Zollhaus (Acciseboden)* von 1718–1720. Es wurde aber bei der Regulierung der Torvegade 1936 um 12 Meter zurückgesetzt. Das Wärterhaus *(Bomhuset)* auf *Ravelinen*, einer Schanze mitten im Stadtgraben, stammt von 1728. Beim Zollhaus mußte bis in die Mitte des vorigen Jahrhunderts die Akzise, eine zollähnliche Abgabe, bezahlt werden, wenn Waren in die Stadt gebracht wurden. Das Akzisesystem war eine Plage für alle dänischen Städte. Es existierte auch in Deutschland.

Amagertorv, die Strecke von der → Hyskenstræde zur Østergade, war immer eine lebendige Verkehrsader. Im Mittelalter war der Platz das Bindeglied zwischen dem Dorf um den → *Gammeltorv* und dem Markt auf dem Strand am → Nikolaiplatz. Die breite Straße wird erstmals 1389 erwähnt, als sie zur *Thiedeskemannegade* (Straße der Deutschen) gehörte, doch schon 1449 ist vom Fischmarkt *(Fisketorvet)* die Rede. 1472 taucht erstmals der Name *Amagertorv* (Amagermarkt) auf, und darauf erscheinen Varianten der beiden letztgenannten Namen, z. B. *Fiscetorfgade* und *Amagertorffen.*

Im 16. und 17. Jahrhundert diente der Platz prächtigen Festen mit Turnieren und anderen ritterlichen Übungen, und er konnte sich so mit dem → *Gammeltorv* (Altmarkt) messen. Aber gewöhnlich prägten die Bauern von → Amager das dortige Treiben. Am 28. Juli 1684 wurde eine neue Ordnung zur Regulierung von Handel und Warenangebot auf den Kopenhagener Märkten eingeführt. Danach sollten alle Arten von Obst und Gartenprodukten, die von Gärtnern und Bauern aus Amager stammten, auf dem Amagertorv angeboten werden. Dort wurde auch der Verkauf von Butter, Speck, Käse, Grieß und Geflügel zugelassen. In den meisten der umliegenden Häuser waren Kaufmannsläden. Ohne Störung verlief der Handel aber nicht. In einer Klageschrift von 1718 erklärte der Assessor Svend Krag, der für die städtische Müllabfuhr zuständig war, die Leute aus Amager hinterließen zweimal wöchentlich in der Stadt Massen von Stroh, Wurzel- und Rübenkraut, was schrecklich anzusehen sei.

Reisende konnten all dies von etwas erhöhter Position aus betrachten, denn der vornehmste Gasthof der Stadt lag an der Ecke Østergade – Amagertorv. Das Gebäude entstand 1582 und diente seit 1656 unter dem verheißungsvollen Namen „Store Lækkerbidsken" (Großer Leckerbissen) als Hotel. Zum Amagertorv hin erhob es sich in drei Stockwerken mit geschwungenen Giebeln.

Die größte Veränderung geschah nach dem Brand von 1795, als der → Højbro Platz eingerichtet wurde und in den Markt der Amagerer einbezogen wurde. 1868 wurde der Markt nach → Christianshavn verlegt. Darauf wurde der Amagertorv die Zentrale für die Boten, die man zu Besorgungen mit und ohne Ziehwagen mieten konnte. Sie sammelten sich bei einer Pumpe, die sich an der Stelle befand, wo 1894 der *Storchenbrunnen* errichtet wurde.

Amagertorv 6. Der ansehnliche Kaufmannshof wurde 1616 für den Ratsherren Mathias Hansen gebaut, der von 1622 an zugleich Bürgermeister war. Das Vorderhaus besteht aus roten Backsteinen, zeichnet sich aber im übrigen durch die reiche Sandsteinausschmückung aus. Davon wurde aber das meiste 1898 in Verbindung mit einer Restaurierung durch Professor Hans J. Holm erneuert. Die volutengeschmückten Giebel und die übrigen Details repräsentieren die niederländische Renaissance, die im 16. und 17. Jahrhundert so großen Einfluß auf die dänische Architektur bekam. Ursprünglich hatten die Giebel Kräne mit Flaschenzügen, durch die man Waren auf den Dachboden hochziehen konnte. Das Kupferdach ist neu, und die untere Etage ist mit großen Fenstern für den modernen Geschäftsbetrieb ausgestattet.

Vor dem Tor sind statt Prellsteinen zwei eiserne Kanonenläufe eingegraben. 1731 wurde ein ursprünglicher Treppenturm abgerissen und durch eine Fachwerkkonstruktion ersetzt, die wiederum gegen eine Rekonstruktion des früheren Treppenturms ausgewechselt wurde. Bemerkenswert sind die prächtigen kupfernen Ablaufrohre mit Drachenköpfen.

Amagertorv 9. Das Vorderhaus wurde 1798–1800 für den Tuchhändler J. A. Bechmann gebaut. Die ursprüngliche Geschäftsfassade wurde schon um 1830 und wieder 1870 umgebaut. In dem Haus hat die Firma W. Ø. Larsen ein kleines Museum mit Pfeifen eingerichtet.

Amagertorv 14, „Ole Haslunds Haus", ist ein Beispiel für den Historismus des 19. Jahrhunderts. Das jetzige Aussehen des Hauses stammt von 1867, als man Hermen als Fensterpfosten einsetzte. Die Männchen tragen jonische Kapitelle, während die Seitenpfeiler zur Imitation einer Natursteinoberfläche eine gute Lage Zementputz bekommen haben.

Amagertorv 17. Das Gebäude wurde 1796 für den Schokolade- und Lackfabrikanten Joh. Fr. Treschow errichtet. Das Vorderhaus, das zusammen mit *Læderstræde 18* gebaut wurde, hatte ursprünglich nur eine Etage, wurde aber 1826 auf drei Etagen erhöht. Ein völliger Umbau der Fassade fand 1874 und 1904 statt.

Amagertorv 29, das „Petersensche Jungfrauenkloster", wurde 1798/99 von dem Architekten J. B. Guione gebaut. Das Gebäude ersetzte ein älteres Haus, das von C. F. Harsdorff stammte und beim Brand von 1795 zerstört wurde. Um 1880

Der Amagertorv, aufgenommen um die Jahrhundertwende. Rechts sieht man das Haus Nr. 6 mit den charakteristischen Renaissancegiebeln. Mitte des 19. Jahrhunderts war hier eine Weinhandlung, später wurde das Haus zur Verkaufsstelle der Königlichen Porzellanfabrik eingerichtet. Topographisches Archiv des Nationalmuseums.

wurde das Vorderhaus um eine Etage zur Straße hin erhöht, während eine entsprechende Erhöhung zum Hof hin 1918 vorgenommen wurde. Im selben Jahr wurde die Tordurchfahrt eingerichtet.

Die Stiftung des „Klosters" geschah 1758 nach einem Testament des Seiden- und Tuchhändlers Albr. Petersen und seines Bruders Sebastian vom 30. Dezember 1755. Der ursprüngliche Name der Stiftung war „de Brødrene Petersens Jomfru-Sæde eller -Kloster" (Jungfrauensitz oder -kloster der Brüder Petersen).

Amaliegade. Nach dem Schwedenkrieg 1658–1660 ließ Königin Sophie Amalie in diesem Stadtteil einen ausgedehnten Garten anlegen (→Sophie Amalienborg). Als man 1749 beschloß, ihn aufzugeben und statt dessen einen neuen Stadtteil namens →*Frederiksstaden* zu projektieren, entstand die Amaliegade als eine der beiden Straßen, die einander auf dem vornehmen Schloßplatz schnitten. Am westlichen Ende bekam das „Königliche Hospital" (Frederikshospitalet, jetzt →Kunstgewerbemuseum) auf der Südseite einen großen Raum. Der zentrale Abschnitt wurde durch die vier Palais (→Amalienborg) eingenommen, während das Ende der Straße zum Skt. Annæ Platz hin die kleinsten Grundstücke hatte. Die meisten Grundstücke waren lang und schmal, was wiederum für die Ausformung der Anwesen richtungsweisend wurde: kurze *Vorder-* und *Hinterhäuser*, aber lange *Seitenhäuser*. Dies Muster ist auch von anderen europäischen Städten bekannt.

Nicolai →Eigtved, der Hofbaumeister Friedrichs V., war der Hauptlieferant für die Entwürfe der Palais und Bürgerhäuser, die errichtet werden sollten. Sechs Palais des Stadtteils und 12 Häuser können auf seine Zeichenstube zurückgeführt werden. In anderen Fällen begutachtete er die Entwürfe. Das Ziel war, eine einheitliche Fensterflucht und Gesimshöhe zu sichern, ein typischer Zug des Barockideals der Regelmäßigkeit. Als Eigtved 1754 starb, übernahm Lauritz de Thurah die Aufsicht über die Bauarbeit und damit auch die Verantwortung für die Anerkennung der Fassadenentwürfe für die geplanten Häuser.

Als Beispiel für die Häuser, die Eigtved anerkannte, kann *Amaliegade 16* genannt werden, das 1756/57 für den Hofzimmermann Johan Andreas Pfüntzer gebaut wurde. Sieht man von kleineren Veränderungen der Fassade ab, von dem klassizistischen Hauptgesims und einer Dachgaupe von 1895, so erkennt man das Eigtvedsche Schema: einen dreiachsigen Mittelrisalit mit Fensterrahmen und einem Gurtgesims, das vielleicht ursprünglich die ganze Breite der Fassade umfaßt hat. Das Gesims ist aus „Bremerstein", einem Sandstein aus Oberkirchen, der seinen Namen vom Versandhafen Bremen empfing. Sieht man genau nach, so erkennt man, daß mehrere Häuser der Amaliegade ein Gesims in derselben Höhe wie Nr. 16 haben, und Eigtved hatte sicher die Idee, daß sie ein zusammenhängendes Band bilden und damit die Regelmäßigkeit unterstreichen sollten.

Amaliegade 9, der „Collinsche Hof", stellt einen klaren Bruch des strengen Schemas dar, das Eigtveds Planung in der Amaliegade prägte. Das Vorderhaus wurde 1751/52 für den Stiefelmacher Peder Svendsen gebaut, aber nicht in der Flucht mit den übrigen Häusern, sondern zurückversetzt. Die Behörden hofften lange, das klaffende Loch in der Häuserreihe würde geschlossen, und wiesen noch 1768 den Antrag des Eigentümers ab, ein Gitter zur Straße hin anbringen zu dürfen. Aber vor 1800 wurde das jetzige schmiedeeiserne Gitter dennoch errichtet. Ein Frontispiz aus der Zeit Eigtveds wurde gleichzeitig durch das dreiachsige Zwerchhaus ersetzt, und ein Nebenhaus wurde gebaut.

In den Jahren 1839–1861 wohnte Jonas Collin in dem Anwesen. Er war einer der hervorragendsten Bürger der Stadt: 1820 Mitbegründer der Kopenhagener Sparkasse, 1832 der Gesellschaft zur Förderung der Pferdezucht, 1837 Vorsitzender des Komitees zur Errichtung des Thorvaldsen-Museums, außerdem Konferenzrat, abgeordnet zur Rentekammer und zwei Perioden lang Direktor des Königlichen Theaters. Einer der häufigsten Gäste im Collinschen Heim war H. C. Andersen.

Amaliegade 18, „Det gule Palæ" (Gelbes Palais). Das Haus wurde 1764 für den Kaufmann H. F. Bargum nach Entwürfen von N. H. Jardin gebaut. Dabei benutzte man Fundamente eines vom vorherigen Eigentümer begonnenen Baues. Das Resultat wurde ein klassizistisches Haus, das einen Stilwechsel in der Kopenhagener Bürgerschaft markiert. Die Girlanden, Medaillons und Vasenreliefs der Fassade unterstrichen das Neue.

Das Haus wurde später als *Palais des Sklavenhändlers* bekannt. Kurz erzählt, hatte Bargum

1760 seiner Firma Gustmeiers Enke & Bargum das Monopol des Tabakhandels in Dänemark verschafft, allerdings gegen eine jährliche Abgabe von 100 000 Reichstalern an den dänischen Staat. Als sich dagegen in der Hauptstadt Proteste erhoben, verlor er im Jahr darauf sein Monopol wieder. Mehr Glück hatte Bargum mit der Fabrikation von Fischbeingestellen für Korsetts und Reifröcke. Das Geld rollte reichlich in seine Taschen, und darauf stieg er in den dänischen Sklavenhandel ein, gemeinsam mit Gustmeiers Witwe.

Vom Staat bekam er für 20 Jahre das Privileg für den Sklavenhandel mit den Forts Christiansborg und Fredensborg. 1766 konnte er sein erstes Schiff losschicken, und später hatte er fünf Schiffe auf der Route nach Guinea und Dänisch Westindien. Bargum meinte aber, der „Umsatz" an Sklaven sei zu gering. Bis 1766 hatten die Forts nur etwa 400 Sklaven jährlich geliefert; jetzt sollten es viermal so viele werden, was sich als unmöglich erwies. Verschiedene Unglücksfälle, ein Krieg an der Guineaküste 1770, Schiffbruch und große Sklavenverluste durch Krankheit auf dem Transport höhlten Bargums Handelsimperium aus. Schließlich mußte er vor seinen Gläubigern flüchten und in Europa umherirren. Nach 1792 verschwinden die letzten Spuren dieses seltsamen Mannes.

Amaliegade 25, Kongelige Fødselsstiftelse (Königliches Wöchnerinnenstift). Das Haus wurde 1755–1757 nach Entwürfen von Lauritz de Thurah gebaut. Diesem war das Grundstück mit der Auflage übertragen worden, es bebauen zu lassen. Die Form der Fassade mit der Balustrade oben verrät, daß Thurah dem Barock huldigte. Königin Juliane Marie (1729–1796) ließ das herrschaftliche Haus 1783 zur Geburtenanstalt einrichten. Die öffentliche Stiftung gehörte früher zu Frederiks Hospital (jetzt →Kunstgewerbemuseum), wo sie in dem südlichen Flügel zur Amaliegade hin untergebracht war. Zweck der Einrichtung war, unverheirateten Müttern eine Zufluchtsstätte zu schaffen und die häufigen Kindestötungen zu verhindern. 1910 wurde sie ins Reichshospital verlegt.

Amaliegade 49. 1788 wurden die Vorderhäuser zum Toldbodvej und zur Amaliegade hin gebaut, die früher *Toldbodbørsen* genannt wurden. Bauherr war der Besitzer des Anwesens, der Zimmermeister Andreas Hallander. Zur Amaliegade hat die Fassade sieben Achsen, die durch jonische Pilaster unterteilt sind. Als weiteren klassizistischen Zug erkennt man einen „laufenden Hund" (S-Borte). Das Relief im Dreieckfronton ist eine Jugendarbeit des Bildhauers Bertel Thorvaldsen und zeigt eine weibliche Figur, die ein Fernrohr hält. Thorvaldsen modellierte das Relief nach einer Zeichnung des Malers Nicolaus Wolf. Das Gebäude steht unter Denkmalschutz.

Amalienborg Slot. Als Glied in dem großangelegten Plan des neuen Stadtteils →*Frederiksstaden*, der eine ewige Erinnerung an das 300jährige Jubiläum des oldenburgischen Königshauses darstellen sollte, wurden die vier Palais um den *Amalienborger Schloßplatz* gebaut. Nach einem königlichen Schreiben an den Kopenhagener Magistrat vom 3. Oktober 1749 wünschte der König die Baugrundstücke zu reservieren, „auf denen nach dem Plan die vier Hotels stehen werden, die den mittleren Platz formen sollen". Friedrich V. wollte aber nicht selbst die „Hotels" bauen lassen, sondern schenkte die Baugrundstücke reichen und vornehmen Männern. Um für das Projekt Interesse zu wecken, wurde den Bauherren für 40 Jahre die Steuer erlassen.

Im Frühjahr 1750 hatte der König die Geeigneten gefunden, nämlich den Geheimrat Joachim von Brockdorff, den Grafen C. F. von Levetzau, den Baron Severin Leopoldus Løvenskjold und den Oberhofmarschall Graf Adam Gotlob Moltke.

Neben diesen Dispositionen war die Gestaltung der Palais Gegenstand einer gründlichen Planung, an der der Hofbaumeister Nicolai →Eigtved, der Hofbaumeister Lauritz de Thurah und der Hofmaler des Königs, Professor Marcus Tuscher, beteiligt waren. Schon am 25. September 1749 hatte der König einen von Eigtved ausgearbeiteten Generalplan für das ganze Quartier gutgeheißen. Von Eigtveds Hand lagen auch Detailvorschläge für die Palais vor, die den Platz umschließen sollten (ausgefertigt im September 1749). Hier waren Hauptgebäude mit und ohne *Eckpavillons* projektiert. Man nimmt an, daß Thurah und Tuscher Alternativen zu Eigtveds Plänen vorlegen sollten, so daß diese möglichst gut beurteilt werden konnten.

Über Thurahs Anteil weiß man nur wenig. Eine Rechnung Thurahs vom 3. April 1750 betrifft „ein Modell der auf dem mittleren Platz des früheren Gartens Amalienborg zu errichtenden Gebäude". Tuschers Einfluß ist besser dokumen-

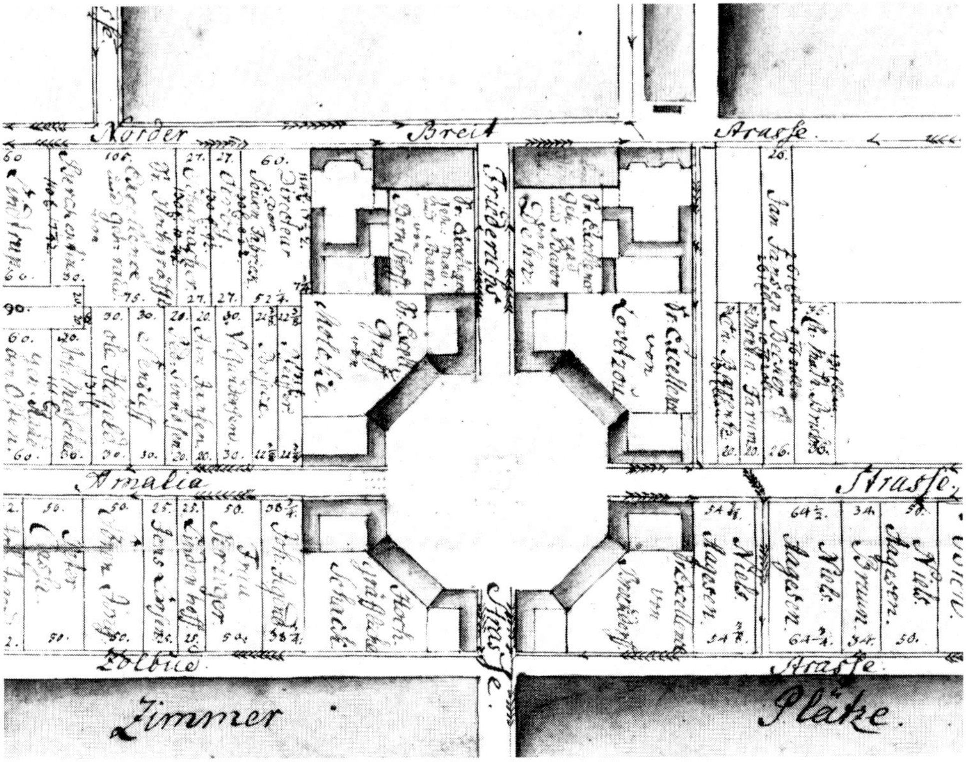

Ausschnitt einer Karte von ca. 1754, die den zentralen Teil der Frederiksstad mit den vier Palais um den achteckigen Platz zeigt: oben links Moltkes Palais, rechts Levetzaus Palais, unten links Schacks Palais, rechts Brockdorffs Palais. Karten- und Bildersammlung der Kgl. Bibliothek.

tiert. Am 17. Januar 1750 konnte er Beschreibung und Überschlag samt Entwürfen einreichen, von denen ein Kupferstich-Grundriß erhalten ist. Nach Tuschers Palaisvorschlag sollte das Hauptgebäude zum Platz hin einen stark betonten Mittelrisalit, einen Unterbau mit Tor und darüber vier Säulen und einen Balkon haben. Letzteren sollte man nach der Beschreibung vom oberen Stockwerk aus betreten können. Die Säulen sollten „von jonischer Ordnung" und freistehend sein. Ein wichtiges Element in Tuschers Projekt waren zwei Pavillons oder „Zeltbauten", die das Hauptgebäude flankieren sollten. Darüber schrieb der Hofmaler: „Aber für den Fall, daß die Pavillons ganz weggelassen würden . . ., gäbe das dem Platz, der von vornherein nicht allzu groß ist, kein gutes Aussehen. Eine gewisse Abwechslung in einem Gebäude ist für das Auge immer am angenehmsten . . ."

Diese Bemerkungen muß man als Kommentar zu →Eigtveds schon existierenden Vorschlägen auffassen, die Lösungen mit und ohne *Pavillons* beinhalteten. Daß Eigtved eine Lösung vorgeschlagen hatte, die Eckpavillons vorsah, kann nicht verwundern, denn dies Motiv war vom Beginn des 18. Jahrhunderts an in der sächsischen Baukunst bekannt, mit der sich Eigtved auf einer Studienreise nach Sachsen bekanntgemacht hatte. Die Pavillons an der →*Marmorbrücke* auf Slotsholm, gebaut 1739–1745, waren übrigens auch ein Werk von Eigtved. Natürlich wurde Eigtveds Lösung mit Eckpavillons auch angenommen, und seine Palais gelten heute als Höhepunkt der dänischen Rokokoarchitektur.

Vor dem Baubeginn nahm man eine gründliche Verpfählung des Untergrundes vor, indem man Pfähle aus pommerschen Kiefern einrammte. Am Ende der 1970er Jahre wurden sie gegen moderne Betonpfähle ausgewechselt, weil der katastrophal niedrige Grundwasserstand die alten Pfähle zum Verrotten brachte. Am 9. Mai 1750 wurden die Schenkungsurkunden für die Grundstücke an Moltke, Løvenskjold, Levetzau und Brockdorff überreicht, und am 7. August desselben Jahres legte Moltke zwischen 10 und 11 Uhr vormittags den Grundstein zu seinem eigenen Palais, einen schönen Marmorblock. Dies geschah in Gegenwart von vier Geheimräten der Regierung.

Im Folgenden soll *Moltkes Palais* näher beschrieben werden, das von allen vieren am prächtigsten ausgestattet war und heute am besten erhalten ist. Was das Baumaterial betraf, so bewilligte der König, der Moltke sehr nahestand, zwei Millionen Backsteine vom Bestand der →Marmorkirche. Aus dem Ausland bezog Eigtved, wie beim Bau von Schloß →Christiansborg, Material wie etwa Schlösser, Scharniere und Türbeschläge. Gotländischer Sandstein wurde für die äußere Bekleidung geliefert. Im Sommer 1750 stand das Erdgeschoß in voller Höhe, und der Richtkranz wurde noch im selben Jahr aufgehängt.

Am Samstag, dem 30. März 1754, wurde das Palais mit einem strahlenden Fest eingeweiht, das durch die Anwesenheit Friedrichs V. vergoldet und von dem Dichter C. F. Wadskiær besungen wurde. Das Gebäude wurde nach seinen Worten „mit Pomp und Pracht copuliert“. In Wirklichkeit waren Innenausstattung und Möblierung noch lange nicht vollendet; erst 1759 war auch dies geschehen. In diesem Jahr ließ Moltke ein komplettes Inventarverzeichnis anfertigen, während Thurah eine sorgfältige Beschreibung des Palais für seinen dritten – nie herausgekommenen – Band des *Dänischen Vitruvius* vollendete.

Moltkes Palais, später *Palais Christians VII.* genannt, steht heute im großen und ganzen unverändert. Das Hauptgebäude präsentiert sich als 2½ Stockwerk hoher Block über einem Rechteck von 74½ × 30¾ Ellen (eine Elle=62,77 cm). Nach Meinung des Architekten Thomas Havning soll Eigtved ein Standardmaß von 30 Zoll, d. h. eine Elle und sechs Zoll, verwandt haben (ein Zoll = 2,54 cm). Die *Hauptfassade* wird durch zwei weniger betonte Seitenrisalite und einen hervorgehobenen Mittelrisalit aufgeteilt. Die hohen Fenster seiner *Beletage* zeigen an, daß im dahinterliegenden Festsaal die Decke ins Mezzanin (das oberste halbe Stockwerk) angehoben ist. Das Zentrum der Fassade wird auch durch den Balkon und die jonischen Säulen, die den hervortretenden Teil der Dachbalustrade tragen, hervorgehoben. Die Dachbalustrade wird von der großen Wappenkartusche bekrönt. Die skulpturelle Ausschmückung der Balustrade stammt u. a. von dem Bildhauer Johan Christoph Petzold und umfaßt Büsten, Vasen, Figuren, Blumengirlanden, Ornamente und Trophäen. Jacob Fortling nahm sich der Säulen, Gesimse, Balustraden sowie der Fenster- und Türeinfassungen an. Fortling und Petzold, Steinmetz und königlicher Baumeister bzw. Hofbildhauer, besorgten auch die äußere Ausschmückung der übrigen Palais.

Es sei abschließend festgestellt, daß Eigtved seine Inspirationen für die Hauptfassade aus dem

Zum Palast Christians VII. gehört ein Pavillon, der mit Gartensaal, offener Rotunde und zwei kleinen Seitenflügeln ausgestattet ist. Er wurde in den 1760er Jahren nach Entwürfen von N. H. Jardin gebaut. Rundtempel waren zu dieser Zeit eines der beliebtesten Motive des Klassizismus. Fotosammlung der Kunstakademie.

großen Ausland geholt hat. Der Mittelrisalit mit Säulen war europäisches Gemeingut, in der Gartenfassade des Versailler Schlosses von 1670–1685 schon markant formuliert und später von deutschen und österreichischen Architekten, wie dem aus Frankreich stammenden Zacharias Longuelune und Fischer von Erlach, verwendet. Dem eigtvedschen Ausdruck kommen das *Japanische Palais* und *Schloß Groß-Sedlitz* in bzw. bei Dresden am nächsten.

Die ursprünglichen Interieurs wurden im Dezember 1754 sorgfältig beschrieben, als das Gebäude für die Feuerversicherung taxiert wurde. Man kommt zunächst durch das *Vestibül* (gleich hinter dem Haupteingang im Mittelrisalit), in dem „acht freistehende Säulen der korinthischen Ordnung aufgestellt sind samt Lisenen an den Wänden dahinter, alles aus Marmor, sehr schön angeordnet. Die Wände und die Decke sind mit reichen Stukkaturen versehen, die Einfassung um die Türen ebenfalls aus Marmor . . ." Das Vestibül (lat. vestibulum = Vorhalle, Einführung) in Moltkes Palais war fast oval, entsprechend den ovalen Vestibülen, die man vom Beginn des 18. Jahrhunderts an in den Pariser „Hotels" baute.

Aus den Baurechnungen geht hervor, daß Moltke den Marmor für die Säulen des Vestibüls aus Norwegen beschaffte und daß Jacob Fortling die Arbeit ausführte.

Man schummelte aber etwas, um Zeit und Geld zu sparen, denn Eigtved ließ die Kapitelle von dem Bildhauer John. Fr. Hännel in Holz schnitzen. Die Stukkaturen wurden von Giovanni Battista Fossati ausgeführt, der in den 1750er Jahren einer der besten Vertreter dieser Kunst in Dänemark war.

Von den übrigen Räumen sei der *Rittersaal* erwähnt, der vollständig vom Rokoko beherrscht wird. In der erwähnten Feuerversicherung wird er als „22½ Ellen lang und 16 Ellen breit" beschrieben. „Die Wände sind mit kostbarer Täfelung und sehr reichen Schnitzereien bekleidet, die, wie alle Täfelungsprofile, vergoldet sind. Die Täfelung selbst ist weiß lackiert. In sie einbezogen sind in vergoldeten Rahmen mit reicher Schnitzerei die Porträts Eurer königlichen Majestäten, des Königs Friedrich V. und der Königin Juliane Marie, und fünf Arbeiten, welche die Wissenschaft, die Geometrie, die Bildhauerkunst, die Malkunst und die Mathematik darstellen. An jedem Ende des Saales ist ein Kamin aus weißem italienischen Marmor und darüber eine Marmorplatte. Die Decke hat überaus reiche Gipsstukkatur mit einer Rosette in der Mitte, und sämtliche Verzierung ist vergoldet. Der Fußboden besteht aus eingelegten Tafeln aus Kiefer und Eiche. Zu diesem Saal gibt es fünf Türen . . ."

Vertäfelte Wände sind im dänischen Rokoko selten. Es war in den königlichen Schlössern und auf den Herrenhöfen üblich, Gobelins aufzuhängen oder gemalte Tapeten anzubringen. Übrigens hatte Moltke wirtschaftliche Qualen bei der Ausführung der Täfelung, denn sein bester Mitarbeiter auf diesem Gebiet, Didrik Schäffer, verlangte einen unverschämten Preis, worauf sich die Meister C. Harms und J. Lütgen schließlich der Aufgabe für einen „billigen Accord" annahmen. Der Franzose Le Clerc schnitzte die Ornamente der Täfelung, eine Arbeit von internationalem Niveau.

1757 wurde der Rittersaal mit einer Reihe von Supraporten ausgestattet, die Moltke einige Jahre früher in Paris bestellt hatte. Die Bilder stammen aus der Werkstatt von Francois Boucher, und fünf davon tragen die eigenhändige Signatur des Meisters. Das Thema der Darstellungen sind die sieben freien Künste. Diese Supraporten sind reizend mit Putten in üppigen Wolken bevölkert und führen in die Geheimnisse der Allegorien. Boucher war übrigens ein guter Freund des dänischen Kunstkenners und Gesandten in Paris, Joachim Wasserschlebe, der seinerseits in nahem Kontakt mit Moltke stand; die internationalen Verbindungen waren in Ordnung.

Ein ebenso auserlesener Raum ist der *Speisesaal* in Moltkes Palais, der 1757 nach dem allerneuesten Geschmack der Zeit im klassizistischen Stil eingerichtet wurde. Verantwortlich dafür war der Direktor der Kunstakademie, der Franzose N. H. Jardin, dessen Vertrautheit mit dem aufkeimenden Klassizismus groß war. 1744–1748 hatte er sich zu Studien in Rom aufgehalten, wo der Klassizismus gerade durchbrach. Der moltkesche Speisesaal wurde mit Freisäulen in jonischem Stil ausgestattet; jonische Pilaster teilen die Wände auf. Die Ornamente sind mehr gedämpft, und die Hohlkehle der Decke tritt klar hervor, anders als im Rokoko, wo wildsprießende Blumenranken über die Hohlkehle hinwegwachsen und die festen Rahmen sprengen. So ist der Raum eines der frühesten Beispiele klassizistischer Innenausstattung in Europa, verwandt mit dem Speisesaal auf *Åkerö* in Schweden, den der Franzose Le Lorrain Mitte der 1750er Jahre schuf.

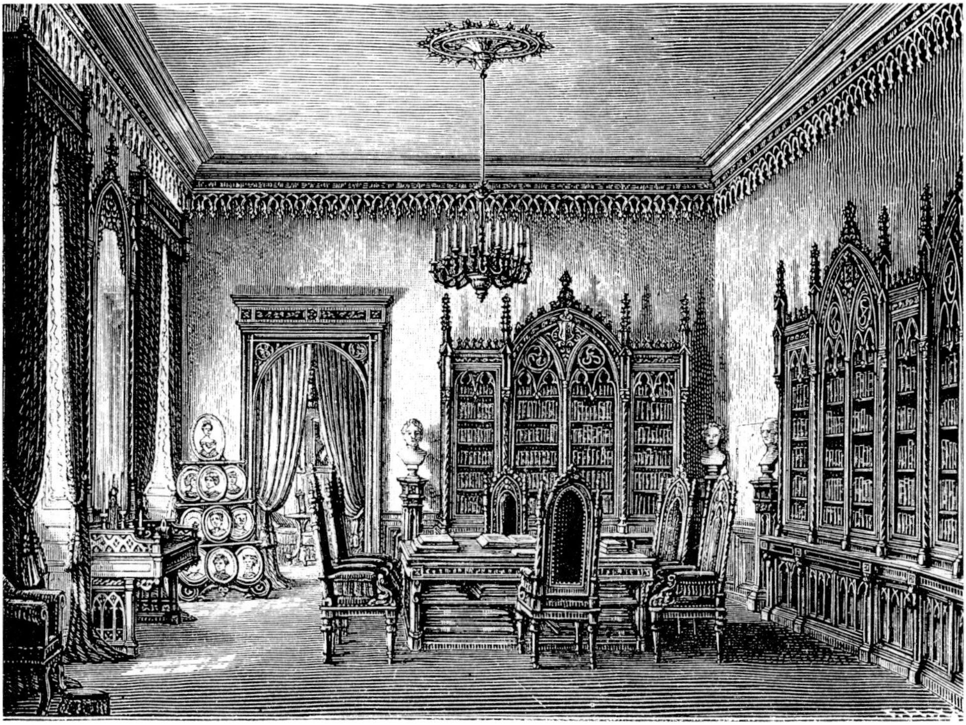

Caroline Amalie verbrachte nach dem Tod Christians VIII. ihre lange Witwenzeit in Levetzaus Palais. Hier war eine Bibliothek im üppigen Stil der Neugotik eingerichtet. Holzschnitt nach einer Tuschzeichnung von Chr. Hetsch, die auf der Frühjahrsausstellung in Charlottenburg 1881 ausgestellt wurde.

1760 war das *nordöstliche Palais* von Amalienborg fertig, gebaut für Joachim Brockdorff. Doch schon 1765 wurde es Kadettenschule. Die Seekadettenakademie übernahm es 1788, und erst 1828 ging es auf die königliche Familie über, die es als Residenz für Kronprinz Friedrich (VII.) einrichten ließ. Dies besorgte der Hofbaumeister Jørgen Hansen Koch.

Das *nordwestliche Palais,* das für Chr. Fr. Levetzau gebaut wurde, kam 1794 durch Kauf an den Erbprinzen Friedrich. Dieser ließ N. A. →Abildgaard die Beletage mit Wand- und Deckendekorationen ausmalen. Das Palais wird traditionell *Palais Christians VIII.* genannt, denn hier residierte der Sohn des Erbprinzen, Christian VIII., in den Jahren 1805–1848. Darauf wurde das Palais von der Königin Caroline Amalie bis zu ihrem Tod 1881 bewohnt, und von 1898 an wohnten Christian X. und Königin Alexandrine in dieser Residenz.

Schacks Palais im Südosten wurde 1794 an den Prinzregenten →Friedrich (VI.) verkauft, und kurz darauf errichtete Harsdorff die *Kolonnade* aus Holz zwischen diesem Palais und dem Moltkeschen, so daß der Kronprinz in enger Verbindung mit dem kranken König war. 1854–1865 hatte das Oberste Gericht seinen Sitz in dem Palais, der heute die Residenz der Königin Margrethe ist.

Amalienborg Slotsplads ist das Hauptwerk Nicolai →Eigtveds als Stadtplaner. Als er den Schloßplatz nach der Gründung von →Frederiksstaden 1749 projektierte, holte er Inspiration aus dem

Salys Denkmal Friedrichs V. kann zu Europas berühmtesten Reiterfiguren gezählt werden. Als Experten die 22 t schwere und 5,34 m hohe Figur 1979/80 untersuchten, fanden sie Kondenswasser im Bauch und in anderen Höhlungen des Pferdes. Fotosammlung der Kunstakademie.

französischen Barock. Unter den Vorbildern können die Place Vendôme in Paris und die Place Dauphine in Versailles genannt werden, beide achteckig und mit einer Kirche als point de vue. Die Place Dauphine, die außerdem von vier Palais eingerahmt wird, gilt als nächste Parallele zu Eigtveds achteckigem Platz mit vier (ursprünglich adeligen) Palais und der →Marmorkirche in der einen Achse.

Die *Reiterfigur Friedrichs V.* dient ebenfalls als point de vue. Das einschließlich Sockel fast 12 Meter hohe Denkmal erscheint als sammelnde Mitte des Platzes, wenn sich der Besucher durch die Kolonnaden nähert. Hinter dem Werk standen die besten Kräfte: ein hervorragender Bildhauer, ein finanzkräftiger Mäzen und eine Gesellschaftsordnung, die mit großen Kunstwerken imponieren wollte. Der Mäzen war die *Asiatische Kompanie*, die beschlossen hatte, Friedrich V. aus Dank für die kluge Politik, mit der die königlichen Minister den Handel unterstützt hatten, durch ein Denkmal zu ehren. Der deutsche Architekt Marcus Tuscher hatte zunächst einen Entwurf geliefert, der eine Menge Figuren um eine Königsstatue, Grotten, Fontänen und dramatische Felsen vorsah. Dieser schreckliche Entwurf wurde aber kassiert.

Dafür wählte man als Bildhauer den Franzosen Jacques François-Joseph Saly, der in jungen Jahren an der französischen Akademie in Rom studiert und dort den Durchbruch des Klassizismus erlebt hatte. Dies war in den 1740er Jahren, und mit den neuen Eindrücken, inspiriert u. a. von den Kupferstichen des Italieners Piranesi, ging

Saly zurück nach Paris, wo das Rokoko noch in höchster Blüte stand. Joachim Wasserschlebe, der dänische Gesandte in Paris und zugleich einer von Dänemarks besten Kunstkennern, erkannte die Begabung des jungen Franzosen und empfahl ihn der dänischen Regierung mit den Worten: „Es ist sicher, daß Saly mit seinen Arbeiten bewiesen hat, daß er in der Natur das Gute, das Edle sieht, daß er mit dem Bleistift umzugehen versteht, daß er nichts von Krimskrams (‚colifichets', ein damals üblicher Ausdruck für die im Rokoko beliebten geschwungenen Ornamente, z. B. die *rocaille*) hält, daß er das Einfache liebt und daß er es ohne Trockenheit wiedergeben kann."

Nach einer halbjährigen Verspätung kam Saly am 8. Oktober 1753 in Kopenhagen an; mit ihm kamen die Eltern und zwei Schwestern sowie eine Bagage, die Gipsproben mehrerer Figuren enthielt, mit denen er in Paris Anerkennung gefunden hatte. Der Vertrag sicherte ihm Ateliers und Wohnung im Schloß →Charlottenborg zu, nachdem das Gebäude gerade für die vielen Bedürfnisse der neugestifteten Kunstakademie eingerichtet worden war. Noch im selben Jahr wurde Saly von König Friedrich V. in Audienz empfangen, und am 9. März 1754 wurde er vom Präses der Kunstakademie, dem Oberhofmarschall Adam Gottlob Moltke, zum Professor der Bildhauerkunst ernannt.

Saly begann nun mit den Vorbereitungen für die Reiterfigur. Er hatte sich verpflichtet, bis zu ihrer Vollendung ausschließlich für sie zu arbeiten. An Vorbildern war kein Mangel, da Europa eine lange Tradition in bezug auf Reiterfiguren von Fürsten und Feldherren hatte. Saly selbst weist auf die antike Bronzestatue des Kaisers Marc Aurel, die auf der Piazza del Campidoglio in Rom stand, außerdem auf Giovanni da Bolognas Reiterdenkmal Heinrichs IV. auf dem Pont Neuf in Paris und Bouchardons Denkmal Ludwigs XV. auf der Place Louis XV., der jetzigen Place de la Concorde. Von diesen Vorbildern hatte das Denkmal Bouchardons, das bei Salys Abreise aus Paris gerade begonnen wurde, die größte Bedeutung.

Zuerst modellierte Saly ein Porträt des Königs. Darauf folgten einige kleinere Entwürfe für das Denkmal, von denen der letzte von Friedrich V. 1755 angenommen wurde. In den Jahren 1756/57 war Saly mit dem Studium der Pferde in den königlichen Ställen beschäftigt; alles von der Pferdeanatomie bis zu den Details der Reitkunst wurde analysiert. Es war typisch für die Zeit, mit so großer Gründlichkeit zu arbeiten. So hatte Bouchardon über 200 Pferdezeichnungen gemacht, bevor er mit seinem Denkmal begann. Salys Pferdestudien sind leider alle verlorengegangen. 1757/58 modellierte Saly ein kleines, kaum ein Meter hohes Modell, das der König genehmigte. Abgüsse davon befinden sich u. a. im Städtischen Museum, im Kunstmuseum und in der Kunstakademie.

Was das Porträt Friedrichs V. betrifft, so wurde er als römischer Imperator dargestellt, mit Lorbeerkranz und mit dem rechten großzügigen Gestus, ein Anachronismus, wenn man bedenkt, daß Friedrich V. einer der untauglichsten Könige des dänischen Absolutismus war.

Ein Modell in voller Größe wurde 1763 angefertigt und am 3. Februar 1764 A. G. Moltke und allen Mitgliedern der Kunstakademie vorgestellt. Nach den Tagebüchern der Akademie weckte die Vorstellung Erstaunen und Begeisterung. Drei Jahre zuvor, am 18. Oktober 1760, war der Grundstein für das Denkmal gelegt worden, aber erst am 2. März 1768 konnte der Guß stattfinden.

1763 malte C. G. Pilo dies Porträt des französischen Bildhauers J. F.-J. Saly. Sein Meisterwerk, das Reiterdenkmal Friedrichs V., sieht man als Modell im Hintergrund. Fotosammlung der Kunstakademie.

Der hinzugezogene französische Bronzegießer Pierre Gor, der auch Bouchardon assistiert hatte, nahm die schwierige Prozedur vor, nachdem eine Behandlung der Form mit Wachs geschehen war. Der Guß dauerte nur drei Minuten und einige Sekunden. Am 15. August 1768 um 4.30 Uhr morgens wurde die 22 Tonnen schwere Figur aus der Gießerei bei Kongens Nytorv gerollt. Als man bei dem Pferd auf Kongens Nytorv (vgl. S. 133 f.) vorbeikam, ertönten 27 Kanonenschüsse, und dasselbe geschah, als man am Nachmittag in Frederiksstaden ankam. Der Transport wurde von einer Gruppe Marinesoldaten betreut, und alles, was sich an neugierigen Bürgern bewegen konnte, folgte ihm.

Auf dem Amalienborger Schloßplatz wurde die Figur mit Gewichten und Rollen zurechtgerückt und danach zugedeckt. Noch zwei Jahre vergingen durch die Nachprüfung und Ziselierung der Oberfläche, bevor das Denkmal endlich am 1. August 1771 enthüllt werden konnte. Damals lag Friedrich V. längst im Grabe, und die jammernden Aktionäre der Asiatischen Kompanie hatten ungeheure Summen, wohl eine halbe Million Reichstaler, für das fast 20 Jahre dauernde Projekt bezahlen müssen. Die Zeitgenossen waren aber von der Größe des Werks ergriffen, wie es ein Kunstkenner ausdrückte: „Es hat viel Geld gekostet, aber es wird in kommenden Geschlechtern Freude verbreiten, es wird eine angenehme Vorstellung von der künstlerischen Kultur unter dem König vermitteln, den es verewigt."

Während der Sockel des Denkmals, ein weißer italienischer Marmorblock, geschmückt mit ovalen Inschriftmedaillons, Witterung und Luftverunreinigung mit einer gewissen Anmut überstanden hat, steht es um die Figur selbst schlecht. Aufnahmen von 1912, 1962 und 1983 dokumentieren den Verfall. Von 1912 bis 1962 änderte sich die Oberfläche wenig, während sie in den letzten 21 Jahren von einer dünnen, hellgrünen Korrosionslage fast bedeckt ist. Nur die am besten gegen den Regen geschützten Stellen haben noch ungefähr die alte Oberfläche, und hier kann man noch den Werkzeugspuren von der Ziselierung folgen.

Ambrosius Bogbinder (?–1536) war ein Sohn des Kaufmanns und Ratsherrn Hans Meissenheim Bogbinder, dem ein Steinhaus in der Højbrostræde gehörte. 1529 wurde er zum Bürgermeister gewählt, und im Jahr darauf führte er die Bürgerschar an, die während der Messe in die Frauenkirche eindrang. Er leitete die Verteidigung Kopenhagens, als Christian III. die Stadt belagerte. Nach dem Fall von Kopenhagen am 28. Juli 1536 warf er sich zweimal Christian III. zu Füßen, um Vergebung zu bekommen. Kurz darauf beging er Selbstmord.

Andersen, H. C. (1805–1875) stand erstmals auf der Höhe von Frederiksberg und studierte die Türme der Stadt, als er erst 14 Jahre alt war. Bei sich hatte er 10 Reichstaler und ein kleines Bündel Kleidung. Als er am 6. September 1819 ankam, war gerade die „Judenfehde" ausgebrochen. Es war nicht der glücklichste Moment in Kopenhagens merkwürdiger Geschichte, aber der werdende Dichter hatte nur Theater im Kopf, und ein günstiges Schicksal führte ihn zum Gesangsmeister Siboni vom Königlichen Theater. Zum Kreis um Siboni gehörten Baggesen und Weyse. Letzterer sammelte eine kleine Geldsumme für Andersen, die ihn über die erste Zeit in der Hauptstadt retten konnte.

Später war der Dichter stark mit Kopenhagen verbunden, und seine verschiedenen Wohnungen und Einlogierungen können genau verfolgt werden: 1830–1833 *Store Kongensgade 9,* 1838–1839 *Nyhavn 20*, 1840, 1842–1845 und 1847 *Kongens Nytorv 13*, 1848 *Store Kongensgade 49*, 1848–1860 *Nyhavn 67*, 1866 *Kongens Nytorv 34,* 1867–1869 *Lille Kongensgade 1* und schließlich 1870 *Højbro Plads 21.*

Am längsten war die Verbindung zu → Nyhavn 67 (damals Nr. 34), das der Seemann Johannes Anholm 1845 für 7000 Reichstaler übernommen hatte. Neben seiner Reederei annoncierte Anholm „saubere Zimmer und billige Bewirtung". Das paßte dem Dichter gut, denn das Quartier hatte ja Charme und das Haus selbst eine interessante Geschichte, seit es 1737 für den Leinenhändler Jens Sørensen Bøsholt gebaut worden war. Hier hatte Johan Ludvig Heiberg 1806/07 mit seiner Mutter gewohnt.

H. C. Andersen wurde ein ziemlich flatterhafter Mieter, denn in den Jahren war er gerade sehr oft auf Reisen. So konnte es geschehen, daß er an Madam Anholm schrieb, ob sie nicht den Kachelofen anmachen könne, wenn er vom Besuch auf einem Herrenhof heimkehrte. Der große Blumenfreund konnte auch über seinen Geburtstag in einem Tagebuch notieren, Frau Anholm habe ihm schöne Blumen ins Zimmer gestellt.

Am 21. 5. 1874 verewigte der Fotograf F. C. S. Weller den Dichter H. C. Andersen in seinem Wohnzimmer im Hause Nyhavn 18. Darüber steht in Andersens Tagebuch: „Um ein Uhr kam der Fotograf. Ich saß bis halb vier, das Wetter war dunkel und das Licht nicht gut in meiner Stube. Er nahm fünf von mir . . .". Karten- und Bildersammlung der Kgl. Bibliothek.

Zufrieden mit seinem Logement konnte der Dichter im Oktober 1848 an Frau von Eisendekker schreiben, die mit dem oldenburgischen Minister verheiratet war: „Nachdem ich in Fünen und Seeland umhergestreift bin, sitze ich jetzt ruhiger in einer Ecke von Kopenhagen, aber in einer Ecke, von wo ich hinaus über das Meer zur schwedischen Küste sehen kann, wo Schiffe kommen und gehen. Hier bekam ich endlich einen Brief von Ihnen."

Wenn er sich in Kopenhagen aufhielt, besuchte er gerne die drei „Collinschen Höfe" im Amaliengade-Quartier. In der →*Amaliegade 9* wohnte Jonas Collin, geheimer Konferenzrat und Direktionsmitglied des Königlichen Theaters, und in der *Nr. 7* residierte Thomsen Collin, der sich mit den Altertümern des Landes beschäftigte. Jonas Collins Glauben an Andersens Talent und seine Hilfe können kaum hoch genug eingeschätzt werden. Er führte den Dichter durch die schwierigsten Jahre.

Antonigade. Am Ende des Mittelalters wird sie als *Lille Pilestræde* erwähnt. Dann taucht der Name *Antonistræde* auf, der von den beiden bebauten Grundstücken kam, die bis zur Reformation im Besitz des Antoniterklosters in Præstø waren. Als die Straße im vorigen Jahrhundert erweitert wurde, begann der Gebrauch der jetzigen Namensform. Antonigade 3 und 7 entstanden beide vor 1712, wurden aber später stark umgebaut. In einer Beschreibung Kopenhagens von 1849/50 wird erwähnt, daß es in der Antonigade „Drechsler und Bürstenbinder" gebe.

Arbeitermuseum. Das Museum in der Rømersgade 22 wurde 1982 gegründet und ist in dem jetzt geschützten „Arbejdernes Forsamlingsbygning" (Versammlungsgebäude der Arbeiter), auch „Folkets Hus" (Haus des Volkes) genannt, untergebracht. Das Gebäude wurde am 23. April 1879 eingeweiht und hat im Laufe der letzten 100 Jahre unzählige politische Versammlungen erlebt.

Nachdem man gerade erst eingezogen ist, erwartet man, daß der Aufbau des Museums die nächsten zehn Jahre beanspruchen wird. Die Ausstellung hat zum Ziel, zu zeigen, wie dänische Arbeiter in den letzten 150 Jahren gelebt und gewirkt haben. Arbeit und Wohnung sollen beleuchtet werden, ebenso wie die Gemeinsamkeit zwischen politischer und gewerkschaftlicher Tätigkeit vom Beginn der Industrialisierung bis in unsere Tage.

Sehr symbolisch wurde das Museum am 1. Mai 1984 mit der Ausstellung „Die Arbeiterfamilie in den 50er Jahren" eröffnet, wo Themen wie das Gewerkschaftsbüro, die Heimnäherin, der Arbeitsplatz und der Feierabend gezeigt werden.

Asiatisk Plads (der Asiatische Platz) liegt in →Christianshavn zwischen der Stengade und dem Hafen. Er trägt den Namen nach der Königlichen Oktroyierten Dänischen Asiatischen Kompanie (meist Asiatische Kompanie genannt), die dort von 1732 bis 1843 ihren Sitz hatte. Sie wurde am 12. April 1732 gestiftet, und im Gegensatz zu vielen anderen Handelskompanien des 18. Jahrhunderts wurde sie ein blühendes Unternehmen. Mit der Unterhaltung der dänischen Kolonien in Indien – Trankebar, Frederiksnagore und den Nikobaren – bekam die Gesellschaft große Aufgaben. Außerdem bekam sie, ebenso wie andere europäische Unternehmen, eine Handelsstation (Faktorei) in Kanton/China.

In mehreren Briefen des Historikers Hans Gram aus den 40er Jahren des 18. Jahrhunderts gibt es Bemerkungen über die Tätigkeiten der Gesellschaft. So schrieb Hans Gram am 5. September 1744 an den Geheimrat C. A. Plessen, es sei nicht ratsam, Aktien der Kompanie zu verkaufen, bevor das Schiff aus Trankebar zurückgekehrt sei. Unter dem 25. September 1745 steht folgende Bemerkung in einem Brief von Gram an Plessen: „Der holländische Gouverneur in *Batavia*, Baron Imhoff, war unnützerweise so eifrig und schnell, alle aufgebrachten französischen Chinafahrer voll mit ihren Teeladungen heim nach Holland zu schicken, was zugleich mit den eigenen zwei bis drei Millionen Pfund Tee der Holländer nur den Preis unserer Waren tief senken konnte."

Ein Ausdruck wirtschaftlicher Kraft war Salys Reiterdenkmal Friedrichs V. (vgl. S. 26), für das die Kompanie alle Ausgaben bezahlte. Aber dies kostspielige Projekt kam die Aktionäre auch teuer zu stehen. 1772 wurde die Asiatische Kompanie in die Neue Asiatische Kompanie umgebildet, und zugleich wurde der Ostindienhandel freigegeben, die Gesellschaft behielt aber das Recht auf den Chinahandel. 1777 übernahm der Staat die Neue Asiatische Kompanie in Indien.

Der Schwede J. E. Angelin erwähnt 1805, ihr Vermögen von 2,4 Mill. Reichstaler sei auf 4800 Aktien verteilt gewesen. Unter den eingehandelten Waren befanden sich Tee, Sago, Ginseng und Rhabarber aus China, während man aus Indien Salpeter, Pfeffer, Sago, Indigo und Kattun holte. Wegen der steigenden englischen Konkurrenz und aus anderen Gründen mußte die Kompanie 1843 aufgelöst werden.

Das alte Haus der Kompanie steht *Strandgade 25*. Es ist ein Palais in spätbarockem Stil, 1738 nach Entwürfen des Architekten Philip de Lange gebaut. Charakteristisch für den Stil sind das kräftig profilierte Hauptgesims, die Lisenen, das Mansarddach und der große Segmentfronton an der Hauptfassade, an dem sich ein Relief befindet. Es stellt Neptun und Hermes dar, die als „Schutzpatrone der Kompanie" dienen sollten. Das Relief stammt vermutlich von dem Bildhauer J. C. Petzold. Innen sind noch Stuckdecken aus der Bauzeit erhalten. Das Haus steht unter Denkmalschutz.

Als Pendent zu dem Palais, zu dem man Symmetrie herstellen wollte, wurde 1781 nordöstlich davon ein Packhaus mit gleichen Dimensionen gebaut. Es bekam aber nur zur Straße hin dasselbe Fassadenschema, denn zum Platz hin zeigt es sich als Packhaus. Das Tor zwischen den beiden Gebäuden wurde 1958 erweitert, und die Sandsteindekorationen wurden fast vollständig ausgewechselt. Das Gebäude steht unter Denkmalschutz.

Assistens Kirkegård („Hilfsfriedhof").

Vom Mittelalter an war es Brauch, die Toten in den Kirchen zu begraben, nur ausnahmsweise geschah das in den Kräutergärten außerhalb. Gelegentlich wurde von dem Leichengestank berichtet, dessen Ursache die vollgepfropften Kirchenfußböden waren. Die →Pest von 1711 machte die Situation so kritisch, daß bisweilen fünf Särge übereinandergesetzt werden mußten. Darauf wurden zur Beerdigung der Armen fünf Hilfsfriedhöfe eingerichtet, fast alle am Rande der Stadt, während den Reichen nach wie vor ein Platz in den Kirchen gesichert war.

In den 1750er Jahren verschlechterten sich die Verhältnisse in Kopenhagen weiter, und der Magistrat schickte am 2. Mai 1757 den Vorschlag zu einem Friedhof außerhalb der Wälle an die Kanzlei. Darin lag nichts Neues, denn schon 1666 war Holmens Kirkegård außerhalb von →Østerport angelegt worden, und 1711 wurde auch der Friedhof der Garnison dorthin verlegt. Nach verschiedenen Verhandlungen wurde beschlossen, den Hilfsfriedhof außerhalb des bebauten Teils der Vorstadt Nørrebro einzurichten. Am 16. Mai

Eines der eigentümlichsten Grabmäler auf dem Assistens-Friedhof ist Nicolai Abildgaards Denkmal für Professor P. C. Abildgaard. Dieser hatte aus eigener Initiative 1770 die Veterinärschule errichtet und drei Jahre lang mit eigenen Mitteln betrieben. Die Frau mit den vielen Brüsten wurde als kleinasiatische Fruchtbarkeitsgöttin Kybele und als griechische Artemis gedeutet. Stich nach Lahde. Karten- und Bildersammlung der Kgl. Bibliothek.

1757 erfolgte die königliche Anordnung. Der Friedhof wurde schnell bepflanzt, während Philip de Lange den Bau der charakteristischen Backsteinmauer mit Nischen übernahm, die einen Teil der Anlage umgibt.

Schwierigkeiten verursachte die Einweihung des von Anfang an für Arme gedachten Friedhofs. Bischof Harboe hielt sie für überflüssig, er war aber den kleinen Leuten gegenüber so offen, daß er eine Rede des Gemeindepastors der Frauenkirche vorschlug. Am 6. November 1760 fand eine armselige Feier statt, wobei Schüler über dem elenden Stücke Erde sangen: „Das Geld, das Judas wegwarf"; eine passende Wahl zu diesem Anlaß in Gegenwart einiger Professoren und Magistratsmitglieder. Der offizielle Name „Hilfsfriedhöfe außerhalb des Nordertors" kam nie an. Es wurde nicht besser, als man 1805 das Areal erweiterte und die Bereiche der einzelnen Kopenhagener Gemeinden durch eine Inschrift über dem Tor kennzeichnete. So lautete der „wegweisende" Text über dem Tor in Richtung Nørrebros Runddel „Ruhestätte für die verstorbenen Mitglieder der christlichen Gemeinde in Kopenhagen". Darauf wurden Quartierbezeichnungen im pathetischen Geist der Zeit vorgeschlagen, etwa *Gravløkke* (Grabkoppel), *Fredlunden* (Friedenshain) und *Mindemarken* (Gedenkfeld).

Jede Gemeindekirche unterhielt und verwaltete ihren Teil des Friedhofs. Das führte notwendigerweise dazu, daß die Anlagen bescheiden blieben. An Wegen wurde so sehr gespart, daß man oft über verschiedene Gräber steigen mußte, um eine bestimmte Grabstelle zu erreichen. Die Beerdigten gehörten ja auch zu den Anonymen der Gesellschaft, als man den Friedhof in Gebrauch nahm. Nur wenige Namen aus der ersten Zeit sind überliefert. Am interessantesten davon ist der des französischen Scharlatans Jean Baptiste de Parthenay, der 1768 zur Ruhe gelegt wurde. Er versuchte eine Seidenproduktion und rief Handwerker herbei, die gerade dem Friedhof gegenüber in der späteren Frederik 7.s gade Maulbeerbäume pflanzten. Das Projekt wurde aber zu einem Fiasko, und de Parthenay starb tiefverschuldet.

Was mit einem Schlag den Armenfriedhof zum Garten der feinen Leute machte, war die Beerdigung des reichen Johan Samuel Augustin. Er schrieb zwei Jahre vor seinem Tod 1785 ein Kodizill, worin er darauf bestand, daß „Mein Begräbnis soll auf dem Armen-Kirchhofe vor dem Norderthor seyn, weshalb ich schon mit Mr. Simon, der dort Gräber ist, gesprochen habe". Sein Beispiel wurde nachgeahmt, fast wie eine Mode unter den Bekannten im damaligen Kopenhagen. Als der Orientalist und Regensen-Vorsteher Professor Andreas Christian Hviid 1788 dort beerdigt wurde, nur ein Dutzend Gräber von Augustin entfernt, waren über hundert Studenten zur Stelle. Bischof Frederik Plum, der Hviids Witwe heiratete, schrieb eine Elegie über den Verstorbenen.

Mit den Jahren entwickelte sich der Friedhof zu einem üppigen Garten mit einer Menge prachtvoller Grabmäler. Der Schwede Karl August Nicander erinnert sich seiner von einer Reise 1827: „. . . Ich zog eines Abends durch das Nordertor zum sogenannten Hilfsfriedhof. Er ist sicher eine der schönsten Ruhestätten in Europa. Dichtbelaubte Bäume, dunkle Gänge, offene und lichte Blumenfelder, Tempel, die von Pappeln beschattet sind, Marmorsarkophage, von Trauerweiden überhängt, und Urnen oder Kreuze, von Rosenranken umschlungen, Duft und Vogelgesang machen die Stätte des Todes zu einem kleinen Paradies".

Der Friedhof machte den Benutzern aber ständig Probleme. Die Wege dorthin waren schlecht, und noch 1840 wurde er als „weiter entfernt" bezeichnet. Der Fahrweg dorthin wurde erst 1859–1867 gepflastert. Die Leute behandelten auch nicht die Gräber mit der größten Pietät.

Nach späteren Ausweitungen besteht der Friedhof heute aus einer Reihe von Abteilungen, von denen die älteste die Bezeichnung A trägt. Das wichtigste Grab ist hier das von Søren →Kierkegaard, das nahe der Hauptallee liegt, da wo sie zur Abteilung B abbiegt. Das Grabmal trägt drei Marmorplatten mit seinem Namen und den Namen seiner Angehörigen. Da Kierkegaard die kirchlichen Zeremonien stark angegriffen hatte, entstand auch wegen seiner Beerdigung Streit. Schon daß er an einem Sonntag beigesetzt werden sollte, wurde von kirchlicher Seite kritisiert. Von anderen historischen Persönlichkeiten, die in der Abteilung A beigesetzt sind, seien der Zeichner Fritz Jürgensen, der Maler Christen Købke und der Bildhauer Johannes Wiedewelt erwähnt.

In Abteilung B wurde 1905 der Schriftsteller Viggo Stuckenberg beerdigt. Abteilung D umfaßt katholische, reformierte und russische Gräber, während Abteilung E der ursprüngliche Hilfsfriedhof der Frauenkirche war. Das Totengräberhaus in der Ecke nach Nørrebros Runddel zu stammt aus dem Jahre 1805.

B

Bäckerzunft. Die Zunft wurde vor 1403 gestiftet und wurde eine der wichtigsten in Kopenhagen. Das →Nationalmuseum hat eine reichgeschnitzte Zunftlade, die die Kopenhagener Bäcker um 1630 herstellen ließen. Ein bedeutendes Mitglied war im 17. Jahrhundert der königliche Hof- und Reisebäcker Daniel Hellms, der um 1675 der Zunft ein getriebenes Goldschild mit Emaileinlagen schenkte. Dies Kunstwerk befindet sich, zusammen mit anderem historischen Zunftbesitz, ebenfalls im Nationalmuseum.

Als das Zunftwesen Mitte des 18. Jahrhunderts von dem Rechtsgelehrten Henrik Stampe kritisiert wurde, betraf das auch die Bäcker. Stampe behauptete, sie lieferten teures und schlechtes Brot und versäumten ihre Pflicht, immer einen Weizen- und Roggenvorrat für ein ganzes Jahr zu halten. Die Bäcker sollten hart bestraft werden, wenn sie schlechtes oder untergewichtiges Brot lieferten. Zugleich hob man das Vorkaufsrecht der Zunft für holländischen Weizen auf, das von 1741 stammte. Es sollte auch Konkurrenz geschaffen werden, indem die Behörden Leuten außerhalb der Zunft nicht nur, wie früher, erlaubten, grobes Schwarzbrot zu verkaufen, sondern es auch zu backen. Waren, die von den privilegierten Schwarzbrotbäckern vertrieben wurden, nannte man „Husbagerbrød" (Hausbäckerbrot).

Als →Frederiksstaden in den 1750er Jahren angelegt wurde, zeichneten zwei Bäcker Grundstükke. Der eine davon, Christian Matthias Breslau, war aus Stettin eingewandert und hatte eine große Bäckerei in der Vingårdsstræde samt einer Mühle auf dem Wall von Christianshavn und ein Anwesen in Smedens Gang, einem Gäßchen zur Vingårdsstræde.

Bådsmandsstræde. Die Straße wird von Christianshavns Kanal gekreuzt. Ihr Name erinnert daran, daß →Christianshavn ein alter Seemannsort ist. Auf Geddes Karte von 1757 heißt die Straße *Baadsmands Stræde.* 1836 baute man hier Kasernen, die 1863 erweitert und später wieder beseitigt wurden. Heute gehört das Gebiet zur „Freistadt Christiania".

Badstuestræde. Die Straße („Badestubengasse") wird schon im Erdbuch der Roskilder Bischöfe von 1377 erwähnt, und es heißt darüber, hier habe es „Fleischmacher-Buden" gegeben. Kurz vor 1400 wurden diese in die →Købmagergade verlegt. Die Gasse bekam ihren Namen nach einem öffentlichen Bad, das an der Kompagnistræde lag. 1496 hieß sie *Strandbadstuestræde.*

Das Bad war in der mittelalterlichen dänischen Stadt festes Inventar. Saxo erzählt, →Absalon habe, als er 1171 zu seiner neuerrichteten Burg in

Kopenhagen kam, sofort ein Badehaus aufgesucht. Allmählich entwickelten sich in den Städten öffentliche und private Badehäuser. So gab es 1377 in Kopenhagen drei öffentliche Bäder, davon eines in der Badstuestræde. Die beiden anderen lagen nahe der *Vestergade* und bei der Nikolaikirche. Das Heiliggeisthaus hatte übrigens seine Badestube, und dazu kamen später die ganz privaten.

Zu den Bädern gehörte die Praxis, daß beide Geschlechter anwesend sein konnten, was Anlaß zu viel Lustigkeit und Trinkerei gab. Eine gute Seite waren die Bader, die Dienste wie Barbieren, Frisieren, Haarschneiden, Wundbehandlung, Aderlaß und Schröpfen anboten. Die Tage der Badehäuser waren aber gezählt, als am Ende des 15. Jahrhunderts die Syphilis nach Dänemark kam. Es handelte sich um eine wirkliche Volkskrankheit, die Europa verheerte, und der Krankheitsverlauf war viel schlimmer als heutzutage. Die Erkrankten bekamen hohes Fieber und starke Schmerzen an Kopf, Knochen und Gelenken. Die Ärzte wußten kein effektives Mittel, nur daß die Badehäuser geschlossen werden mußten, war klar. In Kopenhagen wurde das Bad in der Badstuestræde 1509 geschlossen. Entsprechend bedauerte Peder Palladius, daß das Badehaus in seiner Geburtsstadt Ripen aufgegeben wurde, obwohl die Stelle ihren alten Namen behielt. In Kopenhagen wurde von den 1640er Jahren an der Straßenname Badstuestræde verwandt.

Ballonfahrten oder „aerostatische Reisen", wie sie der schwedische Staatsminister G. F. Creutz nannte, begannen mit den französischen Brüdern Joseph und Etienne Montgolfier. Ihr erster Ballonflug, der auf dem Warmluftprinzip basierte, fand am 21. November 1783 statt, und die historische Luftreise dauerte ganze 25 Minuten.

In Kopenhagen versuchte der Naturwissenschaftler Peter Chr. Abildgaard sich schon am 20. Dezember desselben Jahres mit einer „aerostatischen Maschine", doch der Wind war zu stark. Auch ein neuer Versuch vier Tage später mißglückte. Dafür hatte der Apotheker Mühlensteth Glück mit seinen Experimenten. Er schickte am 27. Dezember 1783 von →Kongens Have aus einen Luftballon hoch. Doch zerriß die Luftkugel das Tau, sie stieß gegen das Schloß und fiel in Frederiksberg herunter.

Was Ballonexperimente betraf, so feierten im Norden überhaupt Apotheker Triumphe. In Finnland war es der Apotheker Johan Jacob Julin, der 1784 den ersten Ballonaufstieg vom Marktplatz in Uleåborg aus vornahm.

Ein tragisches Ereignis fand am 14. September 1851 statt, als der Luftschiffer Guiseppe Tardini beim Kalvebod Strand verunglückte und ertrank.

Am berühmtesten von allen Kopenhagener Ballonfahrten wurde die des Schweden Victor Granberg. Er annoncierte am 25. Juli 1857 groß in Berlingske Tidende, er wolle am folgenden Tag mit königlicher Genehmigung von der Reitbahn des Schlosses →Christiansborg aus „eine Luftreise mit dem kolossalen Seidenballon ‚Samson' unternehmen". In der Annonce wurden auch die technischen Details erklärt: „Dieser interessante Anblick, wie das Gas aus kleineren Tonnen in ein großes Gefäß und von da in den Ballon strömt und ihn ausweitet, ist etwas Außerordentliches. Füllung und Aufstieg werden durch Salutschüsse angezeigt."

Der Aufstieg wurde ein Riesenfiasko, denn der Ballon blieb am Stallgebäude auf Christiansborg hängen, und die Volksmenge rief: „Er geht nicht, Granberg", ein Ausdruck, der seitdem sehr populär geworden ist.

„Baron Boltens Gård", Gothersgade 8, umfaßt ein Vorderhaus, ein Neben- und ein Hinterhaus. Vor dem jetzigen Anwesen lag hier ein älterer Hof, der 1740 dem Hofkücheninspektor Nelling gehörte. Er vermietete Zimmer an Arme, und zu Beginn der 1750 Jahre hatte ein Stellmacher seine Werkstatt im Vorderhaus. Im Hauptgebäude hielt Christopher Harsdorff, der Vater des großen Architekten, in den Jahren 1748–1754 Schule, und der Kupferstecher Johan Fr. Clemens besuchte sie von seinem achten Lebensjahr an.

Die heruntergekommenen Bauten mußten 1767 fallen, als der Weinhändler und spätere Baron Henrik Bolten das Anwesen kaufte. Um 1760 war der jetzige Hof fertig. Das *Vorderhaus* wurde aber später geändert, indem man es zur Erleichterung des Verkehrs in der →Gothersgade auf „Kommodenbeine" setzte.

Bolten, der aus Bremen stammte, kam 1752 nach Kopenhagen, wurde 1763 in die Weinhändlerzunft aufgenommen und wurde ein wohlhabender Herr. Als er sich später, nämlich 1785, einem Konkurs näherte, wurde sein wertvolles Inventar und Mobiliar verkauft. Nach den Dokumenten hatte die Baronesse in ihrem Empfangskabinett zwei Mahagonispiegel, zwei Spieltische, zwei Eßtische und ein Cembalo. In einem Teekabinett daneben stand ein chinesischer lackierter

Christiansborg Slots Ridebane.

Med kongelig allernaadigst Tilladelse, har

Joseph Tardini

den Ære

til Fordeel for de Saarede og Faldnes Efterladte

at foretage

EN LUFTREISE

med sin colossale Silke-Ballon

SAMSON

Idag, Søndag d. 7. September 1851.

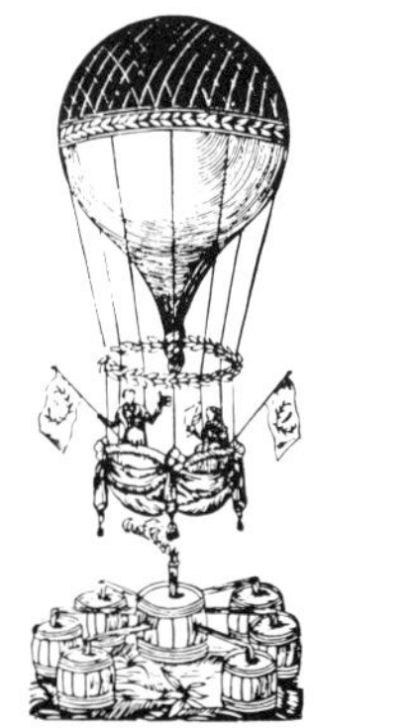

For at underholde det ærede Publicum længere end sædvanlig ved Synet af den opstigende og svævende Ballon, vil Tardini først i Følge med sin Søn Alexander, 9 Aar gammel, klædt som Amor, opstige til en Høide af nogle Hundrede Fod, og forblive i denne Høide omtrent ; Time og atter neddale paa Ridebanen. Derpaa foretager han alene den egentlige Reise.

Ballonens Fyldning, vil tage sin Begyndelse Kl. 4 og Opstigningen skeer Kl. 6.

Under Ballonens Fyldning musiceres af et godt Musikcorps og flere mindre Balloner med Metamorphoser ville opstige.

Billetter erholdes hos Hr. Capozzi, st. Kongensgade Nr. 40 A, i Hotel d'Angleterres Café, Kongens Nytorv, og i Tardinis Bopæl, Holmens Canal 251, samt ved Billetcontoirene, ved Indgangene.

Entreen til Balconen og de afspærrede Pladser er 2 Mk. og til de øvrige Pladser 1 Mk. Børn det Halve.

Billetterne til Balconen og de afspærrede Pladser ere **röde** og til de øvrige Pladser **gule.**

Billetterne til Balconen og de afspærrede Pladser forevises kun ved Indgangen.

Serviertisch, und in ihrem Schlafgemach hatte die Baronesse ein eichenes Doppelbett mit ostindischem Kattunvorhang. Im Hinterhaus hatte der Französischlehrer der Kinder seine Kammer.

Auf der Treppe des Vorderhauses sieht man eine Uhr, die wahrscheinlich aus der Mitte des 19. Jahrhunderts stammt, als die Uhrenfirma Urban Jürgensen dort ein Geschäft betrieb. Ganz hinten steht auf dem Grundstück ein malerisches Stallgebäude mit schwarzgestrichenen Hölzern und gelben Feldern. Es wurde 1755 für den Fuhrunternehmer Thomas Matthiesen errichtet und hatte Platz für 24 Pferde.

Baugesetzgebung. Schon im Mittelalter versuchte man, durch Gesetze die Häuser der Stadt zu verbessern. König Christoph von Bayern gab am 14. Oktober 1443 ein neues Stadtrecht heraus, in dem es hieß, niemand dürfe sein „heimliches Haus" näher als eine Elle von der Straße oder vom Nachbargrundstück entfernt bauen. Umfassender war die Verordnung Christians III. von 1549, die den Bau von Häusern mit Brettergiebeln zu den Nachbarhäusern hin verbot. Zur Verminderung der Brandgefahr sollten die Häuser auch in den oberen Etagen Lehmeinlagen haben.

Der Kampf um bessere Brandsicherung, größere Hygiene und bequemeren Straßenverkehr prägte die ganze spätere Gesetzgebung. So wurde es 1575 verboten, Buden und Hütten auf den Bürgersteigen zu bauen, aber das ließ sich schwer durchsetzen. Im 16. Jahrhundert kämpften die Behörden mit besonderer Energie dafür, daß die feuergefährlichen Strohdächer gegen Ziegeldächer ausgetauscht wurden. Der Widerstand war in den Städten groß, auch in Kopenhagen, wo noch 1579 ein strohgedecktes Haus gegenüber dem Haupteingang der Frauenkirche stand. 1643 modernisierte die Stadt die Brandbestimmungen. Danach sollten die Schornsteine künftig in den Häusern stehen und durch das Dach reichen. Das frühere Verbot, die Bürgersteige zu bebauen, wurde 1650 verstärkt, als man auch den Anbau von Beischlägen verbot.

Oluf Steenwinckel ist der früheste bekannte städtische Bauführer mit der Pflicht, die bürgerlichen Häuser und die Straßen der Stadt zu beaufsichtigen. Er wurde im Mai 1651 angestellt und sollte „aufpassen, daß niemand auf die Straße baut; wer aber einen Ausbau hat, der soll auf seinen eigenen Grund zurückweichen; die Treppen, die von der Straße herauf gebaut werden, dürfen nicht weiter auf die Straße hinausreichen, als daß drei Ellen zwischen ihnen und dem Rinnstein freibleiben, so daß der Gehweg unbehindert bleibt . . ."

Für →Christianshavn, das 1619 gegründet wurde, galten natürlich auch Baubestimmungen. Im Gründungs- oder Freiheitsbrief vom 5. April 1619 heißt es, jeder, der ein Grundstück bekäme, solle ein „gutes Stadthaus" errichten lassen. Diese Forderungen an die Bauherren von Christianshavn wurde 1639 verstärkt: es sollten „gute und nicht zu beanstandende Bürgerhäuser . . ." gebaut werden. Der Stadtteil wurde im selben Jahr eine selbständige Stadt und blieb es bis 1674.

Mit der Einführung des →Absolutismus 1660 wurde eine neue und umfassendere zentrale Verwaltung aufgebaut. Die leitenden Baumeister und Festungsingenieure des Königs bekamen verschiedene Aufgaben, wenn es um die neuen Viertel in Kopenhagen ging. So mußte der Festungsingenieur Henrik Rüse 1664 auf Grund einer Verordnung über die Anlage neuer Straßen Grundstücke markieren und Straßen abstecken. Die Kontrolle der Instandhaltung der Häuser und von Neubauten nahm zu. Für diese Aufgabe war Thomas Rasmussen Walgensten der rechte Mann. Er war 1664 gerade von einem Aufenthalt in Paris zurückgekehrt, wo er das Neueste an Pariser Bauplanung unter Leitung Colberts mitbekommen hatte.

1670 wurde Walgensten als „denne Bys Fabriksmester" angestellt, d. h. als Stadtbaumeister,

1806 sahen die Kopenhagener das zum ersten Mal einen Menschen im Ballon aufsteigen, nämlich den sogenannten Professor Robertsen, der sich vom Exerzierplatz Rosenborg aus erhob. Dies Ereignis wurde aber weit in den Schatten gestellt durch die Demonstrationen des Italieners Guiseppe Tardini im Jahre 1851. Wie das Plakat zeigt, wurde dafür große Reklame gemacht. Bei seiner ersten Luftreise glitt Tardini mit seinem Ballon über den Øresund und landete nach Berlingske Tidende „auf dem Gut Tågarp des Grafen Hamilton in Schonen". Karten- und Bildersammlung der Kgl. Bibliothek.

der die Instruktionen „mit seinem Wissen um die Zierlichkeit der Stadt, den Nutzen der Bewohner und die Grenzstreitigkeiten der Nachbarn" ausführen und dazu „einem jeden Bauwilligen, der seine Dienste begehrt, gegen billige Bezahlung helfen" sollte.

Die Verordnung vom 27. Februar 1683 über „eine schickliche Einrichtung und zierliche Proportion in den Straßen und das Aussehen der Häuser" enthielt in § 7 folgendes Gebot: „Wenn Vorbauten und Fenster die Zierlichkeit der Häuser beeinträchtigen und die Nachbarn stören, so darf niemand etwas davon bauen oder einsetzen". Es muß hinzugefügt werden, daß die Verordnung von 1683 die Errichtung von Gebäuden nicht melde- oder genehmigungspflichtig machte!

Der → Stadtbrand von 1728 führte zu strengeren Regeln, und auch der Brand von 1795 hinterließ tiefe Spuren in der Gesetzgebung. Nach dieser Katastrophe, der etwa 950 Häuser zum Opfer fielen, gaben der städtische Bauführer Professor Rawert und der Stadtbaumeister Professor Peter Meyn am 17. Juni 1795 einen neuen Plan für den abgebrannten Stadtteil heraus. Es wurde bestimmt, daß eine Reihe kleiner Straßen ganz aufgegeben werden sollten – darunter die Dybensgade, Hummergade, Nellikestræde und der Smedensgang –, während andere Straßen und Gassen eine Regulierung und Erweiterung verlangten. Die radikalen Vorschläge hatten aber dasselbe Schicksal wie die idealen Projekte von 1728. Das Resultat waren nur kleinere Regulierungen und eine etwas größere Breite für einige der feuergefährdeten Straßen. Einer von Meyns und Rawerts Vorschlägen sah vor, daß die neuen Häuser in Massivbauweise und mit abgeschrägten Ecken gebaut werden sollten. Solche Ecken kann man noch an den Eckhäusern am → Højbro Plads oder etwa Ecke → Naboløs–Læderstræde 19 sehen. Die Vorschläge, die angenommen wurden, sind übrigens auf einem Plakat vom 4. Juli 1795 enthalten.

Auch die Hygiene wurde damals nicht vernachlässigt. Davon zeugt die *Verordnung vom 5. September 1794 betreffend Strafe für Quacksalber*. Nach deren § 1 sollten königliche Beamte, besonders Pastoren, die Bevölkerung über die gesundheitsschädigenden Auswirkungen stickiger Luft in den Wohnungen informieren.

Ganz entscheidende Bedeutung hatte das Baugesetz von 1856, das für Kopenhagen und die Vororte gelten sollte. Danach mußte man für den Bau des kleinsten Schuppens wie für ein ganzes Haus Entwürfe zur Begutachtung einschicken und eine Baugenehmigung beantragen. Dies Gesetz basierte auf einem Gesetzeskomplex von 1854, ging aber in seinen Anforderungen weiter. Von da an gab es eine effektivere Bauverwaltung, und ihr Archiv von den ersten Anfängen bis heute gewährt einen einmaligen Einblick in die Entwicklung der Kopenhagener Architektur und des Wohnungsbaus der letzten 130 Jahre.

Berlingske Tidende. Die älteste Zeitung Dänemarks und zugleich eine der ältesten der Welt wurde 1749 von dem aus Mecklenburg eingewanderten Buchdrucker Ernst Heinrich Berling gegründet. Am 27. November 1748 bekam er für sich und seine Erben das Privileg, die Zeitungen, sowohl dänische wie deutsche und französische, herauszugeben, die er von einer Buchdruckerwitwe namens Inger Wielandt übernommen hatte. Unter dem Titel „Kjøbenhavns Danske Post-Tidende" erschien die Zeitung erstmals am 3. Januar 1749.

Bibliothek, s. Königliche Bibliothek, Universitätsbibliothek.

Bing & Grøndahl Museum. Das Museum in der Vesterbrogade 149 zeigt die Geschichte der Porzellanfabrik von ihrer Gründung am 19. April 1853 bis in die heutige Zeit. Das Unternehmen wurde von den Brüdern Bing und dem Keramiker Fr. Grøndahl gegründet. Letzterer hatte auf Grund seiner früheren Anstellung bei der → Königlichen Porzellanfabrik großes Wissen um die Fabrikation. Als künstlerischer Ratgeber wurde der Bildhauer H. V. Bissen gewählt. Die vorbereitende Arbeit fand in Schuppen auf der Nordseite des Weges statt, während die Fabrik auf der anderen Seite gebaut wurde.

Am Anfang gab es viele Schwierigkeiten. Grøndahl starb 1856 an einer Erkältung, die er sich bei der Arbeit zugezogen hatte. Da auch der Absatz der Waren schwierig war – die ausländische Konkurrenz war scharf –, kam man darauf, halbjährige Ausverkäufe zu arrangieren. Das führte zu schnellem Aufschwung. Harald Bing erzählt darüber: „Zu Fuß und mit Wagen, mit Körben, Kisten und Kästen, bei Sturm und Regen wallfahrten Damen aus den höchsten Kreisen neben Frauen aus dem Volk zur Fabrik hinaus, um an den drei Tagen des Ausverkaufs das billige Porzellan zu kaufen. Man ließ sich von der

Die Reklame des vorigen Jahrhunderts zeigte die Porzellanfabrik Bing & Grøndahl in einer imponierenden Perspektive. Karten- und Bildersammlung der Kgl. Bibliothek.

schnell herbeigerufenen Polizei geduldig in Reihen aufstellen."

Fast ebenso genial war die Idee, mit der der Dichter und Telegrafendirektor Peter Faber an die Fabrik herantrat. Er fragte an, ob man die weißen Porzellanglocken für die Telegrafenmasten herstellen könnte, die man sonst hätte importieren müssen. Auch diese Produktion wurde nach anfänglichen Schwierigkeiten technischer Art mit der allmählichen Entwicklung des Telefonwesens zu einer strahlenden Einnahmequelle.

Zu den größten Künstlern, die mit Bing & Grøndahl verbunden waren, gehört J. F. Willumsen, der seine Zusammenarbeit mit der Fabrik 1897 begann. Auf der Pariser Weltausstellung 1900 erlebte das Unternehmen seinen internationalen Durchbruch, was in der Ausstellung des Museums sehr schön gezeigt wird.

Bispebjerg Hospital, Bispebjerg Bakke 19–35. Das ursprüngliche Krankenhaus wurde in den Jahren 1908–1913 von Martin →Nyrop entworfen und gebaut. Im Gegensatz zum alten städtischen Krankenhaus (Kommunehospital, gebaut 1859–1863), wo die Flügel zusammengebaut waren, wählte Nyrop ein System freiliegender Pavillons. Der Stadtarchitekt Fenger hatte schon 1901 einen Vorschlag für das Bispebjerg Hospital ausgearbeitet, der dem Pavillonsystem folgte. Fenger starb jedoch 1905, und Nyrop übernahm die Aufgabe, übrigens sein letztes großes Projekt.

Nach dem Plan sollte das Krankenhaus insgesamt 12 Pavillons umfassen. Man baute aber sechs Pavillons, zwei Operationsgebäude, zu denen Verbindungsbauten gehörten, darauf Badehaus, Küche, Wäscherei, Maschinenhaus, Verwaltungsgebäude, einen Wasserturm, drei Torbauten, das pathologische Institut und eine Kapelle. Die landschaftsarchitektonische Gestaltung, die das geneigte Terrain ausnutzte, oblag dem Landschaftsgärtner Edvard Glæsel. Nyrop war bestrebt, Gebäude und Gelände so zu kombinieren, daß das Krankenhaus freundlich wirkte. Eine Reihe Reliefs und Granitskulpturen des

Bildhauers Rasmus Harboe schmücken die älteren Gebäude des Krankenhauses. In einigen Stationen sieht man Kalkmalereien der Künstlerinnen E. Nyrop und M. Drejer. Sie blieben bei einer Modernisierung erhalten.

Bispegården, Nørregade 11. Am Ende des 14. Jahrhunderts wurde Kopenhagens erstes Rathaus aufgegeben und an der Ecke der jetzigen Nørregade und Studiestræde ein neues errichtet. Als die → Universität 1479 gegründet wurde, wurde ihr das Rathaus überlassen. 1539 zog die Universität hinüber auf die andere Seite der Nørregade, und der Kopenhagener Bischof bekam sein Domizil in dem mittelalterlichen Haus. Beim Brand von 1728 wurde die Anlage zerstört, und eine neue wurde 1731/32 errichtet, massiv zur Straße und in Fachwerk zum Hof hin. Reste mittelalterlichen Mauerwerks, u. a. Fundamente eines viereckigen Treppenturms, wurden freigelegt, als man 1896 unter dem Flügel in der Nørregade grub. Bei dieser Gelegenheit wurde der Hof von Martin → Nyrop gründlich restauriert. Er fügte der Fassade zur Studiestræde einen Erker an. Zum Hof hin wurde ein Söller angebaut. Zur Erinnerung an die „Modernisierung" wurde unter dem erwähnten Erker eine Tafel angebracht, deren Text die Baugeschichte zusammenfaßt.

Blågård. Die Geschichte von Blågård ist mit *Nørrebro* verbunden. Die Gegend des alten Brükkenviertels beherbergte im 17. Jahrhundert Kleinindustrie, wie etwa den städtischen Ziegelhof, der 1617 dorthin verlegt wurde und der bis zu seiner Zerstörung bei der schwedischen Belagerung 1658 Backsteine produzierte. Vorherrschend waren aber öffentliche und private Gärten. Das erste Blågård wurde am Ende des 17. Jahrhunderts gebaut, und zum Hauptgebäude gehörte auch ein Lustgarten.

Die Idee, außerhalb der Stadt ein Lusthaus mit Garten anzulegen, war italienisch und entstand in der Frührenaissance, als der Begriff *Villa suburbana* (lat. suburbana = vor der Stadt) aufkam. So schrieb der berühmte Architekturtheoretiker Leon Battista Alberti in seinem Werk *Della Famiglia*: „Vom Tumult und Lärm in der Stadt, auf dem Markt und im Palast kann man sich in die Villa flüchten. In einer Villa kann man sich verbergen, so daß man nicht das Sündige, das Schurkische sieht, nicht die große Menge gemeiner Menschen, die einem in der Stadt dauernd vor den Augen umherstreifen, die nie aufhören, einem in den Ohren zu liegen, die immer und überall im Lande rufen und schreien wie die schrecklichsten wilden Tiere. Welcher Segen ist es doch, in einer Villa zu wohnen! Ein ungewöhnliches Glück!" Für die Kopenhagener Bürgerschaft wurden die Lustgärten der Nørrebro-Gegend ebenfalls eine Zufluchtsstätte.

Als 1707 Prinz Carl, der Bruder König Friedrichs IV., Blågård erwarb, entstand bald ein eleganter Park mit beschnittenen Büschen und Bäumen, langen Alleen und Pavillons. Unten am Ufer des → *Peblingesees*, wo der Garten aufhörte, befand sich ein querverlaufender Bogengang. Außerdem errichtete Prinz Carl ein neues Hauptgebäude, nur einstöckig und mit Mansarddach, der modernen, gebrochenen Dachform, die aus Frankreich stammte. Das Dach wurde mit blauem Schiefer gedeckt, was dem kleinen Lustschloß dem Namen Blågård (Blauhof) einbrachte. Innen wurde der Bau mit eleganten Möbeln, Malereien und Seidentapeten üppig ausgestattet. Vom Pietismus angeregt, ließ der fürstliche Besitzer einen prächtigen Betsaal einrichten, für den Hendrich Krock 35 biblische Gemälde lieferte.

Am Ende der 1760er Jahre war Graf Holck der offizielle Besitzer, der aber wahrscheinlich nur als Strohmann Christians VII. diente. Hier konnte der junge König, dessen Geist noch nicht ganz verwirrt war, unbeschwert große Feste mit Damen halten; darunter befand sich auch Graf Holcks zwölfjährige Ehefrau.

Eine Tuchmanufaktur wurde 1780 in Blågård eingerichtet, doch sie hielt sich nur sieben Jahre lang. Es folgte 1791 die Errichtung des ersten dänischen Lehrerseminars, das 1809 nach Jonstrup verlegt wurde. 1827 übernahm der Italiener Pettoletti das alte Lustschloß, das er zu einem Theater umbauen ließ. Leider wurde es 1833 durch einen Brand zerstört und nicht wieder aufgebaut.

Die Gegend war zu dieser Zeit in allgemeinem Verfall, und als man 1830 bei einem Ausbau eine Dampfmühle einrichten wollte, fragte eine Kopenhagener Zeitung erbittert, ob es richtig sei, „eine der schönsten und meistbesuchten Vororte der Hauptstadt völlig zu verunzieren".

Das nächste Kapitel in der Geschichte des Ortes war die Errichtung eines neuen Blågård-Seminars auf dem Schloßgebiet. Das geschah 1859 auf Initiative von Jeppe Tang, der ein Politiker der Venstre-Partei war. Das Seminar wurde von dort 1933 verlegt.

Blågårdsplads. Der Platz an der Blågårdsgade ist eine Anlage in Nørrebro, deren neuere Geschichte mit dem Eisenwarenhändler M. A. Heegaard beginnt. Er baute 1826 in der Blågårdsgade 16 eine kleine Sommervilla und fügte ihr einen großen Garten zu. Im Jahr darauf vergrößerte Heegaard sein Gebiet, indem er ein größeres Grundstück vom Blågård-Anwesen erwarb. Dort errichtete er eine Eisengießerei. Sein Sohn S. P. A. Heegaard führte das Unternehmen weiter und kaufte zugleich Staatens Fabrikker in Frederiksberg. Küchengeräte, besonders emaillierte Töpfe, wurden gefragte Artikel aus Heegaards Betrieben.

Als die Gießerei 1898 in die *Hillerødgade* verlegt wurde, kaufte die Stadt das Gebiet und richtete einen öffentlichen Platz ein. Die Anlage wurde von dem Architekten Ivar Bentsen geplant, und der Bildhauer Kai Nielsen modellierte während eines Parisaufenthalts die Figurengruppen. Beide hatten in Verbindung mit dem Projekt besondere Wünsche. So wollte Kai Nielsen eine Mutter mit zwei Kindern über einem Mann aufstellen, der mit einem Gorilla kämpft. Die Gruppe sollte „den Kampf des Menschen mit seinen bösen Neigungen" symbolisieren. Ivar Bentson wollte dagegen Gruppen mit verschiedenen handwerklichen Motiven. Er verlangte auch, daß Kai Nielsens Figuren sich seiner Planung, die einen rechteckigen Raum mit abschirmenden Granitmauern vorsah, unterordnen sollten.

Das Resultat wurden Figuren in grauem und rötlichem Granit, die einen Schuhmacher, einen Maurer, einen Handwerker mit Hobel, einen Musikanten mit Harmonika und einen Schafscherer darstellen. Jede der männlichen Figuren hat ein Gegengewicht in Gestalt eines kleinen, zusammengekauerten Kindes. Die Männer sind mit starken Muskeln dargestellt, die die Kräfte illustrieren sollen, welche in die Arbeit gelegt werden. In den Ecken des eingesenkten Platzes und an der Haupttreppe sieht man größere Figurenblöcke, „Bäume" mit kleinen Kindern als Früchte.

Blåtårn. Der „Blaue Turm" stand vor der späteren Hauptfassade von →Christiansborg, etwas hinter dem heutigen Reiterdenkmal Friedrichs VII. Möglicherweise wurde er schon 1416 gebaut, als Peder Jensen Lodehats Bischofsburg zusammen mit der Stadt König Erich von Pommern übergeben wurde. Archäologische Untersuchungen haben nämlich gezeigt, daß er jünger ist als Peder Lodehats ursprüngliche Anlage.

Wir hören erstmals 1494 von dem berüchtigten Turm, als König Hans dort seinen Rentschreiber gefangensetzen ließ. Später kamen bekanntere Personen dazu und füllten die Verliese, etwa Torben Oxe, Didrek Slagheck, Knud Gyldenstjerne und Joachim Rønnow.

Mit Hilfe von Archivalien und topographischem Material läßt sich ein deutliches Bild von Architektur und Einrichtung des Blauen Turms im 17. Jahrhundert zeichnen. Der eigentliche Turm hatte damals fünf Etagen und wurde von der durchbrochenen Renaissancespitze Christians IV. bekrönt. An der Hofseite gab es einen polygonalen Treppenturm mit Spitze, während die Kanalseite teilweise von einem Fachwerkerker bedeckt war, der durch schräge Balken abgestützt wurde. In der obersten Etage gab es zwei Kammern, von denen die äußere die Folterbank enthielt, während die innere als Gefängnis diente.

1649 wurde ein junger Hauslehrer aus Island, Gudmund Andresson, im Turm eingeliefert. Er hatte eine Schrift, *Discursus polemicus,* verfaßt, in der er für das Recht des Mannes auf Nebenfrauen eintrat. Andresson meinte, die Bibel enthielte kein direktes Verbot. Außerdem unterstrich der Isländer, seine Überlegungen seien ganz theoretisch, ja daß für ihn persönlich Vielweiberei undenkbar sei, „da ihm der Verdruß mit einer genüge". Am Ende dieses sonderbaren Falls stand ein teilweiser Freispruch. Andresson durfte Island nicht wieder betreten. Dafür wurde er an der Universität eingeschrieben, da man ihn für begabt hielt. Leider starb er vier Jahre später an der Pest.

Die berühmteste Gefangene im Blauen Turm war Eleonora Christine, die Lieblingstochter Christians IV., die mit Corfitz Ulfeldt verheiratet war. Über ihr gemeinsames wechselvolles Leben soll hier nicht berichtet werden. Entscheidend waren die Anklagen gegen Corfitz Ulfeldt wegen Landesverrats, die auch Eleonora Christine ins Unglück brachten. Sie wurde festgenommen und am 8. August 1663 nach Kopenhagen in den Blauen Turm gebracht. Ihr Verlies war in der vierten Etage und nach ihren Angaben sieben Schritt lang, sechs Schritt breit und neuen Ellen hoch. Ganz oben saß ein Fenster, das „mit doppelten Eisenstäben" vergittert war. Nebenan war ein Raum gleicher Größe.

Im August 1663 begann sie ein Tagebuch, das sie selbst *Jammers Minde* (Leidensgedächtnis) nannte und das erst 21 Jahre später abgeschlossen wurde, als sie im Mai 1685 das Gefängnis verließ.

Das Modell im Städtischen Museum zeigt den Blauen Turm innerhalb des schlimm verbauten mittelalterlichen Schlosses. Der Gebäudekomplex wurde erst zur Zeit Friedrichs IV. zu Beginn des 18. Jahrhunderts reguliert. Den Blauen Turm mit Vorbau und aufragender Spitze erkennt man etwa in der Bildmitte, rechts vom Torhaus. Hier saß Eleonora Christine 21 Jahre, 9 Monate und 11 Tage lang gefangen. Im selben Schloß hatte sie in jungen Jahren als eine „Sirene auf dem Meer der Trunkenheit" soviel Glück erlebt.

Es gab in diesen Jahren nicht viele Lichtblicke. Immerhin ließ man 1674 einen „Windofen" einsetzen, um ihre erbärmliche Lage zu verbessern, und 1682 schickte Königin Sophie Amalie ihr Seidenraupen zum Zeitvertreib. Ein Zwerg vom Hof brachte gelegentlich Pomeranzen und Zitronen.

Während Eleonora gefangen saß, befand sich Dr. Otto Sperling in einem Verließ eine Etage tiefe. Es wurde „dunkle Kirche" genannt, und dahinter lag das „Zauberloch".

Als Eleonora 1698 in Maribo starb, wurde ihr Tagebuch ihrem Sohn Graf Leo Ulfeldt nach Wien geschickt. Hier wurde es über mehrere Generationen vererbt und landete schließlich im Familienarchiv eines alten österreichischen Adelsgeschlechts. Es wurde von dem dänischen Forscher F. R. Friis 1868 entdeckt und im Jahr darauf in Dänemark herausgegeben. Das Originalmanuskript kam erst 1920 nach Dänemark zurück.

1721 begann ein Umbau des alten Schlosses, wodurch der Blaue Turm zum Torturm wurde. Unter Christian VI. wurde das ganze Schloß abgerissen und damit auch der verhaßte Gefängnisturm.

Blegdamsvej. 1672 bekamen die sogenannten *blegemænd* (Bleichmänner, Bleicher) die Erlaubnis, ihre Plätze auf dem Gebiet zwischen dem jetzigen

Blegdamsvej und dem Sortedamssee anzulegen. Die Teiche, die hier die nächsten 200 Jahre über lagen, wurden, beginnend mit Nr. 1 im Süden, der Reihe nach numeriert. Wo das erste Bassin lag, verläuft heute die *Sankt Hans Gade.* In den Teichen konnten die Weißwaren befeuchtet werden, worauf sie zum Bleichen in die Sonne gelegt wurden. Die Dienstmädchen wurden mehrmals jährlich dorthin geschickt. In →Holbergs *Kilderejse* steht: „Ihr Mädchen müßt ja ein paarmal im Jahr auf die Bleiche". Ähnlich schrieb Luxdorph am 23. Juli 1781 in sein Tagebuch: „Zur Stadt gereist mit den Jungfern Hansen und Mette, die mit der Wäsche von der Bleiche zurückkamen".

Für die Künstler des „goldenen Zeitalters" war die Bleiche eine Inspiration. 1834 zog der Maler Christen Købke mit seiner Familie in ein Landhaus an der Bleiche, wo er mehrere Studien anfertigte. Nach seiner Heirat 1837 blieb Købke dort wohnen, doch als sein Vater starb, mußte das Anwesen 1845 zu seinem großen Bedauern verkauft werden. Købke zog darauf in die Frederiksborggade.

Auch der Dichter B. S. Ingemann schilderte die Stätte:

> „Blank und ruhig liegt der See, den Himmel in den Armen.
> Der Wächter geht am fernen Teich und lobt des Herren Namen."

Der hier erwähnte Wächter hatte die Aufgabe, darauf aufzupassen, daß die ausgelegten Weißwaren nicht gestohlen wurden. Er sollte regelmäßig in ein Horn blasen, so daß die Leute wußten, daß er wach war. Bei Carl Ploug wird das Horn als „Blegdamstuba" (Bleichteichtuba) bezeichnet.

Blindeninstitut, Kastelsvej 60. Die Blindenschule wurde 1857/58 als mehrflügelige Anlage nach Entwürfen von F. Meldahl gebaut. Als Hauptmotiv wählte Meldahl den venezianischen Rundbogengiebel, der von venezianischen Renaissancekirchen, z. B. S. Zaccaria, bekannt ist. Stilgeschichtlich gehört die Blindenschule zu den interessantesten Beispielen aus der zweiten Hälfte des 19. Jahrhunderts. Bei der Eröffnung der Schule gab es 25 Schüler mit J. Moldenhawer als Leiter.

Boldhusgade. Die Straße (Ballhausstraße) erinnert an ein altes *Ballhaus,* das 1597 von dem Maurermeister Jürgen von Freiburg für den Hof gebaut wurde. Das Haus stand in dem früheren königlichen Kräutergarten auf →Bremerholm. →Christian IV. benutzte selbst oft das Ballhaus, wo es nicht nur um Ballspiele und andere ritterliche Übungen ging, sondern auch um Geldeinsatz bei diesen Spielen. So notierte der König am 19. April 1607 in seinem Kalender, er habe vier rosenobler (Goldstücke) an Ditlev Rantzau verloren. Am 1. Mai desselben Jahres spielte er mit dem Pfalzgrafen Augustus im Ballhaus und verlor ein Goldstück.

Das Ballhaus mit dem großen Gelände südlich davon wurde 1627 an Niels Pedersen verkauft, einem Bürger aus Oddevald in Norwegen. Damit waren seine Tage als königliches Spielhaus gezählt. Das Gebäude wird aber noch Mitte des 17. Jahrhunderts erwähnt.

Der Zufahrtsweg zum Ballhaus wurde ursprünglich *Adelstredet* genannt. Erst in den 1670er Jahren sprach man häufiger von der *Gammel Boldhusgade* (Alte Ballhausstraße), und 1680 wurde erstmals der jetzige Name verwandt.

Borchs Kollegium oder *Borken,* wie es in der Umgangssprache unter den Kollegiaten heißt, liegt in der *Store Kannikestræde 12.* Das stattliche Gebäude in drei massiven Etagen und zwölf Fensterachsen wurde 1690/91 auf Initiative des Arztes und Naturwissenschaftlers Oluf (Ole) Borch errichtet. Er wollte der Universität ein neues Kolleg schenken, und nach dem Wunsch des Stifters sollte es den Namen Collegium Mediceum tragen. Zu dem Zweck wurde ein Professorenhaus in der St. Kannikestræde gekauft, das von Professor Bertel Bartholin bewohnt war. Er war zum Umzug bereit, und zwar mit folgender schriftlichen Bemerkung: „Ist auch die Residenz, in der ich jetzt wohne, sehr baufällig, so ist sie doch für mich alten Mann gut genug; da aber mein lieber Collega Dr. Borrichius mir jährlich 200 Reichstaler zur Anmietung eines bequemen Hofs geben will, bis ein anderer anfallen kann, so will ich nicht gegen sein begrüßenswertes Vorhaben sein". Oluf Borch erlebte leider nicht den Abschluß der Bauarbeiten, da er am 13. Oktober 1690 starb.

In dem Stiftungsbrief, nach dem das Kolleg geleitet werden sollte, bestimmte Borch, daß es immer zwei Studenten aus Ripen unter den Kollegiaten geben sollte. Das kam daher, daß er selbst einmal Schüler in Ripen war. Das Kolleg wurde auch auf andere Weise von Oluf Borchs ungewöhnlicher Persönlichkeit geprägt. So schenkte er ihm seine Bibliothek, die gedruckte Bücher und Manuskripte umfaßte. Die Sammlung, welche

u. a. Abhandlungen über Chemie enthielt, die Borch besonders betrieben hatte, wurde von den Zeitgenossen bewundert. Mit der Bibiothek folgten Borchs Instrumente. Fast all dies ging bei dem großen Brand 1728 in Flammen auf; nur wenige Handschriften konnten gerettet werden.

Wie das Kolleg heute erscheint, ist es das Ergebnis eines zweifachen Wiederaufbaus. Nach dem Brand von 1728 konnte ein Teil der Außenmauern für den Neubau wiederverwendet werden, der 1731 fertig war. Er glich äußerlich dem Altbau, doch fehlte ihm der ursprüngliche Frontispiz über zehn Fensterachsen. Als die Engländer 1807 Kopenhagen bombardierten, wurde der Bau wiederum zerstört und lag fast 18 Jahre lang als Ruine da. Doch 1823 waren die wirtschaftlichen Grundlagen für einen neuen Bau geschaffen, zu dem Professor P. Malling die Entwürfe lieferte. Das jetzige Borchs Kollegium stand schließlich 1825 fertig. Hier hielt N. F. S. Grundtvig 1838 eine Reihe Vorträge.

In dem idyllischen Hof, der zum Kolleg gehört, ist noch Oluf Borchs sogenanntes Laboratoriumsgebäude erhalten, in dem man mit seinen Waageschalen, Blasebälgen, Retorten und Chemikalien saß. Außerdem sieht man einen Gedenkstein für den Historiker Jens Paludan-Müller, der bei Översee 1864 fiel. Eine Bleifigur des farnesischen Herkules wird dem französischen Bildhauer Abraham César Lamoureux zugeschrieben, dem Meister des Reiterdenkmals Christians V. auf →Kongens Nytorv.

Borgergade. Bis zu den Sanierungen der 1940er Jahre war die Straße eines der schlimmsten Slumquartiere der Stadt. Viele wertvolle Bürgerhäuser vom Ende des 17. Jahrhunderts und der folgenden Zeit lagen hier, doch sie waren heruntergekommen, und die ursprünglichen Gärten waren durch dichte Neben- und Hinterhausbebauung ersetzt. Am 26. Januar 1865 wurde die erste öffentliche Badeanstalt der Stadt in der Borgergade eröffnet, doch abgesehen davon hatte die Gegend einen schlechten Ruf, und die Prostitution blühte.

Börse. Die Börse nahe bei Schloß Christiansborg wurde 1619–1640 von den Brüdern Lorentz und Hans van Steenwinckel dem Jüngeren gebaut. Initiator war König →Christian IV., der den Kopenhagener Handel fördern wollte. Das Gebäude und sein eigentümlicher Name erzählen ein Stück Wirtschaftsgeschichte. Die Bezeichnung „Börse“ kann auf das niederländische *beurs* zurückgeführt werden, das wiederum von dem mittellateinischen Wort *bursa* = Geldbeutel ableitbar ist. Im Mittelalter gab *beurs* der Kaufmannsfamilie *van der Burse* in Brügge den Namen, und mit der Zeit identifizierte man die Bezeichnung mit dem Platz vor dem Haus der Familie, auf dem man die Geschäfte abschloß.

Borchs Kollegium 1705, wie es bis zum Brand von 1728 aussah, als das Haus ausbrannte. Nach dem Wiederaufbau wurde das Kollegium 1807 wieder zerstört. Das jetzige Gebäude wurde in den 1820er Jahren auf Initiative des neugewählten Ephoren F. T. Hurtigkarl errichtet. Karten- und Bildersammlung der Kgl. Bibliothek.

Christian IV. war sehr mit Bauarbeiten beschäftigt. Als aber die Börse um 1620 fertig war, fand er ihre Ausschmückung zu langweilig. Der König ließ daher zum Kanal hin dekorativ Zwerchgiebel aufsetzen und das Dach durch einen prachtvollen Turm krönen. Dessen Spitze, die 1624/25 aufgesetzt wurde, wird von vier zusammengedrehten Drachenschwänzen gebildet. Die Drachen wurden nach Modellen des Feuerwerkers Ludvig Heidritter geformt. Es handelt sich also um richtige Feuerwerksdrachen. Der Bau wurde 1640 mit der Ausschmückung der östlichen Giebelfassade vollendet.

Die Börse diente hierauf als Verkaufsstelle mit Packräumen im Erdgeschoß und Büros und Geschäften in der Oberetage. Eine Rampe an der Westfassade und eine Treppe an der Ostseite ermöglichten den Zugang zur Büroetage. 1745 wurde der Bau durch →Eigtved einer notwendigen Restauration unterzogen. Dabei wurde auch die Rampe instand gesetzt und mit den beiden Figuren „Merkur“ und „Neptun“ versehen, den antiken Göttern für den Handel und das Meer. Die Figuren, die von dem steinreichen Kaufmann Anders Bjørn gestiftet wurden, stammen von dem Bildhauer J. C. Petzold.

Um die Mitte des 18. Jahrhunderts war es üblich, auf einem Brett an der Börse Zettel zu befestigen. Darauf konnte man die Namen und Zielorte der Schiffer lesen. Die Börsenmakler wollten eine Zeitlang diese Praxis verhindern und rissen die Zettel ab, aber die Behörden bestätigten das Recht der Schiffer zu annoncieren.

1772 drohte die Drachenturmspitze abzustürzen, und sie wurde daher abgenommen. Es entstand ein Streit darüber, ob sie wieder aufgesetzt oder durch eine Kuppel ersetzt werden sollte. Der Hofbaumeister Anthon setzte sich für die Kuppel ein, doch glücklicherweise hat Harsdorff dies Vorhaben verhindert. 1775–1777 setzte der Hofzimmermann Bøye Junge eine neue Spitze auf. Der Fall stellt eines der frühesten Beispiele für den Schutz eines historischen Gebäudes dar.

Dies Prinzip galt auch 1857, als die Vereinigung der Großhändler die Börse übernahm. Der Staat machte damals zur Kaufbedingung, „daß der Käufer sich für immer verpflichtet, den jetzigen äußeren architektonischen Stil des Gebäudes zu erhalten, und daß . . . keine Veränderung vorgenommen werden darf, ohne daß dazu durch das Innenministerium die Zustimmung des Staates eingeholt wird“.

Was das Innere betrifft, so nahm man es nicht so genau, und unter Leitung von Stadtbaumeister H. C. Stilling wurde der große Börsensaal eingerichtet, üppig mit Säulen, goldenen Ledertapeten, Holztäfelung und kassettierter Decke ausgestattet. Am Ende des Saales sieht man eine Figur Christians IV., eine Bronzearbeit Thorvaldsens. In einem anderen Raum hatte der Großbankier C. F. Tietgen sein Büro. Die Mosaike im Vestibül des Erdgeschosses zeigen Szenen aus der Geschichte der Börse. Sie stammen von Bøye Givskov. Der tägliche Börsenbetrieb findet heute im Hause Fonnesbech, Nikolaiplatz 8, statt.

Borups Allé verläuft von der Rantzausgade nach Bellahøj. Die Allee ist nach L. C. Borup benannt, der von 1883 an Kopenhagens „Finanzbürgermeister“ war. In politischer Hinsicht war er konservativ und in mancher Hinsicht starrsinnig; so war er ein fanatischer Gegner der beginnenden Gleichberechtigung der Frau. 1885 wurde Dänemarks erste Ärztin, Nielsine Mathilde Nielsen, am Skt.-Hans-Hospital angestellt. Als Borup kurz darauf das Krankenhaus inspizierte, verbat er sich ihre Anwesenheit beim darauf folgenden Essen. In dieser Angelegenheit stand sie nicht alleine. Der Arzt Mathias Hieronymus Saxtorp, Chirurg am Frederikshospital in Kopenhagen, war auch gegen die Anstellung weiblicher Ärzte, und zwar mit der Begründung, dies widerspreche sowohl Anstand und Sittlichkeit wie guter Ordnung in einem Krankenhausbetrieb.

Als Verantwortlicher für die kommunale Kasse war Borup äußerst sparsam, z. B. im Krankenhauswesen, wo er meinte, die Ärzte verlangten zu viel. Bei den Haushaltsberatungen 1896 kam es zu scharfen Wortwechseln, und der Arzt Dr. Ørum sprach von „einem der üblichen Ausfälle“ des Bürgermeisters Borup gegen die Ärzte und die medizinische Wissenschaft. Borup war aber nicht in allen Bereichen zurückhaltend. Auf seine Initiative hin erwarb die Stadt Kopenhagen viel Land in der damaligen Gemeinde Brønshøj, und das sicherte neue Wohngebiete zu einem erschwinglichen Preis. Damit vermied man Grundstücksspekulationen, wie sie früher im 19. Jahrhundert stattgefunden hatten.

Borup setzte sich auch für Martin →Nyrops neuen Rathausbau ein, obwohl er teuer war. Es sei hinzugefügt, daß sein Nachfolger im Amt, der Sozialdemokrat Jens Jensen, ebenso kritisch gegenüber Ausgaben war.

Botanischer Garten. Der Botanische Garten hatte ein wechselvolles Dasein. Ursprünglich umfaßte er als botanischer Garten der Universität nur einige Beete mit Heilkräutern, die nach der *Skidenstræde*, der jetzigen →Krystalgade zu lagen. Nach der Einweihung des Frederikshospitals in der Bredgade legte man in dessen Nähe, beim Zollamt, auf beiden Seiten der →*Amaliegade* einen neuen botanischen Garten an. Dr. Oeder, unter dessen Leitung das geschah, hatte hier ein Gewächshaus. Der Garten wurde von einer Ringmauer umgeben, und es gab dort Hörsaal, Bibliothek usw.

Um 1778 wurde der botanische Garten zum Park hinter *Schloß* →*Charlottenborg* verlegt, und ein Gebäude bei Nyhavn, früher Spritzenhaus, wurde zum „Treib- und Gewächshaus“. Die ganze Anlage, der ein Professor und ein Gärtner zu-

Aussicht auf den Botanischen Garten. Im Hintergrund ein Teil der Stadtsilhouette mit den Türmen von Rosenborg. Zwei fast 100 m lange Gewächshäuser wurden 1874 im Nordteil des Gartens gebaut. Auf dem Foto von etwa 1880 sieht man den runden Abschluß des einen dieser dekorativen Gebäudes. Karten- und Bildersammlung der Kgl. Bibliothek.

geordnet wurde, war 1783 fertig. Eine Orangerie und eine Bibliothek gehörten auch dazu.

Charlottenborgs botanischer Garten bildete eine große Inspiration für H. C. →Andersen. Die Hauptperson in dem Märchen „Die Blumen der kleinen Ida" von 1837 spielte gerade in diesem Garten. Sie war die Tochter von Andersens gutem Freund, des Akademiesekretärs Mathias Thiele. Eine Erinnerung an den Garten kann auch die Erzählung „Der Gärtner und die Herrschaft" von 1872 sein, in der ein Sturm über einen Park fegt und zwei alte Bäume entwurzelt, ein Symbol der Lebenskraft des Geschlechts; an ihrer Stelle läßt der Gärtner einen Garten anlegen, in dem alle wilden Pflanzen des Landes wachsen. Um die Weihnachtszeit bietet er den Vögeln Korngarben, und auch der Danebrog wird gehißt. All dies könnte auf Joakim Frederik Schow weisen, der 1842 Direktor des Gartens wurde und eine Sammlung von Gewächsen des Landes anpflanzen ließ. Putzigerweise hatte Andersen niemals eine Eintrittskarte für den Garten, die damals erforderlich war. Doch das war auch nicht so notwendig, denn er wohnte nebenan im Hause Nyhavn 67 und konnte die Aussicht auf den Garten genießen.

Der jetzige Botanische Garten zwischen *Sølvgade* und →*Gothersgade* wurde 1871–1874 angelegt, vor allem auf Initiative des Gärtners A. Weilbach. Aber für die Verlegung gab es noch weitere Anlässe. So bestand der starke Wunsch, das ganze *Gammelholmviertel* (s. S. 48) für Wohnbebauung zu nutzen, andererseits fehlten der Universität Erweiterungsmöglichkeiten. Das alte Wallgebiet war dafür ideal. Schon 1859–1861 war ein Observatorium an seinem

Rand erbaut worden, und es gab reichlich Platz in dem übrigen recht hügeligen Gebiet. Übrigens hatte der Architekt F. Meldahl ein Projekt abgeliefert, wonach der Botanische Garten in einen Kranz von Parks um Kopenhagen herum einbezogen werden sollte.

Die ersten Bewilligungen für den Garten passierten den Reichstag 1871, und man ging nach Plänen des Landschaftsgärtners H. A. Flindt vor. Die größte Attraktion wurden die modernen Gewächshäuser aus Glas, Gußeisen und Holz. Der Komplex, der zwei gut 100 Meter lange, parallele Gebäude umfaßte, wurde in den Nordteil des Gartens gelegt. Am imponierendsten war das große Palmenhaus. Wahrscheinlich stammten die Entwürfe zu den Gewächshäusern von dem Brauer J. C. Jacobsen und dem Schloßgärtner Tyge Rothe, die beide in der Kommission für die Verlegung des Gartens saßen. An Vorbildern gab es ja genug, vor allem in England, wo der Gärtner und Architekt Joseph Paxton in Kew Garden ein Palmenhaus unter Verwendung der neuen Materialien Glas und Gußeisen gebaut hatte. Dort hatte Paxton Erfahrungen für den Bau des riesigen Kristallpalastes gesammelt, der zur Londoner Weltausstellung 1852 errichtet wurde. Aber auch die Gewächshäuser im botanischen Garten von Brüssel haben Bauarbeiten in Kopenhagen inspiriert. In Würdigung ihres architekturhistorischen Wertes wurden die Gebäude in den letzten Jahren restauriert.

Der Botanische Garten wurde am 9. November 1874 eingeweiht. Das ursprüngliche Terrain wurde inzwischen verkleinert, vor allem für den Bau der (inzwischen verlegten) *Polytechnischen Lehranstalt* und des *Mineralogischen Museums.*

Brandhäuser (Ildebrandshuse). Beim Brand Kopenhagens im Oktober 1728 gingen etwa 1670 Häuser in Flammen auf, eine große Herausforderung an Staat und Stadtverwaltung, denn hiermit war die Möglichkeit zur Regulierung des mittelalterlichen Straßennetzes und zur Verbesserung des baulichen Standards gegeben. Die Stadt sollte auch weniger feuergefährlich und zugleich schöner gemacht werden.

Am 18. März 1729 wurde die königliche Baukommission eingesetzt, und zugleich ordnete der König an, daß die Behörden eine Verordnung mit folgenden Forderungen herausbringen sollten: „... Wir haben in Erfahrung gebracht, daß zwischen den Kosten von Massivbauten und Fachwerkbauten nur ein geringer Unterschied bestehen soll, und es ist unbezweifelbar, daß es unter Gottes gnädigem Schutz den Einwohnern zu mehr Sicherheit gereicht, wenn alle Gebäude hier in der Stadt fortan in Massivbauweise errichtet werden . . .“

Die verarmten Bürger vermochten aber nicht dem Gebot nachzukommen. Bald entstand ein Fachwerk nach dem anderen, was die Behörden 1730 veranlaßte, die Verordnung aufzuheben. Vorher hatte der Oberlandesbaumeister J. C. Krieger ein kleines Buch herausgebracht, worin er die Vorteile des Massivbaus gegenüber dem Fachwerkbau herausstellte. Krieger servierte dem Leser sogar drei „Typenhausentwürfe“, wohl in der Hoffnung, er könne so in den folgenden Monaten einige Kunden gewinnen. Die Häuser sollten Zwerchgiebel haben und damit eine Form, die schon vor dem Brand von 1728 bekannt war. Davon zeugt das Haus →Nyhavn 9, das 1681 gebaut wurden, nur mit steilerem Giebel als bei Kriegers Häusern.

Die stark verzierten Typenhäuser des Oberlandesbaumeisters scheinen nicht gefragt gewesen zu sein, doch wurden einfachere Ausführungen in den kommenden Jahren gebaut. Von diesen schönen Häusern sind noch einige am →*Gråbrødretorv,* in der *Åbenrå* und in der *Nybrogade* erhalten. Gemeinsam ist ihnen eine Breite von 4–5 Achsen, eine Höhe von 3–4 Etagen und die Treppe, die zur Haustür hinaufführt.

Der Kopenhagener Häuserbau nach 1728 machte offenbar Eindruck in der Provinz. Zwei Bürger in Holstebro wetteten 1751, welche Höhe die Häuser in der Hauptstadt erreichten. Der eine behauptete, es gäbe siebenstöckige Häuser, was der Gegner bezweifelte. Da der Streit nicht beigelegt werden konnte, kam er vor Gericht, später vor das Viborger Landesthing. Hier holte man ein Gutachten vom Kopenhagener Stadtbaumeister ein. Danach erreichten Wohnhäuser nur eine Höhe von vier Geschossen. Dagegen konnten Magazine, Speicherhäuser u. ä. sieben Stockwerke hoch sein.

Brauhaus, s. Kongens Bryghus.

Bredgade. Die Geschichte dieser Straße kann weit zurückverfolgt werden. Sie begann als mittelalterlicher Viehweg, war aber am Ende des 16. Jahrhunderts die breiteste Verkehrsader außerhalb von →Østerport (des Osttores), das damals am Ende der Østergade lag. An der Straße lagen hauptsächlich große Gärten mit kleinen

THE BOMBARDMENT.

Häusern. Als der Ostwall im 17. Jahrhundert umgelegt und zwischen →Kongens Nytorv und dem →Kastell Neu-Kopenhagen angelegt wurde, nannte man die Straße Norgesgade (Norwegenstraße). Das klang vornehmer und erinnerte an die dänische Besitzung. Obwohl im 18. Jahrhundert eine Reihe vornehmer Häuser in der Straße entstand, behielten die Kopenhagener den volkstümlichen Namen Bredgade (gesprochen *Bre'gade*) bei.

Die Anlage der →Esplanade in den 1780er Jahren machte schließlich die Straße zu einer eleganten Gegend, die von dem Dichter J. L. Heiberg besungen wurde.

Der ursprüngliche Name siegte endlich, und von 1877 an wurde „Bredgade" von den Behörden anerkannt.

Bredgade 2, das „Kanneworfsche Haus", ist ein alter Kaufmannshof, der auf einem spitzen Eckgrundstück liegt. Seine Baugeschichte geht auf den Beginn des 17. Jahrhunderts zurück. Als der Eisenhändler A. L. Pram 1782–1791 das Eckhaus besaß, wurde es in seine jetzige Gestalt umgebaut, indem man es um eine Etage erhöhte. Das Mansarddach stammt vom selben Umbau. Der Leinenhändler Lars Kanneworf übernahm das Anwesen 1836, und seine Familie besaß das Haus bis zum Beginn unseres Jahrhunderts. Bei einem Umbau 1904, den Axel E. Petersen vornahm, wurde der Eingang an die Seite der Bredgade verlegt, und zugleich gab man die Kellerkneipe „Sumpen" (der Sumpf) auf.

Bredgade 26, s. Lindencrones Palais.

Bredgade 28, s. „Odd-Fellow Palais".

Bredgade 53, s. Alexander-Newski-Kirche.

Bredgade 54, s. Dehns Palais.

Bredgade 62, s. Medizinisch-Historisches Museum.

Bredgade 66–72, s. Kunstgewerbemuseum.

Bremerholm, heutzutage das Viertel um die Straße Holmens Kanal, war ursprünglich eine sumpfige Insel, die von Kopenhagen durch ein Gewässer namens *Dybet* getrennt war. Der Name Bremerholm taucht erstmals 1510 auf, als König Hans hier eine Schanze bauen ließ, die man *Kikkenborg* nannte. Sie wurde wohl später in den Chor der →Holmenskirche einbezogen. Gleichzeitig mit dem Schanzenbau wurde auf der Insel eine königliche Werft errichtet.

Früher verknüpfte man Bremerholm mit Leuten aus der Hansestadt *Bremen.* Der Katechet an der Holmens Kirche Nicolai Jonge, der sich für die Geschichte Kopenhagens interessierte, behauptete, die Bremer hätten einmal ihre Buden hier gebaut und sich hier ständig aufgehalten, wenn sie ihre Waren verkauften. Es wird auch angeführt, König Hans habe nach der Anlage der Werft Zimmerleute und Schiffsbauer aus Bremen geholt. Die Erklärung des Namens muß aber wohl eher in Bezeichnungen für Dornbusch gesucht werden. Er heißt im Niederdeutschen *Brime* und kommt in einem dänischen Dialekt als *bræmbær* (Brombeere) oder aus Alsen als *bræmer* vor.

Während der Belagerung Kopenhagens 1535/36 wurde *Dybet* zwischen der Küste und Bremerholm mit versenkten Schiffen gesperrt, und nach der Reformation wurde der Wasserlauf ganz aufgefüllt. Der Name *Dybensgade* erinnert noch daran. Die topographischen Verhältnisse änderten sich erneut, als →Christian IV. 1606 einen neuangelegten Festungswall (Østervold) quer über Bremerholm bis zum Strand verlängern ließ. Der Wallgraben dieser Befestigung wurde zum Hafen ausgebaut und *Holmens Kanal* genannt.

Die Bebauung der Insel hing von Anfang an mit der Werft zusammen, so etwa die *Reeperbahn,* die erstmals 1555 erwähnt wird, und die *Ankerschmiede* von 1563. Hans Steenwinckel der Ältere errichtete 1579 das *Segelhaus.* In den Jahren nach 1610 plante Christian IV. feste Wohnungen für die Bootsleute der Flotte, und eine entsprechende Siedlung wurde auf Bremerholm unter der Bezeichnung *Skipperboderne* („Schif-

Bombardement und Brand Kopenhagens 1807 hallten lange in Literatur und Presse nach. Falls man von einer romantisierenden Auffassung des Themas sprechen kann, ist diese Zeichnung der 1850er Jahre aus der amerikanischen Zeitschrift Harper's ein gutes Beispiel.

ferbuden") angelegt. 1614 wurde der Bau von 50 zweietagigen Häusern befohlen, und 1620 werden sie als vollendet bezeichnet. Nach einem Verzeichnis von 1626 gab es auf Holmen 121 Wohnungen. Von düsterem Charakter war das Festungsgefängnis auf Bremerholm, das 1620 gebaut wurde. Es wurde für 200 angekettete „Sklaven" eingerichtet und hieß „Trunken". Um dieselbe Zeit wurde die Ankerschmiede zur →Holmenskirche umgebaut.

Einer der bekanntesten Administratoren auf Bremerholm war Christoffer Valkendorf, der 1579 dort die Aufsicht übernahm. An Waren und Materialien mußte er u. a. beschaffen: Hanf, Eisen, Tauwerk, Mannschaftskleidung, Bauholz, Geschütze, Kanonenräder, Blei, Pulver, Salpeter, Büchsen, Spieße, Hellebarden und Proviant jeder Art.

Als man 1685 begann, die Niederungen von *Revshale* aufzufüllen, wurden vier künstliche Inseln geschaffen: →*Nyholm, Frederiksholm, Dokø* und *Arsenalø* auf der Amagerseite. Nach Nyholm wurden hierauf die Werkstätten und Magazine der Marine überführt (jetzt Flottenstützpunkt Holmen), während Bremerholm jetzt *Gammelholm* genannt wurde. 1856 wurden die letzten Flotteneinrichtungen verlegt und Gammelholm zur Wohnbebauung freigegeben. Bremerholm lebt aber heute, seit der großen Sanierung zwischen Magasintorvet und Holmens Kanal (1929–1932) als Straßenname weiter.

Brockdorffs Palais, s. Amalienborg Slot.

Brolæggerstræde. Die Straße ist nach Per Jenssøn Brolægger benannt, der 1486–1510 die Grundstücke besaß, die etwa der jetzigen *Nr. 14* entsprechen. Der Name wurde aber erst seit 1543 benutzt, als man ihn *Per Broliggers Stræde* schrieb. Auf Geddes Karte von Kopenhagen (1757) heißt die Straße *Broelegger Stræde.*

Die Schneiderzunft hatte eine Zeitlang ihr Haus in der Brolæggerstræde, nämlich in der jetzigen Nr. 4 und 6, und hier spielte man mit viel Aufsehens deutsche Komödien. →Holberg spießte sie schnell auf. In seiner Komödie *Uden Hoved og Hale* (Ohne Kopf und Schwanz) läßt er den Gott Vulcanus die Erde besuchen. Als dieser etwas für das Auge wünscht, antwortet sein Cicerone Sganarel: „Ja, mein lieber Monsieur Vulcanus, so gehen Sie am besten zu den Deutschen Komödien in der Brolægger Stræde; denn hier können Sie Belagerungen, Schlachten, Gespenster, Hexerei und ein halbes Jahrhundert Geschichte gleichzeitig sehen . . ."

Beim Brand 1795 wurden die meisten Häuser zerstört und bald in klassizistischem Stil wieder aufgebaut. So wurde das Eckhaus, *Brolæggerstræde 2,* 1797 für den Teehändler Knud Steenberg gebaut. *Nr. 3* baute der Maurermeister Laurits Thrane 1796 für den Weinbrenner Jeppe Lyndegaard, und *Nr. 4* wurde 1796/97 von dem Architekten und Maurermeister A. C. Wilcken errichtet.

Die Gasse ist aber am meisten bekannt wegen ihres Anteils an der Geschichte der dänischen Bierbrauerei. Schon in den 1650er Jahren gab es hier Brauer, wie es aus der Einwohnerliste bei der Belagerung Kopenhagens 1659 hervorgeht. 1796 wurde für den Brauer Nicolai Rindum in der Brolæggerstræde 5 *Bryggergården* (der Brauhof) gebaut, der 1799 zur Knabrostræde 11–13 hin erweitert wurde. Dann kam der Brauer Christen Jacobsen dazu. Er hatte 1811 eine Brauerei in der Knabrostræde gepachtet, und 1829 konnte er den Betrieb in der Brolæggerstræde kaufen. Das technische Können und Wissen war damals in den dänischen Brauereien gering, doch Christen Jacobsen führte die Verwendung von Thermometern im Brauprozeß ein.

1835 starb Christen, der wohlweißlich seinem Sohn Jacob Christian Jacobsen neben der täglichen Arbeit in der Brauerei eine bessere Ausbildung hatte zukommen lassen. So hatte der junge Jacobsen Vorlesungen auf der damals neuerrichteten polytechnischen Lehranstalt besucht. Durch Reisen nach Deutschland erweiterte er sein Wissen vom Bierbrauen, und bei einer dieser Studienreisen lernte er das sogenannte untergärige Bier kennen. 1838 machte J. C. Jacobsen damit die ersten Versuche und benutzte dabei den kupfernen Waschkessel seiner Mutter.

Die ersten Versuche fielen schlecht aus. Doch er fand heraus, daß kühlere und geräumigere Lagerkeller die Lösung sein mußten. Er ersuchte darauf den König, den Wall um die Hauptstadt benutzen zu dürfen, und das wurde bewilligt. Von seinem alten Lehrmeister Gabriel Sedlmayr, der die Brauerei *Zum Spaten* in München leitete, verschaffte er sich eine so große Menge Hefe, daß eine Produktion gestartet werden konnte. Im Frühjahr 1846 begann die eigentliche Produktion bayrischen Bieres auf dänischem Boden, das in „Herrn Jacobsens Keller unter dem Wall" gelagert wurde. 1847 war der Betrieb so groß, daß man nach →Valby umzog.

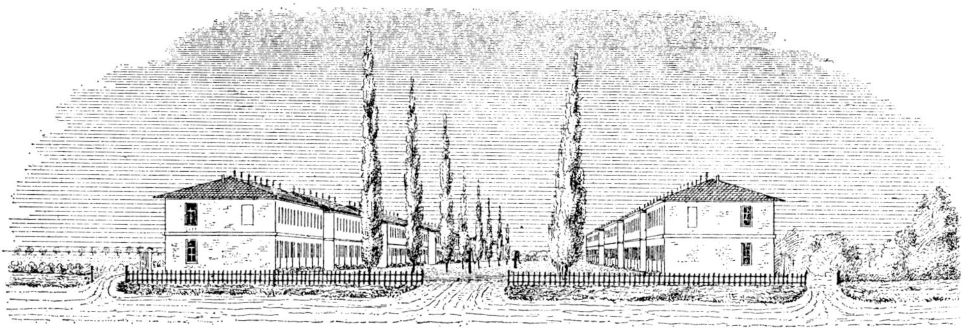

Ausschnitt einer Lithographie, die die von der Ärztevereinigung verschickte Flugschrift vom 12. November 1853 begleitete. Die Kopenhagener werden darin aufgefordert, für die Bauten eine freiwillige Unterstützung zu leisten.

An dem Haus, das jetzt den *Ny Carlsbergfond* beherbergt, befindet sich eine *Gedenktafel:* „Hier wurde am 2. März 1842 der Brauer Dr. phil. Carl Chr. H. Jacobsen geboren. Der Brauer Hauptmann J. C. Jacobsen unternahm hier im Jahre 1838 die ersten Versuche zur Herstellung untergärigen Bieres". Das Anwesen wurde 1951 instand gesetzt und durch den Architekten Viggo Sten Møller modernisiert.

Brøstes Sammlung, *Overgaden oven Vandet 10,* befindet sich in „Potters Gård", der 1785 für den Industriellen Thomas Potter gebaut wurde. Dieser stammte aus Edinburgh und kam ganz jung nach Dänemark, wo er die Lizenz erhielt zum Bau einer Eisengießerei oder eines „Schmelzwerks", wie man es damals nannte. Thomas Potter wurde damit Schrittmacher auf diesem Gebiet. In der Gießerei wurden Eisentöpfe aller Art hergestellt, und man konnte zugleich alles Eiserne liefern, vom Nagel bis zu Schiffsankern und Kugeln. Ein Teil wurde auch nach West- und Ostindien exportiert. In seinem Haus in →Christianshavn erlebte Potter tiefes persönliches Leid. Zweimal verlor er eine Frau, und 1790 verkaufte er, von Sorgen bedrückt, sein Anwesen an einen königlichen „Mechanicus" namens Mitchell. Die Sammlungen, die in „Potters Haus" ausgestellt sind, wurden von dem Großkaufmann Ulf Brøste eingerichtet. Sie stellen an Hand von Bildern und Gegenständen die Geschichte von Christianshavn von der Gründung der ursprünglich selbständigen Stadt an (1618) bis in unsere Tage dar.

Brumleby, auch „Wohnungen der Ärztevereinigung" genannt, liegt in der Østerbrogade 57. Der Hintergrund für die Errichtung des Wohnviertels war die große →Choleraepidemie, die vom Juni 1853 an Kopenhagen heimsuchte. Die Ärzte, die Hausbesuche machten, lösten nicht das Rätsel der Cholera, erkannten aber, welch eine soziale Not und welch elende Wohnverhältnisse in Kopenhagen herrschten. Die Aussiedlung einiger der schlechtestgestellten Einwohner wurde erwogen, und einer der idealistischsten Vorkämpfer dieser Idee war der Arzt Claus Jacob Emil Hornemann. Er hatte 1839–1841 die Hygiene in Paris und London studiert und darauf eine Schrift „Über verschiedene Mängel der öffentlichen Reinlichkeit in Kopenhagen in sanitärer Hinsicht" herausgegeben. Es sei hinzugefügt, daß Lord Shaftesbury schon 1844 Englands erste Musterwohnungen einweihte und wenig später in London die „Gesellschaft zur Verbesserung der Bedingungen der arbeitenden Klassen" mit Königin Victoria und Prinz Albert an der Spitze entstand.

Hornemann ergriff nun die Initiative zur Gründung der privaten „Ärztevereinigung gegen die Ausbreitung der Cholera", und gleichzeitig wurde er zum Mitglied der Außerordentlichen Gesundheitskommission gewählt. Als Architekten für die Baugesellschaft der Ärzte gewann man Professor Michael Gottlieb Bindesbøll. Schon am 1. September 1853 wurde im Bautagebuch der Gesellschaft notiert: „Inspektor Bindesbøll war anwesend und legte zwei Entwürfe vor, einen für einetagige und einen für zweietagige Gebäude,

1830 lief das erste in Dänemark gebaute Dampfschiff in Christianshavn vom Stapel. Nach der Etablierung von B & W 1846 nahm der Bau von Dampfschiffen einen großen Aufschwung. Die Betriebsbauten an der Ecke Overgade – Lille Sofiegade (letztere später aufgegeben) in einer Lithographie des vorigen Jahrhunderts. Karten- und Bildersammlung der Kgl. Bibliothek.

mit einer Kostenberechnung, die sich für beide auf etwa 150 000 Reichstaler belief. Da man es aber unzweckmäßig fand, daß Küche und Wohnzimmer einen Raum bildeten, versprach er einen neuen Plan auszuarbeiten . . ."

Die Ärzte beschlossen am Tage darauf, mit dem Zentralkomitee zusammenzuarbeiten, einer philanthropischen Gesellschaft von Beamten und Geschäftsleuten, die die Ärzte bei ihrem Kampf gegen die Cholera unterstützt hatte (die letzten Fälle traten noch Ende Oktober auf). Der 2. September 1853 kann also für die „Wohnungen der Ärztevereinigung" als Stiftungstag gelten. Von Bindesbøll kamen jetzt neue Entwürfe, und man arbeitete ständig daran, die Wohnungen zugleich gesund und billig zu erstellen.

Am 1. Oktober fiel die Entscheidung. Bindesbølls letztes Projekt umfaßte 33 Wohnungen in jedem Haus, die sich auf drei Typen verteilten. Am 5. November wurden nach Ausschreibung die vier niedrigsten Angebote angenommen und die beiden ersten Häuser begonnen. Sie wurden, ebenso wie die späteren Blöcke, ein hervorragendes Beispiel für Bindesbølls Fähigkeit, große Baukunst mit Zweckmäßigkeit zu vereinen. Am 9. März 1854 konnte man die Blöcke A und B besichtigen. Anwesend waren u. a. Bindesbøll und der Etatsrat Collin. Bei dieser Gelegenheit legte Bindesbøll auch Entwürfe für ein Geschäftshaus vor.

Das Projekt erweckte bald Aufmerksamkeit, und als 1858 der Hygienekongreß in Kopenhagen stattfand, wurde für die Teilnehmer ein Ausflug nach Brumleby veranstaltet. 1869 schickte man die Entwürfe und einen Bericht zu einer internationalen Ausstellung nach Amsterdam, wo das Projekt einen Ehrenpreis erzielte. Zu dieser Zeit war man dabei, die Bebauung auf mehr als das Doppelte zu erweitern, jetzt mit Vilhelm Klein als verantwortlichem Architekten. Der technische Fortschritt ermöglichte es, die Klein-Blöcke von Beginn an mit fließendem Wasser auszustatten, das es in den Bindesbøll-Blöcken noch nicht gab. In den letzten Jahren war das Viertel mehrmals vom Abriß bedroht.

Burmeister & Wain. Die Geschichte des Unternehmens begann 1843, als der Mechaniker Hans

Henrik Baumgarten eine selbständige Firma im zweiten Stock des Hinterhauses der jetzigen Købmagergade 46 einrichtete. Nach mehreren Umzügen und Versuchen, mit anderen unternehmungslustigen Leuten eine Gesellschaft zu gründen, zog die Firma 1846 hinaus nach →Christianshavn in den sogenannten *Kjerulfschen Garten* in der Overgade neden Vandet. Zugleich nahm sie den Namen *Burmeister & Baumgarten* an, dessen erster Teil für den Mechaniker Carl Christian Burmeister stand.

Die ursprüngliche Maschinenwerkstatt vergrößerte sich 1847 um eine Eisengießerei, und 1860 wurden unter sechs Werkführern 450 Mann beschäftigt. 1861 verließ Baumgarten die Firma, und 1865 wurde der aus England stammende William Wain als neuer Partner aufgenommen. Neben der Produktion von Dampfmaschinen erlangte der Schiffbau steigende Bedeutung, und 1872 wurde eine Werft auf der Insel *Refshaleø* angelegt. Die Firma bekam auch den Auftrag zum Bau der →Knippelsbro. 1912 lief bei Burmeister & Wain das erste Dieselmotorschiff der Welt, die „Selandia", vom Stapel. Ein Museum, das die Geschichte von B & W zeigt, befindet sich in der *Strandgade 4.*

C

Caritasbrunnen. Der Brunnen auf dem →Gammeltorv zählt zu Kopenhagens schönsten Denkmälern aus der Renaissance. 1608 wurde er angelegt, und zwar im Zusammenhang mit einem Umbau des damaligen Rathauses, das dort lag, wo heute →Strøget vorbeigeht. Der Brunnen wurde zur Verschönerung der Stadt und als ein Glied in deren Wasserversorgung von Christian IV. gestiftet. Hier konnten die Bürger ihre Eimer und Fässer mit Wasser füllen, das über eine Leitung aus ausgehöhlten Baumstämmen vom Emdrup-See herbeigeschafft wurde.

Die Zierde der Wasserkunst ist eine Kupferschale mit einer Figurengruppe, die Caritas darstellt, eine Personifizierung der Nächstenliebe. Die Hauptfigur, eine schwangere junge Dame, hält mit der Rechten einen munter pinkelnden Jungen, während sie einen kleinen Knaben mit der Linken trägt. Auch ihren Brüsten entspringen feine Wasserstrahlen. Unten sieht man drei wasserspeiende Delphine. Die Figurengruppe wurde von Statius Otto in Holz geschnitzt und von Peter Hofmann aus Helsingør in Bronze gegossen.

Bei der ursprünglichen Aufstellung waren Schale und Figuren anders als heute postiert. Schon 1634 senkte man sie zum umgebenden Steinbecken herunter, so daß die monumentale Wirkung verloren ging. Der Generalbaumeister Johann Conrad →Ernst korrigierte 1706 dies Mißverhältnis, indem er den oberen Teil des Steinbeckens durch ein luftiges Gitter ersetzte. Bei einer erneuten Restaurierung 1781, als das Denkmal „jämmerlich verfallen" war, wurde es mit dem jetzigen Sockel aus norwegischem Marmor versehen. Auf den neuen Fuß setzte man das Monogramm Christians VII. und das Kopenhagener Stadtwappen ein.

Als 1857–1859 auf dem Festungswall am Farimagsvej *Kopenhagens Wasserwerk* eingerichtet wurde, ergab sich die Möglichkeit, den hohen Wasserdruck des Werkes auszunutzen. Der Bron-

Handkolorierte Zeichnung des Caritas-Brunnens vor der Änderung von 1890, als das Gitter und die Pfeiler mit den Ketten entfernt wurden. Karten- und Bildersammlung der Kgl. Bibliothek.

Figurengruppe des Caritasbrunnens, 125 cm groß. Delphine waren ein beliebtes Motiv in der Renaissance. Karten- und Bildersammlung der Kgl. Bibliothek.

zegießer Dalhoff wurde mit dieser Aufgabe betraut, und er nahm bei dieser Gelegenheit eine kleine Zensur vor. Der victorianischen Auffassung der Zeit entsprechend, schlug er vor, die Figuren durch etwas Ehrbareres zu ersetzen, nämlich einen griechischen Meermann, natürlich aus eigener Werkstatt zu liefern. Glücklicherweise waren die Behörden so kaltblütig, diesen Vorschlag zurückzuweisen, doch Dalhoff durfte immerhin dic ärgerlichsten Wasserröhrchen plombieren.

1890 beschäftigte sich der Stadtarchitekt Fenger mit dem Brunnen. Er ließ die Kupferschale um 2,5 Meter und die Figurengruppe um einen weiteren halben Meter anheben, wodurch das Erlebnis eines Straßenbrunnens aus der Renaissancezeit verlorenging. Der einzige mildernde Eingriff, der seitdem stattfand, war eine Öffnung der verschlossenen Röhren 1940.

Carit Etlars Vej in Frederiksberg ist nach dem Dichter Johan Carl Chr. Brosbøll benannt, der unter dem Pseudonym Carit Etlar schrieb. Er ließ die erste Villa der Straße bauen, an der Stelle der jetzigen Nr. 4, wo ein Etagenhaus liegt. Viele seiner fesselnden Unterhaltungsromane, z. B. *Gøngehøvdingen* (1853) und seine Fortsetzung *Dronningens Vagtmester* wurden dort in einer Gartenlaube geschrieben.

Wie Carit Etlar, so ließen sich auch andere Kopenhagener Künstler um die Mitte des 19. Jahrhunderts in Frederiksberg nieder, wo die erste Villa *Tårnborg* 1847 gebaut wurde. So zog der Maler Christen Dalsgaard 1857 in die Villa des Xylographen Axel Kittendorf im jetzigen Grundtvigsvej. Der Maler Constantin Hansen wohnte in einer Villa am naheliegenden Amalievej.

Carit Etlarsvej 3. Ecke → Frederiksberg Allé liegt eine große Backsteinvilla, die von dem Architekten J. D. Herholdt in „gotischem“ Stil gebaut wurde. Der Stil mit Stufengiebeln und rotem, durch waagerechte, helle Bänder unterteiltem Mauerwerk ist auch etwa vom Badehaus bei Schloß Frederiksborg her bekannt. Die Villa wurde 1851 für Dr. jur. Andreas Lorentz Casse errichtet. Er nahm am politischen Leben teil und gehörte zum Ministerium Monrad, das im Juli 1864 abtrat.

Carl Bernhards Vej in Frederiksberg trägt den Namen nach dem Schriftsteller Andreas Nicolai de Saint-Aubin, der in den Jahren 1828–1865 unter dem Pseudonym Carl Bernhard eine Reihe Novellen und Romane schrieb. Sein Großvater war um die Mitte des 18. Jahrhunderts aus Frankreich eingewandert, hatte zunächst bei Friedrich V. als Friseur gedient und beendete seine Karriere als Justizrat! Seine Kindheit verbrachte der Schriftsteller im alten Rathaus von →Christianshavn Ecke Torvegade–Strandgade, wo die Eltern, der Artillerieoffizier Frederik Chr. Julius und Charlotte, geborene Buntzen und Tochter des wohlhabenden Christianshavner Kaufmanns Andreas Buntzen, eingezogen waren. Durch seine Mutter war er Vetter des Dichters J. L. Heiberg, der ihm später das Pseudonym Carl Bernhard gab.

Andreas Nicolai debutierte 1828 in Heibergs *Flyvende Post*, gewann aber erst durch die Novelle *Lykkens Yndling* (Liebling des Glücks) von 1837 Anerkennung. Später schlug er den Weg zum historischen Roman ein und schrieb *Krøniker fra Kong Christian 2.s Tid* (Chroniken aus der Zeit Christians II., 1846) und *Krøniker fra Erik af Pommerns Tid* (Chroniken aus der Zeit Erichs von Pommern). Er wahrte sein Pseudonym und schrieb darüber in den 1840er Jahren an Jonas Collin: „Wie transparent meine Anonymität – wahrhaftig ohne meine Schuld – auch sein mag, so ist sie mir doch wichtig als notwendige Bedingung meiner literatischen Tätigkeit, die ohne sie völlig gelähmt wäre."

Carlsberg-Brauereien. Die Carlsberg-Brauereien in →Valby wurden 1847 von dem Brauer und Hauptmann der Bürgerwehr Dr. phil. J. C. Jacobsen gegründet, der seine Firma nach seinem fünfjährigen Sohn Carl nannte. Im Jahr zuvor hatte er von seiner Mutter 11 000 Reichstaler geerbt, was die Einrichtung einer neuen und größeren Brauerei ermöglichte als die alte in der →Brolæggerstræde, die er von seinem Vater geerbt hatte. Klar hatte er erkannt, daß eine Aussiedlung notwendig war, und damit wurde er ein Schrittmacher im damaligen Erwerbsleben. Das erste Bier wurde am 10. November 1847 gebraut, der später als Carlsbergs Geburtstag gefeiert wurde. Im ersten Jahr wurden 3500 hl produziert, und der Anstieg in den folgenden Jahren machte ständige Erweiterungen nötig. J. C. Jacobsen entwarf selbst mehrere seiner Fabrikgebäude, und er baute 1853 auch mit Hilfe des Architekten N. S. Nebelong sein eigenes Wohnhaus. Es dient jetzt als Ehrenwohnung.

Während die Brauerei wuchs, versäumte Jacobsen nicht, Europa zu bereisen, um neues Wissen zu erwerben. In einem Brief an den Sohn Carl schrieb er: „Die gegenwärtige und unmittelbar bevorstehende Aufgabe für die Brauer geht über meine Fähigkeiten, denn mir wurde leider nicht der Wunsch erfüllt, einen vollständigen Kursus an der Polytechnischen Lehranstalt zu absolvieren und ein gründlicher Chemiker und Physiker zu werden. Darum werde ich jetzt als rationeller Brauer überflügelt ... Wer die gründlichsten Kenntnisse in Chemie und den Hilfswissenschaften besitzt und dazu die nötige praktische Geschicklichkeit und Einsicht, der wird in der kommenden Generation Europas führender Brauer sein. Dies soll Dein Ziel sein ...". In Verbindung mit dieser Zielsetzung errichtete J. C. Jacobsen 1875 das Carlsberg Laboratorium, mit dem später hervorragende Forscher verbunden waren. Unter den bekanntesten war Professor Emil Chr. Hansen, der zusammen mit dem Betriebsleiter S. A. van der Aa. Kühle den ersten Apparat der Welt zur Züchtung von Hefe-Reinkulturen konstruierte. Ebenso berühmt wurde Johan Kjeldahl, der eine neue Methode zur Bestimmung von Stickstoff in organischen Stoffen fand.

1880/81 baute der Sohn Carl Jacobsen seine eigene Brauerei, *Ny Carlsberg*, daneben. Das wichtigste Gebäude des neuen Komplexes war das große Brauhaus (rechts vom Elefantentor), das nach Carl Jacobsens Wunsch 1901 im florentinischen Stil errichtet wurde. Vilhelm Klein war der verantwortliche Architekt. Auf dem Dach des Brauhauses befindet sich die Bronzegruppe „Thor im Kampf mit den Riesen", eine Arbeit von Carl J. Bonnesen aus dem Jahre 1897.

Der *Elefantenturm*, Ny Carlsberg Vej, wird von vier kolossalen Elefanten aus Bornholmer Granit getragen. Er wurde von dem Architekten Vilhelm Dahlerup entworfen und 1901 gebaut. Die berühmten Elefanten stammen von H. P. Pedersen Dan. Über dem Torraum nach Valby zu steht: „Laboremus pro Patria" (Laßt uns für das Vaterland arbeiten). Als Pendant zum Elefantentor baute man ein Doppeltor, das nach einem antiken athenischen Stadttor gleichen Namens *Dipylon* genannt wird. Eine Glocke auf dem Dach des Torgebäudes wird von zwei Figuren mit Hämmern angeschlagen. Die „Glockenschläger" sind eine Arbeit von Stephan Sinding.

Carlsberg Museum. Die Sammlungen wurden 1882 gegründet und berichten von der Entwicklung der Bierbrauerei und der Familie Jacobsen. Zu den schönsten Räumen gehört der *Kaiserinnensaal,* von wo eine Treppe hinunter in die sogenannte *Rotonda* führt. Die Treppe wird durch zwei Karyatiden von Bertel Thorvaldsen eingerahmt. Außerdem wurde das Arbeitszimmer Carl Jacobsens rekonstruiert.

Castrum doloris (lat. Schmerzenslager) wurde zur Zeit des Absolutismus ein fester Teil des königlichen Beisetzungszeremoniells in Kopenhagen, wobei ein *lit de parade* von einem castrum doloris in der Schloßkirche selbst gefolgt wurde. Als Christian V. am 25. August 1699 starb, wurde ein mächtiges Zeremoniell inszeniert, dessen Hauptrahmen die damalige Schloßkirche bildete. Am 16. Oktober war der große Raum in eine Leichenkapelle verwandelt. Die Rückwand mit dem Altar war von einem großen Transparent bedeckt, das den Sternenhimmel in einer wolkigen Nacht wiedergab. Der königliche Namenszug stand auf dem Himmelsbogen, umgeben von Engeln, die in lateinischen Versen Christian V. priesen. Schwarzer Samt und Taft verkleideten die übrigen Wände, während unzählige Wachskerzen in Leuchtern mit Rosetten und Quasten aus schwarzem und weißem Flor dekoriert waren.

Am imponierendsten war ein achteckiger Pavillon-Himmel, der von der Decke herabhing und von 16 Kronleuchtern aus versilbertem Holz, Blech und Blei umgeben war. Unter dem Himmel schwebte ein Engel aus Gold und Silber, der einen Lorbeerkranz als Rahmen um das Porträt der Majestät trug.

Der Katafalk bestand aus einem Sockel, der sich wie eine Pyramide stufenweise erhob und sieben korinthische Säulen mit einem Gesims darüber trug. Vom Gesims herab hing ein geschweifter Überhang aus schwarzem Samt und mit silberner Borte, während zwei Knochenmänner, vermutlich die Oberteile von Skeletten, als Kopfstück des Katafalks dienten. Das castrum doloris der Königin Louise im März 1721 war das letzte große Ereignis, das in der alten Schloßkirche stattfand, bevor Friedrich IV. den durchgreifenden Umbau des Schlosses in den 1720er Jahren begann.

Im 18. Jahrhundert wurden die Zeremonien um die königlichen Beisetzungen noch pompöser. Am 14. Januar 1766 gab Friedrich V. den Geist auf, und später wurde nach Luxdorph „der Sarg des seligen Königs zugeschlagen". Am 26. Februar wurde der geschlossene Sarg von 12

Für das castrum doloris Friedrichs V. wurde diese Prachtpyramide mit Palmen um den Katafalk errichtet. Kupferstich 1766 von F. L. Bradt. Kupferstichsammlung.

Kammerjunkern hinunter in die Schloßkirche getragen, wo man ihn aufs castrum doloris stellte. Dieses war pyramidenförmig, ein Symbol der Unsterblichkeit. Vier Infanterieoffiziere standen Tag und Nacht Wache, angetan mit Trauerumhängen und mit schwarzbezogenen Partisanen versehen. Der Kirchenraum wurde von über 1000 Kerzen erhellt. Vom 3. März an bekam das Publikum jeden Nachmittag zwei Stunden lang Zugang.

So brach der Tag der Beisetzung an, der auf den 18. März festgesetzt war. Drei Stunden beanspruchten die Trauerpredigten auf Dänisch, Deutsch und Latein. Der frühere Kapellmeister Scheibe hatte die Trauermusik komponiert, die sich mit den Reden der Pastoren abwechselte. Die Texte dazu stammten von dem jungen Johannes →Ewald. In einer Arie hieß es: „Ägyptische Finsternis verdunkelte den Norden". Das castrum doloris war von N. H. Jardin arrangiert, wurde aber in mehreren Schmähschriften kritisiert.

Charlottenborg, Kongens Nytorv 1, wurde 1672–1683 für Graf Ulrik Frederik Gyldenløve gebaut, der der Halbbruder Christians V. und Statthalter in Norwegen war. Im Zusammenhang mit der Anlage des Platzes stellte Christian V. am 22. März 1669 Gyldenløve eine Übertragungsurkunde für ein Grundstück aus, das sich „von den Schlachterbuden bis zur Straße den projektierten Kanal (Nyhavn) entlang und vom Platz zum Strand hin bis Dybet" erstreckte.

Die Bauarbeiten zogen sich hin. Gyldenløve ließ 1672 erst einmal Baumaterialien aus Holland importieren, und der Grundstein wurde am 3. April desselben Jahres vom König selbst gelegt. Bemerkenswerter war die Wiederverwendung von Backsteinen des jütischen Schlosses Kalø, das nach 1672 abgerissen wurde. Die Steine wurden in großem Ausmaß in den unteren Mauern des Palais verwandt, sind allerdings an der Fassade nicht zu sehen.

Aus einem Auftrag an den Kopenhagener Magistrat vom 16. Juli 1672 geht hervor, der Baumeister Ewert Janssen habe „zwölf der tüchtigsten Maurer hier in der Stadt . . . für die Arbeit unseres Statthalters Herrn Uldrich Friderich Guldenlew" benötigt. Janssen, der aus Holland eingewandert war, hatte zu dieser Zeit schnell Karriere gemacht. 1668 bekam er seine Bestallung in Kopenhagen, „Mir zu Baumeister allergnädigst bestellet", wie es in dem Dokument heißt, und 1671 wurde er zum Baumeister für →Bremerholm ernannt. Vieles deutet darauf hin, daß er auch Charlottenborgs Architekt war, vor allem der Vergleich von dessen Torrisalit mit dem des Herrenhofs Gjorslev (von ihm Ende der 1660er Jahre umgebaut) und einem signierten Umbauprojekt für das Schloß Skanderborg. In den nächsten zehn Jahren tritt Janssen aber selten in der Buchführung von Charlottenborg auf und nur im Zusammenhang mit kleineren Aufgaben.

Charlottenborg, wie viele Schlösser des 17. Jahrhunderts als Karree gestaltet, ist im sogenannten holländisch-palladianischen Stil gehalten. Zu dieser Form des Barock gehören Pilaster, Bogengehänge, Fensterverdachungen und Risalite. Vielleicht hat der Architekt ein Projekt für das neue Rathaus von Amsterdam studiert, das Philipp Vingbooms ausführte. Am 21. April 1683 stand das „Schloß" mit seinen 74 Wohnräumen fertig und wurde an diesem Tag von Christian V. und seiner Familie besucht.

Ein „Inventarium und Beschreibung" vom Ende des 17. Jahrhunderts gibt Einblick in die Einrichtung. Die Bediensteten, zu denen außer Dienern ein Narr, ein Postmeister und eine Nachtwächterin gehörten, wohnten im Keller und in kleinen Miethäusern am Kanal. Öländische Fliesen deckten den Boden des „Flaschenkellers", in dem ein weißer Tisch stand. Darunter „liegt ein schönes, großes Faß mit altem Rheinwein". Der prächtigste Raum des Gebäudes war und ist nach wie vor der *Kuppelsaal* im Ostflügel, dessen reich ausgeschmückte Stuckdecke sich mit der im Audienzsaal auf Fredriksborg messen kann. Als Nicodemus Tessin der Jüngere 1687 das Palais besuchte, fand er, Ulrik Frederik Gyldenløve sei „un seigneur de grande connaissance et lumière dans les beaux arts" (ein Herr von großer Kenntnis und eine Leuchte in den schönen Künsten). Doch das bezog sich nur auf die vornehmen gyldenløvenschen Kunstsammlungen; das Gebäude imponierte dem berühmten schwedischen Architekten nicht. Dazu gehörte im übrigen ein weitläufiger Garten den Kanal entlang, der aber in gartenarchitektonischer Hinsicht ziemlich bescheiden war: acht Parterrebeete mit Bleifiguren in den Ecken waren das Wesentliche, was man bieten konnte.

Im Jahre 1700 wurde Charlottenborg für 50 000 Taler der Königinwitwe Charlotte Amalie verkauft, die dem Schloß den künftigen Namen gab. Sie starb hier 1714, und ihre Kinder erbten Gebäude und Garten. Zu ihrer Zeit wurde der Kuppelsaal als Eremitagegemach eingerichtet und mit Aufzugtisch und Mechanismen zu seiner Hebung und Senkung versehen. Durch Testament fiel das Schloß 1735 an Christian VI., und unter seinem Sohn wurde hier die *„Königliche Maler-, Bildhauer- und Architektenakademie"* eingerichtet. Die Anregung dazu boten die ausländischen Akademien, beginnend mit der Kunstakademie in Paris, die Colbert 1663/64 reorganisiert hatte. Die absolute Monarchie in Dänemark-Norwegen hatte ebenfalls Bedarf an einer Schule, wo vielversprechende junge Künstler eine Ausbildung bekommen konnten und nicht zum Lernen ins Ausland gehen mußten. Zieht man für die Mitte des 18. Jahrhunderts Bilanz, so erkennt man, daß →Eigtved und Thurah sich als Architekten in Deutschland, Frankreich und Italien entwickelt hatten, während der Bildhauer Johannes Wiedewelt in Paris hatte lernen müssen.

Versuche hatten schon früher im 18. Jahrhundert stattgefunden. 1738 hatte Christian VI. eine Kunstakademie gestiftet, die von 1744 an am

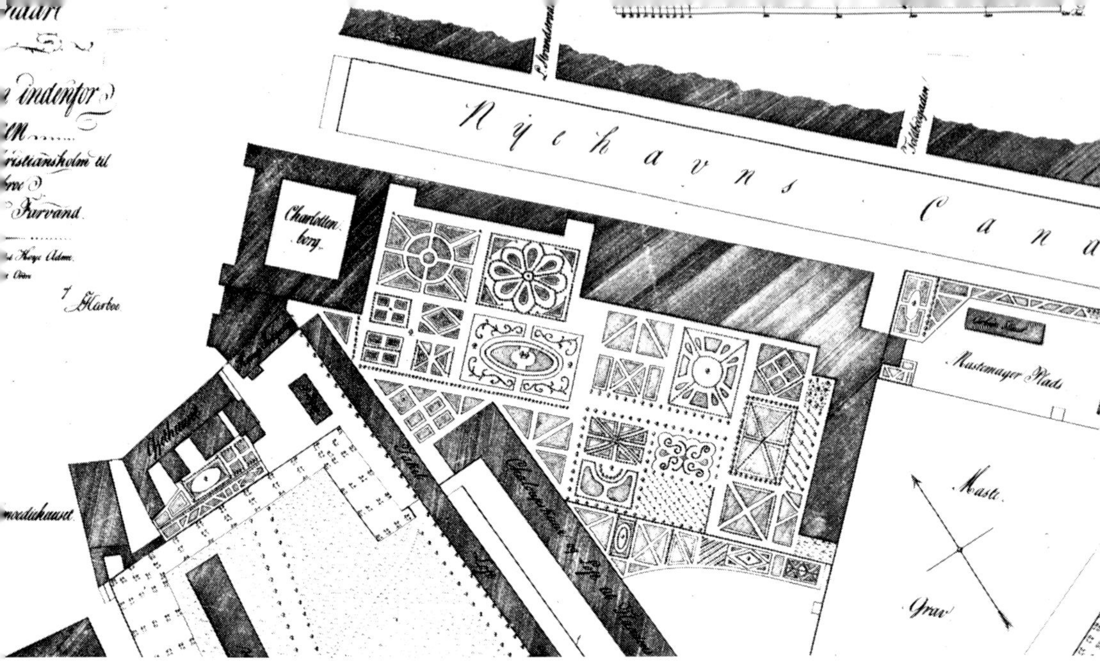

Seekartenausschnitt von 1802, auf dem die weitläufige Gartenanlage von Charlottenborg wiedergegeben ist. Das schmale, lange Gebäude westlich davon war eine Reeperbahn. Kgl. Seekartenarchiv.

→Gammel Strand (der jetzigen Nr. 40) untergebracht war. Sie zog später nach Slotsholmen um und bekam Räumlichkeiten über den königlichen Ställen. Doch der rechte Rahmen fehlte, ebenso wie Kapital und eine dynamische Leitung. Das änderte sich, als der Oberhofmarschall Adam Gottlob Graf Moltke, ein enger Freund Friedrichs V., der Präses der Kunstakademie wurde.

Als ihr Sitz war Charlottenborg gut geeignet. Sie wurde dort eingerichtet, zugleich mit einem Lehrerkollegium und einer Direktorenstellung. Nicolai Eigtved wurde der erste Direktor der neuen Kunstakademie. Friedrich V. besuchte am 30. März 1754, dem Tage vor seinem 31. Geburtstag, die Akademie, in der der Unterrichtsbetrieb schon begonnen hatte. Bei dieser Gelegenheit legte Eigtved eine Stiftungsurkunde vor, die der König an seinem Geburtstag unterschrieb, der seitdem als Geburtstag der Kunstakademie gilt.

Wie spielte sich nun der Unterricht auf Charlottenborg in den folgenden Jahren ab? Anatomie war eines der grundlegenden Fächer, das von 1758 an in den Händen des Arztes J. C. Berger lag. Er las im Winter Myologie (Muskellehre), während danach Osteologie (Knochenlehre) doziert wurde. Die Schüler verwandten auch viel Zeit für das Zeichnen nach Gipsmodellen. In der kältesten Jahreszeit gab es gelegentlich auch Leichensektionen für die Schüler, die die Gips- und Modellschule erreicht hatten. Die Sektionen wurden hinter heruntergerollten Gardinen auf einem besonderen, mit Wachstuch bekleideten Tisch vorgenommen.

Die *Gipsschule* umfaßte den Unterricht im Kopieren von Gipsabgüssen, und es gab genug nachzuzeichnen an Armen, Händen, Beinen und Füßen von Göttern, Tieren und Menschen. Die Professoren bestimmten, was nachgezeichnet werden sollte. Künstliches Licht wurde vorgezogen, weshalb man hinter geschlossenen inneren Läden im Schein einer großen Öllampe mit 18 Dochten arbeitete.

Charlottenborger Ausstellungen. Die Ausstellungen waren zuerst in dem alten →Charlottenborg beherbergt, das Gyldenløve gebaut hatte und wo 1753 die Kunstakademie eingerichtet wurde. Sie begannen mit einem „Salon“ am 29. Januar 1769 im *Antikensaal* der Kunstakademie. Dieser lag in der ersten Etage über dem Tor zu → Kongens Nytorv und hatte zur Zeit Gyldenløves als Rittersaal gedient. Der Saal erstreckte sich über zwei Etagen, war mit einer umlaufenden Galerie versehen und hatte Wände mit gemalten Pilastern und Bogengehänge mit martialischen Symbolen unter der Galerie. Dort hatte man die vielen Gipsabgüsse in symmetrischen Gruppen aufgestellt, nach denen die Schüler zeichnen sollten.

Einmal im Jahr wurde der Antikensaal für Schülerwettbewerbe verwendet. So war es kein Wunder, daß der Verwalter unzufrieden war, weil man dort auch den „Salon" abhielt, wo der Direktor, die Professoren und Mitglieder Proben ihres Könnens ablegen konnten. In den folgenden Jahrzehnten wurde der „Salon" allmählich zu einem regelmäßigen Frühjahrsereignis.

Am 10. Februar 1857 bestätigte das Kultusministerium eine Satzungsänderung für Charlottenborg, durch die die Frühjahrsausstellung in eine offene Ausstellung mit eigener Verwaltung verwandelt wurde. Jetzt konnte jeder Künstler eigene Arbeiten an das Zensurkomitee einsenden. Unter den ersten Teilnehmern war der Landschaftsmaler P. C. Skovgaard, Spezialist für dänische Buchenwälder, der auf der Ausstellung mit dem Bild „Ein Buchenwald im Mai" vertreten war.

Unzufriedenheit mit der Zensur begann sich in den 1860er Jahren zu regen, denn nur wohlrenommierte Künstler und Akademiemitglieder durften unzensiert ausstellen. Ein wichtiges Ereignis war die Einweihung des neuen Ausstellungsgebäudes 1883. Der von dem Architekten Albert Jensen entworfene Bau wurde mit einer skandinavischen Ausstellung eröffnet.

Zu dieser Zeit waren die Maler des „goldenen Zeitalters" in den Hintergrund gerückt, und neue Leute wie Vilhelm Hammershøi tauchten auf. Er debutierte 1885 mit dem Bild „Porträt eines Mädchens", wo seine charakteristische, begrenzte Farbenwahl schon festgelegt war, Töne von Schwarz bis Grauweiß. Im „Punch" bekam das Bild folgenden Kommentar: „Aber sie sieht eher aus wie ein Sarg".

Epochemachend wurde das Jahr 1888, in dem Johan Rohde zusammen mit einem Dutzend Gefährten in einem Atelier am Frederiks Kirkeplads eine kleine Ausstellung abgewiesener Bilder veranstaltete. Auch Hammershøi und Fritz Syberg nahmen teil. Der erste „Salon des Refusés" war da. Charlottenborg gab aber nicht seine strenge Politik auf, ja sie war im nächsten Jahr den jungen Künstlern gegenüber noch strenger. Dies verursachte eine Gegenausstellung im Speisesaal des Hotels Phønix. Trotz ständiger Abwanderungen guter Künstler blieb die Frühjahrsausstellung auf Charlottenborg ein wichtiges Forum im dänischen Kunstleben.

Chirurgische Akademie, s. Medizinisch-Historisches Museum.

Cholera. Die Cholera, die Kopenhagen 1853 angriff, hatte ihr unangenehmes Vorspiel in Asien, wo sie schon im 16. Jahrhundert von dem Europäer Garcia del Huerto beschrieben wurde. Im Laufe der Jahrhunderte trat sie nur gelegentlich als lokale Epidemie auf, aber in der ersten Hälfte des 19. Jahrhunderts begann sie, sich außerhalb Asiens auszubreiten. Nach dem dritten exploxsiven Ausbruch 1846 drang die Cholera über Persien und Rußland nach Dänemark. Drei Fälle wurden 1848 in → Dragør diagnostiziert, ohne daß sich eine Katastrophe entwickelte. Einen größeren Ausbruch auf Lolland 1850 gelang es Dr. Panum zu isolieren, und nur 15 Personen starben. Im Oktober desselben Jahres zeigte sich der Cholera-Spuk in Korsør, in Ålborg und auf Bornholm.

Das gesellschaftskritische Kopenhagener Blatt „Nemesis" warnte schon im Sommer 1852 mit folgender Satire vor der Gefahr:
„Herr Cholera, ich hoffe, Sie werden mit meiner Tätigkeit zufrieden sein! Da liegt Kopenhagen!

Satire über die drohende Cholera (die Kommunalverwaltung und die Cholera), aus dem Kopenhagener Magazin „Nemesis", 1852.

Das Trinkwasser ist untrinkbar, die Kanäle voll von stinkendem Schlamm. Die nächtliche Reinigung geht immer den alten ‚täglichen' Gang, die Rinnsteine gleichen all dem übrigen, und den Schmutz aus den Gräben habe ich um Ihrer Excellenz willen auf die Wege werfen und dort die allerwärmste Jahreszeit liegen lassen. Kann Eure Hochwohlgeborenheit hier keine Geschäfte machen, so . . ." –

„Gott bewahre! Das ist mehr, als ich erwarten und verlangen konnte! Glaub' mir, ich bin ganz gerührt über soviel Zuvorkommenheit, wie sie mir, ich muß es gestehen, noch niemals erwiesen wurde".

Und so brach die Hölle los. Als ein 19jähriger Zimmerlehrling aus der Meriansgade am 11. Juni 1853 auf einem Schmutzkahn auf Nyholm arbeitete, bekam er choleraartige Krankheitssymptome. Er kam am nächsten Tag ins Marinehospital in den →Nyboder, wurde selbst geheilt, steckte aber zugleich einen Arbeiter an, der am 15. Juni starb. In der Woche darauf starben acht Menschen, und am 25. Juni gab es erstmals einen Widerhall in der Tagespresse. Er traf zusammen mit kräftigen Regengüssen, die zu Optimismus führten. Man hoffte darauf, daß der Schmutz fortgespült würde.

Das Gesundheitskollegium gab am 26. Juni eine Verordnung heraus, nach der die Kopenhagener sich richten sollten. So sollte man etwa den Aufenthalt in verdorbener, eingeschlossener Luft vermeiden, sich vor Erkältung hüten, auf schlecht gegorenes oder saures Bier achten und sich des Genusses von Obst, Gartenkräutern, fettem Fleisch, Melonen und Gurken enthalten!

Nichts half. Die Cholera verbreitete sich über die ganze Stadt und verlief sich erst Mitte Oktober. 5,6 % von Kopenhagens 130 000 Einwohnern wurden infiziert. Davon starben 4742. Am schlimmsten war es im →St.-Annen-Viertel.

Eine der Gegenmaßnahmen bildete die Evakuierung, etwa in ein Zeltlager auf dem Glacis zwischen Vester- und Nørreport oder nach Christianshavn. Wesentlicher war die Erkenntnis der elenden Wohnverhältnisse und der hoffnungslosen Hygiene, die in der Hauptstadt herrschten. Sie führte zu einem Gesetzesvorschlag durch die Bürgervertretung. Danach sollten Wasser- und Abwasserleitungen eingerichtet und das WC eingeführt werden, aber Regierung und Oberpräsident widersetzten sich. Erst 1860 wurde der erste unterirdische Abwasserkanal fertig.

Christian IV., um 1630 von David Bailly in Leiden porträtiert. Das Bild muß nach einer ziemlich neuen Vorlage gemalt worden sein. Rosenborg.

Christian IV. ist einer der Könige, der Kopenhagens Geschichte und bauliche Entwicklung außerordentlich stark geprägt hat. Er wurde am 2. Juni 1577 in der Frauenkirche getauft, und zum Tauffest führten die Kopenhagener Studenten ein besonderes Stück auf, den *Kampf zwischen David und Goliath*, einstudiert von den Professoren und aufgeführt im Schloßhof. Die Studenten gingen aber so sehr in der Handlung des Schauspiels auf, daß sie sich gegenseitig blutig schlugen. Der alte Reichsadmiral Peder Skram, der wegen seiner schlechten Augen der Szene am nächsten saß, soll über die Schranke haben springen wollen, um sich in den Streit einzumischen.

Seine Kindheit verbrachte Christian IV. in Mecklenburg, Skanderborg und Kolding. Die Kopenhagener beeindruckte er wieder bei seiner Krönung 1596. Der Krönungsakt selbst fand am 29. August in der →Frauenkirche statt. Aus anderen Ländern kamen Fürsten und Gesandte, die zusammen mit ihrem Gefolge 2200 Pferde mitbrachten. Als sie den Hügel bei →Valby erreichten, wurden die vornehmen Krönungsgäste mit einem Feuerwerk von 25 000 Schuß empfangen, und zugleich wurden die Kanonen der Festung abgefeuert. Das Volk bekam auf dem →Amagertorv einen Brunnen, aus dem Wein floß, und Geld wurde ausgestreut. Zu den Festlichkeiten, die sich über zehn Tage erstreckten, bestellte man 35 000 Trinkgläser.

Eine der ersten Regierungshandlungen Christians IV. bestand in der Sorge für den Weinkeller. Er bestellte 11 200 Töpfe Wein verschiedener Art bei Willumske von Dellen in Kopenhagen, wohl der Filiale eines größeren holländischen Handelshauses. Christian IV. wurde zwar für seine Trinkfestigkeit bekannt, aber das Trinken gehörte zur Zeit, und es bremste nicht seinen Arbeitseinsatz. In einer zeitgenössischen Quelle heißt es, er habe sich manchmal schon um 4 Uhr morgens an Stellen eingefunden, wo öffentliche Arbeiten stattfanden, und er habe es nicht leiden können, wenn die Handwerker ihre Arbeit unterbrachen, um ihn zu grüßen.

In den letzten Jahren seiner Ehe mit Königin Anna Cathrine begann Christian IV. ein Verhältnis mit Kirstine Madsdatter, deren Vater der Kopenhagener Bürgermeister Mathias Hansen war. Sie gebar dem König am 3. Februar 1611 den Sohn Christian Ulrik Gyldenløve. Als der König im Februar 1613 an einer Hochzeitsfeier teilnahm, interessierte er sich für eine andere Kopenhagener Bürgertochter, die schöne Karen, deren Vater, Anders Hansen, Schreiber auf Bremerholm war. Am selben Abend folgte sie Christian IV. aufs Schloß.

In seinen letzten Lebenjahren wurde der König von Krankheit und persönlichen Sorgen geplagt. Anfang 1648 wurde er auf Schloß Frederiksborg ernsthaft krank und wurde sterbend nach →Rosenborg überführt. Dort starb er am 28. Februar.

Christiansborg. In der *Knytlingasaga* wird berichtet, Sven Estridsen sei 1043 mit seiner Flotte nach „Havn“ geflüchtet. Zu dieser Zeit sah der Sund zwischen dem ältesten Kopenhagen und →Amager ganz anders aus als heute. Hier lag eine Reihe kleiner Inseln, von denen die wichtigsten später →*Bremerholm, Revshaleholm, Store* und *Lille Skarnholm* und *Strandholm* hießen. Auf Strandholm wurde die erste Burg gebaut, und dort fand auch der spätere Schloßbau statt.

Absalons Burg. Saxo Grammaticus erzählt, →Absalon habe an einem Frühlingstag des Jahres 1167 eine neue Burg auf einer Insel des Øresunds gebaut und die Insel mit einer Mauer umgeben. Saxos Bemerkung, Absalon habe eine „neue“ Burg gebaut, hat Anlaß zu Spekulationen gegeben. Es könnten Reste einer älteren Burg unter dem →Magasin du Nord liegen, denn bei Grabungen um 1880 stieß man dort auf eine halbkreisförmige, etwa 30 Meter lange Ziegelmauer, die dem Stil nach älter als die von Absalons Burg ist.

Die Kenntnis von Absalons Burg beruht hauptsächlich auf den archäologischen Untersuchungen, die das Nationalmuseum in den Jahren 1900–1902, 1906/07 und 1918 vornahm, zuerst durch den Architekten C. M. Smidt und M. Mackeprang (den späteren Direktor des Museums), dann durch Chr. Axel Jensen. Am bemerkenswertesten waren die bedeutenden Teile einer Ringmauer, die man freilegte. Sie bildeten einen fast regelmäßigen Kreis mit einem inneren Durchmesser von 55–56 Metern. Nach mittelalterlichem Brauch war diese Mauer als Kastenmauer konstruiert, d. h. sie bestand aus zwei Schalmauern aus regelmäßig behauenen Quadern, zwischen denen Feldsteine als Füllsel vermauert waren. Die Schalmauern bestanden aus Kreidequadern von Stevns. Um die Mauer herum hatte man einen flachen Wall gegen die Wellen gelegt.

Als man die Füllung innerhalb der Ringmauer untersuchte, fand man darunter Schilf mit Frühjahrstrieben! Reste einiger kleinerer Bauten wurden auch festgestellt, darunter eine Bäckerei, die im Schutz der nordwestlichen Mauerseite stand. Unmittelbar davor wurde ein runder Brunnen aus Kreide- und Feldsteinen ergraben. Er kann aus Absalons Zeit stammen, wurde jedoch schnell wieder aufgegeben und aufgefüllt. Mehr in der Mitte des Burghofs, 4,5 Meter östlich von der Bäckerei, fand man den eigentlichen Brunnen, der aus schweren, ausgehöhlten und senkrecht gespaltenen Eichenstämmen bestand. Bei der Ausgrabung war er mit verschiedenen Bauresten aufgefüllt, die vermutlich vom Abriß der Burg 1369 stammten, so etwa zwei 1,15 m hohe Säulenschäfte aus poliertem Granit, einige Bogensteine aus schonischem Sandstein, die zum Gurtbogen einer Gewölbekonstruktion gehörten, sowie einige trapezförmige Säulenkapitellen. In ihrer Ausstattung mit Wirtschafts- und Wohngebäuden läßt sich Absalons Burg mit Erzbischof Eskils Burg in Søborg vergleichen. Man nimmt übrigens an, daß der Zugang zur Burg durch eine Brücke gebildet wurde, die der jetzigen *Højbro* entsprach.

In Verbindung mit dem Bau des 3. Christiansborg wurden die Ruinen von Absalons Burg und Kopenhagens altem Schloß ausgegraben. Foto 1907.

Der Fund zweier Reihen von eingerammten Eichenpfählen kann daher stammen.

Auf dem ältesten Kopenhagener Siegel von 1296 sieht man eine Abbildung von Absalons Burg, und man erkennt eine Ringmauer mit Zinnen. In der Mitte erhebt sich ein schwerer, polygonaler Turm, und zwei Außentürme kamen später dazu. Der *zentrale Turm* kann vielleicht mit der Kirche identifiziert werden, die es in der Burg auch gab. Handelte es sich um eine Zentralkirche, so war sie einmalig in Dänemark. Der *westliche Außenturm* diente im späteren Mittelalter als *Bäckerturm*; wohlerhaltene Fundamentreste wurden freigelegt.

Im 13. und 14. Jahrhundert war die Burg mehreren Angriffen ausgesetzt. Fürst Jarmer griff mit seinen Wenden am 18. April 1259 die Burg an und zerstörte sie. Die größte Zerstörung fand aber 1369 statt, als die Lübecker Kopenhagen und die Festung auf Strandholmen erobert hatten. Bei der Verteidigung hatte man sie mit einem *Wassergraben* versehen, der aber keinen militärischen Vorteil brachte. Die Hanseaten begannen am 8. September 1369 mit dem Abbruch der Burg, die ein Dorn im Auge der deutschen Kaufmannsstädte war. Über ihre frühe Geschichte sei noch angefügt, daß sie auf Absalons ausdrücklichen Wunsch Eigentum der Roskilder Bischöfe war. Das änderte sich erst nach der Regierungszeit Margrethes I.

Von der spätmittelalterlichen Burg zum Umbau Friedrichs IV. Unter →Erich von Pommern ging die Burg an die Krone über und wurde allmählich zum wichtigsten Schloß des Reiches. Der König und seine Kanzlei nahmen festen Aufenthalt auf *Slotsholmen*, und hier feierte Christoph von Bayern 1445 auch seine Hochzeit mit Königin Dorothea. Aus diesem Anlaß soll der König den *Rittersaal* erweitert haben. Einen Überrest dieses Schloßteils kann man heute im Nationalmuseum sehen, nämlich zwei *Beischlagsteine* aus gotländischem Kalkstein vom Anfang des 16. Jahrhunderts. Sie standen zuletzt am Fuße der Treppe, die zum Flügel des Rittersaals hinaufführte.

Nach der Reformation fanden gewisse Umbauten und Erweiterungen statt. Christian III. errichtete 1552/53 den neuen *Königs- und Trabantenflügel* an der Stelle des trockengelegten Schloßgrabens. Der *Kirchenflügel* wurde 1555 in Fachwerk erhöht,und 1553 bekam das Schloß einen *Springbrunnen.* 1596 wurde der →*Blaue Turm* erhöht, und er bekam eine neue Spitze mit einer goldenen Krone. Trotz dieser Verbesserungen blieb das Schloß hoffnungslos veraltet, und auch seine Haushaltung war merkwürdig provinziell. So bildete Slotsholmen im Grunde genommen einen großen Hof, wo es Pferde, Schweine und Schafe gab und zu dem auch ein Hühnerhof und die üblichen Nebengebäude gehörten. Das Schloß hatte auch eine Mühle, einen Schmelzofen, eine Böttcherei, eine Kalkbrennerei und ein Schlachthaus sowie den obligatorischen Kräutergarten.

Verschiedene Dokumente beleuchten diese altmodischen Verhältnisse. Als Friedrich II. auf dem Schloß seine Krönung feiern wollte, mußte der „große Saal" schnell instand gesetzt werden, denn das Dach war baufällig geworden. Außerdem mußte sich der König bei mehreren adeligen Frauen flämische Tuche und Seidenstoffe leihen. Auch der Dienstweg hatte seinen eigenen Rhythmus. Christoffer Valkendorf, Schatzmeister in den 1570er und 1580er Jahren, ging täglich zum Mittagessen nach Hause auf seinen Hof und kam dann zurück, um in der *Rentkammer* weiterzuarbeiten. Die schlimmste Bemerkung über das Schloß hinterließ wohl der englische Diplomat Robert Molesworth in seiner Beschreibung Dänemarks von 1692: „Die Residenz des Königs ist die am schlechtesten gelegene, ärmlichste und unbequemste in der ganzen Welt. Sie ist ebenso einmalig schlecht, wie der Hafen gut ist."

Der erwähnte Trabantenflügel, ein niedriges, langgestrecktes Gebäude mit polygonalem Treppenturm – *Trabantenturm* – enthielt den zweitgrößten Saal des Schlosses, einen Raum von 31×8 Metern. Ganz oben in diesem Gebäude ließ Friedrich III. seine berühmte *Kunstkammer* einrichten, wo die kuriosesten Gegenstände und

Das 1. Christiansborg von der Ny Vestergade aus. Auf dem Bild ist das Prinzenpalais (Nationalmuseum) noch nicht vollendet (vorne links). Mitten im Bild sieht man die Marmorbrücke, die hinüber zur Reitbahn führt. Das Hauptgebäude des Schlosses schließt den Blick nach Norden ab. Undatierte, lavierte Zeichnung von L. A. Le Clerc. Kupferstichsammlung.

Kunstwerke zusammengedrängt waren. Ein Segelmacher namens Christopher Proph wurde zur Betreuung der Sammlung angestellt und bis 1654 entlohnt. Schöne elfenbeinerne Schiffsmodelle, von Jacob Jensen Nordmand geschaffen, kamen unter Friedrich III. in die Sammlung. Sie werden heute im Schloß → Rosenborg aufbewahrt, wohin später auch so viele andere Objekte der Kunstkammer kamen. Christian V. war der erste, der einen größeren Schloßumbau plante. So ließ er den berühmten schwedischen Architekten Nicodemus Tessin den Jüngeren das Projekt eines neuen Schlosses ausarbeiten (vgl. S. 80). Es wurde aber nie ausgeführt.

Der Umbau in den 1720er Jahren. Friedrich IV., der auf zwei Auslandsreisen einige von Europas imponierendsten Schlössern – auch Versailles – kennengelernt hatte, ließ in den 1720er Jahren das Kopenhagener Schloß regulieren. Diese Aufgabe wurde J. C. → Ernst und J. C. Krieger anvertraut, die alle Flügel des Schlosses gleich hoch machten. Es hatte danach drei Haupt- und zwei Mezzaningeschosse, wurde aber von dem berüchtigten → Blauen Turm verunziert, den man in die Anlage einbezogen hatte.

Erstes Christiansborg. Obwohl der Brand Kopenhagens 1728 gewaltige Verluste brachte, ließ Christian VI. vom September 1731 an das regulierte mittelalterliche Schloß abreißen. Eine ganz neue Anlage sollte errichtet werden, deren Planung den baukundigen Monarchen selbst beschäftigte. Man weiß, daß Christian VI. mit architekturtheoretischen Werken wie Deckers „Fürstlichem Baumeister oder Architectura Civilis“ aufgewachsen war. Die Wahl des Architekten war schwierig, weil J. C. → Ernst zu dieser Zeit über 60 Jahre alt war, während der 20 Jahre jüngere Krieger in der neuesten Baukunst nicht ausreichend gut orientiert war. So bekam der alte Instrukteur des Königs, Elias David, den Auftrag.

Insgesamt wurden *drei Projekte* ausgearbeitet, von denen nur sechs Zeichnungen erhalten sind. Der erste Entwurf, 1731 von Häusser signiert, wurde vom König verworfen, und man suchte darauf im Ausland nach einem interessierten und kundigen Architekten. Überall stieß man auf Ablehnung. Auch der schwedische Architekt Carl Hårleman, Schüler Tessins des Jüngeren, mußte wegen anderer Projekte ablehnen. Schließlich wurde ein Plan noch unbekannter Herkunft geliefert. Sein Urheber gehört vermutlich in den Bereich des fränkisch-österreichischen Barock.

Es war klar, wie das Schloß in groben Zügen aussehen sollte, während Fassadendetails und Dachformen lange diskutiert wurden. Als Bautyp hatte man das traditionelle Karree gewählt, einen vierflügeligen Gebäudekomplex mit Vorhof. Eine ähnliche Anlage war gerade in Stockholm nach dem Brand des Schlosses 1697 entstanden. Die praktische Arbeit konnte also beginnen. Zunächst wurden 9225 Pfähle eingerammt, deren Länge entsprechend der Beschaffenheit des Untergrundes zwischen 3 und 24 Ellen variierte.

Am 3. Oktober 1732 konnte Professor Joachim Frederik Ramus von der Kopenhagener Universität auf dem Baugrund die Linien und Winkel des Schlosses abstecken, und am 21. April 1733 legte König Christian VI. den Grundstein. Er befand sich unter dem Südflügel des Hauptgebäudes, und sogar sein Gewicht von 448 Pfund wird in der Buchführung angegeben.

1734 lieferte der Hoftischler Didrik Schäfer ein Holzmodell, am 18. Juni 1738 wurde über der westlichen Ecke des Schlosses der Kranz hochgezogen, und am 26. November 1740 hielt die königliche Familie mit großem Pomp ihren Einzug. Kopenhagen wurde aus diesem Anlaß drei Tage lang illuminiert. Doch viele Details fehlten noch. Erst 1745 war das Äußere in Ordnung, während der Rittersaal, der prächtigste aller Räume, bis 1766 auf die Vollendung warten mußte.

Das neue Schloß erhob sich in drei Etagen und hatte ein Mezzaningeschoß zwischen der zweiten und dritten Etage. Zwei niedrige Verbindungsbauten, „Løngange“, flankierten das große Schloßkarree. Der *südliche* führte zu den älteren Regierungsgebäuden, während der *nördliche* die Verbindung zur *Schloßkirche* herstellte. Auch der Hofbaumeister → Eigtved spielte eine wesentliche Rolle in der Baugeschichte. Was das Äußere betrifft, so stehen noch seine Pavillons am Ende der Reitbahn sowie die → Marmorbrücke. Er machte auch die Vorschläge zu den Frontispizen und den beiden Haupteingängen; die Entwürfe der letzteren zeigen elegante Rokokodekoration. Im Inneren mußte er die Aufgaben mit Lauritz de Thurah teilen. Von seinen Arbeiten seien die *Küche der Königin* und die *Appartementsgalerie* erwähnt.

An der Ausschmückung der Räume wurde nicht gespart. 139 Supraporten und Kaminbilder wurden in Paris gekauft, was der dänische Diplomat Joachim Wasserschlebe nach großen Anstrengungen zuwege brachte. Der pietistische Christian VI. hatte aber die Bedingung gestellt,

Nach dem Brand von 1794 lag das 1. Christiansborg in Trümmern, die eine Zeitlang von Obdachlosen des Stadtbrandes von 1795 genutzt wurden. Erst 1828 war das Schloß im wesentlichen wieder fertig. Stich von H. G. F. Holm, der die Hauptfassade des 2. Christiansborg zum Schloßplatz zeigt. Antiquarisches topographisches Archiv des Nationalmuseums.

man müsse „alle „Nuditaeten sorgfältig vermeiden“. Eine fast unmögliche Forderung, wenn man an die vielen erotischen oder mythologischen Motive denkt, die die Pariser Maler zu dieser Zeit bevorzugten. Das französische Rokoko war nicht vom Pietismus geplagt. Van Loo, Natoire und Boucher gehörten zu den besten Malern, die nach Christiansborg lieferten. Die ganze Königsetage wurde mit französischem Spiegelglas ausgestattet, und die Königin schickte ihre Kammerfrau zum Einkauf nach Frankreich. 348 Räume wurden so verschwenderisch gestaltet. Im Südflügel wurde das Oberste Gericht (→Højesteret) untergebracht. Der große Rittersaal bekam in den 1780er Jahren 22 Gemälde von Nicolai →Abildgaard zur dänischen Königsgeschichte.

Einen großen Fehler an dem Prachtbau stellten die vielen Heizungskanäle und Zugrohre dar, die aus ästhetischen Gründen hinter den Täfelungen verborgen waren. Schon in der Nacht zum 10. Dezember 1774 drohte eine Brandkatastrophe, und 1779 erklärte die Baudirektion, man wisse nicht, wie man sich gegen die Brandgefahr sichern solle. Das Leben ging weiter, aber am Nachmittag des 26. Februar 1794 brach ein Feuer in den Gemächern von Prinz Christian aus, die in dem Flügel zur Reitbahn hin lagen. Mehrere Tage zuvor hatte es in den Kanälen gewütet. Ein jeder Versuch, das Schloß zu retten, war nutzlos. Besonders mutig waren die Leute vom Holmensviertel, von denen 50 ihr Leben ließen.

Zweites Christiansborg. Das neue Christiansborg wurde 1803 nach Entwürfen von C. F. Hansen, dem großen Meister des dänischen Klassizismus, begonnen. Sein klarer, nüchterner Stil paßte gut zu den ökonomischen Bedingungen, die die Zeit plagten: Man denke an das Bombardement von 1807 und den Staatsbankrott von 1813. Im übrigen war Hansen in bezug auf das Hauptkarree völlig an die Ausmaße des ersten Christiansborg gebunden. Hansen verwendete fast alle bestehenden Fensteröffnungen der Ruine wieder, indem er die alten Sandsteineinrahmungen umdrehte und ihre barocken Profile einmauerte. Die früheren Innenseiten, die jetzt nach außen gewandt waren, wurden im klassizistischen Stil behauen.

1828 waren 130 Zimmer fertig, und das Schloß konnte bei der Hochzeit Prinz Friedrichs mit Wilhelmine, der Tochter →Friedrichs VI., eingeweiht werden. Die Interieurs wurden in einer Reihe Details von G. F. Hetsch geprägt, der Hansens Schwiegersohn war. Hervorgehoben sei der *Rittersaal*, der mit korinthischen Säulen und einer Kassettendecke ausgestattet war. Am 3. Oktober 1884 brannte das Schloß wieder ab, ebenfalls durch mangelnde Brandsicherung bedingt. Nur C. F. Hansens Schloßkirche mit dem zugehörigen Verbindungsgang überlebte. Doch eigentlich war die Trauer über das verlorene Gebäude nicht sehr groß, denn der Stil und die Ausformung hatten den Zeitgenossen nie gefallen. In einer Zeitung hatte sogar gestanden, es „mache sich jedenfalls gut im Mondenschein".

Drittes Christiansborg. Nach einem Architektenwettbewerb bekam Thorvald Jørgensen die Aufgabe, das jetzige Schloßgebäude zu gestalten, eine schwierige Aufgabe im Hinblick auf die erhalten gebliebenen Bauten, die respektiert werden mußten: die Reitbahnanlage und die Kirche. Hinzu kamen intakte Bauteile wie die Mittelpartie des Königsportals und das ganze Sandsteinportal zum *Gerichtsflügel* (vgl. S. 110). Die Lösung war nicht glücklich. So kam der kräftige Barockturm vom Schloß Christians VI., den Hansen klug weggelassen hatte, wieder zurück, und zwar massiver als jemals zuvor. Am schlimmsten war aber die Entfernung des unteren Mezzanins, wodurch das Gebäude eine starke Gedrungenheit bekam. Die Schwere wird auch durch die Granitverkleidung unterstrichen, die von den verschiedenen Gemeinden des Landes gestiftet wurde.

Unter einem Teil des Schlosses hat man ein Museum eingerichtet, von wo aus Zugang zu den ergrabenen Teilen der mittelalterlichen Burg besteht. Die Ausstellung ist neu gestaltet.

Christiansborg – Schloßkirche. Die Schloßkirche wurde von C. F. Hansen gebaut, während er am Wiederaufbau des 1794 abgebrannten Schlosses arbeitete. Sein Projekt einer neuen Schloßkirche wurde in den Dokumenten als „runde Kuppel mit einfallendem Licht von oben" beschrieben. „Mit einer solchen Kuppel , die von den Alten so oft glücklich verwendet wurde und wovon das jetzige Rom noch mit über 100 größeren und kleineren auf seinen Kirchen prangt, wünscht der Künstler die Hauptstadt geschmückt". Als deutliche Vorbilder seien S. Andrea in der Via Flaminia und das Pantheon erwähnt, die Hansen beide bei seinem Romaufenthalt gesehen haben muß. 1826 konnte der Bau eingeweiht werden. Er überlebte den Schloßbrand von 1884.

Die Kirche ist als kleiner Tempel mit klassizistischer Säulenfront an der Hauptfassade geformt. Vier jonische Säulen tragen das Giebeldreieck. Über dem kubischen Baukörper befindet sich eine niedrige, kupfergedeckte Kuppel. Das Innere wird von vier Säulen beherrscht, die durch vier kassettierte Tonnengewölbe verbunden sind, ein typisch klassizistischer Zug mit römischen Ahnen. Über dem Haupteingang sieht man in einer Nische zwischen zwei korinthischen Säulen die Königsloge. Der Altar, der sich im Westen befindet, wird ebenfalls von zwei Säulen flankiert. Im unteren Teil der Kuppel befindet sich ein Engelfries, eine Arbeit von Thorvaldsen.

Christians Brygge 8, s. Königliche Bibliothek.

Christanshavn. In der Zeit zwischen dem Kalmarkrieg und dem dänischen Eingreifen in den Dreißigjährigen Krieg, also zwischen 1613 und 1625, gründete →Christian IV. bedeutende Städte, so Kristianstad in Schonen und Glückstadt in Holstein. Auch Stadterweiterungen fanden statt, so durch Christiania (das jetzige Oslo) bei Akershus und Christianshavn bei Kopenhagen. Der König hatte bereits 1606 mit dem Landaufkauf nördlich und nordöstlich des alten Walles begonnen, wo u. a. →Rosenborg liegen sollte, und mit dem Wunsch einer weiteren Stadtausdehnung faßte er auch Interesse am nördlichen →Amager. Erstmals ist dies Interesse in einer Instruktion von 1616 an den Kopenhagener Großkaufmann Johan de Willem, der aus den Niederlanden eingewandert war, dokumentiert. Nach dem Wunsch des Königs sollte er wohlhabende niederländische Kaufleute und Handwerker nach Dänemark schaffen, wo sie acht Jahre lang Steuerfreiheit genießen sollten. Nach der Instruktion Christians IV. sollte man den Niederländern „eine bequeme Stelle auf unserem kleinen Land Amager, das unserer Stadt Kopenhagen zu allernächst liegt, ohne Gebühr zuweisen."

Das älteste bekannte Christianshavn-Projekt ist vom 1. September 1617 datiert und stammt von Johan Semp, „Geometer und Ingenieur".

Abb. rechts: Geschnitzte Tür im Hause Nikolaj Plads 32.

B83
Grafisk Design
Lykkegaard
Ole Kirk-Jensen
Kommunikation
Peter Schrøder
Kommunikation
Art Director
Oddbjørn Uaset
J. Thorbølls Eftf.

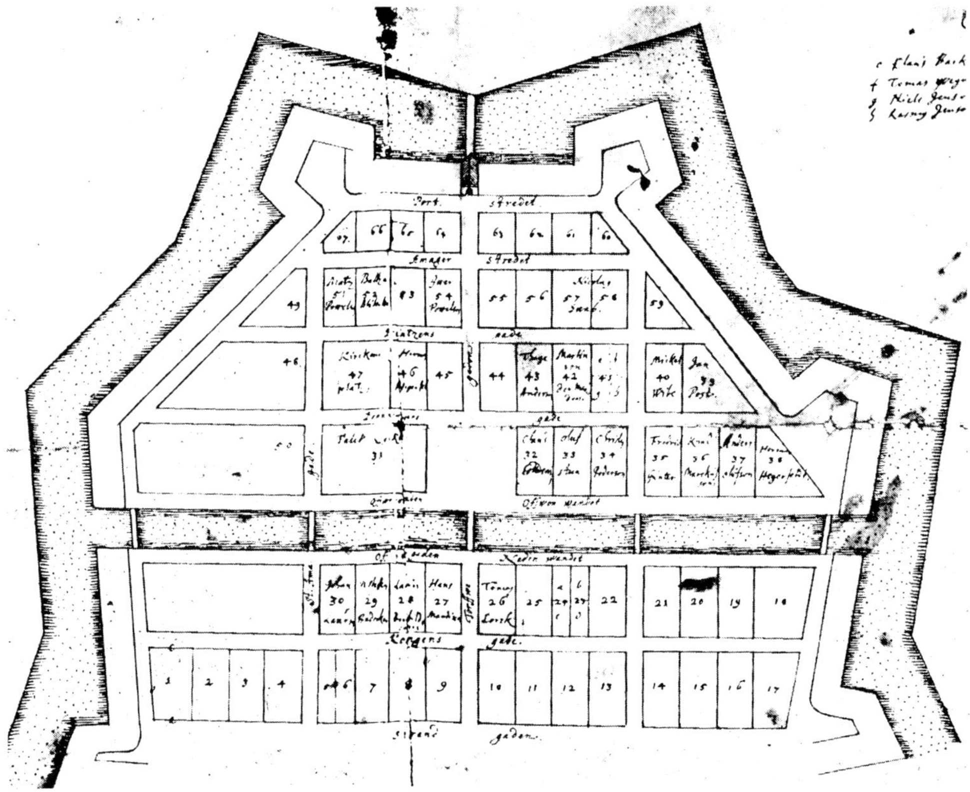

Eine der frühesten Karten von Christianshavn, um 1634–1641, die die Grundstücksaufteilung innerhalb der Festungswälle zeigt. Kgl. Bibliothek.

Der Plan zeigt ein Festungspolygon (Zehneck) mit Wällen und acht Bastionen, die eine Siedlung mit zentralem Platz umschließen. Nach Semps Zeichnung waren in der Festungsstadt 934 Hausstellen vorgesehen. Christian IV. hatte übrigens in Semp einen hervorragenden Mitarbeiter gewählt, der früher als Landmesser in Friesland gearbeitet hatte. Im Jahre 1600 war er Mitverfasser von Büchern über Landvermessung und den Gebrauch „geometrischer Instrumente".

Die fast 1000 Kleinparzellen des ersten Christianshavn-Projektes machen es denkbar, daß eine Marinesiedlung geplant war, ein Glied in den Plänen des Königs, seine Flotte zu stärken. Die Häuser für die Bootsleute wurden aber nicht im künftigen Christianshavn, sondern auf → Bremerholm errichtet. Als Ersatz für das verworfene Projekt lieferte Semp ein neues und einfacheres, das noch vor dem Ausgang des Jahres 1617 gutgeheißen wurde.

Die Festung bekam danach nur fünf Bastionen, und auch die Anzahl der Parzellen wurde kräftig reduziert, indem man größere Grundstücke auswies. Ein Plan von 1630 zeigt nur 67 Grundstükke. Die radikalste Änderung war die Anlage eines Kanals durch den Ort nach holländischem Vorbild. Die Baugründe waren übrigens schlecht; zu große Bereiche bestanden aus Strand, Wiese und

Abb. links: Backsteingiebel und Turmspitze der Nikolaikirche.

Wasserläufen. Ein Teil der Festungsstadt sollte die Insel *Revshaleholm* umfassen, deren höchster Punkt, 1,26 m über dem Meer, ein Teil des späteren Christianshavns Torv wurde. 1629 notierte ein französischer Reisender, das neue Siedlungsgebiet sei voll von Morast, so daß man auf Pfählen bauen müsse.

Erhaltene Dokumente zeigen auch die soziale Zusammensetzung der ersten Grundbesitzer, die sich in zwei Hauptgruppen aufteilen lassen. Die erste umfaßt königliche Bedienstete: Führungskräfte der Verwaltung, Schreiber, Münzmeister, Angehörige der Flotte, höhere wie niedrigere Beamte. Die andere Hauptgruppe wird von Kopenhagener Bürgern gebildet: Magistratspersonen, Großkaufleuten und Handwerkern.

Die ersten beiden Übertragungsurkunden wurden 1622 dem Kopenhagener Bürgermeister Mikkel Vibe und Anders Olufsen, Rentschreiber am Zeughaus, übergeben. Olufsen war nebenher Großkaufmann und Schiffsreeder und hatte Interessen im Holzhandel und in der Ostindischen Kompanie. Was die Bebauung betraf, so wurden auf einigen Grundstücken Reihen von kleinen Häuschen gebaut, aus denen große Höfe, wie der von Mikkel Vibe, herausragten. 1639 war die Bebauung so sehr fortgeschritten, daß die Einwohner mit eigenen städtischen Privilegien versehen wurden. Der städtische Status von Christianshavn ließ sich aber nicht lange aufrechterhalten, weshalb Christian V. 1674 die Festungsstadt in administrativer und fortifikatorischer Hinsicht Kopenhagen angliederte. Als man am Ende des 17. Jahrhunderts die Wallanlagen veränderte, gab es Platz für Stadterweiterungen, die sich an dem ursprünglichen System schnurgerader, sich rechtwinklig schneidender Straßen orientierten. Auch neue Kanäle wurden hinzugefügt.

Ein Jüte gab 1849 folgende Beschreibung des Stadtteils: „Er ist im übrigen schwarz, schmutzig und insgesamt ein dreckiges Loch. Es gibt dort so viele Dampfmaschinen und Arbeit mit Steinkohle auf den Straßen, und davon wird die Stadt schwarz und schmutzig". Die Bemerkung kann sich u. a. auf den neuetablierten Betrieb →Burmeister & Wain beziehen, der damals Burmeister & Baumgarten hieß.

Christianskirche. Die Kirche am Ende der Strandgade wurde 1755–1759 auf Initiative der deutschen Gemeinde in →Christianshavn gebaut. Im Gegensatz zu ihren Brüdern in Kopenhagen, die seit 1575 ihre eigene Kirche hatten, die →Sankt-Petri-Kirche, standen die Deutschen in Christianshavn außerhalb. Man hatte daher die →*Erlöserkirche* mit der dänischen Gemeinde teilen müssen, und die deutsche Versammlung fühlte sich „klein und verachtet", zumal ihre Gottesdienste auf die Mittagszeit gelegt wurden.

1749 wandten sich 41 angesehene Mitglieder an König Friedrich V. mit der Bitte, eine eigene Kirche bauen zu dürfen. Der König entsprach dem, gab einen Baugrund und genehmigte zur Finanzierung eine Lotterie. Daher wurde die Kirche im Volksmund „Lotteriekirche" genannt. 1755 legte Friedrich V. den Grundstein des Gebäudes, dessen offizieller Name *Frederiks Tyske Kirke* (Friedrichs Deutsche Kirche) wurde. Ihren jetzigen Namen bekam die Kirche 1901.

Der vom König gestiftete Baugrund war von Pulverlaboratorien, Zuckerraffinerien, Schiffswerkstätten und überseeischen Handelsfirmen umgeben, und auf dem Grundstück selbst hatte man sich zehn Jahre lang mit Salzproduktion versucht, die aber wegen schwindenden Absatzes aufgegeben werden mußte. Die Projektierung der Kirche wurde dem Hofbaumeister Nicolai →Eigtved überlassen, der die Entwürfe noch ein Jahr vor seinem Tod 1754 lieferte. Auch ein Holzmodell wurde hergestellt, das dem König auf dem Schloß vorgeführt wurde und das sich heute im Kopenhagener →Stadtmuseum befindet. Nach dem ersten Anschlag sollten Grabgewölbe, Mauern und Dach etwa 50 000 Reichstaler kosten, während sich das Inventar wie Altar, Kanzel, Bänke, Orgel einschließlich Innendekoration auf 10 000 Reichstaler belaufen sollte. Die Ausgaben für Zimmermanns-, Maurer- und Steinmetzarbeiten wurden auf 6700 Reichstaler festgesetzt. Die Ausgaben bekümmerten die Baukommission, aber der Staatsrat genehmigte sie mit der Bemerkung, wenn das Geld nicht reiche, solle man den Turmhelm bis auf weiteres weglassen; auch auf Ornamente könne man zunächst verzichten, und die vorhandenen Mittel sollten so eingesetzt werden, daß in der Kirche mit dem Gottesdienst begonnen werden könne. Der Bau wurde am 2. Dezember 1759 eingeweiht.

Als Typ unterscheidet er sich von der traditionellen protestantischen Kirche. Schon die Frage der Begräbnisse, die Mitte des 18. Jahrhunderts noch in der Kirche stattzufinden pflegten, ging Eigtved rationell an, indem er alle in einem großen Gruftkeller sammelte. Der Zugang geschah von außen. Wie in der reformierten Kirche üblich, wurden Altar, Kanzel und Orgel an der einen

Längsseite des Kirchenraumes übereinander angebracht.

Die anderen Wände wurden von Tribünen eingenommen, von wo aus man die „Szene" verfolgen konnte. Während man die *Königsloge* gegenüber dem Kanzelaltar einrichtete, wurde die deutsche Garnison auf die wie in einem Amphitheater angeordneten Soldatenbänke ganz oben verwiesen. Mit dieser theaterartigen Einrichtung erinnert die Christianskirche an das Königliche Theater, das →Eigtved 1748 entworfen hatte.

Die ausführliche Buchhaltung der Kirche berichtet auch, wie nach alter Handwerkersitte das Richtfest gefeiert wurde. Als der Kranz mit Musik hochgezogen war, hielt der Meister seine Rede, für die er eine Belohnung von fünf Reichstalern erhielt. Darauf bekamen die Handwerker Bier, Brot und Branntwein. Erst 1769 wurden die Bauarbeiten ganz abgeschlossen, als die Turmspitze durch eine Kugel mit Fahne vollendet wurde. Die Steinmetzarbeiten des Turmes sind von C. F. Stanley.

Schon gegen Ende des 18. Jahrhunderts wurde die deutsche Gemeinde kleiner, doch wurde der Abgang von Mitgliedern dadurch etwas aufgewogen, daß der deutschsprachige Teil der Kopenhagener Garnison 1819 von der →Garnisonkirche zu Friedrichs Deutscher Kirche verlegt wurde. Die wirtschaftliche Sicherung war andauernd schlecht, weshalb →Friedrich VI. 1831 eine Sammlung sowohl in Kopenhagen wie in den Herzogtümern erlaubte. Trotzdem mußte die Gemeinde 1834 die Pastorenwohnung in der →Wildersgade verkaufen. Grundtvig durfte in den Jahren 1832–1838 die Kirche benutzen, wo er abends die Predigt für seine freie Gemeinde hielt. Als Garnisonkirche konnte die Kirche nach 1866 nicht mehr dienen, und 1886 wurde sie durch königlichen Beschluß als Kirche der deutschen Gemeinde aufgehoben, weil die Mitgliederzahl sich jetzt stark verkleinert hatte. Darauf wurde die Kirche nur zu Beisetzungen in der Krypta benutzt, bis sie durch einen neuen königlichen Beschluß vom 8. März 1899 zu einer dänischen Gemeindekirche wurde. Dazu teilte man die Gemeinde der →Erlöserkirche.

Vom Inventar sei das Taufbecken aus norwegischem Marmor erwähnt. Das Altarsilber aus den ersten Jahrzehnten der Kirche umfaßt eine Taufschale mit deutscher Inschrift von 1759 und eine Taufkanne von 1718, die aber erst 1772 der Gemeinde geschenkt wurde. In der Krypta sind 48 Kapellen mit sehr schönen schmiedeeisernen Gittern eingerichtet.

Circus, s. Zirkus Benneweis.

Citadellet Frederikshavn, s. Kastell.

Collinscher Hof, s. Amaliengade 9.

„Cort Adelers Gård", Strandgade 22. Im Jahre 1623 wurde Jens Sparre zu Sparresholm das Grundstück übertragen, und er gilt als Bauherr des ansehnlichen Hofs. Jens Sparre hatte →Christian IV. als Lehnsmann gedient, zuerst in Kristianopel, dann auf Bohus, und als naher Freund des Königs wurde er 1622 Pate von dessen Sohn Waldemar Christian.

Das *Vorderhaus* wurde um 1630 gebaut, 1670 umgebaut und 1769 gleichzeitig mit der Anfügung eines *Seitenflügels* erhöht. Das Sandsteinportal stammt aus der Bauzeit und ist wegen seiner Dekorationen mit dem Tor des Hauses →Amagertorv 6 verwandt.

Von den 1630er Jahren an gehörte der Hof dem Großkaufmann Mikkel Koch, und im Frühjahr (?) 1668 erwarb ihn der Seeheld Admiral Cort Sivertsen Adeler, eine der farbenreichsten Gestalten in der dänisch-norwegischen Geschichte des 17. Jahrhunderts. Cort Sivertsen (Adeler wurde erst 1662 hinzugefügt) wurde in der norwegischen Hafenstadt Brevid geboren und aufgezogen. Er bekam seine maritime Ausbildung in Holland und trat darauf in die Dienste der Republik Venedig. Die Venezianer lagen damals im Krieg mit den Türken, nachdem diese 1645 auf dem venezianischen Kreta gelandet waren. Schon 1648 nahm Cort Sivertsen als Kapitän auf dem Schiff „Groote St. Joris" an den Seeoperationen der Venezianer teil, und 1654 kämpfte er in einer Seeschlacht bei den Dardanellen mit, in der das türkische Flaggschiff geentert wurde. Nach Gerüchten soll er im Kampf den türkischen Admiral Ibrahim Pascha getötet haben, aber moderne historische Untersuchungen haben das nicht bestätigt.

1659 wurde Cort Sivertsen Adeler zum Ritter des Markusordens geschlagen. 1660 nahm er als Vizeadmiral an einer Expedition nach Kreta teil, und darauf beendete er seine Karriere im Mittelmeer und kam zurück nach Dänemark. Prächtige Zeugnisse seiner Kriegsteilnahme kann man in der ethnographischen Sammlung des →Nationalmuseums sehen, z. B. eine Standarte aus vergoldetem Silber mit Türkisen und aufgesetztem Roßschweif, vier türkische Gewehre und Schilde aus seideumwickelter Weide. In einem Katalog von 1710, der die Sammlungen der Kunstkammer beschrieb, in die Cort Adelers Kriegsbeute eingegangen war, stand zu lesen: „Diese außerordentlich prächtige Kriegsbeute, die der Duilius und amtierende Oberbefehlshaber der Venezianer, dieser Adler aus den Seeschlachten an der Mündung des Hellesponts, bei den Dardanellen, vor den Mauern von Rhodos, an den Küsten Asiens und Kretas ... in der Seeschlacht 1654 den Türken entriß."

Als der Seeheld 1675 starb, wurde er in der →Frauenkirche beigesetzt. Beim Bombardement von 1807 wurde das Grab zerstört, und seine Asche wurde in einer Bleiurne hinter einer Gedenkplatte bewahrt. Bei der Restaurierung der Kirche in den 1970er Jahren kam die Urne wieder zutage. Sie wurde restauriert und wieder in die Wand eingelassen.

D

Dampfmaschinen. Die erste Dampfmaschine Kopenhagens wurde 1790 in der Ankerschmiede auf dem Holm aufgestellt, wo sie bis 1803 das Hammerwerk antrieb. Der technisch begabte Ole Johansen Winstrup war der erste, der in Dänemark eine Dampfmaschine baute. 1824–1826 hatte er seine Werkstatt in Kammerassesor Mommes Brauerei in der *Nygade,* wo er eine kleine Zwei-PS-Maschine konstruierte, die ein Walzwerk zum Zerkleinern von Malz antreiben sollte. Am 3. September 1827 erschien in Professor G. F. Ursins „Magazin für Künstler und Handwerker" darüber ein kleiner Artikel. Danach hatte Winstrup „eine gewöhnliche Niederdruckmaschine von Watts Konstruktion" gebaut, die drei Ellen lang, knapp eine Elle breit und drei Ellen hoch war. Nur einmal in der Woche lief die Maschine für 4–5 Stunden. Der Anfang war also bescheiden. Doch drückt der Schreiber die Hoffnung aus, weitere Industrielle würden diese „sicherlich an vielen Stellen vermißte Kraft" verwenden. Winstrup baute später weitere Dampfmaschinen.

Trotz Feuergefahr und großen Anschaffungskosten breitete sich die neue Antriebskraft aus. Aber die vielen rauchenden Schornsteine störten die Kopenhagener. Die Einrichtung einer solchen Anlage gab 1835 Anlaß zu verschiedenen Klagen, weil sie „manchmal die abscheulichste Luft verbreite, sowohl über die angrenzenden Häuser wie über Wege und die an den Seen angelegten Promenaden, so daß es besonders für Schwächliche schädlich war, darin eingehüllt zu werden, ganz davon zu schweigen, daß dabei Kleider und Sachen verdarben".

In Kapitän Ankjærs *Geographisch-Statistischem Handbuch* von 1858 steht, die „Dampfmühlen" hätten einen großen Aufschwung genommen und würden zum Backen von Schiffsbrot, für Brauereien und Branntweinbrennereien häufig verwendet. Bis 1860 hatte die Firma *Baumgarten und Burmeister* (s. S. 51) 134 Dampfmaschinen produziert.

Dannebrogsgade. Der Dichter Knud Lyne Rahbek bemerkt in seinen Erinnerungen, die in den 20er Jahren des vorigen Jahrhunderts herauskamen, es habe früher bei der →Vesterbrogade nur zwei bemerkenswerte Gebäude gegeben, nämlich den Königlichen Schießstand und gleich westlich davon *Pastor Christianis Mädcheninstitut.* Letzteres wurde 1795 von C. F. Christiani gegründet. Hier konnten Mädchen aus wohlhabenden Familien Reitunterricht nehmen und Leibesübungen machen, wogegen die üblichen Schulfächer nicht besonders gepflegt wurden. Der Pastor litt an schwärmerischen Ideen, was den Unterrichtszweck betraf. Im Übrigen war Rahbek eine Zeitlang Lehrer an der Schule.

Wo das Institut lag, geht heute die Dannebrogsgade vorbei. Die Anlage der Straße begann 1858, und der Name wurde u. a. auf Wunsch der Königlichen Schützengesellschaft gewählt.

Dantes Plads wird der Teil des H. C. Andersens Boulevard genannt, der an der →Glyptothek vorbeiführt. Die Namensgebung erfolgte 1921, als man in Dänemark des 600. Todestags des großen italienischen Dichters Dante Alighieri († 1321) gedenken wollte. Darauf begannen Freunde Dänemarks und Dänen in Rom Geld für ein Denkmal des Dichters zu beschaffen. Es sollte ein Säulenmonument sein, zu dem am 23. Juni 1922 von den Königen Viktor Emanuel III. und Christian X. der Grundstein gelegt wurde.

Die Stadt Rom stiftete eine antike Granitsäule für das Denkmal, dessen Gestaltung der Architekt Carl Brummer besorgte. Der Entwurf des *Sockels* stammte von dem Architekten Gunnar Biilman Petersen, während die *Bronzeplatte* mit dem Porträt des Dichters, unmittelbar östlich der Säule, von dem italienischen Bildhauer S. L. Andreotti geschaffen wurde. Das Porträt wurde von Dantes Geburtsstadt Florenz finanziert. Auf der Säule steht eine Figur von Dantes Jugendgeliebten, der etwas schnippischen Beatrix, die eine wichtige Rolle in seinen Werken *Vita nuova* und *Divina Commedia* spielt. Kein damaliger dänischer Künstler war wohl geeigneter, diese Figur zu schaffen, als der Bildhauer Einar Utzon Frank. Seit etwa 1910 hatte er sich mit der florentinischen Renaissance beschäftigt, von der viele seiner Inspirationen kamen, und als wenige Jahre später der neue Klassizismus in der dänischen Kunst durchbrach, wurde er auch von dort beeinflußt. Mit Utzon Franks Figur war das Denkmal vollendet, und es wurde am 23. August 1924 eingeweiht.

Dantes Plads 22, s. Glyptothek.

Dantes Plads 35, s. Videnskabernes Selskab.

Davids Sammlung, Kronprinsessegade 30, ist in einem Patrizierhof von einfachem Äußeren untergebracht. Der Architekt Professor J. H. Rawert besorgte den Bau des massiven Haupt- und Nebenhauses, während sein Schwager, der Kapitän J. C. Krieger, Bauherr war. Die Arbeiten wurden 1807 abgeschlossen. Das Museum, das zu den schönsten des Nordens gerechnet wird, wurde 1945 gegründet, als C. L. David, Anwalt am Obersten Gericht, seine kostbaren Kunstsammlungen dem dänischen Staat schenkte. Dem Geschenk folgte das Haus, das nach dem Wunsch des Stifters den Rahmen der Ausstellung bilden sollte. Am Eingang bemerkt man die vornehm geschwungene Treppe von 1807, die Rawerts Geschicklichkeit bezeugt.

Der bedeutendste Teil der Ausstellung umfaßt die islamische Kunst Irans und der umliegenden Länder vom 8. bis zum 16. Jahrhundert. Der Hauptakzent liegt auf Glas, Fayencen, Metallarbeiten und Seidenstoffen. Außerdem sieht man eine Reihe von Handschriften.

Das Museum enthält außerdem Möbel aus der Werkstatt von David Roentgen, englische Möbelkunst, dänisches Silber des 17. und 18. Jahrhunderts sowie Porzellan der →Königlichen Porzellanfabrik. An französischer Kunst sei eine Supraporte des berühmten Rokokomalers Francois Boucher von 1742 erwähnt. Das Gemälde in blauen Tönen auf grauweißem Hintergrund zeigt einen lieblichen Garten mit einer vornehmen Chinesin.

„Dehns Palais", Bredgade 54, wurde als Pendant zu „Bernstorffs Palais" gebaut. Die beiden Palais sind durch ihre Baugeschichte miteinander verknüpft: Die beiden Bauherren Frederik Ludvig von Dehn und Johan Hartvig Ernst Bernstorff wählten denselben Architekten, den aus Deutschland stammenden Johann Gottfried Rosenberg. Die beiden Standespersonen, beide Barone und Geheimräte, konnten sich auch darauf einigen, ihre Häuser gleichzeitig zu errichten und den Architekten Rosenberg einige Baumaterialien gemeinsam einkaufen zu lassen. Die Bauprojekte kamen auch schnell durch die bürokratische Maschinerie, denn →Eigtved, der die Verantwortung für die Gesamtplanung von →Frederiksstaden hatte, schrieb 1753 dem Magistrat, er habe die Fassadenentwürfe genehmigt.

Eine Reihe von Bauabrechnungen sind erhalten, und einer der vielsagendsten Belege betrifft Dehns Bauvorhaben. Am 27. April 1752 beantragte Rosenberg die Importgenehmigung für einige Materialien „zum Gebrauch beim Neubau Seiner Excellenz, des Herrn Geheimrat und Baron von Dehn auf Amalienborg". An Materialien seien genannt: 1 800 000 Backsteine, 50 000 glasierte Dachziegel, 150 Tonnen französischer Gips, 50 Körbe französisches Glas, 15 Kisten pommersches Glas, 700 pommersche Balken, 300 Bretter aus Vestervig oder Kalmar, 30 000 Kubikfuß gotländischer Sandstein, 3000 schwedische Fliesen, 4000 sechszöllige Nägel, 20 000 fünfzöllige Nägel und 100 000 vierzöllige Nägel.

Ein Beleg vom April 1758 zeugt von der immer noch guten Zusammenarbeit zwischen den beiden Bauherren, diesmal bei „den zu ihren Hotells hereingekommenen Waren und Möbeln". Zu dieser Zeit waren die Palais fertig (Dehns Palais schon 1755). Beide bestanden aus drei Pavillons, die durch niedrigere Zwischenbauten verbunden waren, alles in üppigem Barock. Dehns Palais hatte zwei Haupteingänge, nämlich in dem dreiachsigen Vestibül im Mittelpavillon und im nördlichen Pavillon, wo die schöne Marmortreppe noch erhalten ist. Auf der Marmortreppe wurde man hinaufgeleitet zu den Repräsentations-

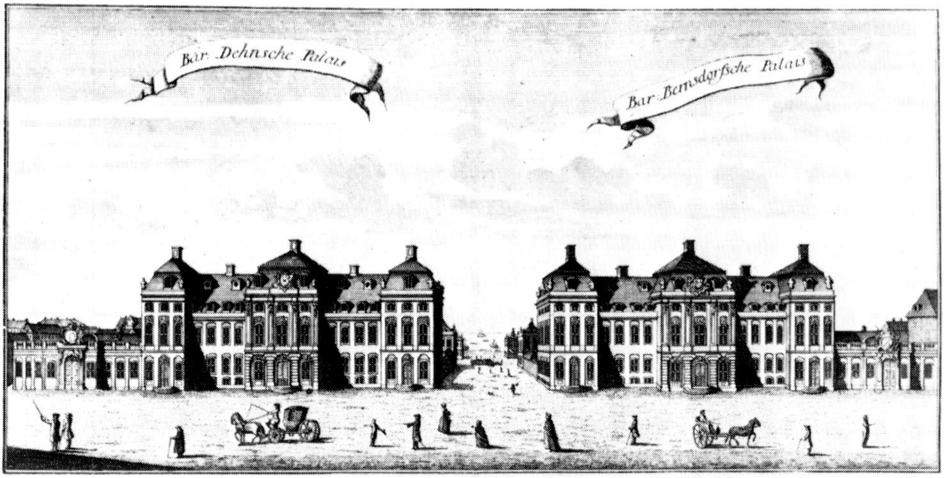

Im jetzigen Stadtbild erlebt man die monumentale Anordnung der Palais Bernstorff und Dehn nur schlecht. Sie kommt aber auf diesem Stich von ca. 1760 zu ihrem Recht. Karten- und Bildersammlung der Kgl. Bibliothek.

räumen der Beletage. Was die übrigen Interieurs im Dehnschen Palais betrifft, so ist fast alles radikal verändert. In der Beletage wurden in der ersten Hälfte des 19. Jahrhunderts durch den Architekten G. F. Hetsch einige sehr schöne Räume eingerichtet. Dies veranlaßte der spätere Eigentümer, Christopher McEvoy, der sich als Sohn eines schottischen Plantagenbesitzers auf den dänischen westindischen Inseln in Kopenhagen niedergelassen hatte. Eine Reihe signierter Entwürfe zum Umbau, jetzt im Besitz des →Kunstindustriemuseums, zeugen von der großen Sorgfalt, mit der Hetsch arbeitete.

Eines der schönsten Interieurs ist das kleine Kabinett, das mit tonnengewölbter Decke und Grisaillen über der Tür und an der Westwand versehen wurde. In anderen Räumen wurden die reichverzierten Stuckdecken vergoldet, und in der ganzen Beletage wurden bereits Doppeltüren aus Mahagoni eingesetzt. McEvoy soll in dieser verschwenderischen Umgebung seine letzten Jahre verbracht haben und 1838 gestorben sein. Hetschs Einrichtungen sind noch erhalten und werfen Licht auf den Ausstattungsstil, den H. C. Hansens →Christiansborg prägte, denn Hetsch war ein Schwiegersohn des großen Meisters des dänischen Klassizismus, und er hatte Gelegenheit, bei der Ausschmückung des Schlosses mitzuwirken.

Von den 1840er Jahren an wechselten sich mehrere weitere Eigentümer ab, bis 1872 der „Hofpianofortefabrikant" Frederik Møller einzog. Er ließ im Erdgeschoß seine Klavierfabrik einrichten (Hornung & Møller), während die Oberetage an das Musikkonservatorium vermietet wurde.

Die berühmte Firma wirkte in dem Haus bis 1976, und das Anwesen gehört jetzt dem dänischen Apothekerverband.

Domhuset und Arrestbygningen (Gericht und Gefängnis), Nytorv 25, Kattesundet 13 und Slutterigade, wurde von dem altertumsbegeisterten C. F. Hansen gebaut, der 1800 mit der Projektierung eines Rat- und Gerichtshauses beauftragt wurde. Es sollte das alte Rathaus der Stadt zwischen →Gammel- und Nytorv ersetzen, das beim Brand 1795 zerstört worden war. Die Entwürfe lagen 1803 vor, und zwei Jahre später begannen die Bauarbeiten an der Stelle des früheren Waisenhauses.

Das *Gerichtsgebäude* mit der Fassade zum Nytorv hin bekam das monumentale Gepräge, das die Behörden sich wünschten: eine Tempelfront mit sechs jonischen Säulen. Thorvaldsen machte sogar zwei Entwürfe zu einer skulpturalen Ausschmückung, doch davon wurde nichts ausgeführt. Die machtvollen Worte der Inschrift stammen aus dem Vorwort zum Jyske Lov von 1241: Med lov skal man land bygge (Mit dem Gesetz soll man das Land bauen).

Eine großartige Treppenanlage führt hinauf zum Vestibül, dessen Decke von vier dorischen Säulen mit schweren Schäften getragen wird, die nur in einer kurzen Verengung unter dem Säulenkopf kanneliert sind. C. F. Hansen und seine Kollegen betrachteten diesen Säulentyp, von der französischen Klassizisten „dorique primitif" genannt, als den ältesten griechischen. Als Hansen in den 1780er Jahren in Rom studierte, war er höchste Mode und wurde auch in mehreren zeitgenössischen Architekturatlanten wiedergegeben. Etwas deplaziert wirkte in diesem Zusammenhang Christian Gottlieb Vilhelm Bissens Figur des Bischofs →Absalon, die 1872 in der Vorhalle aufgestellt, später jedoch entfernt wurde.

Mit Gespür für die Strömungen der Zeit gelang es C. F. Hansen auch, Züge der ägyptischen Architektur einzubauen, nämlich einige Türrahmenabschlüsse und zwei Sphinxe, die eine Uhr flankieren. Der Bau hat im übrigen einige geringfügige Veränderungen erlebt. Am besten erhalten sind die früheren Säle des Stadtgerichts und des Magistrats. Letzterer, der eine säulengetragene Decke mit Stuck und Kassetten enthält, war eine Zeitlang der Sitz der Bürgervertretung, bis sie 1902 ins neue Rathaus umzog.

Der Schriftsteller und Jurist Ott Rung, der den weitläufigen Komplex des Gerichtsgebäudes vor der Jahrhundertwende erlebte, hat es folgendermaßen geschildert: „Das ganze Erdgeschoß war dem Bürgermeister, dem Magistrat und dem Bürgerrat vorbehalten, in Nachbarschaft mit der Polizeikammer und ihren zugehörigen finsteren kleinen Büros, wo die Polizeiinspektoren mit ihrem Stab von Kriminalisten und Bediensteten eng und dicht hausten. In der ersten Etage lagen, an einem winkligen Gang aufgereiht, die sechs Kriminalkammern sowie das ganze Hof- und Stadtgericht mit Schuldenkommission und Zeugenkammern, und unter dem Dach lagen zwischen den Archiven die winzigen Stuben des Gerichtsvollziehers. Hier oben saß man im Winter und schrieb an den Pulten im Schein einer Stearinkerze, denn das Gas war noch nicht in die Etagen des Rathauses vorgedrungen!"

Neben dem Gerichtsgebäude wurde zur Slutterigade und zur Hestemøllestræde hin das *Gefängnis* gebaut. Ein guter Teil klassizistischer Gefängnisarchitektur mit ihrer Düsterkeit und Strenge wurde hier wiederholt. Zwei Mauerbögen mit gedeckten Gängen – wie die Seufzerbrücke in Venedig – verbinden Gericht und Gefängnis und schließen die Slutterigade ein. Zu dieser Straße hin orientiert sich die Hauptfassade mit hohem Rustikasockel und runden Fensterlöchern darin. Ebenso prachtvoll ist das Mittelportal, dessen Rustikaformen sich in den Fenstereinrahmungen der ersten Etage wiederholen. Darüber sieht man noch zwei Reihen Fenster mit schweren Vergitterungen.

Als Inspirationsquellen seien das *Newgate Prison* in London, erbaut 1770–1778 von George Dance, und das Gefängnis in Aix von Ledoux erwähnt. Dahinter steht aber letztlich der Italiener Piranesi, der mit seinen berühmten Kerkerstichen aus den 1750er Jahren über die Schrecken des Gefängnisses und der Torturkammer fabulierte.

Domus Anatomica heißt das anatomische Theater, das 1642–1644 in einem der Universitätsgebäude am Friedhof der →Frauenkirche, dem jetzigen Frue Plads, eingerichtet wurde. Obwohl ein bescheidenes lectorium medicorum schon 1605 erwähnt wird, wurde 1621 in den Universitätsstatuten unterstrichen, daß ein richtiges „theatrum anatomicum" wünschenswert sei. Solche Räume, in denen in Gegenwart der Studenten menschliche Körper seziert wurden, waren in Europa längst in Gebrauch. Felix Platter baute in Basel ein anatomisches Theater, in dem er im Laufe von 50 Jahren 300 Leichen sezierte. 1639 wurde ein ähnliches in Amsterdam eröffnet, und hier konnte man – von Rembrandt hervorragend dargestellt – Dr. Tulps Demonstrationen folgen.

Die Initiative zur Kopenhagener Einrichtung kam von Simon Paulli, den →Christian IV. aus Rostock geholt und zum Professor der Anatomie, Chirurgie und Botanik ernannt hatte. Am 1. Januar 1644 war der Umbau fast abgeschlossen, und Paulli verschickte ein Programm, das von der neuen Einrichtung berichtete. Seine Vorlesungen begannen aber erst am 3. März 1645, und dabei verwandte er eine weibliche Leiche zur Demonstration. Dokumente der Zeit zeigen den grellen Gegensatz zwischen dem verbreiteten Haß, den menschliche Sektionen wecken konnten, und dem allgemeinen Vergnügen, das durch öffentliche Hinrichtungen entstand, z. B. die brutale Hinrichtung und Verstümmelung des Massenmörders Jens Fuglefænger.

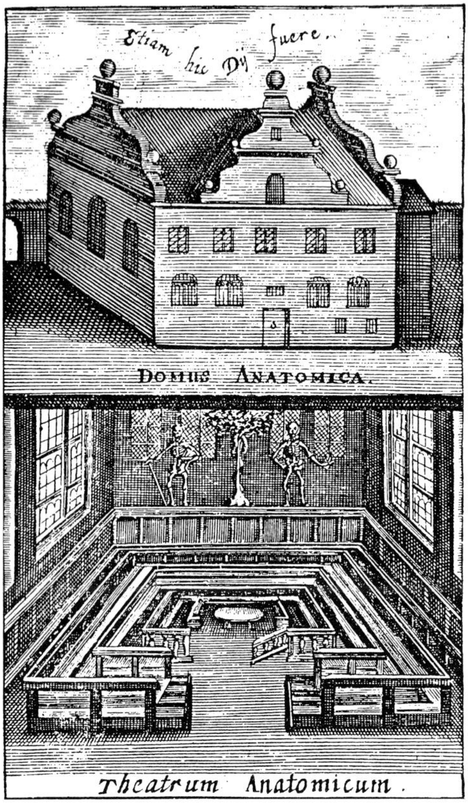

Domus Anatomica und ihr Auditorium auf dem Universitätsgelände in der Nørregade. Nach Thomas Bartholin, Cista Medica, 1662.

Der berühmteste Lehrer an der Domus Anatomica war Niels Steensen, Steno genannt, der im Ausland durch seine anatomischen Entdeckungen bekannt wurde, z. B. des Ohrspeichelgangs.

Als er 1672 aus Florenz zurückgerufen wurde, konnte man ihm keine Professur anbieten, da er zum Katholizismus konvertiert war. Er bekam nur die Stellung eines „königlichen Anatomen", die er mit einer Rede antrat, deren berühmteste Worte lauten: „Schön ist das, was wir sehen; schöner das, was wir verstehen; am schönsten das, was wir nicht fassen". Er führte aber nicht viele Demonstrationen durch, denn religiöse Streitigkeiten mit intoleranten Landsleuten veranlaßten ihn, 1674 wieder nach Florenz zurückzukehren.

In Thomas Bartholins *Cista medica Hafniensis* von 1662 findet sich eine sorgfältige Beschreibung des Hauses samt einer Abbildung und einer Wiedergabe des Auditoriums. Letzteres hatte vier Reihen Bänke, die im Rechteck den Sektionstisch umgaben. Ein Geländer um den Tisch herum sollte die Zuschauer auf Abstand halten. Das Auditorium stand mit einem kleinen Zimmer in Verbindung, von dem aus Friedrich III. bisweilen die Vorlesungen verfolgte. Zur Ausschmückung des Saales gehörten menschliche und tierische Skelette, wie es auch im Ausland üblich war. Man weiß, daß Paulli ein männliches und ein weibliches Skelett aufstellte. Man nannte sie Adam und Eva und plazierte sie rechts und links vom Lebensbaum mit der Schlange. Das Gebäude wurde beim Brand von 1728 vollständig zerstört.

Drachenbrunnen. Der Brunnen auf dem Rathausplatz verdankt sein Entstehen einer inspirierenden Zusammenarbeit zwischen Thorvald Bindesbøll und Joakim Skovgaard. Anlaß war ein Wettbewerb zu einem Denkmal für den →Amagertorv-Højbro Plads, den der Verein zur Verschönerung der Hauptstadt ausgeschrieben hatte. Der erste Entwurf des Drachenbrunnens wurde 1889 von Skovgaard modelliert. Dieser hatte die ursprüngliche Idee, aber Bindesbøll formte sie um, worauf Skovgaard den endgültigen Entwurf anfertigte. Trotz der Originalität des Kunstwerks gewannen die beiden den Wettbewerb nicht, denn der erste Preis ging an den weit schwächeren *Storchenbrunnen.*

Dafür wurde Bindesbølls und Skovgaards Brunnen auf dem →Rathausplatz errichtet. Er wurde 1904 in seiner ersten Form, ohne den Stier, eingeweiht. Dahinter stand das Komitee der Ausstellung „Dänische Kunst bis 1890", die 1901 in der Rathaushalle stattfand. Auch der Verein zur Verschönerung der Hauptstadt sowie das Legat Eibeschütz stellten Geld zur Verfügung. Die Idee zu dem charakteristischen, architektonisch geformten Becken bekam Skovgaard, als er einmal an der Kaserne in der Sølvgade (dem jetzigen Gebäude der Staatsbahnen) vorbeikam und ihre schöne Dachlinie erblickte. Drehte man sie um, so bekam man ein ausgezeichnetes Brunnenbekken.

Strandstræde in Dragør 1902. Antiquarisches topographisches Archiv des Nationalmuseums.

Kurz vor der Enthüllung des großen Schmuckstücks für den Rathausplatz hatte die Zeitung Politiken ein Interview mit Thorvald Bindesbøll, der u. a. gefragt wurde, wie es sich eigentlich mit der Zusammenarbeit zwischen ihm und Joakim Skovgaard verhalte und wer die verschiedenen Teile des Brunnens komponiert habe. Er antwortete: „Tja, Joakim und ich sind weiß Gott gleich gut gewesen, das Ganze auszuhecken."

Als das Monument 1904 fertig dastand, war die Presse voller Kritik, und der Volkswitz verglich das Becken mit einem Spucknapf. Die Kritik verstummte aber, als 1923 der Stier dazukam.

Dragør spielte im Mittelalter eine bedeutende Rolle, solange es eine bedeutende Heringsfischerei im Sund gab. Die Hansestädte zeigten großes Interesse an dem Fischerdorf, und 1370 bekamen sie Handelsprivilegien und das Recht, in Dragør Heringe zu salzen. Man vermutet, daß die hanseatischen Buden nördlich vom Dorf lagen. 1396 wird die Anwesenheit von Leuten aus Deventer in Dragør erwähnt, 1440 ist von Stettinern die Rede. Als das Nationalmuseum 1973/74 in Dragør grub, fand man Stoffplomben. Zwei davon trugen als Symbol einen Löwen über einer französischen Lilie und konnten auf Roermund in Limburg zurückgeführt werden. Durch Münzen in derselben Grabungsschicht wurden die Plomben auf 1350–1400 datiert. Damit war erwiesen, daß Dänemark in dieser Zeit Tuche aus dem Maasgebiet importiert hat.

Mit dem Ende der Heringsfischerei verlor Dragør für eine längere Periode seine Bedeutung. Der Sund wurde aber erneut zur Einnahmequelle, als die Fischer von Dragør anfingen, Schiffe hindurchzulotsen. Um 1560 durchfuhren etwa 2000 Schiffe jährlich den Øresund, und an mehreren Stellen, 1557 auch bei Dragør, wurden Seetonnen ausgelegt. Die Bedeutung der Lotsen aus Dragør wurde dadurch unterstrichen, daß sie als erste in Dänemark eine königliche Autorisierung bekamen. Am 8. März 1684 schrieb Christian V. seinem Oberrentmeister, sechs Mann aus Dragør stünden allzeit zur Verfügung, wenn seine Kriegsschiffe Drogden durchfuhren. Als dort 1837 erstmals ein Feuerschiff vor Anker ging, wurde bestimmt, daß die Lotsen aus Dragør wechselweise darauf übernachten sollten.

Der Verkehr mit fremden Häfen bekam auch für Dragør Bedeutung, sowohl vor wie nach dem Krieg mit England. Aus den 1830er Jahren wird berichtet, der Ort habe 39 Fahrzeuge zu 1882 Lasten besessen. „Die meisten fahren mit Brennholz zwischen Kopenhagen und den Provinzen, 6–8 segeln auf der Ostsee und nach England, sind aber im Winter meist zu Hause. Außerdem gibt es 35 Einmaster, die teils als Bergungsfahrzeuge verwendet werden, teils mit Torf aus Humlebæk fahren und Gemüse nach Helsingør bringen." Die zweite Blüteperiode der Schiffahrt begann in den 1850er Jahren, als die heimische Flotte bedeutend wuchs. Um 1870 gab es hier ca. 70 Schiffe, und 1878 wurde Dragør Dänemarks drittgrößte Seefahrtsstadt. Die Flotte zählte damals 78 Schiffe mit insgesamt 12 442 BRT.

Im Winter, wenn die Häfen der Ostsee durch Eis geschlossen waren, richteten einige Schiffe den Kurs ins Mittelmeer oder in noch fernere Himmelsstriche. Es wurden Güter aus dem Mittelmeer nach New York verfrachtet, Zucker wurde von den Westindischen Inseln nach Dänemark gebracht, Kryolith von Grönland nach Philadelphia, Petroleum kam in Fässern von New York nach Deutschland. Einzelne Schiffe gingen sogar auf Fahrt nach Südafrika oder Südamerika. Das Frühjahr mit dem Eisbruch wurde zu einem Fest, denn jetzt konnten die Ostseehäfen wieder besegelt werden. Die Seeleute bestellten frisches Schwarzbrot für drei bis vier Wochen, und man kaufte „Cantøfler fra Pitter Jans" (Kartoffeln von Pitter Jans).

In den 1880er Jahren begann die Schiffahrt wieder zurückzugehen. Der Reeder C. C. Jans notierte schon 1877 neun Schiffbrüche in zweieinhalb Jahren, und 1890 waren nur noch 56 Dragør-Schiffe mit insgesamt 4230 BRT unterwegs. Um die Jahrhundertwende wurden die Dampfschiffe richtig dominierend, und die verbleibende Flotte wurde für heimische Fahrten gechartert.

Dreifaltigkeitskirche, s. Trinitatiskirche.

Dronning Louises Bro (Königin Louises Brücke). Schon 1562 wird eine Holzbrücke als Verbindung über die Seen bei der Stelle erwähnt, wo viel später Dronning Louises Bro gebaut wurde. Christian IV. ließ sie 1618–1620 durch einen Damm mit Brücke ersetzen. als der neue Frederiksborgvej angelegt wurde. Als man am Ende des vorigen Jahrhunderts die Brückenviertel bebaute, mußten die Verkehrsverbindungen über die Seen verbessert werden, und die besonderen damit verbundenen Probleme wurden diskutiert. Vor allem wollte man die vielen Passanten auf einer künftigen Brücke gegen launische Winde schützen, „weil es fast immer, selbst bei schwacherem Wind, schwierig war, den Regenschirm oben zu halten".

Der Architekt Emil Blichfeldt legte den Behörden das originellste Projekt vor, den Vorschlag zu einer Kombination von Brücke und Basarstraße, ganz ähnlich wie die berühmten Ladenbrücken in Florenz und Venedig. Ein Hauptargument war, daß die Verlängerung der Frederiksborggade sich zu einer glänzenden Geschäftsstraße entwickelt hatte, die alle möglichen Läden enthielt. Die Zeitschrift „Ude og Hjemme" (Draußen und zu Hause) veröffentlichte 1883 Illustrationen zu Blichfeldts Geschäftsstraße und fand, sie sei ein „sowohl in praktischer wie in künstlerischer Hinsicht wohlgelungener Plan".

Eine abschließende Debatte am 18. April 1884 im Stadtparlament belebte den Plan mit 13 gegen 12 Stimmen ein wenig, doch der Magistrat wählte statt dessen einen einfacheren, traditionelleren Vorschlag, und unter der Leitung von Vilhelm Dahlerup wurde die Brücke 1885–1887 gebaut. Ihre Geländer sind mit vier einheitlichen Bronzeschilden geschmückt, die das Kopenhagener Stadtwappen tragen, umkränzt von Waffen, Helmen, Fahnen und Löwen.

Dybensgade, s. unter Bremerholm.

Dyrkøb, die Straße an der Südseite der →Frauenkirche, hat ihren Namen („Teuerkauf") von einem Weinhändler, der dort seinen Hof hatte. Dieser wird erstmals 1622 erwähnt. Später im 17. Jahrhundert gehörte er dem Kaufmann und Reeder Abraham Lehn. Als das Weinhaus 1699 zur Erweiterung des Friedhofs abgerissen wurde, geschah das zum Verdruß sowohl der Gemeinde wie des damaligen Inhabers Jørgen Sohl.

Als der →Assistenzfriedhof 1760 in Nørrebro angelegt wurde, gab man die Beisetzungen bei der Frauenkirche auf.

Dyrkøb Nr. 1–5 wurden für verschiedene Eigentümer in den Jahren 1812–1815 gebaut, was in den kassizistischen Fassaden klar zum Ausdruck kommt. Besonders muß das Haus *Dyrkøb 1/Skindergade 34* hervorgehoben werden. Seine Gestaltung stammt von C. F. Hansen, der damals wesentlich zum Wiederaufbau der Hauptstadt beitrug. Das Gebäude, „Trøstens Bolig" (Haus des Trostes) genannt, wurde für den Staat als Wohnung ärmerer Handwerkerfamilien gebaut. Es dient seit 1854 der Stiftung Soldin.

E

Eckersberg, C. W. (1783–1853), einer der bedeutendsten Maler des dänischen „goldenen Zeitalters". Nach der Lehrzeit in der Provinz kam er nach Kopenhagen, um die Akademie zu besuchen. Er kam am 22. Mai 1803 per Schiff in →Nyhavn an, von wo der Weg nach →Charlottenborg kurz war. In der Modellschule hatte er →Abildgaard als Lehrer. 1805 bekam er beide Silbermedaillen, 1809 die Goldmedaille. Im Jahr darauf reiste Eckersberg nach Paris, wo er in J. L. Davids Atelier arbeitete. Eine spätere Studienreise führte nach Rom. Als er am 2. August 1816 wieder den Kopenhagener Boden betrat, notierte er im Tagebuch: „Gott sei gelobt." Zwei Jahre später wurde der tüchtige Maler zum Professor ernannt und zog in eine Wohnung in Schloß Charlottenborg. Hier sollte er die nächsten 35 Jahre lang unterrichten.

Die Aufträge flossen reichlich. Schon 1817 wurden bei ihm vier große Gemälde zur dänischen Königsgeschichte bestellt, die in den königlichen Gemächern von C. F. Hansens fertiggebautem Schloß →Christiansborg aufgehängt werden sollten. Aus derselben Periode stammt das Gruppenporträt *M. L. Nathansons Familie* (1818), die hervorragende Schilderung einer wohlhabenden Bürgerfamilie im klassizistischen Kopenhagen. Mendel Levin Nathonson war ein Wirtschaftsautor und Redakteur der Berlinske Tidende. Er wohnte damals Frederiksholms Kanal 6.

Tagebücher und Memoirenliteratur haben Eckersbergs Leben in Charlottenborg festgehalten. Hier wurden seine Kinder geboren, und wenn sein Sohn Johannes Zahnschmerzen hatte und die Familie des Nachts wachhielt, wurde das im Tagebuch notiert (17. Dezember 1834). Im Keller wurde die große Wäsche gewaschen, während der Dachboden zum Trocknen benutzt wurde. Kirschen wurden während der Saison eingekocht. Zu Kongens Nytorv hin hatte die Wohnung zwei zweifenstrige Zimmer; in einem davon stand ein Klavier, und hier wurden Musikabende abgehalten. Im anderen Raum, von Eckersbergs Tochter „gelbe Stube" genannt, standen Mahagonimöbel mit Seidenbezug, und über 30 von Eckersbergs römischen Bildern waren dort aufgehängt.

Eigtved, Nicolai (1701–1754), dessen Eltern Bauern waren, wurde am 4. Juni 1701 in Haraldsted

Eigtved wurde nach seinem Tod auf dem Friedhof der Petrikirche beigesetzt, dem „neuen Kräutergarten", wie man ihn nannte. Der Grabstein wurde teilweise beim Bombardement von 1807 zerstört, als die Kirche mit Bomben, Granaten und Raketen überschüttet wurde. Die Reste des Steines sind jetzt an einer Wand im Prinzenpalais (Nationalmuseum) aufgestellt. Zeichnung des Steines im Antiquarischen topographischen Archiv des Nationalmuseums.

auf Seeland geboren. Wahrscheinlich lernte er auf dem nahegelegenen Gut Skjoldenæsholm Gärtner, aber sicheres Wissen über seine Ausbildung haben wir erst 1723, als er den königlichen Reisepaß fürs Ausland bekam. Daraus geht hervor, daß Eigtved einige Jahre lang unter dem Schloßgärtner in Frederiksberg, Hans Heinrich Bruun, gearbeitet hatte. Nach seinem Auslandsaufenthalt, der dem Studium der Gartenarchitektur und Baukunst in Berlin, Warschau, Dresden und Rom galt, kam er 1735 zurück. Schon vor der Heimreise war Eigtved an der königlichen Bauverwaltung angestellt worden, und 1736 gab Christian VI. ihm die Aufgabe, eine Kirche zur Erinnerung an die Einführung der Reformation 1536 zu projektieren. Sie sollte an der →Gothersgade gebaut werden, wo nach dem Brand von 1728 Platz war. Das Projekt wurde aber nie durchgeführt. Dafür sollte Eigtved Kopenhagen durch eine lange Reihe noch erhaltener Bauten prägen: die →Marmorbrücke mit den Pavillons, das →Prinzenpalais, das Packhaus der Asiatischen Kompanie in der Strandgade, mehrere Häuser in der →Amaliegade, →Lindencrones Palais, Frederiks Hospital (→Kunstgewerbemuseum), →Amalienborg mit den Palais und die →Christianskirche.

Eigtved wohnte im Fursmanschen Haus hinter der →Börse, wo jetzt das Haus *Slotsholmsgade 18* steht. Er zog 1741 ein, und einige Jahre später verheiratete er sich mit Sophie Christiane Walter, die bei Prinzessin Louise Kammermädchen war. An Bediensteten hatten die Neuvermählten einen Diener, einen Kutscher und zwei Mädchen, außerdem drei Schreiber und einen Zeichner, der bei den königlichen Bauangelegenheiten half. Sieben Kinder wurden in der elfjährigen Ehe geboren, doch nur drei überlebten die Mutter. Eigtved hatte verschiedene Titel. 1745 wurde er zum *Kircheninspekteur* für die Kirchen ernannt, die dem König in den Distrikten Kopenhagen, Frederiksborg, Kronborg, Antvortskov, Vordingborg und Tryggevælde gehörten. 1746 erhielt er den Titel eines *Hofbaumeisters*, 1748 wurde er *Direktor der Kunstakademie* (der Vorgängerin der jetzigen), und 1749 wurde er zum *Obersten der Fortifikation* befördert.

Eisenbahnen. Am 27. Juni 1847 wurde die Bahnlinie Kopenhagen–Roskilde eröffnet. Der erste Bahnhof, an der Stelle des jetzigen Hauptbahnhofs gelegen, war ein Holzbau mit zwei Türmen, die die Eingangspartie flankierten. Nach dem Besuch dort schrieb ein Mann aus der Provinz 1849: „Eine Lokomotive kann 30, 40, 50 Wagen ziehen und vier Meilen (ca. 30 km) in der Stunde fahren. In jedem Wagen sind sechs Stuben . . ." Als 1856 die Bahn nach Korsør weitergeführt wurde, erwies sich der Kopenhagener Bahnhof schon als zu klein, und er wurde deshalb auf die Nordseite der Vesterbrogade verlegt. 1863 wurden auch die Linien nach Klampenborg und Lyngby eröffnet.

Der jetzige *Hauptbahnhof* wurde 1904–1911 nach Entwürfen von H. Wenck gebaut. Der Bau zeigt sich in rotem Backstein mit dekorativen Details in Granit, und innen sieht man die mächtigen Holzkonstruktionen, die die beiden Glasdä-

Abreise Friedrichs VII. und der Gräfin Danner vom ersten Kopenhagener Bahnhof am 26. April 1851. Bleistift und Aquarell. Karten- und Bildersammlung der Kgl. Bibliothek.

Bahnhof Nørreport bei der Eröffnung am 1. Juli 1918. Karten- und Bildersammlung der Kgl. Bibliothek.

cher der Halle tragen. Ein besonderes Ereignis war es, als 1918 der Bahnhof Nørreport als Untergrundbahnhof eingeweiht wurde.

Elers Kollegium, Store Kannikestræde 9, wurde 1702–1705 gebaut, und zwar auf Kosten einer Stiftung des Justizrates Elers. Alt und von Krankheiten geplagt, hatte dieser im Herbst 1691 sein Testament gemacht. Kinder hatte er nicht mehr, nachdem eine Tochter ganz jung gestorben war und zwei ältere Kinder bei einem Brand 1689 ums Leben gekommen waren. Am 29. November 1691 stellte er den Stiftungsbrief für das *Collegium Elersianum* aus, wohl inspiriert durch das Beispiel des Professors Ole →Borch. Dieser hatte, kinderlos und vermögend, im Mai desselben Jahres ein Kollegium gestiftet.

Das *Vorderhaus* ist in Barockmanier durch Lisenen gegliedert, insgesamt acht, die verputzt und schwach vorspringend sind. Dazwischen steht das unverputzte Mauerwerk. Als 1728 der →Stadtbrand die Store Kannikestræde verwüstete, brannte auch Elers Kollegium aus, und man ließ unter Leitung des Architekten Johan Cornelius Krieger das Gebäude wieder herstellen. Ihm gelang es, das Äußere des Vorderhauses fast unverändert zu erhalten. Im Hof stehen zwei kleine Häuser von 1719/20, die beim Brand verschont worden waren.

Elers Kollegium bekam im Laufe des 18. Jahrhunderts ein Reglement, nach dem sich die Stipendiaten zu richten hatten. Der Tag begann damit, daß der Inspektor zweimal die große Glocke läutete, die oben im Treppenhaus hing, und zwar um sechs und um sieben Uhr. Darauf versammelte man sich im Auditorium zu *preces solennes*, was man mit „Gebet" oder „Lobgesang" übersetzen kann. Die Einrichtung der Studentenzimmer ist auch überliefert. Von 1730 an gab es einen Kleiderschrank in jedem Außenzimmer, während das Innenzimmer mit zwei Tischen, einem Bett und einem großen Eisenofen ausgestattet war.

Das Haus wurde 1837 vom Hofbaumeister J. H. Koch renoviert und in den 1960er Jahren durch K. Gottlob modernisiert.

Elers Kollegium hat seit 1705 ein Zeichen mit einem Eichhörnchen, das Nüsse frißt. Bildersammlung der Kgl. Bibliothek.

Eliaskirche. Die Kirche am Vesterbros Torv ist eines der vielen Beispiele für die dynamische Kirchenbautätigkeit, die in Kopenhagen um die Jahrhundertwende und in den folgenden Jahrzehnten stattfand. Die Grundlage dieser Entwicklung war 1896 die Stiftung des *Kopenhagener Kirchenfonds*. Im April kaufte der Kirchenfonds ein Grundstück am Vesterbros Torv und wählte Martin →Nyrop als Architekten. Am 31. Januar 1900 lag ein signiertes Projekt vor. Nyrop hatte sich vorgestellt, daß eine große Freitreppe zum Haupteingang der Kirche hinaufführen sollte, aber dagegen regte sich Widerstand. Der Zimmermann From-Petersen schrieb im *Christlichen Tageblatt*: „Jetzt wollen sie auch auf Vesterbros Torv eine Kirche bauen, und das Komitee ist so bescheiden, nur einen Treppenzugang zu verlangen, der 18 Ellen weit auf den Bürgersteig ragt! Laßt uns ein für allemal sagen: Nein! Es hat keinen Sinn, die Spielplätze der Stadt zu Agitationsstellen der Inneren Mission zu machen." Die groß geplante Treppe mußte also aufgegeben werden.

Als Vorbild für die Hauptfassade der Kirche zum Platz hin hatte Nyrop die zwillingstürmige Kirche des Hvidegeschlechts in Fjenneslev gewählt. Nyrop war von dänischen Bauformen des Mittelalters stark eingenommen. Das Gebäude, das sich schön in die Häuserreihe einpaßt, besteht aus grob zugehauenem Neksø-Sandstein. Er gibt ihm einen rustikalen und romanischen Charakter. Das Portal ist nach ausländischen Vorbildern durch einen Pfeiler (französisch: *Trumeau*) aufgeteilt, über dem sich ein Tympanon befindet. Der Kirchenraum wurde als traditionelles Langhaus angelegt, wobei gemauerte Arkaden das Hauptschiff von den Seitenschiffen trennen. Eine Empore befindet sich auf der Höhe der großen Rundbogenfenster zum Platz hin. Um Licht für die eingeklemmte Kirche zu schaffen, versah man die Decke mit einem schrägen Glasdach, das man über einer offenen Mittelpartie im Dachstuhl sieht. Die Kirche ist im übrigen wegen ihrer vielen Ausschmückungsdetails bemerkenswert, etwa die Himmelfahrt des Elias auf dem Tympanon, die von singenden Engeln flankiert wird.

Erich von Pommern (1397–1439) entzog als dänischer König den Roskilder Bischöfen das Eigentumsrecht auf Kopenhagen und brachte Schloß und Stadt unter die Königsmacht. Kopenhagen hatte seit →Absalons Zeiten unter das Bistum Roskilde gehört. Als der Bischof Peder Jensen Lodehat am 19. Oktober 1416 starb, nutzte der König die Vakanz des Roskilder Bischofsstuhls aus. Bevor der Nachfolger gewählt war, erhob Erich von Pommern Anspruch auf das Kopenhagener Schloß, und ein Ausschuß von 12 Reichsräten sollte den Streit zwischen König und Bischofsstuhl entscheiden. Die dritte Entscheidung vom Februar 1417 erging zugunsten des Königs, und 1421 verzichtete der neue Roskilder Bischof Jens Andersen darauf, im Augenblick Kopenhagen zurückzuverlangen. Das geschah aber in einer solchen Form, daß dadurch spätere Rechtsansprüche nicht ausgeschlossen wurden. Noch zur Zeit von König Hans (1481–1513) war die Frage offen, vielleicht sogar bis zur Reformation.

Das Kopenhagener Schloß ist seit Erich von Pommern *königlich*, während die *bischöfliche* Residenz in die Nørregade verlegt wurde, wo heute die →Universität Gebäude hat.

„Erichsens Palais“, Holmens Kanal 2, wurde 1797–1799 für den Agenten Erich Erichsen gebaut, der sich durch Zwischenhandel und überseeische Frachtfahrten ein Vermögen verdient hatte. 1798 besaß er sechs Ostindien- und einen Westindienfahrer. Der Hof, das einzige Patrizierhaus Kopenhagens mit freistehender Tempelfront vor der Fassade, wurde von Hofbaumeister Professor C. F. Harsdorff entworfen. Er konnte aber vor seinem Tod den Bau nicht vollenden, und der Abschluß wurde daher seinem Schwiegersohn übertragen, dem Maurermeister G. Schaper. Die sechs jonischen Säulen stehen auf einem vorspringenden Unterbau. Das mythologische Motiv des Giebelfeldes stammt von G. D. Gianelli: Minerva, die Göttin der Wissenschaft, der Kunst und des Handwerks, reicht Merkur, dem Gott des Handels, über einem Altar die Hand. Die ruhenden Figuren symbolisieren Land und Meer.

Das Palais ist als Winkelbau gestaltet, dessen Hauptfassade mit der Tempelfront →Kongens Nytorv zugewandt ist. Die Langseite zu Holmens Kanal hin wird durch sechs Pilaster eingeteilt, und in ihrer Verlängerung lag ursprünglich ein Stallgebäude. Davon ist – 1892 von Fr. L. Levy etwas umgebaut – nur die Portalachse erhalten.

Als 1888 die Handelsbank das Palais übernahm, wurden Keller und Erdgeschoß zu Bank-

Der Altar in der Erlöserkirche ist eines von Kopenhagens schönsten Beispielen für das internationale Barock. 1695 nach Entwürfen von Nicodemus Tessin geschaffen.

zwecken eingerichtet, und die Unteretage bekam große Fensteröffnungen. Der Architekt Fr. Levy besorgte den Umbau. Dagegen ist die Beletage, wo die Familie Erichsen ihre Festsäle, den Speisesaal mit apsisförmiger Endwand (im Winkel zur Laksegade) und ein pompöses Schlafzimmer hatte, noch fast intakt. Die reichen Wand- und Deckenmalereien mit pompejanischen Motiven stammen von dem französischen Architekten Joseph Jacques Ramee, dem der Maler Pierre Etienne Le Sueur zur Seite stand. Die Ausschmükkung wird von dem Schriftsteller August Hennings erwähnt, der am 14. Juli 1802 das Palais besuchte. Der Maurermeister Schaper wurde übrigens 1801 zum Kauf von Möbeln für die Ausstattung der Räume nach London geschickt.

Erlöserkirche (Vor Frelsers Kirche), Sankt Annæ Gade. Das Gebäude wurde 1692–1696 unter Leitung des Architekten Lambert van Haven errichtet. Lambert war 1671 als königlicher Baumeister angestellt worden, er wurde aber auch mit der Aufsicht über die Maler- und Bildhauer „samt allen dazugehörigen Künsten" betraut. Die Kirche in →Christianshavn sollte den ersten bescheidenen Kirchenbau ablösen, der 1640 in Holz errichtet worden war. Der Grundstein zum Neubau wurde am 19. Oktober 1682 gelegt.

Als Grundriß wurde die Kreuzform mit quadratischer Mittelpartie gewählt, und demgemäß bildet das Innere einen großen Raum, dessen Gewölbe von vier Pfeilern gestützt werden. Die Mauern ruhen auf einem hohen Granitsockel und werden durch Pilaster gegliedert. Die stark vorspringenden, verkröpften Gesimse sind typisch für das Barock. Der gewundene Turm geht auf ausländischen Einfluß zurück. Lauritz de Thurah setzte ihn 1750 auf. Er hatte die Idee dazu durch das Studium der Universitätskirche Sant' Ivo alla Sapienza bekommen, einer der berühmtesten Barockkirchen Roms. Die Treppe des äußeren Schneckengangs zählt etwa 150 Stufen. Auf der Spitze befindet sich ein Globus, der von einer drei Meter hohen vergoldeten Christusfigur bekrönt ist, die von dem Kupferschmied Jacob Høvinghoff stammt. Als Friedrich V. am 28. August 1752 den fertigen Turm bestieg, wurde mit 27 Kanonen vom Kirchplatz Salut geschossen.

1694 bestellte Christian V. bei Nicodemus Tessin dem Jüngeren einen Altar für die Kirche. Als Vorlage verwandte dieser den Altar in SS. Domenico e Sisto in Rom von Gian Lorenzo Bernini. Der Altar in italienischem Hochbarock wurde nach Tessins Modell ausgeführt. Erst 1732 konnte er eingeweiht werden, nachdem seine vielen Teile beisammen waren. Die Säulen bestehen aus rotflammigem französischem Marmor.

Der prächtige Orgelprospekt ist eine Arbeit von Chr. Nerger und trägt die Jahreszahl 1698. Zwei imponierende Stuckelefanten tragen die zweigeschossige Orgel.

Ernst, Johan Conrad (1666–1750), Architekt und Generalbaumeister von großer Bedeutung für Kopenhagen. Er war Sohn des wohlhabenden Leinenhändlers Johan Adolf Ernst, der einem Nürnberger Patriziergeschlecht angehörte und nach Kopenhagen auswanderte, wo er 1652 in die Krämerzunft aufgenommen wurde. Der Vater hatte ein Haus am →Amagertorv (Nr. 31), und ein Höhepunkt seiner Karriere war 1659 seine Wahl zu einem der „32 Männer" (s. S. 11) der Stadt.

Wie andere Architekten war J. C. Ernst während seiner Ausbildung im Ausland, was Tessin bezeugt, der ihn „fin och skicklig" und „beaucoup voyagé" nannte. 1693 wurde er im Alter von 27 Jahren zum königlichen Baumeister, Baumeister der Kriegsmarine und Kopenhagener Stadtbaumeister ernannt. Eine seiner Aufgaben betraf das Projekt eines neuen Residenzschlosses Christians V. in Kopenhagen, zu dem der berühmte schwedische Architekt Nicodemus Tessin der Jüngere die Entwürfe und ein Holzmodell liefern sollte. Aus diesem Anlaß wurde J. C. Ernst 1697 nach Stockholm gesandt, wo er Tessin bei der Fertigstellung der Arbeit assistierte. Nachdem das Modell im selben Jahr in Kopenhagen angekommen war, stellte er es in der Norgesgade (jetzt Bredgade) in einem eigens zu diesem Zweck errichteten Gebäude aus (an der Stelle der Alexander Newskis Kirche).

In seiner Amtszeit war J. C. Ernst für die Er-

Abb. oben links: Schild von Krogs Fischrestaurant, jetzt aufgegeben.
Abb. oben rechts: Das schönste Motiv von Regensen, die Turmpartie mit der Uhr von 1780.
Abb. unten: Vergoldetes Relief über der Tür zum Hotel „Den gyldne Fortun", Fortunstræde.

1858

richtung mehrerer noch existierender Gebäude in Kopenhagen verantwortlich sowie für Umbaumaßnahmen: 1702–1705 →*Elers Kollegium*, 1705–1708 die *Kapelle* der →Holmenskirche am Kanal, 1708/09 Umbau und Erweiterung von *Schloß →Frederiksberg*, 1715–1719 *Geheimarchiv* (Teil des jetzigen Reichsarchivs), in derselben Periode das →*Kanzleigebäude* (Slotholmsgade 4) und 1718/19 der Umbau des *Opernhauses* (Fredericiagade 24, jetzt →Østre Landsret). Dazu kam der Umbau des *Kopenhagener Schlosses* zur Zeit Friedrichs IV. Neben dieser Tätigkeit empfing J. C. Ernst eine Reihe von Beförderungen: 1703 Assessor im Hofgericht, 1709 Kanzleirat, 1714 Justizrat und schließlich Staatsrat 1729. Das Glück bescherte ihm 1719 den Hauptgewinn in einer Lotterie, ein großes Gut.

Esplanaden war 1785 vollendet und bald bei Spaziergängern beliebt. Die Anlage wurde mit einer baumbepflanzten Höhe auf dem jetzigen Toldbodplads abgeschlossen. Die frühere Bezeichnung Toldbodvej wurde nach dem Zweiten Weltkrieg durch den jetzigen Straßennamen ersetzt. Am Tor von *Esplanaden Nr. 6* sieht man eine Bronzetafel, die berichtet, der Vorläufer des jetzigen Hauses sei 1785 gebaut worden und habe 1844–1898 als Kaserne der Gardehusaren und Wohnsitz des Kommandanten gedient. Vor *Esplanaden 34* fand im Oktober 1885 ein mißlungenes Attentat auf den Regierungschef Estrup statt. 1895 erwarb die Gesellschaft für Körperbehinderte das Haus zusammen mit dem Nachbarhaus *Nr. 36.*

Ewald, Johannes (1743–1781), Dichter. Er wurde am 18. November 1743 in Kopenhagen als Sohn des Waisenhauspastors Enevold Ewald geboren. Die Kindheit verbrachte er auf dem Hof des Waisenhauses am Nytorv, wo verschiedene Lehrer ihn und seinen drei Jahre älteren Bruder Mathias unterrichteten. Der Vater war von schwacher Gesundheit und starb schon 1754. Nach einigen Jahren Schulzeit in Schleswig kam Johannes 1758 wieder nach Kopenhagen, um die Reifeprüfung abzulegen. Im selben Jahr kam er zu dem wohlhabenden Leinenhändler und Vormund Peder Hulegaard, der ihn in Pension nahm und sich später mit seiner Mutter verheiratete. Das Haus lag an der südlichen Ecke von →Kultorvet und Frederiksborggade.

Durch die Familie seines Stiefvaters traf er die gleichaltrige Arendse Hulegaard, eine Nichte Peder Hulegaards. Sie wohnte in der Vestergade, und Johannes verliebte sich in das hübsche Mädchen. Da Arendse aber andere und ältere Verehrer hatte, während Johannes Ewald erst 15 Jahre alt war, beschloß er in ausländische Kriegsdienste zu gehen, um schnell Karriere zu machen. Die Familie protestierte, aber der verrückte Bursche lief von zu Hause weg und ließ sich im Frühjahr 1759 von der preußischen Armee anwerben. Später ging er zu den Österreichern über und kam schließlich, schon körperlich geschwächt, nach Kopenhagen zurück.

Es gelang ihm in kurzer Zeit, mit besten Noten ein theologisches Examen abzulegen, sich mit Arendse zu verloben und einen Freiplatz am Valkendorf Kollegium zu bekommen. Aus dieser Zeit stammt sein allegorisches Stück *Lykkens Tempel* (Tempel des Glücks). Die Auflösung der Verlobung erschütterte Ewald, der jetzt weitere Pläne zu einer soliden Karriere aufgab. Von jetzt an wollte er „durch das Leben schlendern", wie er es ausdrückte.

Johannes Ewalds Trauerspiel *Rolf Krage*, nach Saxos Bericht geschrieben, aber von Klopstock und Ossian beeinflußt, wurde 1770 von einem unterschiedlich zusammengesetzten Kreis herausgegeben, der eines gemeinsam hatte: den Glauben an seine Fähigkeiten. Im Sommer 1772 schrieb er an dem Schauspiel *Frode*, das jedoch niemals fertig wurde. In diesem Torso wird der König als Schwächling dargestellt, als ein Mensch ohne Willenskraft, und das Porträt war in Wirklichkeit eine Analyse des kranken Christian VII., die zum Besten der dänischen Literatur gehört. Während er an dem Stück schrieb, bekam er oft Besuch eines Freundes, des Richters am Stadt- und Hofgericht C. Fr. Jacobi, der in seiner Eigenschaft als Vorleser des Königs vieles mitteilen konnte.

Ewald schuf auch Gelegenheitsdichtung wie etwa das Vorspiel *Landsbye-Højtiden*, das im Ja-

---

Abb. oben links: Giebel mit Backsteindekoration aus den 1850er Jahren; Gasværksvej/Istedgade.
Abb. oben rechts: Rosenborg im Herbst.
Abb. unten: Die Marmorkirche von Amalienborg aus.

nuar 1775 aus Anlaß des Geburtstags des Königs im Königlichen Theater aufgeführt wurde. Seine glücklichste Periode war wohl der Aufenthalt im selben Jahr in Rungsted. Später war er in Humlebæk, von 1777 an wieder in Kopenhagen. Eine Zeitlang wohnte er in der Skindergade bei der Zimmermannswitwe Ane Kirstine Skou, die sich sehr seiner annahm.

1778 schrieb er, mit Jubel begrüßt, *Balders Død* (Balders Tod). Und mit dem Singspiel *Fiskerne* (Die Fischer) aus derselben Zeit wurde er der nationale Dichter, nicht zuletzt wegen des darin vorkommenden Königsliedes *Kong Christian stod ved højen Mast*.

Doch hatten sich seine Krankheiten zu dieser Zeit schon so verschlimmert, daß er in den letzten Lebensjahren für das Theater nichts Wesentliches mehr schreiben konnte.

Johannes Ewald starb am 17. März 1781 in tiefstem Elend, aber er bekam ein großartiges Begräbnis. Am Montag, dem 26. März, schrieb die Berlingske Tidende: „Nach allergnädigster königlicher Erlaubnis wurde Herr Johannes Ewald, Dänemarks größter Dichter, am 23. März nachmittags auf dem Trinitatis-Friedhof beigesetzt. Die Leiche wurde von den Herren Dekanen an der Königlichen Gesellschaft getragen, und das Gefolge bestand aus 124 Persönlichkeiten des geistlichen, des gelehrten und des Kriegsstandes ... Es ist wahr, daß er ein edler Dichter war. Es ist wahr, daß er oft und herrlich von seinem Gott sang. Es ist wahr, daß er seine Harfe ebenso unentweiht niederlegte wie David die seine". Ein Denkmal für J. Ewald und J. H. Wessel steht beim →Runden Turm, obwohl die beiden vermutlich nicht viel Umgang miteinander pflegten.

F

Falkoner Allé, Frederiksberg. Nahe bei dem jetzigen Haus *Falkoner Allé 118* wurde 1664 ein Hof gebaut, wo ein Falknermeister Falken für die königlichen Jagden abrichtete. Holger Jacobaeus berichtet in seinem Reisebuch aus den 1670er Jahren, der Hof habe „extra portam septentrionalem" (außerhalb des →Nordertores) gelegen. Im 18. Jahrhundert wurde der Hof oft *Jägerhaus* genannt. Als am Ende des 17. Jahrhunderts der Bau von Schloß →Frederiksberg begann, wurde die Allee zum Verbindungsweg dorthin. 1883 gab die Allee *Falkoneralléens Sporvejselskab* (Straßenbahngesellschaft der Falkonerallee) ihren Namen.

Fælledparken. Der Park wurde 1908–1912 angelegt und umfaßt etwa 58 Hektar. Am 27. April 1909 pflanzte Bürgermeister Jensen den ersten Baum. Das Parkgebiet kam durch Zusammenlegung von Kopenhagens früheren Weidearealen für Pferde und Rinder zustande: *Blegdamsfælled, Nørre Fælled* und *Øster Fælled* (fælled = Gemeindeweide). Bis 1893 dienten diese als militärisches Übungsgelände. So fanden auf Nørre Fælled 1679 mehrere Musterungen statt, und 1710 gab es dort Manöver mit mehreren tausend Soldaten. Als Peter der Große am 17. Juli 1716 nach Kopenhagen kam, hatten seine Soldaten auf den Gemeindeweiden ihr Lager aufgeschlagen. Etwa 30 000 hatte der Zar bei sich, die zusammen mit den dänischen Soldaten eine Streitkraft von 53 000 Mann ausmachten. Es war geplant, daß dieses Heer in Schweden einfallen sollte, aber die Zeit wurde verpaßt, und am 27. Oktober schickte Zar Peter seine Soldaten nach Norddeutschland zurück.

Am 1. Mai 1726 wurden alle unbestellten Teile zur Verpachtung auf drei Jahre angeboten, aber es kamen keine ausreichenden Angebote. 1772 wurde →Struensee auf Nørre Fælled hingerichtet. Mit steigendem Interesse am Pferdesport zu Beginn des 19. Jahrhunderts gab es hier eine Möglichkeit für Pferderennen, und solche wurden in den Jahren 1833–1836 und 1843–1847 veranstaltet.

Zu einer „Schlacht" kam es am 5. Mai 1872 auf Nørre Fælled, als die Arbeiter eine Kundgebung abhielten und der Kopenhagener Polizeidirektor Polizei zu Fuß und berittene Gardehusaren gegen sie einsetzte. Es konnte aber auch friedlicher zugehen. Die Garde, zu der auch das Gardehusarenregiment und die Leibgarde zu Fuß gehörten, veranstaltete am Ende des 19. Jahrhunderts eine Reihe von „Königsrevuen". Anwesend war Christian IX. Darüber berichtet eine zeitgenössische Quelle, am Ende des Vorbeimarsches gegen 12 Uhr sei ein Vivat für den König ausgebracht worden, der unter Hurrarufen der Truppen und der versammelten Menschenmenge grüßend die Reihen abgeritten sei.

Farvergade (Färberstraße). Wo Vartov heute liegt (Farvergade 27), war Mitte des 16. Jahrhunderts ein Hof, der dem Adeligen Peder Christiernszen zu Hjelmsø gehörte. Dicht beim Hof lag ein

Stadtturm, und Friedrich II. wollte das Anwesen erwerben, um Turm und Hof zum königlichen Färberhof einzurichten. Zugunsten des Projektes sprach die ideale Wasserversorgung, denn das Wasser konnte leicht von der nahegelegenen Wassermühle (→Vandkunsten) beschafft werden. Am 16. Dezember 1559 schrieb der König an seinen Statthalter auf dem Schloß, Mogens Gyldenstjerne, er solle den Hof kaufen, der für 200 Taler angeboten wurde. Gyldenstjerne sollte sich zugleich bei sachkundigen Bürgern wegen der Einrichtung der Färberei erkundigen, außerdem wollte man einen Färber aus Hamburg oder Lübeck kommen lassen. Am Ende desselben Monats hatte ein deutscher Färber seine Tätigkeit aufgenommen.

Im Laufe der Jahre stellte sich heraus, daß der Färberhof ein schlechtes Geschäft für den König war. Bei seinem Tod 1588 war man fast im Begriff, ihn zu schließen. Im Jahr darauf wurde er aber an Tycho Brahe verkauft. Dieser verpflichtete sich, ein besonderes Gebäude für die Färberei einzurichten, das nach dem Wasser zu lag, und eine Wohnung für den Färbermeister zu unterhalten. Dafür verlangte Tycho Brahe die Erlaubnis, ein kleines Observatorium auf der steinernen Schanze bauen zu dürfen, die an das Anwesen grenzte. Der berühmte Astronom hatte schon vorher einen Hof neben dem Färberhof, auf dem er sich in den Jahren bis 1576 aufgehalten hatte, als Friedrich II. ihn mit der Insel Hven belehnte. Als Tycho Brahe 1597 sein Uranienborg auf Hven für immer verließ, ließ er sich wieder im Färberhof nieder und brachte Familie, Gesinde, Schüler, chemische Geräte und eine Buchdruckerei mit. Es folgten Streitigkeiten über seine wirtschaftliche Unterstützung sowie privater Ärger, was ihn veranlaßte, Dänemark 1599 zu verlassen. Tycho Brahes Verbindungen mit der Farvergade sieht man noch auf Resens perspektivischer Karte von Kopenhagen (1674), wo unter *Wester-Quartier* „das Hospital, Vartov, woselbst Tycho Brahæus seine Observatorium und Wohnung gehabt“ wiedergegeben ist.

Als Tycho Brahe Kopenhagen verlassen hatte, verfiel der Hof, bis →Christian IV. seine Einrichtung zum Zucht- und Kinderhaus befahl. Die Verordnung stammte von 1605, aber schon im Jahr darauf zogen die Bewohner zum *Kleinen Heiliggeisthaus*. Beim Brand von 1795 wurde der Hof samt den übrigen Häusern auf der Nordseite der Farvergade zerstört. Aber das historische Anwesen wurde im Straßennamen festgehalten, der noch im 17. Jahrhundert sehr unterschiedlich geschrieben wurde: 1663 *Farffuegaaden*, 1689 *Farregaden*.

Ende des vorigen Jahrhunderts war die Farvergade berüchtigt wegen ihrer Prostituierten und wegen des Wirtshauses Holger Danske *(Nr. 15)*. Es war ein Hof mit zwei breiten Zwerchgiebeln (den letzten ihrer Art in Kopenhagen), der ursprünglich einen besseren Ruf genossen hatte. Er wurde allmählich in eine Kneipe namens „Blodhunden“ (Der Bluthund) verwandelt und 1905 abgerissen.

Fiolstræde 1, s. Universitätsbibliothek.

Fiolstræde 4–6, s. Metropolitanschule.

Fischerfrauen. Sie hatten früher am →Gammelstrand einen der meistbesuchten Märkte der Stadt, wo sie Fische aus Tårbæk und – daher „Skovserkonerne“ – aus Skovshoved verkauften. Ihr wichtigstes Kennzeichen war früher ein Fischkorb, der, auf den Rücken gebunden, den ganzen Weg zur Stadt getragen wurde. Schon im 18. Jahrhundert waren die Skovserfrauen wegen ihrer spitzen Zungen bekannt. Ein Flugblatt von 1744 bemerkt, es habe „letzten Donnerstag am Gammelstrand einen ganzen Tag lang keine Schlägerei gegeben“ und man habe „eine halbe Stunde lang kein einziges Schimpfwort gehört“.

Der Philologe Nicolai Abrahams erzählt, in seiner frühesten Kindheit (um 1800) habe am Kanal ein Pfahl gestanden, an dem ein Halseisen mit Kette befestigt war. Lärmte eines der Fischweiber zu sehr, so standen einige städtische Wächter bereit, um sie an diesen Pranger zu stellen.

1857 erschien in dem satirischen Wochenblatt „Uglen“ (Die Eule) ein wütender Artikel, in dem es hieß: „Trifft es zu, daß sich 22 Menschen anderthalb Meilen (knapp 11 km) weit von ein Paar mageren Gäulen durch die starke Sommerhitze ziehen lassen, so ist das wahrhaftig nichts, worüber man sich lustig machen könnte ... Ein jeder, der sich zum Strandweg bemühen will, kann mit seinen eigenen Augen sehen, wie viel ein Paar solcher unglücklichen Pferde schleppen müssen:

21	Frauen aus Skovshoved a 12 Lispund (=96 kg)	252 Lpd.
1	Kutscher a 11 Lpd.	11 Lpd.
21	Körbe mit verschiedenen Waren a ½ Lpd. pro Korb	10 Lpd.
1	eisenbeschlagener Wagen . . .	70 Lpd.
		343 Lpd. (2744 kg)

Eine solche Bürde legt man zwei mageren Pferden auf, und das in dem aufgeklärten Jahr 1857, zu einer Zeit, da die Humanität florieren soll und da die Polizei täglich auf dem Strandweg verkehrt!“

„Fiskerhuset“ (Das Fischerhaus) war der Name einer beliebten Gastwirtschaft, die in der ersten Hälfte des 18. Jahrhunderts in Østerbro lag. 1722 bestand das Gebäude aus 19 Fachwerkachsen. An der Ostseite des Hauses war eine Stube mit gestrichenen Brettern an den Wänden und einem Ofen, während zwei andere Stuben mit Matten bezogen waren. Dazu kamen zwei Küchen mit gemauertem Fußboden, eine Speisekammer und ein Stall für 13 Pferde. Der Garten hatte „eine Laube aus gesägten Hölzern mit einem festen Tisch und zwei Bänken“, außerdem fünf Fischteiche mit Abflußrinnen, einen alten Fischbehälter und 218 Obstbäume verschiedener Art.

Forchhammervej. Die Straße in Frederiksberg ist nach Johan Georg Forchhammer benannt, der 1794 in Husum geboren wurde und als Geologe in Dänemark wirkte. 1818 wurde er nach Kopenhagen gerufen, wo man die Anlage eines Gaswerks plante. →Friedrich VI. soll ihm zwar ein Reisestiendium versprochen haben, damit er die Londoner Gasbeleuchtung studieren könne. Aber das Projekt wurde nicht verwirklicht, und Kopenhagen mußte bis 1857 auf seine Gasbeleuchtung warten.

Fortunstræde. Im Spätmittelalter hatte die kurze Straße zum →Nikolaiplatz keinen Namen, doch wird 1475 für einige Grundstücke am Westende die Bezeichnung „nethen hoss strandhen“ (unten am Strand) erwähnt. 1574 schreibt man *Sancti Nicolai lille Kirkestræde.* Dieselbe Form wird 1703 verwendet, zwischen 1645 und 1728 aber meist in der verkürzten Form *Lille Kirkestræde* (Kleine Kirchgasse). Zur Vergrößerung der Verwirrung tritt gelegentlich auch der Name *Admiralstræde* auf: 1609, 1669 und 1678.

Keiner dieser Namen behielt seine Gültigkeit, wohl dagegen die Bezeichnung *Fortunstræde,* die erstmals 1679 auftritt. Sie kommt von einem Hof auf dem Eckgrundstück Fortunstræde 7/Ved Stranden 18, der schon 1602 „Fortunen“ genannt wurde. In der römischen Mythologie war *Fortuna* die Göttin des Glücks, eine der beliebtesten Gottheiten im alten Rom und besonders von den Kleinhändlern, Handwerkern, Frauen und Sklaven verehrt. 1706–1720 gehörte „Fortunen“ Frederik Rostgaard, der in seiner Jugend in Deutschland Arabisch, in Holland Sprachwissenschaft und in Oxford Altdeutsch, Altenglisch und Griechisch studiert hatte. Später setzte er seine Studienreise nach Paris, Italien und Malta fort, jetzt mehr mit dem Ziel, wertvolle Handschriften zu sammeln. Als Rostgaard nach Hause zurückkehrte, wurde er 1700 zum Geheimarchivar ernannt. Seine spätere Laufbahn endete tragisch, denn er wurde wegen Bestechung angeklagt und 1725 zum Verlust seiner Ämter und zum Verlassen Kopenhagens verurteilt.

Der Hof an der Ecke der Fortunstræde wurde 1750 von dem Hotel „Den gyldne Fortun“ abgelöst. Es brannte 1795 ab und wurde 1796–1798 für den Gastwirt Heinrich Wilhelm Løbel wieder aufgebaut. Das schräge Eckgefach ist typisch für die Formung der Kopenhagener Eckhäuser nach dem katastrophalen Brand von 1795. Das Gebäude wurde 1886 um eine Etage für den Redakteur Ferslew erhöht. Über dem Eingang zum Restaurant „Den gyldne Fortun“ am Eckgefach sieht man ein vergoldetes Stuckrelief. Es diente einmal als Firmenzeichen für den Weinkeller des Gebäudes. Auf dem Relief ist der Weingott Bacchus munter dabei, Traubensaft in den Mund eines kleinen Jungen zu pressen, der unten liegt. Das Relief kann auf 1748 datiert werden. Der Ingenieurverband erwarb das Gebäude 1962, nachdem es einige Jahre lang Zeitungshaus für Nationaltidende und Dagens Nyheder war.

Frauenkirche (Vor Frue Kirke, Kopenhagener Dom). Die Kirche an der Nørregade wurde in ihrer frühesten Form um 1200 gebaut und war der Größe nach nur eine Dorfkirche. Kreidequader waren das Baumaterial, wie sie ähnlich bei der Ringmauer um →Absalons Burg einige Jahre vorher verwendet wurden.

Bald darauf wurde die Kirche der Sitz eines Kollegiatkapitels und damit eine der Hauptkir-

Die Frauenkirche nach dem Brand von 1807. Farbige Zeichnung von N. I. Bredal. Fotosammlung der Kunstakademie.

chen des Roskilder Bistums. Die Abschrift einer Bauinschrift auf einem längst verschwundenen Tympanon lautet, aus dem Lateinischen übersetzt: „Im Jahre des Herrn 1316 wurde diese Kirche wieder aufgebaut, die zuvor viermal durch Feuer zerstört worden war."

Als man im 14. Jahrhundert die neue Kirche baute, verwandte man roten Backstein, und sie bekam die Ausmaße eines Domes, etwa wie der jetzige Bau. Ähnlich wie die noch erhaltene und gleichzeitige Schwesterkirche in Malmö wurde die Frauenkirche eine gotische Basilika mit hohem Mittelschiff, niedrigeren Seitenschiffen und einem Querschiff. Der Hochchor hatte einen Umgang mit fünf Kapellen, ein Plantyp, der schon von den französischen Pilgerkirchen des 11. Jahrhunderts her bekannt war. Unter dem jetzigen Chorumgang sind Reste des gotischen Bauwerks erhalten.

Als zu Beginn des 16. Jahrhunderts der Westturm errichtet wurde, gab es große Schwierigkeiten. Kurz vor der Vollendung wurde die Spitze, das „Pinnaculum", bei einem Unwetter heruntergeweht, obwohl man am Montag vor Lichtmeß eine kleine Auswahl kostbarer Reliquien unter einem Balken in der Turmspitze angebracht hatte. Die Ausgaben für die Kupferdeckung des Turms drückten auch.

Durch die Reformation verlor die Frauenkirche einige ihrer kostbaren Schätze, darunter das Chorgestühl. Dafür wurde sie zur Hauptkirche des Reiches erhöht. Neues Inventar kam hinzu, so die Orgel, die nach mehreren Erneuerungen, zuletzt 1690, als eine der größten und kostbarsten in Europa gepriesen wurde. Als Grabkirche spielte die Kirche eine besondere Rolle. Hier wurden alle Bischöfe von Seeland, berühmte Wissenschaftler, Adelige und vornehme Bürger beigesetzt.

All diese Herrlichkeit versank beim Brand von 1728 in Asche. Das Feuer, das am 20. Oktober abends ausbrach, wütete die ganze Nacht über in der Nørregade, und am nächsten Morgen war es im Turm so heiß, daß sich niemand mehr dort aufhalten konnte. Mit dem Südwestwind flogen die Funken zum Turm, und bald schlug Rauch aus seinen obersten Fenstern, der alsbald wieder eingesaugt wurde. „Dies wiederholte sich dreimal, wie wenn ein Mann Atem holt", dann stürzte der Turm ein, zerstörte die Nordseite der Kirche und setzte alles in Brand. Fast das ganze Gebäude wurde in Trümmer gelegt, bis auf Teile des Chores und die Taufkapelle.

Der Grundstein zu einem neuen Dom wurde am 11. September 1731 gelegt. Die Einweihung erfolgte 1738, und der Turm wurde erst vier Jahre später vollendet. Der Wiederaufbau geschah nach Entwürfen von J. F. Ramus und J. C. Krieger, während Lauritz de Thurah für den neuen Westturm zuständig war. Der Entwurf der Turmspitze stammte von Vincents Lerche, der das Turmprojekt von St. Martin's in the Fields in London zum Vorbild nahm. Der Turm wurde im Dezember 1744 mit der Montage der großen Wetterfahne, die den Namenszug der Majestäten trug, und „unter dem Schall der Pauken und Trompeten" eingeweiht.

Beim Bombardement Kopenhagens setzte sich am 5. September 1807 eine Brandrakete in der Turmspitze fest, wohin keine Feuerspritze reichen konnte. Der Turm leuchtete wie eine Riesenfackel auf, die Glocken stürzten ab – alleine die Sturmglocke wog 12 000 Pfund – und die ganze Kirche wurde ein Inferno von Flammen und Rauch.

C. F. Hansen wurde beauftragt, eine neue Kirche zu projektieren, und 1808 schlug er vor, „die Frauenkirche in einem neuen Geschmack zu dekorieren, anstatt den früheren Zustand wieder herzustellen". Hansen empfahl „den neueren oder, richtiger gesagt, den alten griechischen und römischen Geschmack", was akzeptiert wurde.

Zwei Jahre später waren die Entwürfe fertig, die ein Gebäude mit klaren Formen vorsahen. Das Kircheninnere wurde von Säulenreihen über schweren Arkaden und einem gewaltigen, kassettierten Tonnengewölbe mit Lichtöffnungen geprägt, während die Hauptmotive der äußeren Gestaltung in einer Tempelfront zur Nørregade und einer vom Pantheon in Rom inspirierten Apsispartie bestanden. Das Pantheon, das zu Beginn des 2. Jahrhunderts für den Kaiser Trajan gebaut wurde, war seit der Renaissance das Ideal der Kirchenbauer. C. F. Hansen kann aber in Italien, wo er 1783/84 weilte, verwandte Bauten gesehen haben, etwa St. Andrea in Via Flaminia in Rom oder die Apsis von Il Redentore in Venedig von Palladio.

Die Tempelfront war ein großer Wunsch Hansens, weil „der vorige" Haupteingang zur Kirche in einem ganz unwürdigen Stil" gestaltet gewesen sei. Die Ausschmückung des Giebeldreiecks, die sogenannte Johannesgruppe, wurde nach Entwürfen von Thorvaldsen ausgeführt. Das Gipsmodell war 1827 fertig und sollte in Bronze gegossen werden, „denn dies ist das einzige Material, das bei unserem Klima in freier Luft stehen kann und das so dünn gegossen und mit Stangen vom Rücken der Figuren in der Mauer befestigt werden kann, daß sie sich fast selbst tragen können, ohne das Gesims zu belasten".

Doch eine Bronzeausführung war zu teuer, und so verwandte man gebrannten Ton. Das Relief wurde 1838 aufgestellt und an Thorvaldsens offiziellem Geburtstag am 19. November enthüllt. Thorvaldsen sollte im übrigen recht bekommen. Das feuchte Klima Kopenhagens und die unreine Luft ließen das Relief verwittern, und 1928 wurde ein neues in Bronze aufgesetzt.

Die Harmonie zwischen den beiden Meistern C. F. Hansen und Bertel Thorvaldsen zeigte Risse, als die Aufgabe gelöst werden sollte, die Apostelfiguren aufzustellen. Der Architekt wünschte sie sich in Nischen, wogegen Thorvaldsen sich weigerte, „sie in Schilderhäusern stehen zu haben". Letzterer setzte sich durch. Der Bau der Kirche erstreckte sich von 1811 bis 1829, doch wurden die letzten Arbeiten Thorvaldsens, die Figuren der Apostel Andreas und Thaddeus, erst zu Beginn der 1840er Jahre geliefert.

Schon um 1850, fünf Jahre nach C. F. Hansens Tod, wagte man sein Meisterwerk zu verändern. Der Putz wurde vom Kassettengewölbe geschlagen, eine Holzbekleidung in gleicher Form wurde statt dessen angebracht und blau gemalt. Das klare Glas in den Lichtöffnungen wurde durch farbiges ersetzt, und später dekorierte man die Kassetten mit ausgeschnittenen, vergoldeten Sternen! 1902 sperrte man auch den Haupteingang von der Nørregade.

Bei einer durchgreifenden Restaurierung in den 1970er Jahren gelang es unter Leitung von Professor Vilhelm Wohlert, C. F. Hansens Interieur wieder herzustellen. Das Tonnengewölbe wurde wieder weiß gemalt, und klares Glas wurde eingesetzt, ganz nach dem Prinzip des Pantheons. Das Gebäude wurde am 3. Juni 1979 wieder eingeweiht.

Fredericiagade 24, s. Østre Landsret.

Frederiksberg Allé (Frederiksberg). Die lange Allee mit Häusern aus der Zeit der Jahrhundertwende ist mit Schloß → Frederiksberg verbunden, das 1699–1703 gebaut wurde. Sie wurde als königlicher Privatweg zum Schloß angelegt. Auf einem Wegeplan von etwa 1697 steht über die künftige Allee: „Dies wird der Neue Königsweg,

Als die Frederiksberg Allé Gaslaternen bekam, gab das u. a. Anlaß zu dieser satirischen Zeichnung mit folgender Unterschrift: „Verzeihung, mein Herr, kennen Sie sich hier aus? Ich bin erst heute hierher gezogen. Herrlich die Beleuchtung! So kann man doch sehen, wen man trifft. Zum Teufel, so antworte doch und steh' nicht da wie ein Ochse!" Magazin „Humoristen".

der in gerader Linie weiter verläuft, bis er auf Steenbroen (‚Steinbrücke', d. h. Vesterbrogade) trifft." 1704 war die Arbeit abgeschlossen, aber die Allee bog ursprünglich bei der jetzigen Sankt Thomas Allé scharf zur Vesterbrogade ab. Erst 1736 wurde sie bis zum Værnedamsvej verlängert.

Da die Königsfamilie keinen Wagenverkehr wünschte, wurden 1785 an beiden Enden der Allee eiserne Tore angebracht, die erst 1862 wieder verschwanden, als die Straße öffentlich wurde. Bevor um die Mitte des vorigen Jahrhunderts die Bebauung begann, lagen an der Allee hauptsächlich Gärten. Die Gärtner hatten Stände am Wegrand, von denen aus sie Blumen verkauften.

Bemerkenswert ist das Haus *Frederiksberg Allé 42 A–C*, wo der Jugendstil floriert. Die Eckpartie ist mit zwei Schildhaltern und der Jahreszahl 1906 in einem Kranz geschmückt.

Frederiksberg Allé 32 wurde 1857 gebaut und stellt das früheste Beispiel für historistischen

Wohnungsbau in der Stadt dar. Das Gebäude heißt „Klein Rosenborg“, und dementsprechend gibt es in mehreren Details Ähnlichkeit mit Schloß →Rosenborg, das →Christian IV. im Stil der niederländischen Renaissance hatte bauen lassen. So werden die Dreieckgiebel mit kleinen Figuren über den Fenstern an dem Frederiksberger Haus wiederholt. Auch die Medaillons an den Türmen kommen wieder vor. Erst 1982, nachdem das Haus eine ziemlich harte Restaurierung durchgemacht hatte, stellte man es unter Denkmalschutz.

Frederiksberg Have (Schloßpark Frederiksberg). Das Parkareal macht einen Teil der Fläche aus, die →Christian IV. 1620 für seinen Wirtschaftshof (→Ladegård) sammelte. 1651 verpachtete sein Sohn sie an Bauern aus →Amager, die ihre Häuser an der Südseite der jetzigen Allégade und Smallegade bauten. Königin Sophie Amalie übernahm 1662 einen halben Hof in der Siedlung, die damals Ny Hollænderby oder Ny Amager genannt wurde. Ihr Anwesen lag beim jetzigen Eingang zum Schloßpark, und hier entstand *Prinsessernes Gaard* (der Prinzessinnenhof), ein Schlößchen für die vier Prinzessinnen Anna Sophie, Frederikke Amalie, Vilhelmine Ernestine und Ulrikke Eleonora. Der Bau war eine dreiflügelige, einstöckige Fachwerkanlage. Hier sollten die königlichen Kinder die Natur genießen und etwas von den Geheimnissen der Landwirtschaft lernen. Die zugehörige Reitbahn erstreckte sich bis über das jetzige *Frederiksberg Runddel.*

Nachdem die Prinzessinnen verheiratet waren, ging das Anwesen auf ihren zehnjährigen Neffen, den Kronprinzen Friedrich (den späteren Friedrich IV.) über und wurde von jetzt an *Prinsens Gaard* (Prinzenhof) genannt. Als der Kronprinz erwachsen war, bekam er oft Besuch seiner Eltern Christian V. und Charlotte Amalie, die in Amagertrachten gekleidet waren, um sich am Fastnachtstrubel des Hofes zu beteiligen.

Kronprinz Friedrich wollte am Ende des 17. Jahrhunderts den alten Hof und die Gärten zu einer prächtigen Anlage umbauen lassen, aber unter Berücksichtigung der topographischen Verhältnisse. So war die Ost-West-Ausdehnung der neuen Anlage durch das alte Hofareal begrenzt, während die Grenze nach Norden durch die krumme *Bredegade* (die alte Dorfstraße von →Solbjerg?) gegeben war, die erhalten werden sollte. Dagegen war der Valby-Hügel (der jetzige Frederiksberger Hügel) ideal zum Bau eines freistehenden Lustschlosses geeignet. Dem Kronprinzen fehlten kaum die Ideen, denn seine große Auslandsreise nach Italien und Frankreich 1692/93 hatte ihm glänzenden Einblicke in die Schlösser und Parks dieser Länder verschafft.

Aber ein kundiger Berater fehlte noch, und im Januar 1697 wandte er sich an den schwedischen Architekten Tessin den Jüngeren, der früher für seinen Vater gearbeitet hatte (vgl. S. 62). Vermutlich wurde Tessin ein Plan zugeschickt, der von Ernst Brandenburger stammen könnte. Kronprinz Friedrich hat wohl Kritik oder einen Alternativvorschlag gewünscht. Der recht einfache Entwurf befindet sich heute in Stockholm.

Wir wissen heute nichts über die vorausgegangenen Verhandlungen, doch schickte Tessin jedenfalls ein Projekt zurück, das von Vertrautheit mit den internationalen Strömungen zeitgenössischer Gartenkunst zeugt. Da sind große Perspektiven und Klarheit in der Disposition, aber auch Platz für die Phantasie. Am Fuße des Hügels war ein Parterre, nördlich davon waren zwei gut ausgestattete Gehölze vorgesehen, und vier größere Gebüsche sollten den Ziergarten abschirmen. Zu letzterem wurde ein öffentlicher Zugang vorgeschlagen. Den Hügel selbst wollte Tessin in ein Nymphäum (Quellentempel) verwandeln, der als runder Pavillon mit Kuppel und Flügeln wie bei einer Mühle geformt sein sollte. Etwas Ähnliches kannte er von der Villa Aldobrandini in Frascati bei Rom. Der Kammerjunker Ulrich Adolph Holstein führte die Korrespondenz mit Tessin, welcher erklärte, der Pavillon sei zwar „un peu bizarre“, aber so etwas sei Mode.

Das Projekt in seiner Tessinschen Form wurde verworfen, und die praktische Aufgabe der Gartengestaltung wurde Hans Heinrich Scheel überlassen, der Pionierhauptmann war. Er schwächte den schwedischen Vorschlag ab, indem er auf die Betonung der Hauptachse durch das Gebäude verzichtete. Im übrigen bekam Scheel die Ideen zu seinen „Gehölzen“, u. a. einem *Heckentheater*, durch das Studium der Pariser Tuileriengärten. Im Frühjahr 1697 begann Scheel mit zahlreichen Arbeitskräften, Hunderten von abkommandierten Soldaten, das Terrain zu nivellieren.

Eine Achse, die vom Fuß des Valby-Hügels zum „Kaninbjerg“ (Kaninchenberg, bei der Smallegade) verlief, wurde rechtwinklig von einer ost-westlich verlaufenden Allee durchschnitten. Im Schnittpunkt der Achsen baute der Zimmermannsmeister Finck später (1704) einen

Schloßpark Frederiksberg mit der Hauptallee. Stich von G. C. Schule, 1786. Kupferstichsammlung.

achteckigen Pavillon, während ein größeres Gebäude oben auf den Valby-Hügel gelegt wurde. Dessen nördlicher Hang wurde zu einer Terrassenanlage umgeformt, wo eine Kaskade über Hunderte von Stufen hinunterströmte. Das Wasser holte man aus einem Reservoir südlich davon, aber das Pumpwerk, das das Wasser dorthin schaffen sollte, machte große Schwierigkeiten. Man versuchte es mit Tretmühlen und Pferdeantrieb.

Die Feinheiten des Gartens wurden dem Schloßgärtner Hans Henrik Bruhn überlassen. Aus Holland wurden seltene Bäume und sonstige Gewächse importiert, die in Pyramidenform beschnitten wurden: Eiben, Wacholder, Kastanien, dazu kamen Pomeranzen und verschiedene Obstsorten. Statuen, Vasen, Grotten sowie eine Fasanerie und ein Käfig mit wilden Tieren bildeten die Schlußsteine des Werkes. Die Menagerie lag dort, wo sich heute der *Josty* erhebt.

Als der Park 1711 fertig war, soll er 190 000 Reichstaler gekostet haben. Aus den Abrechnungen geht hervor, daß am 27. Juli 220 Mann mit neun Fässern Bier ihren Durst löschten.

1720 bekam J. C. Krieger die Aufgabe, die Kaskaden-Parterre-Partie vor dem Schloß, das etappenweise zwischen 1699 und 1709 entstanden war (vgl. S. 92 f.), umzuarbeiten. Das Pumpwerk für die Kaskade verursachte immer noch Qualen, und dies Problem konnte auch zu Kriegers Zeit nicht gelöst werden. Dafür ist seine schöne Gestaltung des Hanges mit den lindenbepflanzten Rampen erhalten.

1798–1800 wurde der Frederiksberger Schloßpark durch Peter Petersen radikal verändert. Er ersetzte den französischen, geometrischen Stil durch den englischen, wo die Natur sich in weichen, romantischen Formen entfalten konnte. Die sinnreichen Wasserkünste wurden durch geschlängelte Kanäle und kleine Inseln ersetzt, die Alleen wurden bis auf einzelne Baumgruppen gefällt. Die Hauptachsen wurden jedoch beibehalten. Neue Gebäude wurden errichtet, die im Folgenden zusammen mit dem Haupteingang näher besprochen werden sollen.

Der Haupteingang. 1755 lieferte Lauritz de Thurah den Entwurf für die Eingangspartie des

Schloßparks bei Frederiksberg Runddel. Dort lag der erwähnte Prinzenhof, von dessen drei Flügeln der südliche (die Orangerie) 1744 von →Eigtved umgebaut worden war. 1753 brannte der Hauptflügel, an dessen Stelle Thurah das jetzige Gitter mit zwei kurzen Pavillons setzte. Der Bildhauer J. F. Hännel schuf die Vasen der Sandsteinpfeiler. Die beiden Pavillons verdeckten die Giebel der Orangerie und des entsprechenden nördlichen Seitenflügels, der den Brand überlebt hatten. Thurah mußte aber den Nordflügel 1755 wegen Baufälligkeit erneuern.

Dicht beim Haupteingang steht ein *Denkmal* →Friedrichs VI., der wegen der Geisteskrankheit seines Vaters das Land faktisch seit 1786 regierte, aber erst bei dessen Tod 1808 offiziell König wurde. Der Bildhauer H. V. Bissen hat den Standort des Denkmals vorgeschlagen und die Figur in Bronze gegossen. Auf dem Sockel aus norwegischem Granit stehen die persönlichen Daten des Monarchen und die Jahreszahl 1858. Damals wurde das Denkmal enthüllt. Auf einer der übrigen Seiten liest man „Hier fühlte er sich glücklich inmitten seines treuen Volkes".

Friedrich VI. war mit dem Schloßpark sehr verbunden, wie es von Meir Goldschmidt in seinen *Lebenserinnerungen und Ergebnissen* (1877) geschildert ist: „Vater und Mutter nahmen mich einmal, angetan mit ihren besten Kleidern, mit zum Frederiksberger Schloßpark, wo wir den König sehen wollten ... Gerade vor dem Schloß lag ein hellgrün und weiß gemaltes Boot. Die Ruderer saßen mit erhobenen Riemen. Achtern war ein roter Teppich ausgebreitet. Der Teppich, das Boot, die Ruderer, die Zuschauer warteten auf die allerhöchsten Herrschaften mit einer stillen Andacht, wie in einer Kirche. Endlich kam der König mit den Prinzessinnen Caroline und Vilhelmine. Er war in General-Admirals-Uniform, sagte man."

Der Fasanenhof wurde 1723–1724 nach Entwürfen von J. C. Krieger gebaut und zur Fasanerie eingerichtet. Sie wurde aber 1785 wieder aufgegeben. Darauf diente das Gebäude zu Wohnzwecken, es erlebte aber mehrere Umbauten, vor allem 1828, als der Fasanenhof um eine Etage erhöht wurde.

Das chinesische Haus. Das exotische Gebäude wurde 1798–1800 nach Entwurf des Hofzimmermanns Andreas Kirkerup gebaut und ist eines der vielen Beispiele für das Interesse des 18. Jahrhunderts an chinesischer Baukunst, das kurz skizziert werden soll.

Charlotte Biehl schreibt über das Jubiläum des Hauses Oldenburg 1749, der König und die Königin hätten an drei Abenden die Illuminationen in Kopenhagen betrachtet. „Beim Rathaus war ein sehr kunstvoll eingerichteter chinesischer Tempel aufgebaut. Obwohl die Königin mit Prinzessin Louise schwanger war, stieg sie doch ab, um alles zu betrachten, und da sie ihr großer Reifrock behinderte, ging sie in die Ratsstube, ließ ihn von einer der Damen abnehmen, heftete das Kleid mit Nadeln hoch und ging in ihrem kurzen Unterrock durch den ganzen Tempel."

Einen gewissen Eindruck machte es sicher auf den Hof in Kopenhagen, daß die schwedische Königin Lovisa Ulrika am 24. Juli 1753 einen chinesischen Pavillon als Geburtstagsgeschenk bekam. Er war der erste seiner Art in Schweden und wurde im Schloßpark von Drottningholm aufgestellt. Zehn Jahre später wurde er von einem richtigen Lustschloß in „chinesischem" Stil ersetzt. Aber schon vor 1753 hatte Lovisa Ulrikas Bruder Friedrich der Große im Park von Rheinsberg einen achteckigen chinesischen Pavillon gebaut.

An Europas Höfen konnte man einige Jahre später das Buch des Architekten William Chamber *Designs of Chinese Buildings, Furniture, Dresses, Machines and Utensils* studieren, das auf Chambers zwei Reisen nach China basierte, auf denen er fleißig Gebäude und Gärten gezeichnet hatte. Er wurde auch wegen der Pagode bekannt, die er in Kew Garden aufstellte. Der dänische Bildhauer Johannes Wiedewelt verweist übrigens auf Chambers Buch, als er 1762 einen umfangreicheren Vorschlag zu einer neuen Ausschmückung des Frederiksberger Parks machte. In dem zugehörigen Ideenkatalog erscheint als Nr. XXXV „ein kleines chinesisches Monument" und wird als ein Pfeiler beschrieben, „der von einer Kolonnade umgeben ist, wie sie die cochinchinesische Pagode in Canton umringt; die Vasen und die übrige Dekoration sind überall chinesisch, und die Figur stellt eine chinesische Nonne dar".

Im selben Jahr konnte der Kopenhagener Hof eine Neuerwerbung in der Kunstkammer studieren, nämlich ein 82 cm hohes, lackiertes Hausmodell aus Holz und Elfenbein, das wie eine Pagode geformt war (jetzt in der ethnographischen Sammlung des →Nationalmuseums). Kunstgegenstände dieser Art kamen hauptsächlich durch den Chinahandel der Asiatischen Kompanie nach Dänemark.

Im Frederiksberger Schloßpark steht das chinesische Haus auf einer kleinen Insel, auf die man über eine sonnenschirmgeschmückte Holzbrücke gelangt. Das Gebäude selbst ist von einer Veranda umgeben und enthält einen „Sahl", zwei „Cabinette" und eine Küche neben der „Retirade". Die Ecken des Pagodendaches sind mit gewundenen Drachen versehen.

Der *Apistempel* ist nach dem heiligen Apisstier im alten Ägypten benannt. 1802–1804 entwarf der Maler Nicolai →Abildgaard das Gebäude, dessen Vorbild der römische Tempel war. Die Säulen der Tempelfront wurden dem Vestibül in *Moltkes Palais* von →Amalienborg entnommen, als man es zur Residenz für Christian VII. umbaute. Der *Stierschädelfries* und das *Stierrelief* sind aus Sandstein. 1873 wurde der Tempel so durchbrochen, daß er als Eingang zum Zoologischen Garten dienen konnte. Als solcher dient er aber nicht mehr.

Das *Schweizerhaus* mit dem strohgedeckten Dach wurde ebenfalls von N. Abildgaard entworfen und 1800/1801 gebaut.

Frederiksberg Kirke. Die Frederiksberger Kirche (Runddel/Pileallé) ist die einzige, die für die Nachkommen der holländischen Kolonisten gebaut wurde. Schon 1651 hatten die Einwohner in Ny-Hollænderby die Erlaubnis Friedrichs III. bekommen, ein Gotteshaus zu bauen, das wahrscheinlich 1653 fertig war. Während des Schwedenkrieges 1657–1660 wurde es, ebenso wie die Holländersiedlung, zerstört. Eine neue Kirche wurde mit königlicher Genehmigung 1662 gebaut, dicht an der Pileallé, wo sich der Garten der Gartengesellschaft erstreckt. Hier stieß man oft auf die Reste alter Beisetzungen, und eine Grabung 1943 brachte die Fundamentreste eines länglichen Kirchengebäudes in Fachwerk zutage.

Der Gottesdienst in der zweiten Kirche wurde gegen Ende des 17. Jahrhunderts vom Kapellan der Erlöserkirche, von 1695 an vom holländischen Pastor an der →Holmenskirche und nach 1703 vom Gemeindepastor in Brønshøj besorgt. Letzterer, Niels Hans Glumsøe, bekam daraus aber nur geringe Einkünfte, und er beklagte sich sehr darüber beim König.

Schon 1695 war die zweite Kirche so verfallen, daß man vom Abbruch redete. Solche Wünsche wurden sicherlich verstärkt, als das ganze Quartier durch den Schloßbau auf dem Hügel größeres Ansehen bekam. Dort entstand auf Initiative Friedrichs IV. in der Zeit von 1699 bis 1703 ein Prachtbau italienischer Art. Mit dem neuen Sommerwohnsitz machte der König Frederiksberg zu einem „zweiten Zentrum" Kopenhagens. Das verlangte auch einen würdigeren Kirchenbau. Das holländische Gepräge dort war verblaßt und kam am stärksten noch in Namen wie Albret, Cornelius und van Hauen zum Ausdruck.

Am 5. Mai 1732 bestimmte eine königliche Resolution, daß eine neue Kirche gebaut werden sollte. Als Architekten wählte man den Holländer Felix du Sart. Er war, wie mehrere andere Architekten, nach dem großen Brand von 1728 in die Stadt gekommen, um sein Glück zu versuchen. Schlecht war es ihm nicht ergangen, denn 1729 bekam er die Genehmigung zum Betrieb eines Kalkwerks in Kopenhagen.

Du Sart entschied sich für eine achteckige Kirche, einen *Zentralbau*, wie er ihn aus der protestantischen Kunst seiner Heimat kannte. So hatte die St. Anne Parochie in Friesland von 1682 viel Ähnlichkeit mit der Frederiksberger Kirche. Der Bau wurde von dem Zimmermannsgesellen Peder Sørensen Ulv errichtet, der sich in einer Art Ausschreibung den Meistern der Hauptstadt gegenüber als konkurrenzfähig erwiesen hatte. Nach den Bauabrechnungen kostete die Kirche 8100 Reichstaler. Christian VI. hatte davon alleine 2000 samt Grundstück gestiftet, während Felix du Sarte sich mit 12 Reichstalern für seine Entwürfe begnügen mußte. Am 6. Januar 1734, dem Dreikönigstag, wurde der Bau in Gegenwart Christians VI., des Kronprinzen und einer Reihe höherer Standespersonen durch den erwähnten Pastor Glumsøe eingeweiht.

Glumsøe betreute die Kirche bis zu seinem Tod 1736, und darauf bestimmte der König, daß die Frederiksberger Gemeinde ihren eigenen Pastor haben sollte. Der sehr korrekte Monarch tat dies, um der kleinen Gemeinde zu helfen, denn „wenn sie in die Kirchen der Stadt kommen, so führt das nur dazu, daß das Stadttor an Sonn- und Feiertagen ständig geöffnet ist". Zuviel Verkehr an Sonntagen, wo man zur Kirche gehen sollte, war nicht nach dem Geschmack der Pietisten. Aber der fromme Christian VI. bemerkte in demselben Schreiben auch, ein fest angestellter Pastor werde „von großer Bequemlichkeit für die Bewohner sein, vor allem zu Nacht- und anderen Zeiten, wenn die Stadttore verschlossen sind und sie entweder in Krankheit oder Todesangst den Trost durch Gottes heilige Worte brauchen, jedoch keinen Pastor in der Stadt erreichen können".

Der König ernannte im Dezember 1736 den Studenten Johannes Kinast zum ersten Amtsinhaber an der Kirche. Dabei wurde Kinast als „Kind des Friedens und der Liebe“ bezeichnet.

Der Bau weist heute gewisse Veränderungen auf, denn 1782 wurde eine Sakristei, 1865 eine Vorhalle angebaut. Das Oktogon aus rotem Backstein mit weiß geputzten Ecklisenen zeigt aber immer noch seine deutliche Prägung durch die holländische Tradition. Das steile, schiefergedeckte Pyramidendach (ursprünglich mit Ziegeln gedeckt) wird von einer Laterne bekrönt, deren Zifferblätter die Jahreszahl 1734 tragen. Das Innere wird von acht Säulen bestimmt, die die Dekke tragen. An den Seiten sieht man Emporen in zwei Etagen. Der Blick richtet sich natürlich auf den Altar, wo marmorierte Säulen und Pilaster mit korinthischen Kapitellen sich über dem Tisch erheben und die Altartafel einrahmen. Darüber ist die Kanzel, und ganz oben ruht ein kräftig profiliertes und geknicktes Gesims, das zwei Putten des Bildhauers Christopher Hübner trägt. Sie flankieren das von Strahlen und quellenden Wolken umgebene Dreieck mit dem Auge Gottes.

Die ganze Anordnung des Altars geschah nach dem Geschmack des Barock, erinnert an Theaterkulissen und will Illusionen wecken. Klopft man gegen die Säulen, so merkt man, daß sie aus Holz sind. Die Idee der Kombination von Altartisch und Kanzel ist ein rein protestantischer Zug. Beispiele dafür sind nicht nur die → Reformierte Kirche in der Gothersgade, die → Christianskirche in Christianshavn und die Schloßkapelle in Ledreborg, sondern auch die prächtige Kirche von *Damsholte* auf Møn.

Die Altartafel wurde 1839 bei C. W. → Eckersberg bestellt. Das Motiv sollte an Hand des folgenden Textes aus dem Johannesevangelium (17,11) komponiert werden: „Ich bleibe nicht mehr in der Welt – sie aber bleiben in der Welt – denn ich komme zu dir. Heiliger Vater, bewahre sie in deinem Namen, den du mir gegeben hast, daß sie eins seien, wie wir es sind.“

Von den 22 Altartafeln Eckersbergs, die wir kennen, gehört diese Arbeit zu den besten. Sie hat durch ihren einfachen, protestantischen Stil in Dänemark Schule gemacht. Das Licht kommt von einer verborgenen Lichtquelle links oben, ein kompositorischer Zug, der an den französischen Barockmaler Georges de la Tour erinnert. Dies Licht ruht über dem Tisch und den Gesichtern der Jünger, umgibt aber auch den leeren Hocker des Judas. Darin liegt eine Symbolik: die Möglichkeit, das Böse zu überwinden.

Vom übrigen Kircheninventar sei die schöne Rokoko-Orgelfassade erwähnt, die 1754 eingesetzt wurde. Das Instrument wurde 1881 in die Kirche von Øster Hassing verlegt, doch kam die Fassade 1934 nach Frederiksberg zurück.

Auf dem Kirchhof, dessen ältester Teil 1734 angelegt wurde, liegen, abgesehen von → Assistens Kirkegård, die meisten Kopenhagener Berühmtheiten. Nahe beim Haupteingang der Kirche sieht man das Grabmal des berühmten Juristen Anders Sandøe Ørsted und der Sophie Ørsted, geb. Oehlenschläger. Die übrigen Mitglieder der Familie Oehlenschläger liegen ebenfalls auf dem Frederiksberger Kirchhof, und schließlich müssen der Dichter J. C. Hostrup, der Theaterhistoriker Thomas Overskou, die Maler C. F. Lund und Constantin Hansen, die Reichsantiquare C. F. Bricka und A. D. Jørgensen sowie die Schauspieler J. A. Price und Emil Poulsen erwähnt werden, außerdem der Historiker und Schulgründer Frederik Barfod.

Frederiksberg Slot. Im März 1699 begann der Bau des ursprünglichen, sehr bescheidenen Schlosses, dessen Bauherr Kronprinz Friedrich war. Verantwortlicher Baumeister war Ernst Brandenburger, der die Bauarbeiten im wesentlichen 1703 abschloß. Da der Kronprinz inzwischen den Thron geerbt hatte, wünschte er ein repräsentativeres Lustschloß. Das Gebäude wurde nach Plänen von J. C. → Ernst um zwei Querflügel erweitert, und der Grundriß bekam dadurch die Form eines H. Die *Nordfassade* (zum Schloßpark hin) ist in ihrem Stil italienisch und steht, abgesehen von der Farbe, unverändert. Die *Südfassade* wurde teilweise von der Straße abgeschirmt, als 1733–1738 zwei niedrige Seitenflügel und ein Torbau angefügt wurden, die einen Hofraum bilden. Dieser Umbau stammt von Lauritz de Thurah.

Die Interieurs werden von wohlerhaltenen, schönen Stuckdecken aus der Zeit Friedrichs IV. geprägt. Die Wanddekorationen des Rittersaals stammen von Hersdorff. Eine kleine Küche, die „Pfannkuchenküche“, die Thurah für Sophie Magdalene eingerichtet hat, ist im Ostflügel erhalten.

Die Schloßkirche wurde 1931 durch königlichen Beschluß zu einem besonderen Distrikt in der Gemeinde Frederiksberg. Zugleich führte die Bauabteilung der Armee, der das Schloß unterstellt ist, eine gründliche Instandsetzung des Kirchenraums durch. Er bildet jetzt wieder eines der schönsten Barockinterieurs des Landes. Die Seitenwände des Raumes werden durch Pilaster aufgeteilt, und oben ist eine schwach gewölbte Stuckdecke, deren Dekorationen von Johan Christopher Sturmberg stammen. Für die Mittelpartie der Decke malte Hendrich Krock ein großes Gemälde mit Massen von Wolken, Engeln und perspektivischem Himmelsgewölbe. Das Thema ist eine freie Gestaltung der Offenbarung des Johannes (Kapitel 4 und 5): das ruhende Lamm auf dem himmlischen Thron, umgeben vom Strahlenkranz. Die vier Evangelistensymbole sieht man am Fuße des Thrones, und darunter sitzen die 24 Ältesten auf schwebenden Wolken.

Auch das dänische „goldene Zeitalter" ist mit der Geschichte des Schlosses verbunden. Der Vater Adam Oehlenschlägers war am Ende des 18. Jahrhunderts Schloßverwalter und wohnte auf dem Schloß. In den großen Sälen bewegte sich der Dichter als Kind, und in einem Vers erinnert er an die imponierenden Deckendekorationen:

Droben erscheint der Götter Tafel,
dort Jupiter, der stärkste an Macht,
Venus in Nacktheit blendender Tracht,
die Götter brauchen nicht Messer
noch Gabel . . .

Frederiksholms Kanal 12, s. Nationalmuseum

Frederiksholms Kanal 29, s. Kongens Bryghus

Frederikshospital, s. Kunstgewerbemuseum

Frederikskirche, s. Marmorkirche

Frederiksstaden ist der Name des Stadtteils, den Friedrich V. 1749 zum 300jährigen Jubiläum des Hauses Oldenburg anlegen ließ. Der erste Schritt geschah am 21. August 1749, als Johan Ludvig Holstein, Obersekretär der Dänischen Kanzlei, ein Schreiben an das kombinierte Kollegium der Admiralität und des Generalkommissariats schickte. Darin wurde bekanntgegeben, der König erwäge, das Amalienborggebiet bebauen zu lassen, und dazu wurde ein Gutachten von Admiral U. F. Suhm erbeten. Von diesem kam wenige Tage später eine Äußerung mit zugehörigem Vorschlag zur Bebauung. Der Plan stammte von Andreas Bjørn, einem der reichsten Kaufleute Kopenhagens, und er sah zwei Achsen vor, die sich rechtwinklig schnitten. Im Schnittpunkt sollte ein Denkmal auf einem quadratischen Platz stehen. Dies wurde der Keim der späteren großartigen Anlage mit dem Schloßplatz →Amalienborg als Zentrum.

Admiral Suhm hatte jedoch einen praktischen Einwand: Er fürchtete, die Holzlager beim Zollamt bildeten eine zu große Brandgefahr, und er wünschte ihre Verlegung vor Baubeginn. Es wurde außerdem empfohlen, Bäckern, Brauern, Branntweinbrennern und Kaufleuten ihre Berufsausübung in dem vorgesehenen neuen Stadtteil nicht zu erlauben, weil Brandgefahr bestehe. Der Stadtbrand von 1728 war noch in starker Erinnerung. Am 5. September 1749 wurde der Plan mit einigen Korrekturen durch die Regierung genehmigt. Am 12. September ging ein Bericht darüber an den Kopenhagener Magistrat, und dieser ließ darauf ein Plakat drucken, durch das die Pläne zur Bebauung des Amalienborger Quartiers veröffentlicht wurden.

Leider waren nicht alle Behörden in die Sache einbezogen worden. Am 9. November 1749 protestierte der Kommandant der Zitadelle Frederikshavn (des →Kastells), der neuernannte Oberst W. E. von Paurenfeind: Die vorgesehene Bebauung sei ein Hindernis, da die Kanonen der Zitadelle freie Schußbahn in Richtung Hauptstadt haben müßten!

Die künstlerische Verantwortung für die Gestaltung Frederiksstadens wurde im wesentlichen dem Hofbaumeister Nicolai →Eigtved überlassen, der die Amalienborger Palais und den Platz entwarf. Nach seinem Tod 1754 bekam der Generalbaumeister Lauritz de Thurah die Bauleitung, und nach dessen Tod 1760 ging sie auf den französischen Architekten Nicolas-Henri Jardin über. Das Resultat wurden breite, gerade Straßen mit gleich hohen, massiven Häusern. Der Engländer William Coxe unternahm 1784 eine Reise nach Dänemark und schrieb über Frederiksstaden: „The new part of the town, raised by the late kong Frederich V. is extremely beautiful, scarcely inferior to Bath". Den Kopenhagener Stadtteil mit dem berühmten Badeort in England zu vergleichen, war eine Anerkennung von Rang.

Friedrich VI. (1768–1839) wurde als Kind nach dem Rousseauschen Prinzip „Zurück zur Natur!" erzogen; so bekam er spartanische Kost und mußte barfuß gehen. Als er sich am 14. April 1784 erstmals im Staatsrat zeigte, gelang es ihm, verschiedene politische Gruppen auszumanö-

Friedrich VI. auf dem lit de parade im Dezember 1839, gemalt von Major C. Dorscheus, der einer der Trauermarschälle war. Ausschnitt eines Aquarells. Privatbesitz.

vrieren, und er setzte es durch, daß alle königlichen Befehle nicht nur die Unterschrift seines Vaters, sondern auch seine eigene tragen sollten. Von 1808 an war er selbst König. Obwohl seine Beliebtheit beim Volk während der Napoleonischen Kriege zurückging, wurde er doch mit Jubel empfangen, als er am 1. Juli 1815 vom Wiener Kongreß nach Kopenhagen zurückkehrte.

Als man 1835 Friedrich VI. um die Erhaltung der Pressefreiheit bat, verwendete er in seiner Antwort die bekannte Wendung „Wir alleine wissen . . .", ein Symbol finsterster Reaktion, im Gegensatz zu den fortschrittlichen Reformbestrebungen seiner Jugend. Sein Verhältnis mit Bente Andersen Rafsted (Frau Dannemand), der Tochter eines Bohrers vom Holm, brachte ihm vier Kinder. Ihr Haus lag am Toldbodvej (jetzt Esplanaden), wo Friedrich VI. oft abends zu Besuch kam.

Frihedsstøtten. Der Freiheitsobelisk in der Vesterbrogade (vor dem Hauptbahnhof) wurde 1792–1797 zur Erinnerung an die Bauernreformen des 20. Juni 1788 errichtet. Er gilt als Höhepunkt einer Reihe von Denkmälern, die man in der zweiten Hälfte des 18. Jahrhunderts für die Personen setzte, die die Bedingungen der Bauern verbesserten. Das erste davon wurde 1761 in Erinnerung an die Königinwitwe Sophie Magdalene und ihren reformfreudigen Ratgeber Graf Stolberg in Hørsholm (zwischen Kopenhagen und Helsingør) errichtet. Die Königinwitwe war eine der ersten, die Land aufteilten und die Fronarbeit erleichterten. Am Lyngbyvej, nahe bei Kildegårdsvænget, sieht man einen Gedenkstein aus norwegischem Marmor, der 1783 zu Ehren von J. H. E. Bernstorff, den berühmten Außenminister, aufgestellt wurde. Er baute um 1760 Schloß Bernstorff, und dessen Bauern profitierten vom

Fortschrittseifer des Besitzers. Die erste richtige Bauernreform wurde hier am 7. September 1764 in Ordrup, dem kleinsten der zum Gut gehörenden drei Dörfer, begonnen. Das Land wurde vermessen und nach seiner Bonität bewertet. Auf dieser Grundlage wurde die Verteilung vorgenommen.

Der entscheidende Schritt geschah, als 1758 eine Kommission eingesetzt wurde zur Vereinheitlichung der verschiedenen Reformen auf den großen nord-seeländischen Krongütern, die damals ins Stocken geraten waren. 1788 wurde auf Frederiksberg ein Fest gefeiert, auf dem Christian Reventlow, einer der stärksten Befürworter der Reformarbeit, den ersten 15 von mehreren tausend Erbpachtbauern ihre Übertragungsurkunden aushändigen konnte. Es erregte auch große Aufmerksamkeit, daß er eine schöne Rede für die Bauern hielt.

Das Hauptmonument wurde der Freiheitsobelisk. Er wurde von Nicolai →Abildgaard entworfen, der auch Skizzen zu den vier symbolischen Frauenfiguren um die Steinnadel herum machte. Der immer fleißige Johannes Wiedewelt führte die Figur aus, die die Treue darstellt. Andreas Weidenhaupt schuf den „Bauernfleiß", Nicolai Dajon, ein Schüler Wiedewelts, die „Tapferkeit" und die „Vaterlandsliebe". Das westliche Medaillon auf dem Sockel, das die Gerechtigkeit darstellt, stammt auch von Wiedewelt, das auf der anderen Seite, die „Abschaffung der Sklaverei", wurde von Weidenhaupt geschaffen.

Die Inschriften stammen von dem Dichter Thomas Thaarup (1749–1821), der 1790 durch sein Singspiel „Høstgildet" (Das Erntefest), eine dramatische Idylle über den dänischen Bauern, im ganzen Land bekannt wurde. In diesem Spiel schilderte Thaarup die Zukunft dänischer Bauern, befreit von Frondienst und anderen Fesseln.

Frimands Quartier ist der siebente in der Reihe der alten hauptstädtischen Steuerbezirke und wird von Amagertorv, Vimmelskaftet, Skoubogade, Skindergade und Købmagergade begrenzt. Das Viertel ist nach Hans Frimand benannt, der 1606–1610 Steuermeister (Steuereintreiber) war. Bei der Belagerung Kopenhagens 1658/59 konnte das Quartier 356 Mann aufstellen, und in der Sturmnacht war seine Kompanie an der Wallstrecke von Hanens Schanze bis zur Bastion am Nordertor aufgestellt. Große Teile des Viertels, besonders Gråbrødretorv, Køvstræde und Klosterstræde wurden beim Brand von 1728 zerstört.

G

„Gamle Valby Bakkehus", Rahbeks Allé 23 B, war ursprünglich ein Gasthof, den der Staatsminister Graf Johan Ludvig Holstein 1756 erwarb. Vermutlich hatte er vor, ihn zu einem Landhaus umzubauen, doch er starb 1763, und sein Baumeister J. C. Conradi übernahm das Anwesen. Um 1764 war der vierflügelige Hof fertig und diente immer noch als Gasthof. Als Conradi 1777 Konkurs machte, übernahm ihn der Dispacheur Knud Engelbrecht Langberg. Nachdem dieser den Hof wesentlich verbessert hatte, verkaufte er ihn weiter an den Schriftsteller Knud Lyne Rahbek. Zusammen mit seiner Frau Kamma schuf dieser hier ein blühendes Zentrum dänischen Geisteslebens. Der Weg von Kopenhagen dorthin war sehr schlecht. So schrieb Kamma Rahbek einmal an einige Damen, die sie eingeladen hatte: „Ich halte es für meine Pflicht, Sie vor dem schlechten Weg zu meinem Haus zu warnen, der besonders in diesen Tagen für jede Art von Fahrzeug fast unpassierbar ist."

Knud Lyne Rahbek war ein typischer Vertreter des frühen „goldenen Zeitalters" der dänischen Literatur. In seiner Jugend, in der er Rousseaus *Heloise* und Goethes *Werther* studierte, begann er seine Tragödie *Axel und Valborg* (1778), wo freisinnige Gedanken zum Ausdruck kamen, aber die Arbeit mißglückte und wurde versteckt. Später wurde Rahbek in *Dreiers Klub* aufgenommen, wo freisinnige Gedanken gepflegt wurden. 1785 gründete er zusammen mit dem Dichter C. H. Pram die Monatszeitschrift *Minerva*. Später folgte die Zeitschrift *Den danske Tilskuer* (Der dänische Zuschauer).

Gammel Mønt („Alte Münze"). Als die Grundstücke um den *Møntergård* (Münzhof) um 1630–1650 bebaut wurden, errichtete man eine Reihe Häuser von der Møntergade an südwärts, und zugleich entstand eine Straße in Verbindung mit einer kleinen Passage zwischen →Antonigade und →Grønnegade. Bis auf ein einziges stehen alle Vorderhäuser auf der Südseite von Gammel Mønt unter Denkmalschutz, und ihre Baugeschichte kann bis auf die Zeit kurz nach dem Brand von 1728 zurückgeführt werden, als Typenhäuser verschiedener Art errichtet wurden. Handwerker und Händler zogen in die fertigen Wohnhäuser ein. 1732 baute der Bäcker Jacob

Nielsen Kölmer *Gammel Mønt 19*, wovon die Bretzel über dem Eingang noch zeugt.

Am besten erhalten ist das Eckhaus Gammel Mønt/Møntergade, wo die Zusammensetzung der Bewohner um 1740 folgendermaßen aussah: Im Keller waren Wohnung und Schankstube eines Bierzapfers; das Erdgeschoß wurde vom Eigentümer bewohnt, einem Feinkosthändler mit Familie und Dienstleuten; ganz oben war Platz für einen Schneider mit Gesellen und Mädchen und einen Zimmermannsgesellen. Insgesamt waren fast 30 Personen in den niedrigen Räumen zusammengepfercht.

Obwohl die meisten →Brandhäuser der Straße im Laufe der Zeit erhöht wurden, gab es auch weiterhin übervölkerte Wohnungen. Das Vorderhaus zu *Gammel Mønt 27* zählte 1870 nicht weniger als 65 Bewohner, von denen sieben im Keller und zehn auf dem Dachboden lebten.

Gammel Strand („Alter Strand"). Im frühen Mittelalter verlief die Küstenlinie entlang der jetzigen Løngangsstræde, →Magstræde, →Snaregade und →Fortunstræde. Wahrscheinlich war Gammel Strand der Strand, wo die Fischer ihren Fang anlandeten, und 1377 wird die Stelle erstmals als prope mare (beim Meer) erwähnt. 1424 heißt die Strecke *ved Stranden* (am Strand). Darauf treten wechselnde Bezeichnungen auf wie *Strandgade* (Strandstraße) 1559, *ved Canalen* (am Kanal) 1709 und *Riveren* (1634) oder Revieren(1705). *Gammel Strand* wird erstmals 1716 verwendet, oft auch in einem Wort geschrieben wie bei Luxdorph, der am 3. April 1786 in seinem Tagebuch vermerkt: „Gefährlicher Brand am Gammelstrand bei einem Essigbrauer . . ."

→Christian IV. kaufte 1602 Christen Eriksens Hof am Gammel Strand, wo er dann Kongens Gæstegård (das königliche Gästehaus) baute. Es wurde 1621 zu Ellen Marsvins Hof an der Ecke Højbrostræde/Læderstræde verlegt.

Gammel Strand 48. Das Vorderhaus wurde 1750/51 vom Maurermeister Philip de Lange für den Großhändler Peter Isenburg gebaut. Ursprünglich hatte das Haus zwei Etagen mit Mezzaningeschoß, es wurde aber nach dem Brand von 1795 verändert. Das Zwerchhaus wurde erst um 1930 angefügt. Aus der Erbauungszeit ist noch das schöne Portal erhalten, eine Arbeit des Bildhauers Didrik Gercken. Der Segmentfronton, der das Portal abschließt, ist mit Medaillons und Rocaillen verziert. „Anno 1750" ist über den Pilasterköpfen eingehauen.

Das Anwesen dient wechselnden Ausstellungen des *Kunstvereins*, der am 11. November 1825 gestiftet wurde. Von Anfang an hat dieser Verein einen wesentlichen Beitrag zum Kopenhagener Kunstleben geleistet. Das Niveau wurde schon mit der ersten Ausstellung von 1828 vorgegeben, die Werke des Malers Jens Juel (1745–1802) präsentierte. Zu diesem Anlaß schrieb der Kunsthistoriker N. L. Høyen einen Katalog über den bedeutendsten dänischen Porträtmaler des 18. Jahrhunderts.

Gammel Strand 50. Nach dem zweiten großen Brand Kopenhagens wurde das Vorderhaus 1796/97 für den Hofhutmacher Gudmund Petersen gebaut. Der Bau hatte ursprünglich drei Etagen, wurde aber um 1850 auf die jetzigen vier erhöht. Zu dieser Zeit wohnte der Dichter H. V. Kaalund in dem Haus.

Gammel Torv (Alter Markt) ist der älteste Platz der Stadt. Bevor Bischof →Absalon seine Burg baute (1159), diente er als Marktplatz für das Dorf und seinen „Hafen". Vielleicht lag hier auch einmal eine Thingstätte. In Absalons Zeit erstreckte die Stadt sich zwischen →*Farvergade* und *Vestergade* und zwischen *Gammel Torv* und →*Rådhuspladsen*. Das erste Kopenhagener Rathaus stand an der Ostseite des Platzes, und es wurde zerstört, als Waldemar Atterdag 1368

Karte der mittelalterlichen Stadt

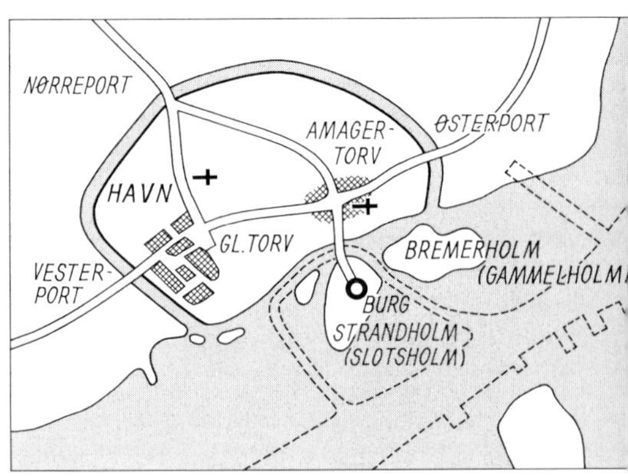

Krieg gegen die Lübecker führte. 1374 wird der Platz *Forum* genannt, 1374 heißt er *det gamle torv*, im Gegensatz zu dem jüngeren →Amagertorv. Seit den 1470er Jahren ist „Gammel Torv" oder „Gammeltorv" üblich.

Als Kopenhagen 1728 durch Feuer verwüstet wurde, wurden auch Gammeltorv und Nytorv zerstört. Nach dem Brand zog →Holberg in das Haus des Ratsherren Laurids Fogh ein, das Ecke Nygade/Gammel Torv stand. Holberg wohnte hier, bis er 1740 eine Professorenwohnung im →Lateinerquartier übernehmen konnte. Seine Erlebnisse am Gammel Torv drückte Holberg in einem lateinischen Epigramm aus, das übersetzt etwa so lautet:

Du fragst, an welchem End' der Stadt ich wohne?
Zwei Plätze gibt es dort ganz dicht.
Der eine, Gammeltorv, mit alter Kunst vertraut,
sowie mit Schlägerei und Diebstahl, Suff, Betrug und Spiel.
Nytorv der andere, wo das Schafott man aufgestellt.
Dazwischen hat Justitia ihr Haus.
So wohn' ich zwischen Galgenpack und Galgen ungenieret,
und gegen beide hilft der eine Gott.

Holbergs Bemerkung „mit alter Kunst vertraut" weist auf den →Caritasbrunnen, den einzigen künstlerisch gestalteten Brunnen der Stadt. „Justitias Haus" war das zweite Rathaus, das zwischen den beiden Plätzen stand. Es brannte 1795 ab.

Garnisonskirche. Die Kirche am Sankt Annæ Plads wurde unter Friedrich IV. gebaut. Erster Architekt war der Ingenieuroffizier Georg Philip Müller, dessen Entwürfe, die später geändert wurden, 1697 datiert sind. Im selben Jahr stiftete Christian V. zum vorgesehenen Zweck ein Baugrundstück an der Ecke →Adelgade/Dronningens Tværgade. Der Bau sollte teilweise durch Geldstrafen, die das Oberste Gericht verhängte, finanziert werden. Das Projekt verzögerte sich aber durch den Tod Christians V. 1699 und den anschließenden Großen Nordischen Krieg. 1703 wurde das jetzige Eckgrundstück gewählt und der Grundstein gelegt. Doch schon 1704 entschloß man sich dazu, die Fundamente, die Müllers Plänen von 1697 folgten, zu ändern. Man wünschte eine größere Kirche, und dazu lieferte der Generalbaumeister Wilhelm Friedrich von Platen neue Entwürfe. Er hatte 1698 Christians V. „Permission" bekommen, „nach Italien, Frankreich und andere Länder zu reisen, um sich in der Baukunst zu perfektionieren". Wieder zu Hause, war er vor allem mit dem europäischen Barock vertraut und gab der Kirche eine reichere Form mit pilastergeteilten Fassaden und einem Turm an Stelle eines Dachreiters. Am 24. März 1706 wurde der Bau eingeweiht. Sein offizieller Name wurde *Herr Zebaoths Kirche.* Dieser Name wurde nie populär, worauf der Kirchenrat 1921 die Bezeichnung *Garnisons Kirke (Den Herre Zebaoths Kirke)* annahm.

Das Gebäude diente von Anfang an als Kirche für die Garnison der Stadt, und bis 1819 wurde hier im Wechsel auf Dänisch und Deutsch gepredigt, ein Ausdruck für den deutschen Einfluß auf das dänische Militär. 1819 bestimmte Friedrich VI., der deutschsprechende Teil der Gemeinde solle zu Frederiks Tyske Kirke (der jetzigen →Christianskirche) in Christianshavn gehören. Dort war bereits eine deutschsprachige Gemeinde.

Die Garnisonskirche ist äußerlich im wesentlichen unverändert, doch erhöhte man 1886 die Spitze des Turmes, der sich über dem Hauptportal an der Westfassade erhebt. Das Innere wird von den perlgrauen, balustergeschmückten Emporen bestimmt, die die Wände in zwei Etagen bedecken. Sie ruhen auf achtkantigen Säulen.

Der Altar, dessen Ausformung von dem Bildhauer Didrik Gercken stammt, ist aus verschiedenfarbigem norwegischem Marmor. Der architektonische Aufbau mit verkröpften Gesimsen und korinthischen Pilastern und Säulen ist ebenso wie die weißen Girlanden, Drapierungen und Engel typisch für das Barock, eine effektvolle Inszenierung. Die Skulpturen stammen von dem Bildhauer Just Wiedewelt, dem Vater des später so bekannten Johannes Wiedewelt.

Der Kirchhof wurde 1851 aufgehoben, aber man gab die Erlaubnis, daß der Komponist J. P. E. Hartmann im März 1900 in demselben Grab beigesetzt wurde, in dem seine Frau schon 1851 zur Ruhe gelegt worden war.

Gasbehälter. Der Gasbehälter in Østerbro ist der letzte Rest des alten *Østre Gasværk*, das 1876 gebaut wurde und am 23. Oktober dieses Jahres in Betrieb genommen wurde. Es war somit das zweitälteste Gaswerk der Stadt. Da der Gasverbrauch schon 1880 beträchtlich gestiegen war, wollte die Kommune die Anlage durch einen größeren Behälter erweitern. Man wählte einen sogenannten Teleskopbehälter, der aus mehreren ineinander angebrachten Zylindern bestand. Sie konnten sich je nach dem Gasdruck im Behälter heben und senken. Eine solche Konstruktion hatte man in Dänemark zuvor noch nicht gesehen, und während sich die Ingenieure um die technische Seite kümmerten, wurde die architektonische Martin →Nyrop übertragen.

Die Ingenieure legten die Ausmaße des Behälters fest, und ganz zufällig bekam er denselben Durchmesser wie das berühmte *Pantheon* in Rom. Die Kuppel des Behälters wurde in der sogenannten Schwedlerkonstruktion gebaut, und ihre Teile wurden, wie die des Behälters, aus dem Ausland geliefert. Nyrops Aufgabe wurde es, die gemauerte Schale zu formen, in der zwei Tore und einige Fenster sein sollten, denn die Laterne in der Kuppel brachte nicht genug Arbeitslicht. Er löste das Problem der Fensteröffnungen, indem er senkrechte Blenden in der Außenmauer anbrachte, die je zwei runde Fenster an der oberen bzw. unteren Rundung hatten. Fenster und Blenden umgeben den ganzen Zylinder, und auch die beiden Tore sind so angeordnet, daß sie den Rhythmus nicht stören. 1935 wurde der innere Gasbehälter abgerissen, und der Bau diente eine Zeitlang als Torflager. Vor einigen Jahren wurde er vom Königlichen Theater als Magazin benutzt, und schließlich arrangierte man in dem eigentümlichen Raum Ballett- und Theatervorstellungen.

Gåsegade im *Westquartier* hieß im Mittelalter Gråbrøndstræde. Eine örtliche Brauerei, die von Christian III. gegründet wurde, gab Anlaß zu dem späteren Namen Gåsegade. Denn dort stellte man eine besondere Art Bier hier, „Gøs" oder „Gaas", das aus Dünnbier und Spiritus bestand. Das Rezept zu diesem kräftigen Trank stammte aus Goslar, wo man das Wasser der *Gose* benutzte. Das Brauen in Kopenhagen wurde sicher schnell wieder aufgegeben, weil sich das dortige Wasser kaum mit dem deutschen messen konnte.

Die Brauerei wird um 1550 erwähnt; später wird nur der „Gåsebryggergrund" erwähnt, und 1689 tritt erstmals der Name Gåsegade auf. Bis 1905, als man die westliche Seite der Straße abriß, war die Gegend zusammen mit der →*Farvergade* ein berüchtigtes Zentrum der Prostitution.

Gauguin, Paul (1848–1903), französischer Maler, der sich 1873 mit Mette Gad verheiratete und 1884 nach Kopenhagen zog. In Paris hatte Gauguin Verbindung mit den französischen Impressionisten, besonders mit Pissarro, den er in Pontoise besuchte und mit dem zusammen er malte. Wirtschaftlich waren das schwierige Jahre für Gauguin, die aber seine künstlerische Entwicklung förderten.

Als die Familie Gauguin sich in Kopenhagen niederließ, setzte Paul auf eine Agentur für wasserdichte Planen der französischen Firma Dillies & Cie. Der Erfolg blieb aber aus, und 1885 versuchte er den Durchbruch, indem er zuerst ein Bild, „Herbstlandschaft", an die →Charlottenborger Ausstellung schickte. Es wurde kassiert. Darauf organisierte er eine eigene Ausstellung im Kunstverein, was von der Presse völlig verschwiegen wurde. Wütend berichtete er Pissarro, die Rahmenhändler wollten nicht die weißen Rahmen machen, die er für seine Bilder verwandte, weil sie ihre Kunden zu verlieren fürchteten!

Verbittert verließ Gauguin schon im Sommer 1885 wieder das Kopenhagen, das seine Kunst nicht anerkannt hatte, und er ließ sich, zusammen mit dem Sohn Clovis, wieder in Paris nieder. In Dänemark hielt Mette den Haushalt aufrecht und nahm seine Gemälde und seine wertvolle Sammlung französischer Impressionisten in Verwahrung. In der nachgelassenen Korrespondenz kann man verfolgen, wie der bettelarme Gauguin seine Frau über den unvermeidbaren Verkauf der Gemäldesammlung instruierte.

Es ist bekannt, daß Mette einen Manet und einen Degas an Edvard Brandes verkaufte, der sich 1887 mit ihrer Schwester Ingeborg verheiratet hatte. 1889 arrangierte Karl Madsen eine Ausstellung im Kunstverein, wo Gauguins „französische Impressionisten" eine Hauptrolle spielten. Das Kopenhagener Publikum konnte hier erstmals Leute wie Cézanne, Pissarro, Sisley, Manet, Degas und Guillaumin studieren.

Später wurde Gauguin selbst anerkannt, und heute hängen Beispiele seiner Kunst in der Ny Carlsberg Glyptotek und in der Ordrupgård-Sammlung.

Gefionbrunnen. Gefion, die mit ihren Ochsen Seeland aus Schweden herauspflügt, ist Kopenhagens größtes Denkmal. Die Arbeit stammt von dem Bildhauer Anders Bundgaard, und die Kosten wurden teils vom Kunstfonds der Stadt, teils vom Carlsbergfonds aufgebracht. Letzterer wollte mit einem Geschenk von 5000 kr Carlsbergs

Das größte Monument der Hauptstadt ist der Gefionbrunnen, eine Arbeit des Bildhauers Anders Bundgaard. Das Wasser sprang erstmals am 14. Juli 1908. Neben der Gruppe der Hauptfiguren befinden sich an der Kante des Granitbeckens zwei wasserspeiende Riesen.

50jähriges Jubiläum 1897 markieren. Ursprünglich hatte man daran gedacht, den Brunnen auf dem → Rathausplatz aufzustellen, aber hier wurde dafür der → *Drachenbrunnen* gewählt. Der Gefionbrunnen wurde 1909 eingeweiht.

Die Figurengruppe illustriert die altnordische Sage von der Göttin Gefion. In der *Ynglingesaga der Heimskringla* heißt es, Odin habe Wohnung auf einer Insel genommen, an der Stelle, die jetzt *Odense* auf Fünen heißt. Darauf schickte er Gefion nordwärts über den Sund, um mehr Land zu beschaffen. Sie kam zu König Gylfe von Schweden, der ihr so viel Land versprach, wie sie pflügen konnte. Sie zog darauf nach Jotunheim, wo sie mit einem Riesen vier Söhne zeugte und in Ochsen verwandelte. Nachdem diese ihren Pflug gezogen hatten, führten sie das Land hinaus ins Meer und westwärts in Richtung Odense, und später wurde es Seeland genannt.

Glyptothek, Dantes Plads 22. Der Bau steht im Bereich des alten Stadtgrabens. Im ersten Bauabschnitt wurde 1892–1897 ein dreiflügelieges, auf den Platz hin orientiertes Gebäude errichtet, das der Architekt Vilhelm Dahlerup entworfen hatte. Die Kosten betrugen in damaligen Preisen etwa 1 Mill. kr, wobei Staat und Stadt jeweils die Hälfte trugen. Der Brauer Carl Jacobsen gab 250 000 kr zur Ausstattung des Museums. Es wurde auch nicht an Material gespart. Für die Fassade, die von der Marcuskirche in Venedig inspiriert sein kann, verwendete man polierte Granitsäulen, Savonniére-Stein (gelblichen französischen Kalkstein) und Terrakottadekorationen. Die Granitsäulen tragen Bögen, die Muschelornamente enthalten, ein typischer Zug der italienischen Renaissance.

Durch das Portal tritt man ein in eine Vorhalle mit Tonnenwölbung, die von acht gelben, kannelierten Marmorsäulen getragen wird und mit H. V. Bissens Frauenfiguren geschmückt ist. Dahinter liegt der berühmte Wintergarten, der 1904–1906 von Dahlerup hinzugefügt wurde. Unter dem Glasdach des Wintergartens wachsen Palmen, und in der Mitte ist ein Bassin mit der Skulpturengruppe *Vandmoderen* (die Wassermutter) von Kai Nielsen. Sie wurde 1921 in Marmor für diesen zentralen Platz geschaffen und stellt in gewisser Hinsicht eine moderne Variante der antiken langbärtigen Flußgötter dar (Kopien von solchen finden sich in Kopenhagen am Søtorv). Im Wintergarten der Glyptothek sieht man auch spätantike Sarkophage zwischen den Gewächsen und den porphyrenen Panzertorso eines römischen Kaisers aus dem 4. Jahrhundert.

1901–1906 errichtete man den zweiten Bauabschnitt, einen Vierflügelbau hinter dem älteren, den der Architekt Hack Kampmann entworfen hatte. Hier herrscht der nüchternere Klassizismus, der in dem prächtigen Festsaal des *Mittelflügels* kulminiert. Er wird von zwei Höfen flankiert. In dem – wie bei einem antiken Peristyl – säulenumgebenen Festsaal stehen an den Wänden spätantike und altchristliche Marmorsarkophage. Einer der interessantesten trägt das alttestamentliche Motiv des Jonas mit dem Walfisch.

Der *Westflügel* in Hack Kampmanns Gebäudekomplex (zu Tivoli hin) hat in der Mitte einen Risalit mit Säulenloggia, worüber sich eine Stufenpyramide erhebt. Die Inspiration dazu stammt von dem antiken Mausoleum von Halikarnassos, das zu den sieben Weltwundern zählte. Die Pyramide wird von zwei vergoldeten Bronzepferden flankiert, ein Motiv, das von der Marcuskirche in Venedig stammt, deren Fassade im Mittelalter mit vier antiken Bronzepferden ausgestattet wurde. Auf Abstand sind die Kopien der Glyptothek ausgezeichnet. Doch oben vom Dach aus der Nähe gesehen, halten sie einem Vergleich mit den venezianischen nicht stand. Ganz oben auf der Stufenpyramide steht eine vergoldete Bronzefigur, die Pallas Athene darstellt.

Während Dahlerups Bauabschnitt den Rahmen für die Gemäldesammlung mit Beispielen aus dem dänischen „goldenen Zeitalter“ und französischer Strömungen des 19. Jahrhunderts von David über Corot zu Bonnard bildet, enthält Kampmanns Gebäude die weltberühmte Sammlung antiker Kunst. Ihr Stifter war der Brauer Carl Jacobsen (s. S. 53), Sohn des Gründers der Carlsberg-Brauereien, Hauptmann Jacob Christian Jacobsen. Schon als Kind wurde Carl Jacobsen von der klassischen Kunst ergriffen, als er mit seinen Eltern nach Italien reiste. Im Jahr nach seinem Abitur wiederholte er die Italienreise, und 1879 machte er seine erste große Erwerbung, den Kopf eines jungen Mannes, der auf etwa 540 v. Ch. bestimmt werden kann. Dies Meisterwerk altattischer Kunst trägt noch Farbspuren in Augen, Mund und Frisur, was der antiken Kunstauffassung entspricht: Damals waren die Skulpturen nicht weiß, sondern bemalt. Jacobsen kaufte die Skulptur in Paris, als die Kunstsammlung des französischen Archäologen Olivier Rayet versteigert wurde. Ausgezeichnete Porträts aus griechischer und römischer Zeit kamen später hinzu und machen die Sammlung zu etwas Einzigartigem in ganz Europa. Hier sieht man antike Kopien des Philosophen Platon, der Dichter Anakreon, Äschylos und Sophokles, außerdem eine Studie Alexanders des Großen. Die Geschichte des Römerreiches ist durch Vergil, Pompejus und die Kaiser Augustus, Vespasian, Trajan und Konstantin den Großen repräsentiert. Das Museum hat außerdem eine Sammlung ägyptischer und etruskischer Kunst. Das Ganze wird als Stiftung, Ny Carlsberg Glyptotek, betrieben, die am 8. März 1888 von Carl und Ottilia Jacobsen errichtet wurde. Damit wollten sie der Öffentlichkeit für alle Zukunft den Zugang zu ihren Sammlungen ermöglichen.

Gothersgade. Die Straße wurde angelegt, als um 1647 der alte Ostwall geschleift wurde. Ursprünglich hieß der Straßenzug *Ny Kongensgade* (Neue Königsstraße), so in einem Dokument von 1650. Die jetzige Bezeichnung wurde nach dem Plan des Festungsingenieurs Henrik Rüse ab 1664 angewandt. Bei der Schleifung der Befestigungen um 1870 wurde die Straße bis zum Sortedamssø verlängert.

Die ältesten Häuser der Straße sind *Gothersgade Nr. 23* und *25*, beide aus der Zeit zwischen 1650 und 1701 und seitdem stark umgebaut. Schon Mitte des 18. Jahrhunderts standen sie vermutlich zusammengebaut, während die jetzige Fassadendekoration erst 1793 durch den Besitzer, Baumeister Andreas Kirkerup, veranlaßt wurde. Verschiedene übrige Häuser der Straße stammen, wenn auch umgebaut, aus der Zeit nach dem großen → Stadtbrand von 1728. Das gilt für die ungeraden Nummern 7, 11–17, 29, 33–33A, 39, 41, 87, 91 und 97. Am 1. April 1768 verwüstete ein Feuer sehr dramatisch eines der

Häuser in der Gothersgade, das Johan Just von Berger gehörte, dem Leibarzt König Christians VII. Vier Menschen wurden erschlagen, als ein Giebel abstürzte, und, wie Luxdorph in seinem Tagebuch schrieb, „die Bibliothek und geschriebene Sachen brannten oder verdarben".

Über der Tür zu *Gothersgade 115* ist das alte Firmenzeichen für den Gasthof *Trekroner* (Drei Kronen) angebracht, der bis etwa 1900 auf diesem Grundstück stand. Die Tafel ist 1773 datiert und zeigt einen altertümlichen Leiterwagen mit Kutscher, der ins Horn stößt. Der Satz über dem Relief lautet: „Hvo paa Gud troer, han tryggelig boer" (Wer auf Gott vertraut, wohnt sicher).

Gothesgade 8, s. „Baron Boltens Gård"

Gothesgade 111, s. Reformierte Kirche

Gottesdienst. Früher war der Kirchgang ein wichtiger Teil des hauptstädtischen Rhythmus', natürlich im Laufe der Jahrhunderte mit verschiedenem Inhalt. Die katholische Kirche tat viel, um die Gläubigen zum Gottesdienst zu bringen. So durfte die →Frauenkirche 1376 denen einen 40tägigen Ablaß bewilligen, die am Kirchweihtage einem Gottesdienst beiwohnten, „damit das christliche Volk desto frommer und schneller dorthin ströme". Auch Prozessionen sollten die Gläubigen stärken. 1429 bekam das Heiliggeistkloster eine Schenkung, damit es täglich eine Messe und jährlich eine Prozession halten könne.

Nach der Reformation spielte die Königsfamilie im religiösen Leben der Stadt eine große Rolle. Bei heiterem Wetter konnten die Kopenhagener den König und seine Familie zur Kirche reiten sehen.

Der Gottesdienst selbst bekam nach dem Sieg des Luthertums auch eine neue Form. Gestühl hatte man im Mittelalter nur in Form des Chorgestühls für die Geistlichen gekannt. Aber jetzt wurden die Kirchen mit Stuhlreihen gefüllt. Kein Gemeindemitglied konnte aber den Platz frei wählen. Die Kirchenverwaltung bestimmte die Würdigkeit des einzelnen und damit seine Plazierung. Oben saßen die feinsten Leute, unten die geringsten.

Das Recht auf einen Sitz in der Kirche konnte verlorengehen, wie es 1719 im Fall einer Frau in der Nikolaikirche geschah, die sich wiederholt „mit unschicklichem Schimpfen" mit einer anderen Frau um den Platz stritt.

Eine noch größere Veränderung war 1640 die Abschaffung des lateinischen Chorgesangs bei gleichzeitiger Einführung dänischer Kirchenlieder. Dauerten die Gottesdienste vor der Reformation lange, so wurde es jetzt nicht anders. Ganz ungewöhnlich war aber der Gottesdienst bei der Einweihung der →Erlöserkirche zu Christianshavn am 19. April 1698. Damals fuhr die königliche Familie um 9 Uhr morgens zur Kirche und verließ sie erst wieder um 16.30 Uhr am Nachmittag.

Im 18. Jahrhundert erlebten die Kopenhagener einen Überfluß an Predigern mit sehr verschiedenen Fähigkeiten. Einige züchtigten mit Worten, wie Morten Reenberg an der →Heiliggeistkirche (1709–1720), der auch nicht vor einer Kritik am Verhältnis Friedrichs IV. mit der Gräfin Vieregg zurückschreckte.

Andere Pastoren verstanden es, sinnreiche Parallelen zwischen den ewigen und den zeitlichen Verhältnissen herzustellen. Als die →Frauenkirche 1738 nach dem großen Brand wieder geöffnet wurde, war Bischof Peder Hersleb der Hauptredner. Er verglich die Frauenkirche mit Gottes Audienzgemach, den Altar mit seiner Tafel und den Beichtstuhl mit seiner Rentkammer. Das waren im Grunde genommen gar nicht so lockere Gedanken, wenn man bedenkt, was Ludvig →Holberg im Jahr zuvor in Leipzig erlebt hatte: Dort hörte er den Magister Stivelius aus der Bibel beweisen, daß die Seeligen im Himmel einmal fürstlich gespeist werden. Eine Predigt konnte auch eine Prüfung sein wie im Falle des Niels Schytt, eines von Reenbergs späteren Nachfolgern im Amt an der Heiliggeistkirche. „Ihn mangeln Stimme und Begabung, ist auch mager im Inhalt, aber kann vielleicht noch gut werden", schrieb Luxdorph 1785.

Die fehlende Heizung war früher ein großes Problem, wie es 1806 der Schwede J. E. Angelin klar ausdrückte: „Es verhält sich in Kopenhagen wie in anderen großen Städten: Man geht selten in die Kirche, denn man hat Angst, sich im Sommer wie im Winter durch den Steinboden zu erkälten."

Gråbrødretorv (Graubrüderplatz). Die Geschichte des Platzes beginnt 1238 mit der Errichtung eines Klosters der „grauen Brüder" (Franziskaner), das lange das einzige der Stadt war. Gräfin Ingerd von Regenstein schenkte dem Kloster im Stiftungsjahr ihren großen Hof, der im selben Stadtteil lag. Sie war die Schwester des Bischofs Peder

Sunesøn und gehörte somit dem berühmten Hvide-Geschlecht an. Das Kloster war der heiligen Katharina geweiht, und sein Hauptgebäude lag zur →*Klosterstræde* hin, während kleinere Bauten und zugehörige Gärten über das ganze Gebiet bis zur →Købmagergade hin verteilt waren.

Vom 7. bis zum 17. Juli 1360 war der Kapitelsaal der grauen Brüder der Rahmen für die Verhandlungen Waldemar Atterdags mit den Hansestädten. Die Erörterungen betrafen u. a. Privilegien für die Städte und Geldpolitik. Zu dieser Zeit, als sich →Dragør zu einem wichtigen Heringsmarkt entwickelte, bekamen das Graubrüderkloster und andere Kopenhagener Kirchen und Klöster eigene Heringsbuden und Kapellen im Fischerdorf auf Amager.

1416 war das Kloster wieder Rahmen politischer Verhandlungen, diemsmal zwischen Vertretern der Hansestädte und König →Erich von Pommern. Ihr Hintergrund war die Gefangennahme von 400 Lübeckern auf dem schonischen Heringsmarkt durch den König. Das Kloster wurde auch hundert Jahre später verwendet, als Christian II. am 31. März 1515 eine Gesandtschaft Kaiser Maximilians I., des Großvaters seiner Gemahlin Elisabeth, empfangen wollte. Die Gesandten brachten hier die Forderung vor, der König solle seine „Buhlerin" Dyveke des Landes verweisen. Sie mußten jedoch erfolglos heimreisen.

Am 25. April 1530 wurde das Kloster aufgelöst. Seine Bettelmönche waren wegen ihres Wohllebens und ihrer Ausschweifungen verhaßt. Als man im selben Jahr das Klosterinventar zusammenstellte, umfaßte es eine Reihe von Wirtschaftsgebäuden, etwa Brauhaus, Küche, Gesellenherberge, Tischlerwerkstatt, Gästehaus und Torhaus. Die Gebäude kamen zuerst in den Besitz der Stadt und wurden 1532 teilweise abgerissen. Reste sind aber noch erhalten. Unter dem Anwesen *Gråbrødretorv 11/Valkendorfsgade 20* stammen Teile der Kellermauer aus dem Mittelalter. Sie sind ein Rest des Klostergefängnisses, das 1530 „Prisonidh" genannt wurde. Dies „Prison" der Graubrüder konnte 1530 direkt als städtisches Gefängnis weitergeführt werden und diente als solches bis 1623, als →Christian IV. es zur Kirche für das Zucht- und Kinderhaus umbaute. Beim Brand von 1728 wurde das Haus schwer beschädigt. 1968 unternahm das Nationalmuseum bauarchäologische Untersuchungen auf dem Anwesen *Gråbrødretorv 13.* Man fand hier Reste mittelalterlichen Mauerwerks, das von einem der übrigen Wirtschaftsgebäude stammte, vielleicht vom Gästehaus.

Wiingardt, der Buchdrucker des Reformators Hans Tausen, ließ sich 1532 in Kopenhagen nieder, und 1555 wurde ihm ein Hof hinter dem „Prison" übertragen. Die Zufahrt dorthin geschah über ein Gäßchen zwischen den jetzigen Häusern Gråbrødretorv 11 und 13. Wiingardts Nachfolger am Ort und zugleich Ehemann seiner Witwe war Lorentz Benedicht. Er war einer von Dänemarks bedeutendsten Buchdruckern und führte die Frakturschrift in die dänische Typographie ein. Auch Liederhefte und Flugblätter kamen aus seiner Druckerei.

Auf einem Teil des Klostergrundes baute der mächtige Reichsrat Corfitz Ulfeldt seinen Hof, wo er mit seiner Frau Eleonora Christine, der Tochter Christians IV., fürstlich lebte. Doch 1663 fiel das Urteil über Ulfeldt. Er wurde des Landesverrats für schuldig befunden und sollte Leib und Gut verlieren. Außerdem wurde sein Hof Stein für Stein abgebrochen und der Ort als öffentlicher Platz eingerichtet. In Mitte errichtete man eine Schandsäule zur Erinnerung an seine Untaten. Sogar nach dem Brand von 1728, als sie zerstört wurde, ließ man sie wieder aufstellen.

1842 meinten die Behörden, es sei genug. Das Denkmal wurde beseitigt, aber später im Hof des →Nationalmuseums wieder aufgestellt. Man kann darauf lesen: „Dem Verräter Corfitz Ulfeldt zu ewigem Spott, Scham und Schande". Im übrigen wurde *Ulfeldts Plads,* wie der Ort hieß, 1841 umbenannt und heißt seitdem Gråbrødretorv.

Beim Stadtbrand von 1728 wurde fast die ganze Bebauung um Ulfeldts Plads dem Erdboden gleichgemacht. Die jetzigen Häuser an der Südseite des Platzes stammen aus der Zeit danach und bilden eine Reihe schöner Beispiele für die sogenannten →„Brandhäuser". Auf einer Tafel über dem Aufgang zu *Gråbrødretorv 1* liest man: „Was das Feuer verzehrte, Gott wieder bescherte". Die Gebäude auf der Westseite des Platzes wurden nach dem Bombardement von 1807 errichtet und sind typisch für die Bauweise dieser Zeit. 1968 wurde der Platz Fußgängerzone.

Gråbrødretorv 3, „Wessels Haus". 1732 wurde das Vorderhaus von dem Zimmermeister Morten Pedersen für den Seemann Mads Børgesen Lund gebaut. Nach dem →Stadtbrand von 1728, der die Häuser am Platz in Ruinen gelegt hatte, bekam Lund die Erlaubnis, eine „Interimshytte" auf seinem Grundstück zu bauen. Er ließ statt dessen Morten Pedersen ein Hinterhaus „eine Decke hoch" bauen, was nicht zulässig war und zu einem Prozeß führte. Die ganze Bebauung, zu der auch Treppenhaus und Hinterhaus gehörten, war 1732 fertig, aber Bauherr und Bauunternehmer stritten sich um die Bezahlung, die 160 Taler betragen sollte.

Eine bunte Personengalerie ist mit der Geschichte des Hauses verbunden. Als die Tochter des Seemanns, Anne Marie Lund, und ihr Mann, Søren Nielsen Schiøtt, eingezogen waren, wurde das Haus 1759 umgebaut. Bei dieser Gelegenheit vergrößerte man die Fassadenfenster des Vorderhauses, und im ersten Geschoß ließ man einen Saal mit Wandmalereien ausschmücken. Im Keller wohnte eine Zeitlang ein Seifensieder, im zweiten Stock während der 1770er Jahre der Dichter Johan Herman Wessel. Dorst sind einige Erinnerungsstuben eingerichtet, davon eine mit Kalkmalereien des 18. Jahrhunderts, die üppiges Rankenwerk zeigen. In dieser Zeit schrieb Wessel „Kærlighed uden Strømper" (Liebe ohne Strümpfe). Im März 1773 begann man, das Stück am Königlichen Theater zu spielen, und am 29. desselben Monats wurde bei *Adresseavisen* eine Annonce aufgegeben: „Die Einnahmen dieses Abends gehören dem Autor, bei welchem es Eintrittsscheine gibt, sowohl auf Ulfeldts Plads no. 127 wie beim Eingang." 1774 annoncierte Wessel, „Kærlighed uden Strømpen", ergänzt um einen Epilog, werde „auf Ulfeldts Plads no. 127, zweiter Stock zur Straße, für 24 Schilling ungeheftet und für 28 Schilling geheftet verkauft".

Grønnegade wurde schon 1377 *Grønægade* geschrieben, und diese Namensform hat sich bis auf unsere Zeit erhalten, während die meisten anderen Straßennamen Veränderungen durchgemacht haben. In den dänischen Städten gehören die Straßen mit der Bezeichnung *Grønnegade* zu den ältesten. Ripens *Grønnegade* etwa reicht bis ins 13. Jahrhundert zurück. Der Name („grüne Straße") bezeichnet ursprünglich einen grasbewachsenen Pfad. Im Kopenhagener Fall verlief die Grønnegade zwischen Gärten und unbebautem Land.

Von der Nordseite der Grønnegade ging früher ein geschlossener Gang ab, der 1689 und später *Smids gang* hieß. Die ältesten Häuser der Straße sind Nr. 26, 27 und 39. Sie wurden alle vor 1700 gebaut, aber später verändert.

„Gule Palæ" (Gelbes Palais), s. Amaliegade 18.

H

Hanetårnet. Spaziert man auf dem Nørrevold (Norderwall) den Ørstedspark entlang, so kommt man an einem Schild vorbei, das am schmiedeeisernen Gitter des Parks aufgehängt ist. Es berichtet, hier habe, als die Stadt noch umwallt war, der Hanetårn (Hahnenturm) gestanden. Dicht dabei ist die genaue Lage durch eine kreisförmige Pflasterung markiert, die sich über Fahrbahn und Radweg erstreckt. Alte Akten und neuere Berichte können mehr über die Geschichte des Ortes erzählen. Nach den Abrechnungen der Stadt bekam ein gewisser Poul Hansen um 1523 eine Bezahlung für Arbeiten an diesem Turm, der zwischen →Nørreport (Nordertor) und Jarmers Gab (Jarmers Bresche, wo kurz darauf →Jarmers Turm errichtet wurde) stand. Er sollte in eine Reihe neuer Befestigungswerke eingehen, die Kopenhagen besser gegen einen Angriff von der Landseite sichern sollten. Bei späteren Erweiterungen und Verbesserungen der Wälle wurde der Turm „begraben".

Als der Westwall 1874 geschleift wurde, legte man in *Hahns Bastion* vor der →Larslejstræde einen beträchtlichen Teil des verschwundenen Turms frei. Das Mauerwerk aus rotem Backstein in mittelalterlichem Verband bildete zwei Drittel eines Kreises mit einem Durchmesser von sechs Metern. Es handelte sich also um einen offenen Turm, und die Öffnung wandte sich der Stadt zu. Das acht Meter hohe Mauerwerk war im übrigen mit Schießscharten versehen.

Kleine Öffnungen im Mauerwerk zeigten auch, daß es Stützpunkte für waagerechte Balken gab, die auf einem Palisadenwerk gelegen hatten. Dies war nach der Fertigstellung des Turms in den 1520er Jahren an den Turm angeschlossen worden. Seine Reste waren 1874 noch zu sehen. Der Stadthistoriker Dr. O. Nielsen war bei den Grabungen anwesend und beschrieb den Fund als „ein Bohlenwerk mit Palisaden, die senkrecht standen und Reste der Stadtbefestigung zu sein scheinen". Daß Kopenhagen im 16. Jahrhundert teilweise von Palisaden umzäunt war, erscheint primitiv. Trotzdem hatte die Stadt seit dem Mittelalter mit einem solchen Schutz vorliebnehmen müssen. Das älteste Stadtrecht, das Bischof Jacob Erlandsen 1252 gab, teilt mit, welche Strafen verhängt werden sollten, wenn die Gräben und Planken der Stadt vernachlässigt wurden. Zum Vergleich sei erwähnt, daß Ålborg in den 1430er Jahren seine „Planken“ bekam. Ebenso hatte Flensburg sein *Plankemajen*, und die frühere *Bulværksstræde* in Køge erinnert an einen Schutz aus Bohlen.

Leider blieb der Hanetårn nur bis 1878 stehen. Danach nivellierte man die Stelle, und 1915 wurde die letzte Spur entfernt.

Hans Blasens Haus, Nybrogade 4, hat eine wohldokumentierte Baugeschichte. Hans Blasen, der am Waagehaus arbeitete, ließ zuerst ein Hinterhaus in Fachwerk errichten, zwei Stock hoch. Der Zimmermeister Niels Andersen vollendete die Bauarbeit 1729, und im Februar 1730 begann man, die Fundamentgräben für ein Vorderhaus zu ziehen. Im folgenden Jahr arbeiteten Maurermeister Lars Erichsen, Tischlermeister Søren Pedersen und Schmiedemeister Morten Andersen an dem Haus. Ein ursprünglicher Quergiebel, der das Haus zum Strand hin schmückte, wurde später zu einer vollen Etage erweitert.

Auf einer Steinplatte über dem Kellerhals ist eingehauen: „HANS BLASEN I: PÆRETRÆT ANNO 1730“, und darunter sieht man einen Baum in einem ovalen Relief. Der Bauherr wählte sein Zeichen nach einem riesigen Birnbaum (pæretræ), der auf der Straße vor seinem Grundstück wuchs. In einer Zeit, da Hausnummern noch nicht eingeführt waren, war es besonders praktisch, einen Baum als Wegweiser zu haben. Noch 1816 wurde berichtet, der erwähnte Birnbaum habe seine Krone bis zum dritten Stockwerk gestreckt und etwa eine Tonne Birnen jährlich getragen.

Harsdorffs Haus, Kongens Nytorv 3–5. Durch seine Karriere wurde der Architekt Caspar Frederik Harsdorff immer stärker mit →Kongens Nytorv verbunden. Schon 1766 wurde er zum Professor der Perspektive an der Kunstakademie ernannt, 1770 übernahm er Jardins Stellung als Hofbaumeister und im Jahr darauf auch seine Wohnung auf →Charlottenborg (im Südflügel). Harsdorff war in den folgenden Jahren mit dem Umbau des →Königlichen Theaters beschäftigt. Das Schicksal wollte es, daß er 1777 eine Gelegenheit bekam, auch sein eigenes, standesgemäßes Haus an Kongens Nytorv zu bauen. Bei Char-

Harsdorffs Haus um 1900. In dem Charlottenborg benachbarten Flügel gab es im ersten Stock einen Friseursalon, während unten ein Bankgeschäft war. Fotosammlung der Kunstakademie.

lottenborg stand damals ein kleines Haus mit der Front zu dem vornehmen Platz. Hier hatte der Akademiesekretär C. E. Biehl gewohnt und seine Tochter, die Schriftstellerin Charlotte Dorothea Biehl, einen Teil ihrer Kindheit verbracht. Nach C. E. Biehls Tod sollte das Haus abgebrochen werden, und man zog Harsdorff zu Rate. Er schlug vor, ihm das Grundstück zu überlassen, das er auf eigene Rechnung bebauen wollte.

Harsdorff wußte genau, was er tat. Das Gebäude sollte nicht nur als Wohnsitz dienen, sondern auch eine Programmerklärung für den Klassizismus und eine bessere Wohnungsreinrichtung darstellen. In seinem Antrag schrieb Harsdorff: „Seit meiner Rückkehr aus Italien habe ich ständig versucht, den verdorbenen Geschmack, der im Hinblick auf die Bauweise wie die innere Dekoration und Zimmerverteilung der bürgerlichen Häuser unter uns noch herrscht, zu unterdrükken . . ., aber da ich keine Gelegenheit hatte, ein Bürgerhaus zu bauen und meine Gründe mit Beispielen zu bekräftigen, waren die bisher vorgebrachten mündlichen Argumente auch nur von geringem Nutzen . . . Die äußeren Verzierungen wie die Distributionen sollen etwas ganz Neues werden."

Der König schenkte Harsdorff 1799 wohlwollend das Grundstück, und 1780 standen „das Haus" (Nr. 3) und „der Hof" (Nr. 5) unter Dach. Der pilastergeteilte Mittelrisalit mit Dreieckfronton wurde seitdem ein durchgehendes Motiv in der bürgerlichen Architektur. Zur Ausschmükkung des Giebeldreiecks schuf Wiedewelt ein Relief. Das Gebäude steht unter Denkmalschutz und dient heute als Architektenschule.

Hauser Plads hat seinen Namen nach dem Schweizer Conrad Caspar Hauser, der 1743 in Basel geboren wurde. 1768 verheiratete er sich mit einer Schwester des dänischen Konsuls in Algier, Andreas Æreboe, und er ließ sich darauf in Kopenhagen nieder und trat ins Iselinsche Handelshaus ein. Hauser verdiente gut, aber er hatte auch ein großes Vermögen nach Dänemark mitgebracht.

Beim Bombardement Kopenhagens 1807 verwüstete das Feuer auch die Baugebiete dort, wo heute der Platz liegt. Caspar Hauser erwarb 1809 eines der Brandgrundstücke, jetzt *Hauser Plads 32*, um es ein paar Jahre später zu bebauen. 1811 ließ er eine Taxierung für ein neugebautes Packhaus mit anstoßendem Treppenhaus vornehmen. Aus den Abrechnungen der →Trinitatiskirche vom selben Jahr geht hervor, daß Hauser bei einer von der Kirche abgehaltenen Auktion „verschiedener großer Steine, Sockel von Grabmonumenten, Fliesen und mehrerer flacher Grabsteine" sechs Portionen kaufte. Einige dieser Steine kann man heute als Bodenfliesen im Treppenhaus sehen.

1818 wurde vorgeschlagen, einen Platz bei Hausers Packhaus einzurichten, wo noch viele Baugrundstücke lagen. Dadurch sollte der Kohlenmarkt (→Kultorvet) an den stark besuchten Markttagen entlastet werden. Der Stadtbaumeister Peder Malling hatte Entwürfe dazu geliefert. Aber auch Hauser wollte zur Planung beitragen, und er schlug daher am 18. Januar 1819 der zuständigen königlichen Kommission die Einrichtung eines Brunnens vor. Die Feuerwehr unterstützte Hausers Vorschlag, und die Arbeit zur Gestaltung und Verschönung des Platzes lief an, wenn auch langsam. Für den Brunnen lieferte Malling einen Entwurf, der einen vierkantigen Pfeiler mit Pumpe und einem Löwenkopf vorsah, aus dem das Wasser strömen konnte. Erst gegen Ende der 1830er Jahre hatte das Gebiet eine einigermaßen regelmäßige Bebauung. Während die *Westseite* 1957 durch den Bau der Bibliothek verloren ging, ist die übrige Bebauung erhalten. So wurde *Nr. 16* 1830 errichtet, und *Nr. 18 und 20* wurden 1838/39 vom Maurergesellen Chr. H. Lund gebaut.

Hauser nannte den Platz „Suhms Plads" in Erinnerung daran, daß der Historiker P. F. Suhm hier bis zu seinem Tod 1798 gewohnt hatte. Im Volksmund hieß der Platz aber Hauser Plads, und diese Bezeichnung siegte, als die Beschilderung aufkam.

Havfruegrunden (der „Meerfrauengrund") war früher eine Untiefe zwischen Slotsholmen und Amager bei der Einfahrt zum Zeughaushafen. Schon bevor Kopenhagens Wahrzeichen aufgestellt wurde, behauptete man, dort lebten Seejungfrauen. Daniel Meisner, österreichischer Hofsänger und böhmischer poeta laureatus, bezog sich in seinem topographischen Atlas europäischer Städte auf Seemannschroniken und wies „Coppenhagen" die Rolle einer Stadt der Sirenen zu. Nach antiken griechischen Autoren waren die Sirenen Töchter des Acheloos, eines Stiergottes mit Menschengesicht und tropfendem Bart, der sich in den Flüssen aufhielt.

Das Interesse an Seejungfrauen in dänischen Fahrwassern war noch im 17. Jahrhundert groß.

Phantasieprodukt eines ausländischen Künstlers über das Thema „Meerfrauengrund beim Kopenhagener Hafen". Im Hintergrund sieht man in der Mitte den unübersichtlichen Gebäudekomplex des mittelalterlichen Kopenhagener Schlosses. Kupferstich aus Daniel Meisners Werk über europäische Städte, herausgegeben 1623. Karten- und Bildersammlung der Kgl. Bibliothek.

Noch 1669 notierte Bischof Jens Bircherod in seinem Tagebuch die Geschichte von einer Meerfrau, „die neulich bei Saltholm zwischen Kopenhagen und Malmö gesehen worden sein soll", und über die auch die Hamburger Zeitungen berichtet hätten.

Am Havfruegrund wurde 1611 eine künstliche Insel angelegt, die durch Bohlen gesichert wurde, und darauf errichtete man eine hohe Steinsäule, die von einer steinernen Doppelfigur abgeschlossen wurde. Nach Thurahs „Den danske Vitruvius" (Band 1, 1746) hatte →Christian IV. die Skulptur als Kriegsbeute von Kalmar nach Kopenhagen bringen lassen, doch das trifft nicht zu.

Weder Thurah noch Jonge (Beschreibung Kopenhagens 1783) wollten die Skulptur näher beschreiben. Jonge schrieb, sie habe „ein Frauenzimmer, ganz nackt und in natürlicher Größe" dargestellt, „das einen Schwan bei sich hatte, welcher seinen Schnabel in ihren Mund steckte". Tatsächlich stellte die Figur Leda und den Schwan dar. Nach der griechischen Mythologie war sie mit dem spartanischen König Tyndareus verheiratet und bekam Besuch von Zeus in Gestalt eines Schwanes, mit ihm zeugte sie die Zwillingssöhne Kastor und Pollux.

1795 mußte das schöne Wahrzeichen beseitigt werden, weil der zunehmende Schiffsverkehr verlangte, daß die ganze Untiefe entfernt werde. Nach einer Karte von 1794, jetzt im Königlichen Seekartenarchiv, war an der Stelle nur ein Meter Wassertiefe. Und Leda und der Schwan verschwanden. Kurz vor 1900 sollen sie noch in einem Garten an der →Frederiksberg Allé gelegen haben. Danach ist nichts bekannt.

Heiberg, Peter Andreas, (1758–1841) spielte zwischen 1785 und 1800 eine wichtige Rolle in den politischen und literarischen Kreisen Kopenhagens. Er ernährte sich eine Zeitlang als Notar und als Übersetzer für Portugiesisch und Spanisch, aber bald sollte die Schriftstellerei dominieren. Im März 1787 begann die Herausgabe seiner *Rigsdalersedlens Hændelser* (Die Schicksale des Papier-Reichstalers), wo mit beißender Ironie Staat und Regierung kritisiert wurden. Die vorrevolutionäre Stimmung in Paris machte Eindruck.

1790 geriet er ernsthaft in die Schußlinie. Zu einem Fest auf der Schießbahn am 25. September schrieb er sein „Einzugslied", in dem der berühmte Vers auftritt: „Orden hängt man an Idioten . . .". Am folgenden Morgen wurde Heiberg auf dem Rathaus verhört. Die Angelegenheit endete mit einer erklecklichen Buße, obwohl er behauptete, Baggesen habe weitaus Schlimmeres über die höchsten Klassen gesagt.

Ein großer Erfolg wurde Heibergs *De Vonner og Vanner* (Die Vons und die Vans), eine Komödie in fünf Akten, die er im Sommer 1791 im Laufe von zweieinhalb Tagen geschrieben hatte. Darin polemisierte er scharf gegen die allgemeine Rangsucht und Korruption innerhalb des Offiziersstandes, der damals zur Hälfte deutsch war. In dem Stück haben die Akteure Namen wie von Plagemann, von Aberwitz und Prokurator Snydenstrup (etwa Mogeldorf). Die Komödie wurde dreimal aufgeführt und dann auf königlichen Befehl suspendiert.

In diesen Jahren verkehrte Heiberg viel in dem Hause *Nyhavn 67*. Der Besitzer, der Makler Johan Buntzen, hatte 1790, sicher mit einiger Kümmernis, seine blutjunge Tochter Thomasine mit dem streitbaren Autor verheiratet. Die Ehe verlief übrigens dramatisch, da sich Thomasine in den Schweden Carl Frederik Gyllembourg verliebte. Schlimmer war, daß sich Heibergs Verhältnis zu den Behörden allmählich so zuspitzte, daß er einen Prozeß an den Hals bekam.

Am 23. Dezember 1799 wurde Heiberg des Landes verwiesen. „Es war am 7. Februar 1800, daß ich, durch ein Gerichtsurteil aus meiner Heimat verstoßen, Kopenhagen und Dänemark verlassen mußte, um mir in einem fremden Land die Mittel zu meiner Unterhaltung zu verschaffen, die zu erwerben mir in der Heimat nicht erlaubt ist." So begann Heiberg seine Erinnerungen, die er in Paris niederschrieb, wo er Zuflucht suchte und 1841 starb. Die Einführung des Grundgesetzes hat er also nicht mehr erlebt.

Heiliggeistkirche (Helligåndskirken). Die Kirche, die bis 1881 *Helliggeist* oder *Helliggæst* hieß, repräsentiert einen wesentlichen Abschnitt der Stadtgeschichte. Das Gebäude liegt zwischen Amagertorv und Valkendorfsgade. Schon 1296 wurde ein Heiliggeisthaus in Kopenhagen gebaut, das von dem Roskilder Bischof Jens Krag gestiftet worden war. Verschiedene solcher Heiliggeisthäuser gab es im ganzen Land verteilt, davon gingen einige auf die erste Hälfte des 13. Jahrhunderts zurück.

Der Orden war 1198 von Guy de Montpellier gestiftet worden. 1204 gründete Papst Innozenz III. in Rom das berühmte Hospital S. Spirito in Sassia, dessen erster Vorsteher Guy de Montpellier wurde. Es wurde darauf das Mutterkloster des Hospitalordens. Er wurde wie ein Bettelorden organisiert und hatte die Krankenpflege zur Hauptaufgabe. Die Priester lebten nach der Regel des heiligen Augustin. In den Klöstern gab es auch Ammen, da man sich auch der Findelkinder annahm. Man nimmt an, daß Christian I. 1469 das Heiliggeistkloster in Kopenhagen gestiftet hat. Sein Bereich erstreckte sich vom Amagertorv zum Gråbrødretorv und von der Købmagergade bis zur Klosterstræde. Das Kloster selbst bestand aus einer vierflügeligen Anlage um einen Kräutergarten. Im südlichen Flügel war die Kirche eingerichtet, während der westliche, der noch erhalten ist, als Krankenabteilung diente. Der Flügel erlebte große Umbauten, besonders in der Zeit Christians I., enthält aber Reste mittelalterlichen Mauerwerks. Außerdem wurde er von Professor H. B. Storck stark restauriert. 1918–1957 diente das Gebäude als Volksbibliothek, es wurde aber danach instand gesetzt und dient jetzt verschiedenen kulturellen Zwecken. In der Unteretage, wo wahrscheinlich der Krankensaal war, befinden sich zwei Reihen Kreuzgewölbe, die von schlanken Granitpfeilern getragen werden.

Die Kirche wurde vermutlich zu Beginn des 14. Jahrhunderts gebaut, und als Baumaterial verwendete man die traditionellen Backsteine. Ursprünglich war sie eine dreischiffige Basilika in fünf Jochen und mit einem dreijochigen Chor. 1469 ließ man den Chor um zwei Joche erweitern und gab ihm nach gotischer Tradition einen polygonalen Abschluß. Der Turm, den Christian II. an der Nordseite des ursprünlichen Chores begann, wurde erst 1582–1594 von Christoffer Valkendorf vollendet.

1530 wurde das Hospital in ein weltliches Armenstift verwandelt, das man *Byens almindelige Hospital* (Allgemeines Stadthospital) nannte. Die Kirche wurde Ende der 1530er Jahre protestantische Gemeindekirche, und unter ihren ersten Pastoren war der gelehrte Niels Hemmingsen. Er hatte um 1542 in Wittenberg, wo Luthers naher Mitarbeiter Melanchthon wirkte, seinen Magistergrad erworben. 1543 wurde er zum Professor für Griechisch an der Kopenhagener Universität ernannt, und 1547 folgte die Stellung als Gemeindepastor an der Heiliggeistkirche. Sein Handbuch zur *Dogmatik und Moral* wurde auch außerhalb der Landesgrenzen bekannt.

Als erste der Kopenhagener Kirchen bekam Heiliggeist 1649 ein holländisches Glockenspiel, das aus 19 Glocken bestand und von →Christian IV. finanziert wurde. →Holberg war über ihr oft allzu langes Bimmeln nicht begeistert. In *Jacob von Tyboe* sagt Jesper Oldfux: „Er ist so verrückt, daß er mir glaubt, er habe weitaus größere Taten vollbracht als Alexander der Große, Prinz Absalon könne es mit ihm an Schönheit nicht aufnehmen und jedesmal, wenn das Glockenspiel ertönt, dies wegen eines Frauenzimmers geschehe, das aus Liebe zu ihm gestorben sei.“ 1728 erfaßte das Feuer auch den Turm, und die Bürger hörten die Glocken ein letztes Mal das Lied spielen: *Wende deinen Zorn ab, Herr, Gott der Gnade.* Das jetzige Glockenspiel ist von 1949.

Die Vorhalle, die aus kleinen roten Steinen besteht, stammt aus der Zeit Christians IV. Der stark geschwungene Giebel ist Knorpelbarock. Am Portalgesims steht die Jahreszahl 1620. Das Portal war für die →Börse bestimmt, wurde aber um 1630 der Heiliggeistkirche eingesetzt. Das Oberteil trägt das Monogramm Christians IV. und die Taube des Heiligen Geistes. Der *Altar* der Kirche stammt von Didrik Gercken und wurde 1732 von Christian VI. gestiftet. Die Skulpturen stammen von Just Wiedewelt. Der Altar ist stark von dem in der →Erlöserkirche in Christianshavn beeinflußt. 1727 lieferte Hendrich Krock das Altarbild, das die Himmelfahrt darstellt. Das ganze Arrangement zeigt die Bedeutung des Architektonischen und Effektvollen für das Barock.

Hennes & Mauritz-Gebäude, früher Metropol, muß als einziges Gebäude in Kopenhagen gelten, das dem internationalen Jugendstil entspricht.

1906 erwarb der Oberrechtsanwalt Hjardemaal für die Summe von 829 000 kr drei ältere Häuser im *Kattesund* und das Anwesen *Vestergade 9.* Die Kaufsumme war imponierend, und da die Häuser abgerissen wurden, ging das Gerücht, hier sollte ein Warenhaus für ein deutsches Millionenunternehmen gebaut werden. Als Architekt

Architekt Anton Rosen (1859–1928). Neben seinem Bau auf dem Strøg seien von seinen Werken das Palace Hotel auf dem Rådhusplads und das alte Tuborg-Verwaltungsgebäude erwähnt. Karten- und Bildersammlung der Kgl. Bibliothek.

Anton Rosens Exlibris.

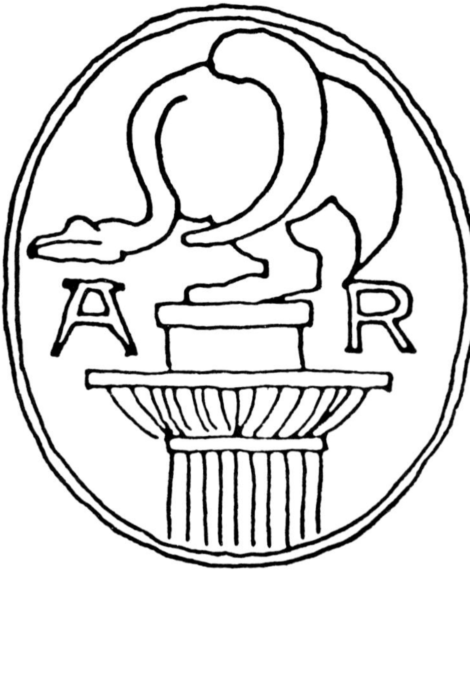

wurde der junge, begabte Anton Rosen gewählt. Er hatte gerade *Vesterbrogade 34* vollendet, ein großes Geschäftshaus (heute „Regent"), das zeigte, daß Rosen Häuser mit großen, modernen Ladeneinrichtungen bauen konnte.

Rosen gab dem Metropol-Gebäude eine sehr charakteristische Fassade mit Granitpfeilern und Glasvorsprüngen dazwischen. Ornamente sowohl abstrakter wie naturalistischer Art schmückten die Fassade, und die Eckpartie wurde mit einer Kuppel abgeschlossen. Leider war der Bau zu teuer, und als die Kopenhagener Grundbesitzerbank im Februar 1908 zusammenbrach und mehrere andere Banken mit sich zog, gab es bald 2000 freie Geschäfte auf dem Markt. Niemand war daher an dem Hjardemaalschen Anwesen interessiert, und es stand leer.

Erst um die Jahreswende 1909/10 kam ein Pächter mit dem nötigen Kapital, und 1910 wurde schließlich das „Warenhaus Frederiksberggade" eröffnet. Die Einrichtung hatte Rosen in Zusammenarbeit mit dem deutschen Direktor des „Kaufhaus des Westens" geschaffen. Während im Kellergeschoß Kücheneinrichtungen und Werkzeuge verkauft wurden, konnte man im Erdgeschoß Herren- und Damenausstattung kaufen. Von hier aus führte eine elegante Treppe in die erste Etage, wo es Abteilungen für Leinen, Kleiderstoffe, Seidenwaren, Stickereien und Lederwaren gab. 400 Angestellte sorgten dafür, daß alles funktionierte.

Das Geschäft scheiterte, aber schon 1912 öffnete ein neues Unternehmen, „Dansk Varemagasin A/S". Später kam die Schuhwarenfirma Hector, und 1922/23 wurde das Metropol-Kino eingerichtet, das erst 1981 schloß. Das Gebäude beherbergt jetzt wieder ein Geschäft, diesmal des Hennes & Mauritz-Konzerns, der Kleidung für Jugendliche verkauft.

Herkulespavillon, → Kongens Have. Der Pavillon war ursprünglich ein altes Gartenhaus, das 1773 zu dem jetzigen Gebäude umgebaut wurde. Für den Umbau war Harsdorff (s. S. 104 f.) zuständig, der hier Gelegenheit hatte, den neuen Geschmack der Zeit vorzuführen, den Klassizismus. Die Fassade ist reine Kulisse, denn die Rückseite steht immer noch in Fachwerk. In die Hauptnische zwischen zwei Säulen stellte Johannes Wiedewelt eine Figur des Herkules, der einen Löwenrachen auseinanderreißt. Von ihm bekam der Bau den Namen. Die Skulptur, die Friedrich IV. auf seiner Italienreise erwarb, wurde 1706 von dem Florentiner Giovanni Baratta geschaffen. Er lieferte auch die Figuren in den Seitennischen: Orpheus und Eurydike.

Hestemøllestræde (Pferdemühlengasse.) Die Straße im *Westquartier* hat, im Gegensatz zu vielen anderen, ihrem Namen entsprochen. Gegen Ende des Mittelalters kamen durch Pferde angetriebene Mühlen in Gebrauch, und 1523 entstand Kopenhagens Pferdemühle an der Ecke *Kompagnistræde/Hestemøllestræde*. Erst 1579 tritt aber der Name Hestemøllestræde auf. In Städten wie Køge und Helsingør zeugen Straßennamen ebenfalls von alten Pferdemühlen.

Hinterhöfe. Im Laufe der Jahrhunderte wurden die Kopenhagener Grundstücke immer dichter bebaut. Höfe mit Gärten wurden von Wohnhäusern abgelöst, die in *Vorder-, Neben-* und *Hinterhäuser* aufgeteilt waren, wodurch die Hinterhöfe entstanden. Von einem solchen Hinterhof schrieb J. H. Tauber in den 1760er Jahren: „Nach meiner Rückkehr nach Kopenhagen logierte ich in der Badstuestræde bei einem Schneider namens Reinhardt, im zweiten Haus von der Ecke Vimmelskaftet aus zur rechten Hand in der dritten Etage zum Hof hinaus in einer Kammer, die im Sommer nicht so warm war, weil die Sonne wegen der gegenüberstehenden hohen Mauer sich von der Seite hereinstehlen mußte. Keine Aussicht, nur auf einen kleinen Hof, wie üblich mit einem Wasserhaus am Ende. In diesem melancholischen Zimmer hielt ich mich auf . . ."

Um 1850 waren 22 % der städtischen Bevölkerung darauf angewiesen, in Neben- und Hinterhäusern zu wohnen, während 8,5 % nur eine Kellerwohnung hatten. Aus der Zeit wird ein Haus in der *Rigensgade* erwähnt, das mit dem Gestank von Kuhställen und einem Lager alter Knochen und Lumpen angefüllt war. Doch fand in demselben Haus Lebensmittelverkauf statt. Martin Andersen Nexø hat in *Pelle Erobreren* (Pelle der Eroberer, 1906–1910) den Kopenhagener Slum lebendig beschrieben.

Nach einer anderen Untersuchung soll um 1880 ein Viertel der Kopenhagener Bevölkerung in Hinterhöfen ohne direkten Zugang zur Straße gewohnt haben! Erschütternd ist ein Dokument, das von einem Tischlergesellen berichtet, dessen Wohnung aus einem Taubenschlag über einem Abort bestand.

Hirschsprungsche Sammlung, Stockholmsgade 2. Die Gemäldesammlung wurde von dem Tabakfabrikanten Heinrich Hirschsprung und seiner Frau Pauline gegründet. Sie schenkten sie 1902 dem dänischen Staat. Zu ihrer Aufnahme errichtete Professor H. B. Storck 1908–1911 ein Gebäude in vornehm-klassischem Stil, wobei die Mittelpartie der Hauptfassade als klassische Tempelfront hervortritt. Das Relief des Dreieckgiebels stammt von dem Bildhauer Kai Nielsen. Zur Außenverkleidung verwandte man Marmor, während das Dach mit Kupfer gedeckt ist.

In der Sammlung wurde das Hauptgewicht auf C. W. Eckersberg und seine Schüler C. Købke, Bendz, Roed, P. C. Skovgaard und Constantin Hansen gelegt. Auch Marstrand ist repräsentiert. Außerdem besitzt das Museum die Vorarbeiten zur Ausschmückung des Viborger Doms. Der Durchbruch der Moderne ist ebenso reich vertreten, etwa mit Werken der Skagener Maler Krøyer, Anna und Michael Ancher. Es gibt auch Beispiele für Hammershøj, Ejnar Nielsen und L. A. Ring.

Højbro Plads. Der Platz wurde nach dem Brand von 1795 eingerichtet, als man auf Vorschlag der Stadtbaumeister J. H. Rawert und Peter Meyn einige kleine Gassen niederlegte. Das galt auch für den Häuserblock zwischen *Færgestræde* und *Højbrostræde*, zwei Gassen, die vom →Amagertorv zum Strand führten. Dadurch entstand ein offener Platz. Die Häuserreihe *Højbro Plads 9–21* ist ein glänzendes Beispiel für die klassizistische Bauweise nach 1795.

Højesteret (das Oberste Gericht), das heute die Adresse *Prins Jørgens Gård 13* hat, mußte im Laufe der Zeit mehrmals umziehen.

Bis 1660 hatte man in Dänemark das Königliche Gerichtsthing (Det kongelige Retterting), wobei die richterliche und die gesetzgebende Gewalt von denselben Personen ausgeübt wurde, nämlich vom König und den Reichsräten. Friedrich III. gab am 14. Februar 1661 dem Reich einen neuen obersten Gerichtshof (Højesteret), der an die Stelle des Königlichen Gerichtsthings trat. Von jetzt an sprachen die Richter immer noch Recht im Namen des Königs, aber sie hatten keinen Einfluß mehr auf die Gesetzgebung.

Das Oberste Gericht wurde im Kopenhagener Schloß untergebracht, in dem Flügel, der zwischen dem →*Blauen Turm* und dem Rittersaalflügel eingeengt lag. Hier hatte auch das frühere Gerichtsthing schon gelegen. Die neue Einrichtung blieb bis 1712 im Schloß und wurde dann in die Gebäude der Ritterakademie am Nytorv verlegt. Dieser Sitz der Gelehrsamkeit hatte nur eine kurze Lebenszeit. Er entstand 1691 und wurde wegen mangelnder Beteiligung 1710 wieder aufgegeben. Hier gab es also freie Räumlichkeiten, die während des Schloßumbaus benutzt wurden.

Etwas später wurde das Gericht zum *Schloß →Frederiksberg* verlegt, und 1731 befand es sich im Kopenhagener Rathaus, obwohl es noch nicht vollendet war. Doch der König wünschte es dort, im „Saal der 32 Männer“. Hier hielt man Gericht bis zum März 1741, als der neue Saal des Obersten Gerichts in Schloß →Christiansborg bezogen werden konnte.

In dem fast vollendeten Schloß brachte man das Gericht im Südflügel mit Aussicht zum *Provianthof* unter. Der Saal war der drittgrößte des Schlosses, nur übertroffen vom Rittersaal und der Königsgalerie. Er maß in der Länge etwa 30 Meter und wurde nach seiner Funktion ausgestattet und geschmückt. Besonders widmete man sich der Ausschmückung der Decke. Hendrich Krock soll sie ursprünglich bemalt haben, aber er starb, bevor eine Vollendung möglich war. Ein Venetianer namens Hieronimo Miani bekam so den Auftrag.

Zunächst malte Miani ein Bild, das „die Geschichte des Assyrerkönigs Cambis und des ungerechten Richters Sisani“ darstellt, welchem er den Kopf abschlägt. Da der Hofbaumeister →Eigtved jedoch Mianis Malerei kritisierte, die offenbar zu düster war, mußte er eine neue anfertigen. Sie bekam den Titel „Die Flucht der Laster und der Ungerechtigkeit angesichts des gerechten Gottes“. Es ist keine Abbildung davon erhalten, aber man kann sich vorstellen, daß Gottes Angesicht als Auge in einem Dreieck dargestellt wurde, von dem Strahlenbündel ausgingen, die wiederum von Wolken eingehüllt wurden. Dieser Bildtyp war in den Kirchen des Pietismus verbreitet.

Am 18. Januar 1741 kam →Eigtved mit einem Entwurf zur Schloßkommission, der die Anbringung von 44 Konsolen entlang der Decke vorsah. Dazwischen sollten 20 kleine und 14 große Felder mit Motiven zur Inspiration des Gerichts modelliert werden. In den kleinen Feldern dachte man sich Porträts griechischer, römischer und dänisch-norwegischer Gesetzgeber. An antiken Gesetzgebern schlug Eigtved Lykurg, Solon, Cato und Cicero vor, unter den Dänen dachte er an

Saal des Obersten Gerichts im 1. Christiansborg um die Mitte des 18. Jahrhunderts. Karten- und Bildersammlung der Kgl. Bibliothek.

Waldemar den Großen, Friedrich III. und Christian VI. Die Wahl Friedrichs III. war besonders naheliegend, denn er hatte 1661 das Oberste Gericht eingesetzt, 1660 den Absolutismus eingeführt und 1665 das Königsgesetz erlassen. Die Kommission wünschte jedoch keine antiken Gesetzgeber, und das Programm wurde eine rein nordische Repräsentation. In den großen Feldern zwischen den Konsolen sollten Bücher, Zepter, Schwerter und verschiedene „Trophäen“ dargestellt werden, Hinweise auf die Belohnung der Gerechten und die Bestrafung der Bösen.

Am oberen Ende des Saales sollte der König präsidieren. Zu diesem Zweck fertigte der Hoftischler Schäfer eine dreistufige Erhöhung an, auf der ein Thronstuhl stehen sollte. Der Thronhimmel war mit einem Gemälde geschmückt, auf dem sich Jehova, von Engelköpfen umgeben, in seiner Herrlichkeit zeigte. Über dem Himmel war ein Abschluß mit Kronen, „wilden Männern“ und Knöpfen mit schwingenden Straußenfedern. Den Thronstuhl brauchte man zu dieser Gelegenheit nicht anfertigen zu lassen, denn er stammte aus der Zeit Friedrichs III. Christian VI. hatte ihn bei seiner Salbung 1730 benutzt, und zuletzt war er im November 1740 bei den Einzugsfeierlichkeiten in der Königsgalerie des neugebauten Schlosses Christiansborg verwendet worden.

An der entgegengesetzten Schmalseite des Raumes gab es in seiner vollen Breite als Abgrenzung zwischen dem Publikum und den Teilnehmern an den Gerichtsverhandlungen eine Balustrade. Bis dorthin hatte das Publikum Zugang, es wurde aber bei den Beratungen und Abstimmungen ausgeschlossen. An jeder Längswand des Saales stand ein langer Eichentisch, an dem die Richter Platz nehmen sollten.

Das Richteramt entsprach dem jetzigen Amt eines Richters am Obersten Gericht, und die

Amtstracht hing vom Rang ab. Der Pastor und Schriftsteller Nicolai Jonge schrieb darüber: „Die Ritter vom Elefanten- und Dannebrogorden und die mit ihnen Gleichrangigen wie die Kammerherren tragen lange Talare aus karminrotem Samt mit violettem Futter und eine breite Art von violetter Seidenstola, die auf beiden Seiten vom Hals bis auf die Füße herunterreicht. Die übrigen Richter hatten eine ebensolche Tracht, doch bestanden die Talare aus karminrotem Damast."

Nach dem Brand Christiansborgs 1794 wurde das Oberste Gericht im *Prinzenpalais* (jetzt →Nationalmuseum) untergebracht, wo es im Rittersaal tagte. 1854 übernahm das Gericht Räumlichkeiten im *Schackschen Palais* von →Amalienborg, bis 1865 Christian IX. dort einzog. Das jetzige Gebäude am Prins Jørgens Gård (Nordflügel von Schloß →Christiansborg) wurde 1919 in Gebrauch genommen.

Holberg, Ludvig (1684–1754), Dichter und Professor, wurde in Bergen geboren und kam 1702 als Student nach Kopenhagen. Später unternahm er Studienreisen nach Holland und England, wo ihm besonders das Oxforder Universitätsleben zusagte. Von 1709 bis 1714 wohnte Holberg in →*Borchs Kollegium* und schrieb hier seine „Einführung in das Natur- und Volksrecht".

Ludvig Holberg, als Adeliger porträtiert. Stich von 1752 nach einem Gemälde von Roselin. Karten- und Bildersammlung der Kgl. Bibliothek.

Das Studentenleben war zu dieser Zeit von Krawallen auf den Kopenhagener Straßen geprägt, besonders wenn die älteren die „Russen", die neugebackenen Studenten, schikanierten. Oft sollten diese Grünschnäbel für die älteren Wein und Bier besorgen, und sie mußten sich damit abfinden, bei den lateinischen Aufsätzen gestört zu werden. Das viele Disputieren, das im übrigen auf Borchs Kollegium üblich war, fand Holberg übertrieben. Während der Pest 1711 verließ Holberg schnell das Kollegium und hielt sich auf Falster auf.

Holbergs reife Jahre gehörte der Professorentätigkeit und den Komödien. Auf einer graugeputzten Gartenmauer neben dem Stiftspropstenhaus an der Ecke der *Fiolstræde 8* berichtet eine Inschrifttafel, hier habe Holbergs Professorenresidenz gelegen (in einem der *Professorenhöfe* der Universität wohnen zu dürfen, war ein Privileg, auf das man jahrelang warten konnte). Er war 56 Jahre alt, als er dorthin zog, und er wohnte hier 14 Jahre lang. Zum Haus gehörte ein Garten, der sich zur *Skidenstræde* (der jetzigen →Krystalgade) hinunter erstreckte und der mit kreisrund angeordneten Beeten, Pfaden und Gängen angelegt war. Auch für eine Laube gab es Platz. Vorsichtig wie er war, hatte Holberg im übrigen sein Haus mit Eisenstangen vor den Fenstern des Erdgeschosses gesichert.

Neben seinem Wirken als Professor, Geschichtsschreiber und Schatzmeister der Universität war Holberg damit beschäftigt, Komödien und Briefe zu allen möglichen Themen der damaligen Gesellschaft zu schreiben. Sein Interesse am Theater muß im Lichte der günstigen Verhältnisse gesehen werden, die unter Friedrich IV. bestanden. Der König hatte sich seit seiner Jugend eifrig mit der Oper und dem Theater beschäftigt. Besonders auf seinen großen Auslandsreisen 1692/93 und 1708/09 hatte er mit Begeisterung die Bühnen der großen Theaterstädte erlebt. So zog er bei seinem Aufenthalt in Venedig 1692 das Opernhaus S. Lucia vor, weil seine „Musica og Maschinen" schöner als anderswo waren.

Natürlich sorgte Friedrich IV. für ein eigenes Hoftheater, aber 1719 gab er außerdem dem aus Frankreich stammenden Etienne Capion die Erlaubnis zur Aufführung von Komödien in dem kleinen Gjethus (Gießhaus, Gießerei) an →Kongens Nytorv. Holberg hatte damals noch nicht begonnen, Komödien zu schreiben, gab aber im selben Jahr sein satirisches Heldenepos „Peder Paars" heraus, das großes Aufsehen erregte. Mit dem antiken Odysseus als Vorbild wurde Peder Paars Seereise von Kalundborg nach Århus geschildert, die von einem Unwetter und einem Aufenthalt auf Anholt unterbrochen wurde. Die gesellschaftlichen Verhältnisse auf der Insel bekamen Holbergs satirische Feder zu spüren, natürlich eine indirekte Kritik des herrschenden Gesellschaftssystems in Dänemark. Der Weg für die Komödien war frei.

Das Experiment in der kleinen Gießerei wurde ein Fiasko. Dafür eröffnete Etienne Capion im Januar 1722 ein Theater in der *Lille Grønnegade* (jetzt →Ny Adelgade). Dies ging auch schlecht, denn alle Vorstellungen waren in Französisch oder Deutsch. So war es bisher üblich, und darin lag auch ein Grund für das Scheitern in der Gießerei. Da bekam der Leiter einer französischen Schauspielertruppe, René Montaigu, die glänzende Idee, „eine Komödie in der dänischen Sprache einzurichten". So stand es in seinem Gesuch an den König. Montaigu ersuchte außerdem um wirtschaftliche Unterstützung und wies darauf hin, daß alle großen Nationen ihre Nationalbühnen hätten. Das Projekt wurde genehmigt, das Privileg am 14. August 1722 ausgestellt, und am 23. September desselben Jahres wurde das Theater wieder geöffnet, und zwar mit einem Stück von Molière, das ins Dänische übersetzt worden war und den Titel „Gnieren" (Der Geizige) trug.

Zwei Tage später debutierte Holberg mit dem „Politischen Kannengießer", eine Komödie, die zum Anlaß geschrieben wurde. Er hatte, wie er es später ausdrückte, „einen poetischen Rappel" bekommen. Insgesamt fünf Komödien lieferte er Montaigu als Probekollektion, und es folgten weitere. Vor dem Ende der ersten Saison gelang der Rest der ersten Serie zur Aufführung: „Der Wankelmütige", „Jean de France", „Jeppe vom Berge" und „Meister Gert Westphaler". Sie waren große Erfolge, und Holbergs Name war in aller Munde. 1728 ging das Theater in Konkurs, und Holberg schrieb aus diesem Anlaß den tragikomischen Einakter *„Das Leichenbegängnis der dänischen Komödie"*.

Das Theater, in dem die Komödie aufgeführt wurde, war ein recht bescheidenes Fachwerkhaus aus 17 Gefachen, aber seine Einrichtung ist nicht bekannt. Dagegen hat ein Haus zur Aufbewahrung der Kulissen des Theaters in der Lille Grønnegade die Sanierungen überlebt.

Die Idee zu seinen gesellschaftskritischen Komödien bekam Holberg auf seinen Wanderungen durch Kopenhagen, beispielsweise beim Besuch

Blick in Admiral Geddes Gård in der Store Kannikestræde 10, wo Holberg 1708/09 Hauslehrer war. Er soll hinter den drei Fenstern im Zwerchhaus gewohnt haben. Foto um die Jahrhundertwende, als das Haus in Verfall war. Karten- und Bildersammlung der Kgl. Bibliothek.

in Wirtshäusern, worüber er erzählt: „Ich kam öfters in Wirtshäuser, war aber immer nüchtern; man konnte mich jeden Tag unter Spielern sehen, aber ich habe nie selbst gespielt." Auch Einsicht in die Speisehäuser der Stadt und ihre Menus hatte er. Im „Wankelmütigen" bezieht sich Apicius auf eine Mahlzeit, die aus „Hühnerfleischsuppe mit Klößen, einem Truthahn, einer Schüssel Karpfen, einer Schüssel Karauschen, einer Mandeltorte neben verschiedenen Nebengerichten" bestand, „für einen Reichstaler pro Persona". Holberg selbst war alles andere als ein Vielfraß, dagegen ein scharfer Beobachter. Er kannte auch das Viertel zwischen Holmen und St. Nikolai, wo die Wirtshäuser von leichtlebigen Mädchen, Studenten, Schauspielern und Seeleuten bevölkert waren.

Die Diener und Lakaien, die zum Leben in einem vornehmen Bürgerhaus gehörten, gaben Holberg reichlich Inspiration. Oft hatten sie viel

Bildung, wie in „Der elfte Juni“, wo der Diener Henrik sich rühmt, auf der Lateinschule gewesen zu sein. Das Dienstmädchen Pernille gehörte zum festen Inventar in Holbergs Stücken.

Als Friedrich IV. 1730 starb, veränderte sich das Leben in Kopenhagen. Die Pietismus kam zu Ehren, das Theater wurde geschlossen, und es wurde stiller am Hof. Da mag Holberg sich darüber gefreut haben, daß seine Stücke draußen in Europa gelesen und gespielt wurden. Neue Zeiten kamen erst unter Friedrich V., als 1749 das →Königliche Theater auf Kongens Nytorv seine Pforten öffnete.

Holmens Kanal 2, s. „Erichsens Palais“

Holmens Kanal 12 war jahrhundertelang mit Häusern bebaut, die Geschichte erzählen konnten. Es begann 1647 mit der Aufteilung der Grundstücke am Holmens Kanal durch →Christian IV. Einer der bekanntesten Hausbesitzer des 17. Jahrhunderts war der Proviantschreiber Hans Hansen Osten, dessen Frau, Abel Cathrine Wolfsdatter, Kammerzofe bei Sophie Amalie, der Gemahlin Friedrichs III., war. Sie wird in Eleonora Christines „Jammersminde“ erwähnt (vgl. →Abel Cathrines Gade).

1749 wurde das Anwesen Nr. 12 von Andreas Holm, Schreiber im Generalkommissariat, gekauft. Eine Beschreibung aus dieser Zeit berichtet von den vielen Räumen des Vorderhauses, die mit „Wachstuch, allen möglichen Behängen und bemalten Tapeten mit biblischen Geschichten, Blumen und anderem Zierat“ dekoriert waren. Zum Hof gehörte auch ein größerer Komplex von Neben- und Hinterhäusern, von denen Grøns Gård zur *Laksegade* hin noch erhalten ist.

Als der Kammerherr Baron Conrad Ditlev von Knuth 1760 den Hof erwarb, begann eine Zeit des Glanzes. Folgendes Dienstpersonal gab es 1762 zur Aufwartung der Herrschaft, von der niedrigsten Stellung an aufwärts: ein Junge, ein Hofknecht, ein Vorreiter, ein Kutscher, ein Bote, zwei Lakaien, ein Küchenmädchen, ein Stubenmädchen, eine Haushälterin, eine Amme, eine Frau zur Nachtwache, ein Nähmädchen, ein Mädchen für die sechsjährige Tochter und eine Kammerzofe für die Baronesse.

Ein neuer Eigentümer, der reiche, aus der Schweiz stammende Kaufmann Pierre Peschier, kam 1784. Er hatte u. a. reichliche Einnahmen aus dem Getreide- und Teehandel, und in den Jahren 1773–1803 soll er einen großen Umsatz gehabt haben. Nach dem großen Brand von 1795, der viele Häuser am Holmens Kanal zerstört hatte, beschloß Peschier ein richtiges Palais zu bauen, wie es Adelige und reiche Bürger auch anderswo in der Stadt taten. Als Architekten wählte er den Hofbaumeister C. F. Harsdorff. Der Bau war 1798 fertig.

Während man für das Mauerwerk holländische rote Ziegelsteine verwendete, nahm man für die Kapitelle der Pilaster „Bremerstein“ (Wesersandstein), und das Dach wurde mit großen, glasierten Steinen gedeckt. Im Torraum waren imitierte Marmorsäulen, die die zwölfstufige Marmortreppe zum Erdgeschoß flankierten. Die Einweihung des Palais wurde mit Pomp und Pracht inszeniert, sogar mit Beteiligung des Königshauses. Bald darauf ging es mit dem Großkaufmann abwärts, und 1811 mußte er das Anwesen veräußern.

In den nächsten 20 Jahren diente das Haus als Privatwohnung, und dann kaufte es der Weinhändler J. A. Reuter. Er vermietete einen Teil des Anwesens an die Studentenvereinigung, und die Begegnungsstätten wurden zu Weihnachten 1835 mit einem Prolog des Dichters Henrik Hertz eingeweiht. Eine Bühne wurde im großem Saal eingerichtet, und hier trat u. a. H. C. Andersen 1836 als tragischer Schauspieler in „Souffleurens Benefice“ auf.

Eine neue Epoche begann mit der Übernahme des Mietverhältnisses durch den Tischler C. C. Hornung 1841. Er fabrizierte Klaviere, und zwar so gut, daß er bald das Erdgeschoß, dann das erste Geschoß und 1846 das ganze Anwesen übernehmen konnte. Aber die Ambitionen hatten eine solide Grundlage. Auf der Weltausstellung in London 1851 bekam Hornung für seine gute Arbeit eine Medaille, und später folgten Medaillen auf Industrieausstellungen in Paris und Malmö.

Der Fabrikant Hornung ließ 1850 den Architekten G. F. Hetsch einen größeren Umbau des Vorderhauses vornehmen, wobei das Mezzaningeschoß zur jetzigen obersten Etage erhöht wurde. In Verbindung damit wurden die sechs korinthischen Pilaster in der Mittelpartie um eine Etage angehoben. Das jetzige Relief, Ackerbau und Seefahrt als Motiv, stammt von Vilhelm Bissen.

1853 übernahm die *Industrievereinigung* das Gebäude für 82 000 Reichstaler, und die zweite Etage wurde darauf an eine Tanzschule vermietet, während der Keller von dem Weinhändler Haubro übernommen wurde. Heute gehört das Haus der Dänischen Bank von 1871.

Holmenskirche (Holmens Kirke). Die Kirche am Holmens Kanal war ursprünglich ein kleineres Gebäude, das als Ankerschmiede diente. Diese war 1562/63 von Peter de Dunker, dem Baumeister Friedrichs III., auf →*Bremerholm* errichtet worden, wo die Werft für die Kriegsschiffe schon angesiedelt war. Indem Bremerholm sich allmählich durch Eindämmungen, Straßenregulierungen und dichte Bebauung veränderte, wuchs das Bedürfnis nach einer Kirche. 1617 ließ →Christian IV. in dem Haus auf Bremerholm eine Kirche einrichten, wo die Leute ihre Mahlzeiten einnahmen. Im selben Jahr baute der König auch die *Schifferbuden*, die Kapitäne, Boots- und Steuermänner aufnehmen sollten.

Kurz darauf wurde die Kirche jedoch zur Ankerschmiede verlegt, zur „großen Schmiede", wie man sie damals nannte. Sie wurde für den neuen Zweck teilweise umgebaut, und die Einweihung fand 1619 statt. Die Kirche erwies sich bald als zu klein, und 1641–1643 wurde eine größere Erweiterung mit Umbau eingeleitet unter der Leitung des Oberbaumeisters Leonhard Blasius. Ein Turmgebäude, das westlich in der Verlängerung der Schmiede stand, wurde zum Chor der jetzigen Kirche umgebaut. Seine prächtige Westfassade aus Dunkers Zeit ruht zum Kanal hin auf einem imponierenden Quaderunterbau. Im Sockel sieht man noch fünf Eisenringe, an denen die Schuten festmachen konnten. Auch Maueranker gibt es, die Verschiebungen im Quadergefüge, verursacht durch den lebhaften Schiffsverkehr, verhindern sollten.

Wegen der Höhe des Chores mußte Blasius die Mauern der Schmiede auf die doppelte Höhe bringen. Auch wurden zwei Kreuzarme angebaut, so daß der Grundriß der Kirche die Form eines griechischen Kreuzes bekam. Blasius ahmte auch das Kompositionsschema von Dunkers Fassade zum Kanal hin nach, als er die drei übrigen Kreuzarme mit Giebeln abschloß, die die Pilaster mit gerillten Schäften, dorischen Kapitellen und geschwungenen Voluten wiederholten. Der Vierung wurde ein Dachreiter aufgesetzt, während die Mauern mit waagerechten gelben und roten Streifen bemalt wurden; durch die weißen Fugen entstand der Eindruck eines Backsteinmauerwerks. Diese Bemalung sollte verdecken, daß der ursprüngliche Bau aus Backstein, die Kreuzflügel dagegen, der *Kapitänsgang* nach Norden und der *Kräuterhofgang* nach Süden, aus gelben Steinen bestanden.

In die Fassade zum Kapitänsgang setzte man die „große Kirchentür", die von der älteren Kirche stammt. Über dem stark erneuerten Portal sieht man ein ovales Feld mit dem Namen Jahves in hebräischen Buchstaben. Die Eingangspartie trägt auch den Namenszug Christians IV. sowie die Buchstaben RFP für Christians Wahlspruch „gudsfrygt styrker rigerne" (Gottesfurcht stärkt die Reiche).

Das Königsportal an der Hauptfassade im Osten wurde dagegen vom Roskilder Dom geholt, wo es seit 1635 gestanden hatte. Diese Prachtarbeit, wo vortretende Säulenpaare auf Plinthen den Eingang flankieren, stammt von Gert Borckman. Die Überführung aus Roskilde geschah in Verbindung mit dem Umbau und der Instandsetzung der Kirche durch Ludvig Fenger 1871/72.

Das Kircheninnere wird von dem flachen Tonnengewölbe mit Stuckengeln beherrscht. Das runde Feld in der Vierung war ursprünglich mit dem Reichswappen geschmückt; es wurde aber 1770 durch Fruchtornamente ersetzt. Die Emporen, die von dem Umbau 1641 stammen, wurden Mitte des 18. Jahrhunderts in Logen mit Fenstern verwandelt. Die Farbgebung des Inventars hat sich verschiedene Male geändert, etwas, was durch zahlreiche Kirchenrestaurierungen im ganzen Land bekannt ist. Am markantesten war wohl die gelbe Ölfarbe, die man, wie an Bug und Heck der königlichen Kriegsschiffe, 1739 verwandte.

Von großer Pracht ist das Messinggitter, 38 kräftige Baluster, die Chor und Schiff voneinander trennen. Alle tragen Stifternamen, davon 37 mit der Jahreszahl 1668, während der letzte von 1835 stammt. Die jüngste (versuchsweise) Aufstellung des Chorgitters geschah bei einer Restaurierung 1971/72.

Die Altartafel, ein Meisterwerk des Bildschnitzers Abel Schrøder des Jüngeren, ist 1661/62 datiert. Die Signatur verbirgt sich in der Schlinge einer Weinranke. Die drei Stockwerke hohe Tafel wird von gedrehten Säulen, Kennzeichen des Barock, unterteilt. Im untersten Feld sieht man eine Abendmahlsdarstellung. Darüber folgen Golgatha, Grablegung, Auferstehung und Himmelfahrt. An den Seiten sind zwischen den Säulen des untersten Stockwerks die vier Evangelisten angebracht, während auf den folgenden beiden Gesimsen Tugendfiguren stehen. In das Postament des Hauptfeldes sind die Namenszüge Friedrichs III. und der Sophie Amalie geschnitzt.

Mit Recht wird Abel Schrøder der Jüngere als größter Holzschnitzer seiner Generation betrachtet.

Die imponierende Kanzel, die größte von Kopenhagen, reicht vom Fußboden bis zur Decke. Der Korb ruht auf einer 144 cm hohen Mosesfigur, ein Symbol dafür, daß das von der Kanzel verkündete Neue Testament auf dem Alten Testament basiert. Die ganze Anordnung wirkt durch ihre Details überwältigend.

Von dieser Kanzel haben große und charaktervolle Pastoren gesprochen. Einer der farbenreichsten, Ivar Brinch, war 1702–1711 Pastor an der Kirche. Er begann seine Karriere als Lateinlehrer bei Ulrich Chr. Gyldenløve, rettete später sein Leben beim Brand des Opernhauses 1689 und wurde darauf Pastor der dänischen Söldner in Irland und der dänischen Gemeinde in London. 1708/09 folgte er Friedrich IV. als Reisepastor nach Italien.

Über Balthasar Münter, der von 1823 an an der Holmenskirche diente, erzählt eine Norwegerin, die ihn 1839 predigen hörte: „Eine schöne, kräftige und kernige Rede, obwohl ich die äußere Form zu hart fand. So schlug er manchmal so fest auf die Kanzel, daß ich Angst hatte, das kleine Lesepult könne herunterfallen."

Holsteins Palais, Stormgade 10. Die Geschichte des Baus kann bis 1687 zurückgeführt werden, als der Hofmarschall Henrik Ulrik Lützow das Grundstück mit einem massiven, neunachsigen,

Das Abendmahl, perspektivisch wiedergegeben und von üppigen Barockornamenten eingerahmt. Eines von vielen Details an Abel Schrøders Altar in der Holmenskirche. Antiquarisches topographisches Archiv des Nationalmuseums.

zweistöckigen Haus bebauen ließ. Die Fassade war mit Pilastern in „großer Ordnung" geschmückt, ebenso wie Niels Juels Palais an Kongens Nytorv (→Thotts Palais), und an das Vorderhaus stießen niedrige Sperrmauern mit Toren. 1706 wurde das Haus an beiden Enden um einen breiten Abschnitt verlängert, während sich zwei kurze Seitenflügel zum Garten hin erhoben. Architekt und Hofsteinmetz Jacob Fortling gab 1756 dem Gebäude seine jetzige Form, indem er den Hauptflügel um eine Etage erhöhte und eine Balustrade mit Vasen und Figuren aufsetzte. Über die Mittelachse kam eine Wappenkartusche. Vom selben Umbau stammen das hohe Tor (in jetziger Form von 1939) und die Ohrenlisenen der Fenster.

1827 kaufte →Friedrich VI. das Palais, und es wurde darauf von Jørgen Hansen Koch modernisiert und zum *Königlichen Naturhistorischen Museum* eingerichtet. Zwei große Wissenschaftler sind mit der früheren Geschichte des Museums verbunden, der Naturforscher Peter Wilhelm Lund und der Zoologe Johannes Theodor Reinhardt. Der erstere unternahm mehrere Reisen nach Südamerika, um Höhlen und Versteinerungen zu studieren, und schrieb darüber in den Schriften der Gesellschaft der Wissenschaften eine Reihe von Aufsätzen (letzte Nummer von 1846). Seine berühmte Sammlung, die er nach Kopenhagen schickte, konnte leider erst im Winter 1859/60 ausgepackt werden.

Der Zoologe J. T. Reinhardt, der 1848 zum Leiter der 1. Abteilung (Säugetiere und Vögel) am Museum ernannt wurde, muß wegen der Erdumsegelung erwähnt werden, die er 1845–1847 mit dem Schiff *Galathea* unternahm. Er besuchte Lund 1848 in Südamerika und beschäftigte sich später mit dessen Sammlungen.

Von einem jütischen Besucher ist aus der Mitte des vorigen Jahrhunderts folgender Eindruck des Museums überliefert: „Ich sah Hunderte von Tieren und Tausende und Abertausende von Vögeln . . . und bewunderte die Größe der Natur. Sie waren alle ausgestopft und standen da, als ob sie lebten . . . Ich sah einen Elefantenzahn von vier Ellen Länge und so dick wie ein Schenkel. Ich sah das größte Tier, einen Auerochsen, ein furchtbares Tier, groß wie ein Pferd. Das nächstgrößte ist der weiße Eisbär, und dann folgen die vielfältigen Familien der Bären, der Wölfe, der Tiger, Hunde, Affen und das unmögliche Schuppentier . . ." Als in der →Krystalgade ein neues zoologisches Museum gebaut wurde, kamen die Sammlungen dorthin.

Hørup-Monument. Das Denkmal in →Kongens Have, Ecke Gothersgade–Kronprinsessegade, wurde 1915 errichtet, nachdem man 1902–1906 durch eine landesweite Sammlung das Geld dafür beschafft hatte. Es stellt eine Huldigung an den Politiker Viggo Hørup dar, der Mitglied der Bauernpartei Venstre war, wo er den radikalen Flügel repräsentierte. Wie kein anderer Politiker seiner Zeit verstand er es, die politischen Schlagworte zu formulieren, am Ende der 1870er Jahre etwa: „Niemand über und niemand neben dem Folketing". Die parlamentarische Regierungsform war ihm Herzenssache, und im Kampf gegen den konservativen Regierungschef J. B. S. Estrup, der mit provisorischen Gesetzen regierte, war er einer der Stärksten.

Als Estrup am 1. April 1885 das provisorische Haushaltsgesetz für 1885/86 durchgesetzt hatte, hielt Hørup einen Monat später in dem Dorf Havdrup, das zu seinem Wahlkreis Køge gehörte, eine Rede. Dabei sagte er u. a.: „In letzter Instanz appellieren wir ans Volk, und wir haben die letzte Instanz erreicht. Wir stehen weder auf dem Boden des Grundgesetzes noch dem des Gesetzes oder dergleichen. Wir stehen auf dem nackten Boden. Dänemark ist aus der Reihe der freien Staaten ausgetreten. Wir haben kein Bewilligungsrecht mehr, und eine freie Verfassung ohne Bewilligungsrecht ist eine Wolke ohne Regen, die wie ein klägliches Wetter über das Land zieht, aber keinen Ertrag bringt."

An die Rede in Havdrup dachte J. F. Willumsen, als er viel später, nach Aufforderung durch Alice Bloch 1903, die Skizzen für das Hørupdenkmal begann. Willumsen war damals in Paris, und Alice Bloch orientierte ihn laufend und schickte ihm später den Teil des dreibändigen Werks „V. Hørup in Schrift und Rede", der gerade herausgekommen war. Ebenso wurde Willumsen ganz privat durch den Journalisten Henrik Cavling aufgefordert, sich ernsthaft für die Aufgabe zu interessieren. Cavling gab zu erkennen, daß ein Kreis von Geldgebern bei der Sammlung sich für Willumsen einsetzte.

Anfang 1906 wurde offiziell ein Wettbewerb ausgeschrieben, den Willumsen nach einer riesigen Vorarbeit überzeugend gewann. Er hatte Zeitungsartikel, Fotos und persönliche Nachrichten gesammelt, um der Persönlichkeit des verstorbenen Politikers nahezukommen. Sogar Fragebö-

J. F. Willumsens erster Entwurf für das Hørupdenkmal in Kongens Have. Politikens Pressefoto. Original in Politikens Museum.

gen ließ er verschicken. Es folgten fünf Entwürfe, von denen einer, eine Porträtbüste von 1905, heute in →Christiansborg aufgestellt ist. Auf einer Norwegenreise, bei der er die Aufgabe mit dem Dichter Bjørnstjerne Bjørnson besprach, schlug der Norweger vor, Hørup durch einen Fuchs zu symbolisieren, der über eine Schar Gänse herfällt. Bjørnson hatte die radikale Bewegung in Dänemark verfolgt. Willumsen machte aber nur eine Skizze nach dieser Idee. Der endgültige Vorschlag wurde ein ein Meter hohes Modell aus Holz und Wachs, wo der Volksredner mit gekappten Beinen auf einem großen Sockel steht. Willumsen stellte sich hier Hørup bei einer Kundgebung auf einem Wagen stehend vor, wobei die Seitenbretter das meiste von seinen Beinen verdeckten. Aber diese höchst originelle Idee wurde kritisiert. Der königliche Historiograph Louis Bobé bezeichnete später die Figur als „gehässiges Memento in Stein für einen verstümmelten Kommunarden oder einen verunglückten Arbeiter, der, auf seine Beinstümpfe gestützt, mit der letzten Kraft seiner Lungen eine Verfluchung des Kapitalismus herausschleudert".

Aber Willumsens Gedanken siegten, und das Denkmal wurde errichtet. Auf der einen Seite des Sockels, der sich wie ein Pflug vorschiebt, sieht man die Eiche, ein Symbol für das Leben, das seine politischen Ideen schufen. Die übrigen Bilder zeigen das Leben der Bauern im Laufe der Zeiten. Die Nazis zerstörten das Denkmal im März 1945 durch eine Bombe, worauf 1949 eine neue Figur gegossen und eingeweiht wurde.

Hotel d'Angleterre, Kongens Nytorv 34, ist das älteste Hotel der Stadt. Zur Zeit Christians V. ließ der Großkanzler Frederik Ahlefeldt dort einen ansehnlichen Palast bauen. Der Gastwirt Gottfried Rau übernahm den Hof nach dem Brand von 1795 und richtete ein Hotel unter dem jetzigen Namen ein. Der „Englische Club" hatte in dem Gebäude seine Lokale. Als der *Peder Madsens Gang* 1877 abgerissen werden sollte, kaufte Tietgens Baugesellschaft das alte Palais für 285 000 Reichstaler und ließ es nach Entwürfen von V. Dahlerup und G. E. W. Møller erweitern und umbauen. Die Fassade wurde 1903 nochmals verändert.

Hovedvagtsgade. Die Straße, die beim Hotel d'Angleterre auf →*Kongens Nytorv* mündet, ist eine Erinnerung an die militärische Vergangenheit der Stadt. Nachdem der Platz 1670 als Musterungsplatz für Soldaten angelegt war, wurde zehn Jahre später eine Hauptwache errichtet, und zwar dicht bei dem damaligen →Hotel d'Angleterre. Ein pompöseres Gebäude wurde 1723/24 nach Entwürfen von E. D. Häusser gebaut, der die neue Hauptwache mit einer Loggia zum Platz hin versah. Vor dem Bau postierte man drei Kanonen, die von den Kopenhagenern Abraham, Isaak und Jakob genannt wurden.

Das militärische Haus wurde 1874 abgerissen und an seiner Stelle die Hovedvagtsgade angelegt. Ein neues Wachthaus entstand auf dem →Kastell. Die drei Kanonen befinden sich jetzt im →*Zeughausmuseum*.

Huggehaven („Haugarten"). Der Garten bei →Charlottenborgs hinterstem Hof kann leicht übersehen werden, denn nur ein kleiner Teil ist hinter einem kräftigen Eisengitter zu sehen; der Rest ist von Gebäuden abgeschirmt. Im Sommer ist hier ein üppiger Park mit Büschen und Bäumen, und überall liegen Steine in verschiedenen Farben, halbfertige Skulpturen und unbehauene Blöcke. Sie zeugen vom Fleiß der jungen Bildhauer. Mitten darunter gibt es moosbewachsene Reste der abgebrannten Vorläufer von Schloß Christiansborg.

Diese ganze poetische Unordnung erinnert an einen verwahrlosten Friedhof. Bei der Tür zu dem langen, gelben Ateliergebäude der Bildhauerschule steht ein gräuliches Denkmal, ein Abguß des originalen Grabsteins für *Iordano*, Nicolai →Abildgaards römischen Pudel. Das Original aus norwegischem Marmor hat man pietätvoll in einem Unterrichtszimmer in dem gelben Bau aufbewahrt. Abildgaard schaffte sich den Hund an, als er in jungen Jahren in Rom studierte.

Als er nach Hause zurückkehrte und Professor an der Kunstakademie wurde, bekam er den jungen Bertel Thorvaldsen als Schüler. Nach 41jährigem Italienaufenthalt kehrte dieser zurück. In dem Garten wurde der Meister bei der Arbeit an einem Relief fotografiert. Das Foto, eine Daguerreotypie von 1840, wurde auch zu einem Stück Geschichte. Es ist nämlich die älteste erhaltene fotografische Aufnahme des Nordens.

Der Huggehave hat aber nicht immer als Atemloch für die Künstler der Akademie gedient. Ursprünglich war er ein Teil des prächtigen Schloßgartens, der zu dem Haus gehörte, das Ulrik Frederik Gyldenløve an Kongens Nytorv 1672–1677 bauen ließ und das später Charlottenborg genannt wurde. Dieser Garten war so ergiebig, daß man von hier Melonen und anderes Obst an den Hof lieferte. 1677 wurde er der Universität zu botanischen Studien zur Verfügung gestellt, aber schon 1874 mußte er aufgegeben werden.

Hyskenstræde. Die Straße zählt zu den ältesten Kopenhagens und wird erstmals 1480 erwähnt. Der Ursprung des sonderbaren Namens muß wohl in einer öffentlichen Toilette gesehen werden, die auf Pfählen am Strand stand. Solche Einrichtungen wurden auch hyskener genannt, eine Ableitung von dem plattdeutschen „Hyseken" = Häuschen. Am Ende der Regierungszeit Waldemar Atterdags, 1373, wurde diese Kopenhagener Notdurftanstalt als *Hysekebro* (Häuschenbrücke) bezeichnet.

Die Straße hatte in neuerer Zeit mehrere angesehene Bewohner, so den Dr. theol. Christian Bastholm, der 1782 in der *Hyskenstræde 3* wohnte. Bastholm trug den Titel „erster königlicher Hofprediger" und wurde wegen seiner Beredsamkeit gerühmt. In einer Neujahrspredigt einige Jahre zuvor hatte er den Himmel für die Güter gepriesen, mit denen Dänemark gesegnet war: „Kein Erdbeben begräbt die Leute unter dem Schutt ihrer zusammenstürzenden Häuser. Die Schleusen des Himmels sind uns niemals verschlossen, die Hitze der Sonne verbrennt nicht die Früchte der Erde. Keine ansteckenden Krankheiten entblößen das Land von seinen Bauern und die Städte von ihren Bürgern. O Dänemark!"

Ein anderer bekannter Bewohner der Hyskenstræde war der Architekt und Lehrer an der

Kunstakademie N. S. Nebelong, der 1851 Zimmer in *Nr. 10* hatte.

Hyskenstræde 9 wurde 1834 gebaut, mit Ausnahme der Fassade, die von einem 1798/99 errichteten Gebäude stammt. Bauherr war Christian Carstens, Oberlehrer und Inspektor an der Schule der Sankt-Petri-Kirche.

I

Immanuelskirche, Forhåbningsholms Allé. Die Kirche wurde für „Kopenhagens Freie Gemeinde von 1890" gebaut. Am 8. September 1892 wurde der Grundstein gelegt, und am 29. Oktober 1893 erfolgte die Einweihung. Die Entwürfe lieferte Andreas Clemmensen, einer der hervorragendsten Architekten des Historismus, der nach seinem Abgang von der Kunstakademie 1875 für J. D. Herholdt und Professor Hans J. Holm arbeitete. Clemmensens Interesse an historischen Stilen machte ihn für die Aufgabe gut geeignet. Von der romanischen Architektur ausgehend, formte er die Immanuelkirche als Langhaus mit einem halbrunden Abschluß im Osten. Die Westfassade wurde mit einem rundbogigen Portal versehen. Darüber wurde nach lombardischer Art eine Säulengalerie gelegt, und darüber folgte ein doppelter Rundbogen mit Säule. Als Baumaterial wählte man rote Backsteine im Klosterformat und im Mönchsverband. 1904/05 entstand der Turm nach Entwürfen von Andreas Clemmensen und Rasmus Rue. Sein Zusammenbau mit dem Gemeindehaus ergibt die Wirkung des Campanile.

Das Innere ist weiß gekalkt. Der Raum hat ein Tonnengewölbe und Emporen an den Langseiten. Die Orgelempore sieht man über dem Haupteingang im Westen. Das monumentale Altarbild „Die erste Pfingsttaufe" wurde 1904 von Niels Skovgaard gemalt und der Kirche geschenkt, während der geschnitzte, dunkle Holzrahmen von Niels Larsen Stevns stammt. Die Familie Skovgaard hat den Raum auch auf andere Weise geprägt: Joakim und Niels Skovgaard haben zusammen mit Niels Larsen Stevns die Kanzel dekoriert, und die gestickte Altardecke stammt von Joakim Skovgaard.

Vestre Gasværk, das 1857 gegründet und bis 1872 mehrmals erweitert wurde, gab Anlaß zu mancherlei Geruchsbelästigung. Nach dem Witzblatt „Humoristen" traf es die Bewohner von Gasvejen, Istedgade und Badevejen. Der Zeichner empfiehlt Flaschen mit Riechsalz.

Istedgade (Idstedtstraße). Die Straße wurde 1858 angelegt, zunächst nur von der →Abel Cathrines Gade zur Eskilsgade, später aber nach beiden Richtungen verlängert. Die Straße versteckt ihr eigentümlichstes Bauwerk, nämlich die Backsteinmauer der Königlichen Schießbahn, die sich wie eine Theaterkulisse mit Türmen und Brustwehr erhebt. Von Istedgade 68–80 aus gibt es durch ein Tor Zugang zum Garten hinter dem →Städtischen Museum. Der neugotische Bau wurde 1887 nach Entwürfen des Architekten L. Knudsen errichtet.

J

„Jacob Holmblads Gård", Sølvgade 38, wurde 1776 gebaut. Im Prinzip besteht der Hof aus zwei zusammengebauten Häusern, deren gemeinsame Fassade nach →Eigtveds Vorbild, aber ohne die entsprechende Harmonie, mit Risaliten versehen ist. Während die Eigtved-Periode den drei Fensterachsen breiten Risaliten bevorzugte, sind die Risalite an dem Haus in der Sølvgade nur zwei Achsen breit. Auch wurde eine Achse jeder der Häusereinheiten da, wo sie zusammenstoßen, weggelassen, was die Fassade zusammengepreßt erscheinen läßt.

Zum Anwesen gehören auch *Neben-* und *Packhaus.* Alles zusammen wurde für den Färber Jacob Holmblad gebaut, der 1806 starb. Seine Nachkommen wurden betriebsame Produzenten von Seife, Leim, Lack, Stearin und Farben.

Jarmers Turm bildet einen letzten Rest der alten Wallanlage, die im Mittelalter Kopenhagen landwärts umgab. Heute ist er nur eine Ruine aus roten Backsteinen auf einer Verkehrsinsel Ecke Nørrevoldgade/Vestervoldgade. Als der wendische Fürst Jaromir (Jarmer) von Rügen im April 1259 die Stadt angriff, durchbrachen seine Mannen den Wallabschnitt, der etwa bei der jetzigen Studiestræde lag. Die Kopenhagener erinnerten sich an den Vorfall, indem sie noch am Ende des Mittelalters die Stelle *Jarmers Gab* (Jarmers Bresche) nannten. Diese Bezeichnung kommt noch 1496 vor, als Jes Olsen die Bodenrente für „einen Hof bei Jarmers Gab . . ." bezahlte. Ein Dokument desselben Jahres berichtet, Lars Andersen habe ein Grundstück „bei Jarmers Gab" erworben.

Als man in den 1520er Jahren die Westfront (den Stadtwall mit den Palisaden) weiter hinauslegte, verband man die Bezeichnung mit dem Turm, den man an der neuen Verteidigungslinie errichtete. Während der Belagerung Kopenhagens durch Christian III. 1535/36 stellte man die am weitesten reichende Kanone der Stadt, die „Böse Schlange", neben den Turm. Auf der ersten Perspektivkarte des westlichen Kopenhagen (von der Landseite her), die 1588 von Braun und Hogenberg herausgebracht wurde, sehen wir den Turm zweietagig und mit einem Kegeldach wiedergegeben. Der Turm war ursprünglich nach hinten zu offen, aber in Verbindung mit den Wallarbeiten →Christians IV. von 1607 ließ man vermutlich die Öffnung zumauern und mit Erde füllen. Ein gewölbter Gang ermöglichte aber immer noch den Zugang zum Turm. Bei der Schleifung des Wallstücks und der Bastion 1884 wurde nicht nur der Turm, sondern auch ein Rest der älteren Stadtmauer freigelegt. Letzterer wurde aber wieder entfernt, weil er den städtischen Gärtnern hinderlich schien. Der Abriß wurde in

Bischof Absalons Geist erschreckt den Kopenhagener Magistrat, der den Abriß von Jarmers Turm plant. „Punch", 20. August 1885.

der satirischen Zeitschrift *Punch* lebhaft bedauert.

Johanneskirche, s. Sankt-Johannes-Kirche.

K

Kanzleigebäude, Slotsholmen 4. König Friedrich IV. ließ 1715–1720 das „Kollegiengebäude" (jetzt Ministerialgebäude) auf Slotsholmen errichten. Über den geplanten Baugrund erstreckte sich eine Erweiterung des nahegelegenen Provianthofs, die *Bagerset* (die Bäckerei) genannt wurde und die 1714 entfernt werden mußte. Generalbaumeister Johan Conrad →Ernst, der für das neue Gebäude verantwortlich war, entwarf eine dreiflügelige Anlage mit der Hauptfassade zur Börse hin. Als Baumaterial nahm man roten Backstein, während für die dekorativen Details

Sandstein verwendet wurde. Ein Motiv, das schon in der Renaissance vorkam, ist der Wechsel der Segment- und Dreieckfrontons.

Imponierend ist der Segmentfronton, der die Mittelpartie mit dem Tor abschließt. Es ist ein Hauptwerk in der Geschichte der dänischen Giebel und Frontons. Das Relief stammt von dem Bildhauer Johan Christopher Sturmberg († 1722). Hier sieht man die Büste des Königs zwischen Attributen des Kriegs und des Friedens, eine schöne Erinnerung an den Großen Nordischen Krieg und seinen Abschluß 1720, als der König bei den harten Friedensverhandlungen große Festigkeit zeigte. Innen befinden sich Stuckarbeiten des Italieners Anthoni Auzoni und Malereien von Hendrich Krock.

Kartoffelrækkerne (die Kartoffelreihen) nennt der Volksmund das Quartier zwischen der *Øster Farimagsgade* und dem *Sortedamssø*. Die Grundstücke waren früher Gärten mit Kartoffelanbau, was zusammen mit den niedrigen Häusern zu dem Namen „Kartoffelreihen“ führte.

Die Bebauung muß als eines der vielen Unternehmungen gelten, die seit der Mitte des 19. Jahrhunderts darauf zielten, den Arbeitern im Gegensatz zu den wilden Bodenspekulationen der Zeit bessere Wohnungen zu verschaffen. Was die Kartoffelreihen betrifft, so wurde der erste Schritt 1865 gemacht, als Arbeiter von →Burmeister & Wain „Arbejdernes Byggeforening“ (Bauverein der Arbeiter) gründeten. Die Initiative dazu kam von dem Bezirksarzt F. F. Ulrik, und die ersten zehn Häuser entstanden auf einem geschenkten Grundstück bei der späteren *Sverrigsgade* auf →Amager. 1868/69 baute der Verein 12 Häuser in der *Schønbergsgade* in Frederiksberg. Am bemerkenswertesten war aber die Planung des Wohnviertels der Kartoffelreihen, die 480 Häuser umfaßte.

Die Bauarbeiten wurden durch ein wöchentliches Kontingent finanziert, das zuerst eine Mark, nach der großen Geldreform von 1875 33 Øre betrug. Die Häuser, die in den Jahren 1873–1889 gebaut wurden, wurden nach Fertigstellung unter den Mitgliedern verlost. Jedes Reihenhaus war für zwei Familien gedacht und hatte Hof und Vorgarten.

Kastell (Kastellet, Citadelle Frederikshavn). 1662/63 legte der holländische Ingenieur Henrik Rüse ein Kastell an der Stelle an, wo →Christian IV. früher seine *Skt.-Annæ-Schanze* gebaut hatte (1629). Das Festungswerk, das als fünfeckige Wallanlage mit Bastionen und doppeltem Graben angelegt wurde, bekam nach dem Gründer Friedrich III. den Namen *Citadellet Frederikshavn.*

Aus der Anlagezeit stammt *Sjællandsporten* (das Seelandtor), das von Süden in die Festung führt. Das Torgebäude trägt außen die Jahreszahl 1663 und ist mit einem Dreieckfronton geschmückt, über dem sich eine Porträtbüste Friedrichs III. befindet. Sie stammt von dem Bildhauer Fr. Dieussart. Wegen des Königsporträts hat man das Bauwerk auch *Kongeporten* (Königstor) genannt. Am entgegengesetzten Ende der Anlage steht *Norgesporten* (das Norwegentor), das auch 1663 entstand. Es wurde von den Deutschen am 9. April 1940 gesprengt, ist aber wieder hergestellt. Die Festungstore stammen ebenfalls von Henrik Rüse.

Im Kastell sind die alten Gebäude symmetrisch um eine Hauptachse angeordnet, die ostwestlich verläuft und die Kirche sowie das Kommandantenhaus schneidet. Die langen, roten Bauten tragen die namen *Stjerne-*, *Artillerie-*, *Elefant-*, *Fortun-*, *General-* und *Svanestok.* Sie wurden am Ende des 17. Jahrhunderts und später gebaut.

Wo heute *die Kirche* liegt, hatte man ursprünglich ein Schloß geplant. Noch auf Resens Atlas von 1674 ist ein phantasievolles, fünftürmiges Schloß eingezeichnet. Selbst in Thurahs *Hafnia hodierna* von 1748 wird die jetzige Kirche noch als „Frederikshavn Schloßkirche“ bezeichnet, was darauf deutet, daß man die alten Visionen nicht ganz vergessen hatte. Eine Kirche und Pastoren haben von Anfang an die Besatzung des Kastells bedient. So geht aus einem Schreiben vom Dezember 1644 hervor, daß die Pastoren des Kastells unter dem Forum der →Bremerhol-

Ausschnitt aus Resens Perspektivplan von Kopenhagen 1674, auf dem man die imponierende Wallanlage der Zitadelle Frederikshavn sieht. Das vorgesehene Schloß bei den Bauten der Zitadelle wurde nie gebaut. Karten- und Bildersammlung der Kgl. Bibliothek.

11
31
30
22
23
24
39
32
39
38
37
19
17
39
39
21
36
39
39
33
25
39
35
34
39
18
29
20
27
26
16
16
28
40
15

mer Gemeindepastoren standen. Untersuchungen zeigten, daß die ursprüngliche Kirche am Nordende des *Artilleristoks* stand und vermutlich aus roten Backsteinen von *Skt. Annæ Rotunda* (s. S. 179) bestand. Sie war primitiv, denn es gab weder Altar noch Orgel, so daß das Abendmahl in der → Holmenskirche stattfinden mußte.

Der jetzige Bau wurde 1703/04 zur Ablösung des alten errichtet, der sehr baufällig gewesen sein soll. Am 9. Juli 1703 wurde der Grundstein zu dem rechteckigen, massiven Gebäude gelegt. Die praktische Arbeit wurde dem italienischen Maurermeister Domenico Pelli überlassen, der auch beim Bau der → Garnisonskirche beschäftigt war. Die Kirche des Kastells steht auf der Westseite des großen Musterungsplatzes, und ihre Fassade ist dorthin gerichtet. Das Hauptportal wird von verputzten Pilastern flankiert, die einen Dreieckfronton mit dem Namenszug Friedrichs IV. tragen. Durch dies Portal gingen die Honoratioren, während die Mannschaft auf einen Eingang im Norden verwiesen war. An Inventar kann eine Altartafel von 1704 erwähnt werden, die möglicherweise von Christian Nerger geschnitzt ist. Kelch, Tisch und Oblatenbehälter wurden 1747 von dem damaligen Kommandanten geschenkt.

Mit der Kirche ist der Name von Carl August Thielo verbunden, der dort 1741–1746 Organist war. Da es gerade zu dieser Zeit modern geworden war, in den Kirchen Passionsoratorien aufzuführen, ergriff auch er dazu die Initiative. Am 29. März 1743 wurde in „Kiøbenhavns Extraordin. Relation" annonciert: „Die Geschichte der Passion mit Arien und Chorälen wird am 5. April in Castellets Friderichshavns Kirke vom dortigen Organisten musikalisch aufgeführt. Die Musik beginnt am Nachmittag um 15.30 Uhr; doch beliebe man zuerst beim Organisten Thielo, der im Kastell wohnt, ein Billet abzuholen". Als Friedrich V. 1746 König wurde, bekam Thielo ein Theaterprivileg, und in einem gemieteten Lokal in der → Læderstræde konnte er im Frühjahr 1747 mit einer Reihe Holbergscher Komödien anfangen.

Der Westteil der Kirche ist mit dem alten *Gefängnis* (Arrest) von 1725 zusammengebaut. Bis 1840 war es eine Regel, daß die Gefangenen dem Gottesdienst zuhören konnten, ohne in den Kirchenraum geführt zu werden. Das *Kommandantenhaus* (Kommandantboligen) wurde 1725 nach Entwurf des Architekten E. D. Häusser gebaut, während die kleine *Mühle* auf der Löwenbastion von 1800 und später stammt. Das Mühlengebäude wurde 1897 demontiert. Seit 1947 hat man das Kastell instand gesetzt und versucht, soviel wie möglich auf seine frühere Gestalt zurückzuführen. In vielen Gebäuden sieht man noch die ursprünglichen Kiefernbalken aus Pommern.

Kastelsvej 60, s. Blindeninstitut.

Kattesundet kommt als Straßenname in einer Reihe von Städten vor, so in *Hadersleben, Nakskov, Svendborg* und *Ålborg,* und wie in Kopenhagen handelt es sich um recht schmale Gassen. Vermutlich bedeutete *Kattesund* zunächst ein schmales Fahrwasser, und eine fast ebensolche Bedeutung hat der Name *Kattegat,* der seit dem 17. Jahrhundert üblich ist und aus der holländischen Seemannssprache stammt. Bei den holländischen Seeleuten bedeutete Kattegat ein gefährliches und schwieriges Fahrwasser, aber die Grundbedeutung ist „Katzenloch", eine Passage, wo nur eine Katze durchschlüpfen kann. Der spätere Sprachgebrauch hat das Wort Kattesund auf die schmalen Gassen aus dem Mittelalter übertragen.

Zur Stütze dieser Theorie sei erwähnt, daß in mehreren städtischen Straßen dieses Namens früher ein kleiner „Sund" verlief, vielleicht eine Rinne, die sich vom Stadtkern aus den Weg zum Stadtwall bahnte. So gab es in Ebeltoft zu Beginn des 19. Jahrhunderts eine Brücke „über den sogenannten Kattesund auf der Straße". In Malmö sprach man im 16. Jahrhundert vom „Wasserlauf der Stadt im Cattesund", und entsprechend haben die Archäologen unter dem Kattesund in Svendborg Reste von Bohlen festgestellt.

Früher suchte man andere Erklärungen für die Bezeichnung. Über den Namen in Kopenhagen stand 1827 ein Artikel in „Borgervennen", dessen Verfasser behauptete, er komme daher, daß man „Katzen und das Aas anderer toter Tiere im allgemeinen hinauswarf".

In dem Haus *Kattesundet 12,* das in den letzten Jahren des 18. Jahrhunderts gebaut wurde, wohnte 1847 der Naturforscher J. J. S. Steenstrup. Er studierte in den 1830er Jahren die Moore im nördlichen Jütland, sammelte ozeanische Tiere und untersuchte Höhlenbildungen bei Nizza und am Adriatischen Meer.

Kierkegaard, Søren Aabye (1813–1855). Wo jetzt auf dem Nytorv die Handelsbank steht, stand bis 1908 Kierkegaards Elternhaus. Hier wurde er am 5. Mai 1813 geboren und dort wohnte er bis zum 27. April 1848. Der Vater, Michael Pedersen Kierkegaard, war eine ungewöhnliche Begabung und hatte sich als Tuchhändler ein Vermögen verdient. Er war tief religiös, schwermütig und stark an Philosophie und Religion interessiert, was sich auf den Sohn vererbte. Ein älterer Bruder Sørens war der bekannte Bischof Peter Chr. Kierkegaard.

Mit acht Jahren kam Søren in die Kopenhagener Borgerdydskole, wo ihm wegen seiner Ungeschicklichkeit Spott und Ironie begegneten. Mit den Worten „ich bin nie Kind gewesen" hat er selbst diese Jahre charakterisiert. 1830 machte er Abitur, doch sein darauf erfolgender Eintritt in das Leibkorps des Königs wurde ein Fiasko. Schnell wurde er als dienstuntauglich verabschiedet. Es folgten die Jahre auf der Universität mit Studien von der Ästhetik bis zur deutschen Literatur, die 1840 mit einem theologischen Examen abgeschlossen wurden. Das war am 3. Juli, und am 10. September desselben Jahres verlobte sich Kierkegaard mit Regine Olsen, der Tochter eines Staatsrats an der Finanzhauptkasse.

Die Zukunft sah also hell aus. Kierkegaard konnte auf gute Studienjahre zurückblicken, in denen er auch seine geliebte Büchersammlung pflegen konnte. Mehrere erhaltene Rechnungen des Buchhändlers Reitzel zeugen davon, und sein wohlhabender Vater mußte bezahlen. Auch die Freuden des Weines verachtete er nicht. In seinem Journal schrieb er unter anderem von der „merkwürdigen Ängstlichkeit, mit der ich jedesmal morgens erwachte, nachdem ich zu viel getrunken hatte ...". Der Philosoph Hans Brøchner erzählt, er habe Kierkegaard 1837 hin und wieder in einem Restaurant getroffen, und wenn dieser speiste, so geschah das „mit einer halben Flasche Wein oder Ähnlichem". Henrik Hertz erinnert sich seiner in seinen Notizen „ad vitam" und schrieb von seiner „Bekanntschaft mit dem mir ganz unbekannten jungen Studenten, der im Studentenverein bequem auf einem Sofa lag (um 1836) und mit mir in einem vertraulichen Ton wie ein alter Freund sprach. Wir trafen uns darauf oft, aber nur auf Straßen, öffentlichen Orten und dgl., und mir gefiel seine muntere, sinnige Unterhaltung sehr gut ...".

1841 wurde ein Krisenjahr. Nachdem Kierkegaard am 29. September 1841 den Magistergrad erworben hatte – die Arbeit hatte den Titel: „Über den Begriff der Ironie vor allem bei Sokrates" –, hob er die Verlobung mit Regine auf. In seiner Verzweiflung darüber reiste er nach Berlin

Der etwas linkische Søren Kierkegaard auf dem Spaziergang durch die Straßen der Stadt. Es besteht viel Ähnlichkeit mit W. Marstrands berühmtem Porträt des verfolgten Philosophen, aber diese farbige Zeichnung von ca. 1845 ist P. C. Klæstrup signiert. Karten- und Bildersammlung der Kgl. Bibliothek.

und blieb dort den Winter über. Nach dieser Zeit folgten die ernsthaften Werke, zuerst, im Frühjahr 1843, „Enten eller“ (Entweder oder), später im selben Jahr „Frygt og Bæven“ (Furcht und Zittern) und „Gjentagelsen“ (Die Wiederholung). Diese Werke bildeten den Auftakt zu seiner „pseudonymen“ Autorenschaft, da sie, zusammen mit den später verfaßten, unter verschiedenen Decknamen herauskamen. Kierkegaard nannte sich etwa Johannes Climacus, Frater Taciturnus, Vigilius Hafniensis oder Hilarius Bogbinder.

Am 2. Januar 1846 folgte im *Corsaren* der erste Angriff auf ihn, und 1854 kam die letzte, entscheidende Krise, als Bischof Martensen in seiner Gedächtnispredigt für seinen Vorgänger J. P. Mynster diesen einen „Zeugen der Wahrheit“ nannte. Davon ausgehend, führte Kierkegaard einen Sturmangriff gegen die Staatskirche und ihre Verfälschung des Christentums. Seine Angriffe kulminierten in einer Reihe von Artikeln zwischen Mai und September 1855 in „Øjeblikket“ (Der Augenblick), Flugblättern, die er herausgab. Die psychischen Anstrengungen zehrten so sehr an der Gesundheit, daß er am 2. Oktober desselben Jahres auf der Straße zusammenbrach. Man wies Kierkegaard sofort ins Frederiks Hospital in der Bredgade ein, wo er am 11. November starb.

Klædebo Quartier (Tuchhändlerviertel). Das Quartier, das sechste in der Reihe der neun alten Kopenhagener Steuerbezirke, wird von Nørregade, Nørre Voldgade, Tornebuskegade, Skt. Gertrudsstræde, Købmagergade und Skindergade begrenzt. In alten Tagen wurde das Quartier in zwei Steuerbezirke eingeteilt, den der Synagoge und den der Universität.

Was den Namen Klædebo betrifft, so weist er auf die Stände (Buden) der Tuchhändler im Mittelalter und später. Sie lagen etwa in dem Stück der Skindergade, das von der Fiolstræde zur Nørregade verläuft. In einer Universitätsliste von 1544 wird Hans Remsnider „y Klædeboerne“ erwähnt. Der Straßenname wurde erst 1879 aufgehoben. Das Klædebo Kvarter war nach der Einwohnerliste von 1659 das dichtest bevölkerte der Stadt. Es konnte mit einer Kompanie von 639 waffenführenden Männern antreten, die in der berühmten Sturmnacht vom 10. zum 11. Februar 1659 auf der Kurtine von der Bastion am Neuen Nordertor bis zur Rosenborg Bastion standen.

Klareboderne, die kurze Verbindung zwischen →Købmagergade und →Møntergade, ist eine Erinnerung aus katholischer Zeit. Nordöstlich davon lag im 14. Jahrhundert der königliche Küchengarten. Viel später, 1497, baute man auf dem alten Areal des Küchengartens das Claraklooster, das man entlang der jetzigen Store Regnegade, Sværtegade, Pilestræde und Møntergade bis zum Ostwall (der damals parallel zur →Gothersgade verlief) mit Mauern umgab. Von der Købmagergade aus kam man über die jetzige kurze Straße ins Kloster. Sie wird erstmals 1518 erwähnt mit der Formulierung „Albritt van Gocks Buden, die jetzt Clare Buden genannt werden.“

1530 ist von der Straße „Wenn man zum Claraklooster geht“ die Rede, und 1568 erscheint die Namensform *Clara Strede.* Etwa gleichzeitig kommt in den Archivalien die Bezeichnung *Clare boder* vor, die bis heute beibehalten wurde. Das Kloster beherbergte Clarissinnen, die nach der heiligen Clara benannt sind. Diese hatte um 1215 eine Gemeinschaft von Frauen gestiftet mit Regeln, die von Franz von Assisi inspiriert waren. Die Clarissinnen standen von Anfang an unter dem Franziskanerorden. In Dänemark hatten die Clarissinnen auch ein Haus in Roskilde.

Als nach der Reformation das Claraklooster geräumt wurde, richtete man hier den königlichen Münzhof ein, wovon die Namen →Møntergade und →Gammel Mønt (alte Münze) noch zeugen. Als Opfer eines Religionsstreits in Deutschland bekamen 1575 deutsche Flüchtlinge die Klostergebäude zur Verfügung gestellt. Darauf war dort wieder von 1593 bis kurz nach 1630 die Münzwerkstatt. Die königliche Münze mußte aber in dieser Zeit den Platz mit dem Gjethus (Gießhaus, Kanonengießerei) teilen. Schon 1615 war die Klosterkirche abgerissen worden, und die letzten Klostergebäude fielen 1624. 1630–1650 wurde das Gebiet um die Münze bebaut, nicht nur mit Wohnhäusern, sondern auch mit Ställen, Werkstätten und Läden, und das Karree Gammel Mønt – Møntergade – Pilestræde und Sværtegade bekam so allmählich das Aussehen, das es kurz vor dem Stadtbrand von 1728 hatte.

Das jetzige Haus *Klareboderne 3* wurde in der Zeit zwischen 1731 und 1734 von Maurermeister Abraham Stou gebaut. Die Dekoration über dem Eingang wurde 1904 von Leuning Borch hinzugefügt. Das Haus, das 1787 von Søren Gyldendal erworben wurde, beherbergt seitdem Dänemarks ältesten Verlag. Im Eingang ist eine Tafel angebracht mit der Inschrift: „Dies Haus hat Søren

Kierkegaard als Schüler der Borgerdydskole 1821–1830 täglich aufgesucht".

Klosterstræde nahe beim →Gråbrødretorv ist eine der wenigen mittelalterlichen Straßen, deren Namen bis in unsere Zeit unverändert erhalten geblieben sind. Die Kopenhagener Brauerzunft hatte nach der Reformation ihr Haus in der Klosterstræde, und zwar in einem Flügel (dem Refektorium) des aufgehobenen Franziskanerklosters. Die Zunft wurde 1605 aufgehoben, aber das Gebäude überlebte bis zum englischen Bombardement von 1807. Eine Zeitlang benutzte man den großen Saal zu Festen, Theatervorstellungen und Konzerten. So veranstaltete *Det musikalske Societet* (die Musikalische Gesellschaft) von 1744 Konzerte im alten Speisesaal der Mönche.

Die Kopenhagener Einwohnerliste von der Belagerung von 1659 erwähnt in der Klosterstræde einige Schuhmacher, aber 1722 war ihre Zahl auf 21 gestiegen. In Holbergs Komödie „Ohne Kopf und Hals" (2,8) sagt Henrik munter: „Schuhmacher sind gute, ehrliche Leute, aber es ist etwas Menschliches an ihnen, daß sie gerne lügen; der Schuhmacher des Herrn ist meiner Treu so geschickt darin, als ob er mitten in der Klosterstræde zu Kopenhagen geboren wäre".

Kløvermarken (das Kleefeld) liegt auf →Amager mit Blick auf Christianshavn. Hier wurde Geschichte geschrieben, als der Journalist Alfred Nervø am 3. Juni 1910 einen Flug über Kopenhagen wagte. Mit einem Voisin-Doppeldecker flog er über den Hafen, das Kastell, die Seen und zog eine Schleife um den Runden Turm, bevor er wieder auf Kløvermarken landete. Hiernach war dieser grüne Fleck auf Amager die feste Basis der Fliegerei, und noch im selben Jahr flog der Mechaniker Robert Svendsen über den Øresund. Noch größer war das Aufsehen, als am 18. September 1912 Graf Zeppelin mit seinem Luftschiff „Hansa" auf Kløvermarken landete.

Es kam der Erste Weltkrieg, und man schuf draußen auf Kløvermarken eine dänische Luftwaffe. Am 29. Oktober 1918 wurde auf Initiative des Bildhauers Willie Wulff *Det danske Luftfartselskab* (DDL), die erste Luftfahrtgesellschaft der Welt, gegründet. Die Gründungsversammlung fand in der Ostasiatischen Kompanie statt, wo der Staatsrat H. N. Andersen das Vorhaben als

Flug über Kløvermarken anno 1913. Die schwierige Aufnahme stammt von dem berühmten Fotografen Holger Damgaard von der Tageszeitung Politiken. Karten- und Bildersammlung der Kgl. Bibliothek.

Erik Pontoppidan lieferte 1760 eine eingehende Beschreibung der Funktion der Holzbrücke. Die Brücke wurde jeden Morgen von 6 bis 7 Uhr geöffnet und wiederum mittags zwischen 12 und 13 Uhr. „Die Brücke soll beaufsichtigt werden. Wer jagt oder zu schnell mit dem Wagen darüber fährt, muß eine Geldstrafe bezahlen", fährt Pontoppidan fort. Auch die Gebühren für eine Schiffspassage gibt er an. Für Schiffe von 20 Lasten Tragfähigkeit mußte dem Brückenpächter ein halber Reichstaler bezahlt werden.

Das technische Wunder einer Holzbrücke Christians IV. bestand bis 1816, als die Brücke endlich erneuert wurde. 1868/69 konstruierte man die erste Eisenbrücke. Der Kopenhagener Topograph O. C. Nielsen erzählt: „Wenn die elektrischen Straßenbahnen hinüber fuhren, knarrte die Brücke, und man hatte Angst, durchzubrechen. Die Leute zitterten vor Schreck, wenn sie hinüber mußten, und atmeten erleichtert auf, wenn sie wohlbehalten über diese enge und überlastete Brücke gelangt waren."

Als man 1909 die dritte Knippelsbro einweihte, war die Linienführung geändert, und die Brükke verband jetzt *Torvegade* und *Børsgade* miteinander. Obwohl es sich um eine Stahlbrücke handelte, war sie bald nicht mehr zeitgemäß, und sie lebte nur 26 Jahre. Es wurde eine provisorische Brücke eingerichtet, bis der Bau der jetzigen Knippelsbro, entworfen von dem Architekten Kaj Gottlob, vollendet war. Das war 1937.

Købmagergade. Die Straße war möglicherweise ein Teil der Hauptverkehrsader, die seit etwa 1200 Roskilde mit dem „Hafen der Kaufmänner" am Schiffahrtsweg zwischen Amager und Seeland verband. Schon 1380 wird sie in einem Erdbuch als *Bjørnebrogade* bezeichnet, und unter diesem rätselhaften Namen („Bärenbrückenstraße") ist sie in den Dokumenten bis 1463 bekannt. Die „Kødmangere" (Schlachter) der Stadt hatten sich zu dieser Zeit längst mit ihren Läden in der Straße etabliert, was zu der neuen Straßenbezeichnung *Kiødmangergade* führte. Die Schlachterläden wurden kurz vor der Reformation 1536 in die Skindergade verlegt, aber der Name blieb haften, er wurde aber allmählich zur *Kiøbmagergade* entstellt. Diese Namensform, aus der sich das heutige *Købmagergade* bildete, tritt erstmals 1595 auf, aber das ursprüngliche Kiødmangergade ist noch 1656 dokumentiert.

Viele historische Persönlichkeiten und Ereignisse sind mit der Købmagergade verbunden, was vor allem dem → Runden Turm und → Regensen zu danken ist. Aber es besteht auch Grund, C. A. Reitzels Verlag hervorzuheben, der viele große Literaten in die Straße zog. Reitzels Verlag mit zugehöriger Buchhandlung zog 1827 in den Nordflügel des damaligen *Waisenhauses* (später abgerissen und durch das Warenhaus „Messen" ersetzt). Sehr lebendig erzählt Otto B. Wroblewski, der 1843 seine Lehrzeit im Hause begann, wie er Henrik Hertz, Johan Ludvig Heiberg, H. C. Andersen, Chr. Winther, Søren Kierkegaard, Grundtvig, St. St. Blicher, Ingemann und viele andere traf.

Über Thorvaldsen erzählt er, der Bildhauer habe eines Tages die Buchhandlung besucht, nicht um Bücher zu kaufen, sondern um „einen gerade herausgekommenen großen Kupferstich, den Reitzel bekommen hatte (Napoleon auf dem Sterbebett), in Augenschein zu nehmen; leider kam er vergebens, da R. nicht zu Hause war, was dieser sehr bedauerte".

Købmagergade 33 wurde 1729–1733 von Philip de Lange gebaut. Das Anwesen, das ursprünglich aus vier Flügeln bestand, wurde für den Obersekretär Chr. Møinicken errichtet, aber 1731 an den Lehnsgrafen Friis weiterverkauft. Ein Fassadenentwurf aus seiner Zeit ist erhalten. 1733 wurde das Anwesen dem Oberkammerherrn C. A. von Plessen überlassen, der die Bauarbeiten abschloß. Der Hauptflügel ist der einzige erhaltene Teil. Sein Barock kulminiert in der pompösen Eingangspartie. Charakteristisch sind auch die gebrochenen Fensterabdeckungen, das kräftige Hauptgesims, der schwach hervorgehobene Mittelrisalit und der reliefgeschmückte Dreieckfronton.

1799 erwarb der Staat das Anwesen, damals „Marschallshof" genannt, für 24 000 Reichstaler. Es wurde hierauf zum Posthof eingerichtet, wobei C. F. Harsdorff die Umbauten leitete. Als der jütische Bauernknecht Hans Peter Jensen sich 1849/50 in Kopenhagen aufhielt, fand er, daß außer am Posthof in der „Store Kjøbmagergade" 25

Abb. oben: Der Apistempel im Frederiksberger Schloßpark.
Abb. unten: Die Tempelfront der Frauenkirche, ein klassizistisches Motiv.

Briefkästen bei einer entsprechenden Anzahl von Kaufmannsläden in der ganzen Stadt angebracht waren. „Sie sitzen im Fenster und sind von außen zu sehen". Schon 1843 wurde der Posthof erweitert, als man zwei kleinere Häuser in der →Løvstræde erwarb.

Købmagergade 42 wurde 1896 in rotem Backstein gebaut. Auf dem Dach steht eine Merkurfigur.

Købmager Quartier. Das Viertel, der achte der alten städtischen Steuerbezirke, wurde von den Straßen Købmagergade, Klareboderne, Møntergade, Gothersgade, Kongens Nytorv und Østergade begrenzt. Administrativ wurde es in zwei Teile gegliedert, den der Pilestræde und den der Hauptwache. Bei der Belagerung Kopenhagens 1659 stellte das Quartier 409 Mann.

Kommunehospital. Das Städtische Krankenhaus in der Øster Farimagsgade 3–7 wurde 1859–1863 nach Entwürfen des dänischen Architekten Christian Hansen gebaut, der sich einige Jahre lang in Griechenland und in Triest aufgehalten hatte. Er kam 1856 nach Dänemark zurück, stark beeinflußt von dem byzantinischen Stil, der ihm im mittelalterlichen Kirchenbau begegnet war. Die Stadt Kopenhagen beauftragte ihn, einen großen und modernen Hospitalkomplex zu bauen.

Der große Komplex wird nach der Øster Farimagsgade zu von dem langen Hauptflügel beherrscht, dessen sammelnder Punkt ein Kuppelgebäude ist. Die Idee dazu stammt von der byzantinischen Kreuzkirche. Typisch dafür sind auch die dreigeteilten Fensterpartien. In der obersten Etage wurde, kuppelüberdeckt, der Kirchenraum des Krankenhauses eingerichtet. In der Etage darunter befindet sich ein Operationssaal.

Zwei symmetrisch angeordnete Korridorgebäude verbanden das Hauptgebäude mit einem entsprechenden langen Flügel im Westen, und zugleich wurde der ganze Komplex in eine Frauenseite im Süden und eine Männerseite im Norden aufgeteilt. Als Baumaterial benutzte man gelbe Backsteine mit Bändern von roten. Nach der Øster Farimagsgade zu wurde die Fassade nicht verändert, dagegen gab es Änderungen und Anbauten an anderen Stellen des Krankenhauskomplexes.

Kompagnistræde 12. Das grün gemalte Vorderhaus wurde 1797/98 von dem Baumeister H. Wejle gebaut. Eine konsolengetragene Deckplatte war ursprünglich über dem Kellereingang, aber abgesehen davon steht das Gebäude seit seiner Errichtung unverändert. In dem Geschäft befindet sich die älteste Glashandlung der Welt, der Königliche Hoflieferant C. E. Fritsche. Die Firma wurde 1788 gegründet und befindet sich noch im Besitz derselben Familie.

Kong Hans' Vingård (König Hans' Weinberg), Vingårdstræde 6, besteht aus einem Torhaus von 1830 und einem etwas höheren Vorderhaus. Keller und Erdgeschoß des letzteren wurden wahrscheinlich von →Erich von Pommern gebaut, nachdem er 1416 die frühere Bischofsstadt unter die Krone gebracht hatte. Die Kelleretage, deren gotische Gewölbe erhalten sind, lag ursprünglich im Niveau des umliegenden Terrains. In einem Raum wurden Reste eines gemalten Wappenfrieses von 1450–1455 freigelegt. Das Erdgeschoß hat als Rittersaal gedient, und man sieht noch die mittelalterlichen Mauern. Hinter dem dünnen Fassadenputz ahnt man die Backsteine im Klosterformat, und im Saal sind tiefe Fensternischen.

Das gotische Steinhaus gehörte zu dem „Østergård", der seit alter Zeit an der Stelle gelegen hatte und eng mit der städtischen Verteidigung verbunden war. Vielleicht löste das Steinhaus einen weniger bequemen, älteren Wohnturm ab, der innerhalb der Ringmauer stand. Man stieß auf Reste dieser Ringmauer, als man 1873 das Hauptgebäude des Kaufhauses „Magasin" errichtete. Sie kann einen Teil des Kastells →„Kringelen" ausgemacht haben, das vor allem die Einfahrt nach Kopenhagen schützte.

Die königlichen Vögte auf Østergård sorgten nicht nur für die Verteidigung gegen Angriffe von der Seeseite, sondern hatten auch die Aufsicht über den großen internationalen Markt, der jeden Herbst an der Küste in dem jetzigen Nikolai-Viertel stattfand. Zur Zeit von König Hans (1481–1513) lag hier ein königlicher Weingarten, der dem Anwesen und später der Straße den Namen gab. Ein Dokument von 1510 berichtet, der König habe von dort Trauben nach Kalundborg senden lassen.

Eine wesentliche Veränderung des Hauses brachte der Umbau von 1783/84: Die Weinhändler Kalstrup und Böhling ließen es um zwei Etagen erhöhen (der Giebel zur Straße hin stammt aber von 1796). In dieser Form bildete Kong Hans' Vingård den Rahmen mehrerer künstlerischer Ereignisse. H. C. →Andersen wohnte hier eine Zeitlang zur Miete, und mehrere von Weyses Kompositionen wurden hier uraufgeführt.

Kongens Bryghus. Das Brauhaus →Christians IV., Frederiksholms Kanal 29, ist mit seinem imponierenden Ziegeldach eines der eigentümlichsten Bauwerke Kopenhagens. Seine Baugeschichte beginnt 1562. Damals schrieb Admiral Herluf Trolle an den König, er habe mit einem Totengräber eine Absprache darüber getroffen, „vom Strand Platz für das ‚Schwefelhaus' (wohl Pulverhaus) aufzuwerfen, welches der König zu bauen befielt". Die Stelle, wo das Haus errichtet werden sollte, war eine kleine Insel an Kalvebod Strand. Nach Erdarbeiten 1607–1609 wurde die Insel zu einer regulären Bastion umgebildet, die man zugleich mit Slotsholmen verband. Christian IV. ließ diese Auffüllungen vornehmen, um die Verteidigung des Kopenhagener Schlosses zu verstärken. An der südwestlichen Schanzenmauer stand ein neues Pulverhaus, das schon 1616–1618 zum Brauhaus mit drei Giebeln und Ziegeldach umgebaut wurde. Um für dieses Projekt Platz zu schaffen, mußte die Befestigung erweitert werden.

1632 brannte das königliche Brauhaus ab, es wurde aber mit Walmdach wieder aufgebaut. Am 7. Mai 1767 notierte Luxdorph in seinem Tagebuch, in der Nacht sei „ein gefährliches Feuer ausgebrochen, wobei des Königs Brauhaus abbrannte". Das Haus wurde nochmals aufgebaut, diente aber danach als Marinedepot und wurde 1800 vom Heer übernommen. Im Laufe der Zeit wurden die Fensterformen verändert; das Ziegeldach wurde kürzlich erneuert.

Kongens Have (der Königsgarten) wurde angelegt, als →Christian IV. in den Jahren 1606/07 sein erstes Lustschloß, von 1624 an →Rosenborg genannt, außerhalb des damaligen Norderwalls bauen ließ. 1634 wurde er von Charles Ogier, dem Sekretär des französischen Gesandten, mit dem Tuilerie-Garten in Paris verglichen. Wie er zu dieser Zeit ungefähr aussah, zeigt Otto Heiders Zeichnung von 1649, der älteste datierte Gartenplan Dänemarks.

Drei Hauptwege dominierten: der noch erhaltene *Kavaliersgang* und der ebenfalls erhaltene *Damengang* sowie quer dazu ein Weg, der rechtwinklig auf die Schloßfassade zielte. Diese Disposition herrscht seitdem. Aus dem Plan geht auch hervor, daß am Ende des Kavalierganges (im Nordosten) ein Gartenhaus stand, der jetzige →Herkulespavillon. In den ersten Jahrzehnten des 17. Jahrhunderts war die Bepflanzung ziemlich niedrig, doch später durften die Bäume sich entwickeln. Die Wege wurden mehr betont, und vielleicht hat das mit dazu geführt, daß der →Runde Turm in die Achse des Damengangs gestellt wurde, ein Ausdruck für die Fähigkeit Christians IV., Stadtpläne mit großen Perspektiven zu schaffen.

Auch Figuren wurden aufgestellt, aber Sicheres darüber weiß man erst über „das Pferd und den Löwen". Die Skulptur wurde 1617 von Peter Husen modelliert, nahezu als Kopie einer antiken Figur auf dem Kapitol in Rom, und war 1624 in Bronze gegossen. Darauf stand sie bis 1643 in Glückstadt und kam kurz danach in Kongens Have, wo man sie heute zwischen den beiden alten Ringreiter-Säulen im Süden des Gartens sehen kann. Die Säulen und 17 Marmorkugeln um „Matzens Rasen" gelten als etwas jünger. Sie sind aber in dem ältesten bekannten Inventar der Gartenfiguren von 1673 schon enthalten.

Zur Zeit Christians IV. wurde auch eine Sonnenuhr aufgestellt und eine Fontäne konstruiert, und die Buchhaltung weist den Einkauf von Maulbeerbäumen und Weinreben, von Apfel- und Birnbäumen, von Nelkenbüschen und Lavendel nach. Der jetzige Name wurde in den 1660er Jahren eingeführt, um den Gegensatz zu *Dronningens Have* (Garten der Königin) auszudrücken. Dieser war ein Privatgarten, der damals für die Königin Sophie Amalie um das jetzige Amalienborg angelegt wurde (vgl. S. 186 f.).

Ein Gartenplan von 1669 verrät die Einrichtung eines Labyrinths, dessen verwickeltes Gangsystem zu einem offenen Platz mit einem achtekkigen Pavillon in der Mitte führte. Labyrinthe waren in der Gartenkunst des Barock sehr beliebt. Auch von dressierten Bären in Kongens Have ist die Rede.

Im 18. Jahrhundert wurde der Garten mehr dem Volk geöffnet. Thurah schreibt, im Sommer habe es von Menschen gewimmelt, die den herrlichen Stimmen der vielen Nachtigallen lauschten. Über ein unglückliches Stelldichein tratscht Luxdorph 1771: „Man erzählt sich, Frau Bülow habe dem Kammerherrn J. Schilden in Kongens Have versprochen, mit ihm in ein Zelt zu gehen, wenn sie das Feuerwerk gesehen habe. Ein Schalk, der das hörte, vereinbarte mit seinen Kameraden, sie sollten klatschen, wenn sie sein Trompetensignal

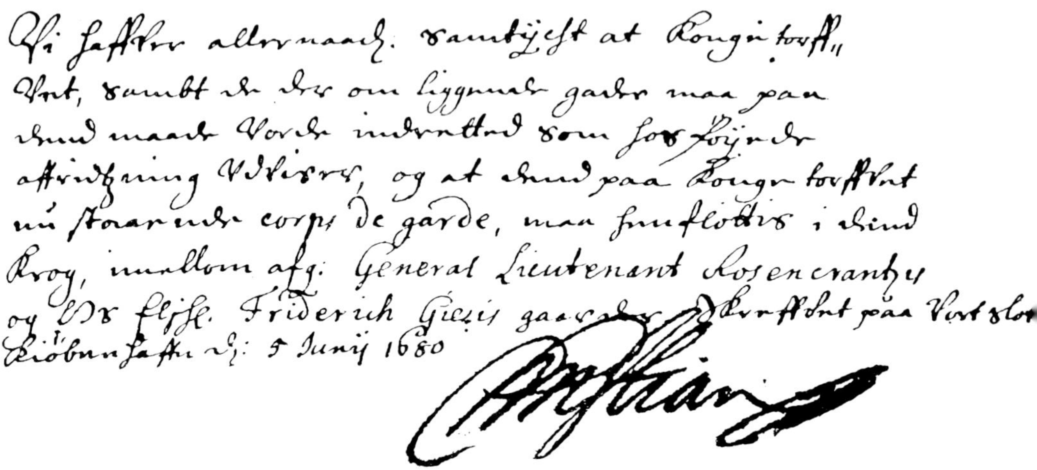

Unterschrift Christians V. von 1680 unter einem Plan über ein Wachthaus auf Kongens Nytorv. Reichsarchiv.

hörten. Er schlich sich unter die Bank im Zelt, und als die Verliebten mitten in ihrer Aktion waren, fing er an zu trompeten, und die anderen klatschten."

Mitte des vorigen Jahrhunderts schien der Garten etwas in Verfall zu sein, seine Schönheit war verblaßt, und „nur Heidemädchen, Ammen und Kinder" suchten ihn auf, wie ein Zureisender berichtete.

Kongens Nytorv. Zu Beginn des 17. Jahrhunderts verlief der östliche Wall der Stadt (Østervold) die Westseite des Gebietes entlang, das später zu Kongens Nytorv werden sollte. Wo die *Østergade* auf diesen Wall traf, lag →*Østerport* (das Osttor). Außerhalb des Stadttores breitete sich bis zum Strand hügeliges Terrain aus, das von mehreren Wegen durchzogen und unregelmäßig bebaut war. Hier hatten die Bürger ihre Gärten. Die wichtigsten Wege, die von Østerport ausgingen, waren *Kongevejen* (der Königsweg, nach Frederiksborg über Lyngby) und *Strandvejen* (der Strandweg nach Helsingør). Von letzterem ist ein Rest der ältesten Landstraße in der *Helsingørsgade* noch erhalten. Diesem topographischen Bilde sei hinzugefügt, daß die Küstenlinie am Østerport einen Einschnitt bildete, *Krabbelykke* genannt, wo ein Teil der Flotte seit alters seinen Anker- und Überwinterungsplatz hatte.

→Christian IV. trug sich jedoch mit großen Plänen zur Erweiterung Kopenhagens, und 1606 kaufte er etwa 200 ha Land außerhalb von Østerport zu einem Preis von 14 000 Talern; dazu kamen 5 Lasten Getreide und 46 Schafe. 1609 kaufte der König noch mehr Land, diesmal zur Errichtung seines Lustschlosses →Rosenborg.

Im Zusammenhang mit der Einrichtung des neuen Stadtteils – *Neu-Kopenhagen,* auch *St. Annæ By* genannt – baute man eine vorgeschobene Schanze dort, wo das →*Kastell* entstehen sollte. Die neue Schanze sollte die Hafeneinfahrt bewachen, und daneben wurde 1627 ein Zollhaus (Toldbod) gebaut. Jetzt waren die äußeren Rahmen abgesteckt, und es ging an die Planung der neuen Viertel, die die Stadt doppelt so groß machen sollten.

Nahe am →Østerport geschah zu Beginn der 1640er Jahre die erste große Veränderung, als man das alte Stadttor mit den zugehörigen Wällen schleifte. Der nächste Schritt war der Generalplan des Festungsingenieurs Axel Urup, der 1649 angenommen wurde. Danach sollte die Küstenlinie vom geschleiften Ostwall bis zum Zollhaus reguliert werden und eine lange Hafenfront bilden. Außerdem plante man, einen Kanal rechtwinklig zur Hafenfront zu legen (den späteren →Nyhavn), den man sogar durch einen Querarm mit *Holmens Kanal* verbinden wollte. Im

Zusammenhang mit der Anlage der →*Gothersgade* (kurz nach 1647) bekam der künftige Kongens Nytorv seine endgültige Lage, und um 1660 war sein Umriß festgelegt, fast so wie heute.

Aber noch zur Zeit Friedrichs III. bildete der Platz ein großes Durcheinander, und die Ausfahrt von der Østergade war fast unmöglich, wenn feuchtes Wetter alte Wallreste und Abfallhaufen in Morast verwandelte.

Als im Februar 1670 Christian V. König geworden war, beschloß er schon am 4. Juni desselben Jahres, diesen Verkehrsknotenpunkt ebnen und pflastern zu lassen. Dies geschah in erster Linie aus militärischen Gründen. Da die Stelle jetzt der Mittelpunkt der Stadt war, konnte sie als *Alarmplatz* dienen. Von hier aus war für die Soldaten der Abstand zu allen Wällen der Stadt fast gleich groß. Radial verlaufende Straßen, wie man sie von der Idealstadt *citta del sole* der Renaissancetheoretiker her kannte, konnte es aber nicht geben.

Neben seiner Funktion als Alarmplatz sollte der Platz auch als eine Art *place royale* nach französischem Vorbild dienen. Die Grundstücke rundum wurden an Interessierte verteilt, darunter Leute der neuen Rangklassen. Eine Verordnung wurde 1672 ausgestellt, „um der ungeordneten Bauweise bei den Gebäuden, die hiernach auf dem Königsplatz errichtet würden, zuvorzukommen“. Darin heißt es, „daß keiner, wer er auch sei, auf dem betreffenden Platz ein Haus oder Gebäude errichten darf, das in der Höhe neben dem Keller nicht mindestens zwei Stockwerke und zur Straße hin eine Brandmauer (Massivmauer) hat, und daß darauf geachtet wird, daß die Häuser, so weit wie möglich, auf eine Art und nach einem Baumodell auf Anweisung unseres Stadtbaumeisters gebaut werden“.

Wieweit Thomas Rasmussen Walgenstein, der 1670–1681 Stadtbaumeister war, Einfluß auf die Bauarbeiten hatte, verraten die Quellen nicht.

Seinen jetzigen Namen – Kongens Nytorv – bekam der Platz zur selben Zeit. Er sollte das sonderbare *Hallandsåsen* ersetzen, das früher an dem Orte gehaftet hatte. Man hat viel darüber herumgerätselt, wie der Name Hallandsåsen entstanden sei. Erik Pontoppidan versuchte ihn in seinen „Origines Hafniensis“ (1760) zu erklären: In alten Tagen sollten Seeleute aus Halland einige ärmliche Hütten an der Krabbelykke-Bucht gehabt haben, wo sie ihre Landesprodukte verkauften; daraus sei der Name Hallandsåsen entstanden. Hugo Matthiesen vom Nationalmuseum hat wohl mehr recht. Er verwies darauf, daß die Bezeichnung erst um 1650 auftritt, vermutlich als ironischer Hinweis auf den unbefahrbaren Platz. Man vergleiche das große *Ås* (wallartiger Moränenzug), das man auf der Reise von Schonen nach Halland passieren mußte.

Aber Christian V. hatte wohl auch andere Gründe, den Platz zu etwas Feinerem umzutaufen . *Hallandsåsen* erinnerte schmerzlich an den Verlust der schwedischen Provinzen, ganz zu schweigen von der unheimlichen Richtstätte, die die Kopenhagener noch 1668 dort erlebt hatten. Der Galgen, der mit allen technischen Finessen der Zeit auf Anweisung des Festungsbaumeisters Henrik Rüse konstruiert worden war, war mit seinem rot angemalten Holz ein Dorn im Auge Friedrichs III. Am 14. April 1668 kamen städtische Zimmerleute mit Äxten, Sägen und Bohrern, um den Galgen „in Hast und sehr geschwind“ abzunehmen. Die ganze Herrlichkeit wurde darauf zu einem Platz drunten beim →Kastell gefahren und wieder aufgestellt.

Der Name Hallandsåsen geriet aber nicht so schnell in Vergessenheit. Als Rasmus Nyerup im Jahre 1800 seine „Kjøbenhavns Beskrifvelse“ (Beschreibung Kopenhagens) herausgab, teilte er mit, Kopenhagen habe einige seiner früheren Spazierwege verloren, „wie etwa die Gärten auf Amalienborg und das Hallandsaas“. Das übernahm der Schwede J. E. Angelin in seiner Schilderung Kopenhagens (1806), wo die Namen Kongens Nytorv und Hallandsåsen nebeneinander vorkommen.

Die Bebauung um den vornehmsten Platz der Stadt kam nach der Pflasterung gut voran. →*Charlottenborg* entstand 1672–1683, die *Hauptwache* (bei der Einmündung der Ny Adelsgade) war 1680 fertig, →*Thotts Palais* wurde 1683–1686 gebaut, und das Palais des Geheimrats Gram wurde um 1685 vollendet.

Als vorläufigen Abschluß der Verschönerung des Platzes stellte man 1687 die prächtige Reiterfigur Christians V. auf, deren Meister der französische Bildhauer Abraham-César Lamoureux war. Er schuf eine Skulptur, die von der Begeisterung des Barock für die Antike geprägt war. So wurde der König in der Tracht eines römischen Imperators mit lorbeerbekränztem Helm dargestellt, eine klare Anlehnung an die Reiterfigur Ludwigs XIII., die man 1639 in Paris errichtet hatte.

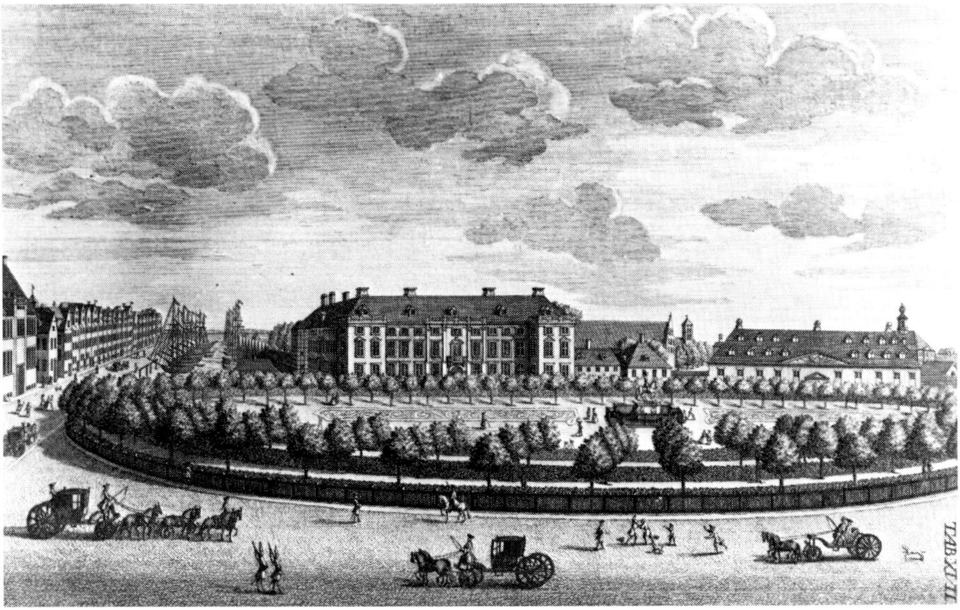

Kongens Nytorv mit „Krinsen“ 1746. Hinter dem Reiterdenkmal sieht man Charlottenborg. Nach J. J. Bruun. Karten- und Bildersammlung der Kgl. Bibliothek.

Am Fuß des Sockels sah Lamoureux vier allegorische Figuren vor. Nach Charlottenborg zu sind es Minerva und Alexander der Große, die die *Weisheit* und den *Heldenmut* symbolisieren. Die entgegengesetzte Seite wurde mit Herkules und Artemis geschmückt, die Personifikation der *Kraft* und der *Ehre*. Ihre Aufstellung erfolgte nach Abraham-César Lamoureux' Tod durch seinen Bruder Claude Lamoureux.

Obwohl der französische Bildhauer das Pferd, inspiriert vom Pferd des Marc Aurel auf dem Capitol, nur in einer trabähnlichen Gangart darstellte, war es doch sehr schwierig, das Denkmal in Blei zu gießen. Die Konstruktion mußte stabiler gemacht werden, und Lamoureux schuf daher eine nackte männliche Figur, ein Sinnbild des *Neides*, die sich unter den Hufen des Pferdes winden und den schwächsten Punkt, den Bug des Pferdes, stützen sollte. 1687 war alles fertig, sogar vergoldet, aber die Begeisterung währte nur kurz, denn die Figur begann zu sinken!

In den folgenden Jahrhunderten gab es ständig Grund zum Jammern über Lamoureux' Denkmal, vor allem über das linke Vorderbein, dessen Blei allmählich zu einer Wurst verzogen war. Professor Einar Utzon Frank von der Kunstakademie wurde daher beauftragt, die Figur in Bronze zu gießen, und das geschah 1939–1942. Die neue Figur wurde am 22. Mai 1946 enthüllt, während sich das Original im → Zeughausmuseum befindet.

Krinsen – das Wort ist mit „Kranz“ verwandt – tritt erstmals 1680 als Bezeichnung für die ovale Garten- und Heckenanlage auf, in der die Reiterfigur plaziert werden sollte. Die Wahl dieser besonderen geometrischen Form war ganz natürlich, da die Ellipse damals überall in Europa Gärten und Plätze prägte. Naheliegend ist ein Hinweis auf die Piazza del Campidoglio in Rom, wo das sinnreiche Muster des Steinbelags ein riesiges Oval um Marc Aurels Reiterfigur bildet. Die Idee dazu stammt von Michelangelos Projekt aus den 1560er Jahren.

Begeistert über all die Pracht, die der Platz ausstrahlte, konnte Henrik Gerner 1691 ausrufen: „Wo jetzt der Platz des Königs ist, da waren zuvor die Wälle und Gräben um das alte Kopenhagen; wo es früher Pferdeställe, Morast und Hütten gab, da stehen jetzt Häuser und Mauern, regelrecht gebaut." Doch gab es auch Platz für das Volk, denn die Soldatenfrauen von der Garnison bekamen begrenzte Rechte zur Unterhaltung von Ständen, Fleischverkauf wurde eingerichtet, der Handel mit Geflügel, Brennholz, Stroh u. a. wurde 1648 gesetzlich mit dem Platz verbunden, während ein Pferdemarkt dort schon länger abgehalten wurde.

1711 schuf Krieger eine neue Anlage um „das Pferd", stark geprägt von der französischen Idee des streng geometrischen Gartens. Vier Reihen Bäume wurden an der Peripherie des Ovals gepflanzt, während zwei Gänge, die sich bei der Reiterfigur rechtwinklig schnitten, die Anlage in vier Viertel mit Beeten aufteilten. In jedem Beet sah man die Initialen CA, das Monogramm der Königin-Witwe Charlotte Amalie, die bis zu ihrem Tod 1714 im Schloß → Charlottenborg wohnte.

Um „das Pferd" hatte man früh ein schmiedeeisernes Gitter angebracht, das dort stand, bis der Garten 1747 aufgegeben wurde. Ein Teil der Bäume wurde zur Anlage der *Øster Allé* verwandt. 1855/56 legte man einen neuen Garten an, dessen Bäume jetzt so groß geworden sind, daß „das Pferd" völlig verschwindet. Auch der Straßenverkehr hat den alten Platz nicht geschont, doch sprechen sich viele für eine Wiederherstellung des schönsten Platzes der Stadt aus.

Kongens Nytov 1, s. Charlottenborg.

Kongens Nytov 4, s. Thotts Palais.

Kongens Nytov 5, s. Harsdorffs Palais.

Kongens Nytov 9, s. Königliches Theater.

Kongens Nytov 13, s. Magasin du Nord.

Kongens Nytorv 17, das Haus à *Porta,* wurde am Ende der 1850er Jahre für einen Schweizer Konditor, Stephan à Porta, der 1857 nach Dänemark eingewandert war, gebaut. Seitdem trägt der populäre Ort den Namen des ersten Besitzers. Das schöne Innere ist teilweise erhalten, wie es bei der Fertigstellung in den 1860er Jahren aussah. Es wurde damals mit Spiegeln, Vasen, Portieren, Plüschmöbeln und Wanddekorationen ausgestattet.

Kongens Nytov 34, s. Hotel d'Angleterre.

Königliche Bibliothek, Christians Brygge 8. Die Bibliothek hat eine über 300 Jahre lange Geschichte hinter sich. Ihr Gründer war Friedrich III., der sich von Jugend an für Literatur und Wissenschaft interessiert hatte. Man weiß, daß er in den 1650er Jahren mit planmäßigem Einkauf von Büchern begann. 1663 stellte der König Peder Schumacher, den späteren Griffenfeld, als Archivar und Bibliothekar an. Bevor ihn der Ehrgeiz weiter auf die Höhe der Macht trieb, sorgte Schumacher in seiner kurzen Zeit als Bibliothekar für bedeutende Buchankäufe, so in Paris, Amsterdam und Venedig. Bei seinem Tod 1670 hatte Friedrich III. eine Sammlung von 20 000 Bänden zusammen, die sich wohl mit denen anderer europäischer Fürsten messen konnte. Auch die isländischen Handschriften waren in dieser Zeit erworben worden.

Zur Zeit Friedrichs III. befanden sich die Bücher auf dem Schloß. 1673 ließ Christian V. aber ein selbständiges Bibliotheksgebäude errichten. Es ist der langgestreckte Bau gegenüber von Christiansborg, der heute das Reichsarchiv beherbergt. Dort war in der mittleren Etage ein 80 Meter langer Saal eingerichtet, an dessen Wänden sich eine umlaufende Galerie befand, die von 66 Säulen mit vergoldeten Kapitellen getragen wurde. Das Vorbild für diese Anordnung war der lange Büchersaal Mazarins in Paris, der sich über einem Pferdestall befand. Dadurch inspiriert, wurde das Bibliotheksgebäude Christians V. mit einem Arsenal in der Unteretage versehen, aus dem die ankernde Flotte im Hafenbecken auf der anderen Seite (jetzt Bibliotheksgarten) Nutzen ziehen konnte.

Der gelehrte Historiker Hans Gram brachte als Bibliothekar Ordnung in den Bücherbestand, den er in einem elfbändigen Katalog erfaßte. Gram korrespondierte fleißig mit ausländischen Buchhändlern und dänischen Buchdruckern. Bei seinem Tod 1748 hinterließ er eine Sammlung von 70 000 Bänden. Dank reicher Schenkungen durch einen der Mächtigsten des Reiches, dem Grafen Thott, der seine Residenz in der jetzigen französischen Botschaft auf Kongens Nytorv hatte, wuchs der Bestand bald weiter. Unter Thotts kostbaren Gaben müssen über 4000 Manuskripte erwähnt werden, sowie eine Danteausgabe des 14. Jahrhunderts und die erste außerhalb Europas gedruckte Bibel. Bevor Graf Thott 1785 starb, hatte die Bibliothek auch wertvolle orien-

Das Bild kann verwirrend erscheinen, doch als der Neubau der Kgl. Bibliothek fertig war, war für den Umzug der vielen Bücher eine kleine Eisenbahn zwischen dem alten und dem neuen Bibliotheksgebäude die praktischste Lösung. Foto 1906. Karten- und Bildersammlung der Kgl. Bibliothek.

talische Handschriften erhalten, die Carsten Niebuhr von seiner berühmten Expedition nach Arabien mitgebracht hatte.

1823 waren die Sammlungen auf 250 000 Bände angeschwollen. Im Vergleich damit gab es zur selben Zeit in der Bibliotheque Royale in Paris 800 000 Bände. Mit den wichtigen Erwerbungen des vorigen Jahrhunderts, darunter die orientalische Handschriftensammlung des Sprachforschers Rasmus Rask und der Nachlaß des Komponisten C. F. Weyse, wurde es nötig, ein größeres und für die Bücheraufbewahrung und den Publikumsverkehr besser geeignetes Gebäude zu finden.

Mehrere schläfrige Kommissionen befaßten sich mit den verschiedenartigsten Vorschlägen zur künftigen Lage der Bibliothek in Kopenhagen. Als man 1893 auf ein Grundstück gegenüber vom Königlichen Brauhaus wies, protestierte der damalige Bibliothekschef, der Oberbibliothekar Chr. W. Bruun, mit folgenden Worten: „Eine reizende Lage! Das wird ja ein Skandal, dem man sich nach Kräften widersetzen muß! Es gibt auch ein Grundstück im Zeughaushof, und es gibt Grundstücke auf dem Mond!“

Nach vielen Diskussionen wurde der neue Bau 1898–1906 nach Entwürfen von Professor Hans J. Holm und unter der Bauleitung von J. Magdahl Nielsen errichtet. Er kam an den Rand des damals gerade aufgefüllten Zeughaushafens. Die Stilformen sind etwas schwer, hauptsächlich von der Romanik inspiriert und durch reiche Verwendung von Granit und Sandstein bestimmt. Im nördlichen Flügel sind Teile des sogenannten Bäckereigebäudes aus der Zeit Christians IV. enthalten. Die Gewölbe dieses Baues boten Platz für die königlichen Feste.

Königliche Porzellanfabrik. Am 1. Mai 1775 wurde die Fabrik gegründet, und sie bekam ihren ersten Standort in der →Købmagergade 5, dem alten Posthof. Schon 1777 versuchte man, den Chinesen nachzueifern, deren Porzellan die Kopenhagener dank zahlreicher Ladungen aus China kannten. Die Fabrik lag bis 1882 in der Købmagergade, und dies Kapitel ihrer Geschichte wurde von Vilhelm Bergsøe in seinem Roman *Fra den gamle Fabrik* (Aus der alten Fabrik) glänzend geschildert.

Der Schwede J. E. Angelin teilt in seiner Beschreibung Kopenhagens von 1806 mit, die Fabrik habe damals „... alle möglichen Dinge, Tisch-, Tee- und Kaffeeservice, Vasen, Büsten, Gruppen, Figuren, Kopien nach der Antike, Bilder bedeutender Männer und Tausende von verschiedenen Kleinigkeiten" hergestellt. Das Warenzeichen der Fabrik wurden drei blaue Wellen, die den Øresund, den Großen und den Kleinen Belt symbolisieren sollen.

Königliches Theater. 1747 war ein epochemachendes Jahr in der dänischen Theatergeschichte. Am 14. April hatte C. A. Thielo ein kleines Theater bei einem Gastwirt in der →Læderstræde eröffnet, aber da das Trauerjahr zum Gedenken an Christian VI. noch nicht vorüber war, handelte es sich nur um eine „Probebühne". Kurz darauf schenkte →Holberg den Akteuren ein Baugrundstück in der Nørregade, aber das Geld zu einem Theaterhaus fehlte immer noch, und die Lage des Grundstücks war im übrigen schlecht. Irgendwie kam es A. G. Moltke zu Ohren, daß die Schauspieler in der Læderstræde Erfolg hatten und Geld zum Bau eines eigenen Theaters suchten. Er versprach zu helfen, wenn sie nur nicht den König um Geld bäten. Dafür konnten sie das *Tjærehus* (Teerhaus) an Kongens Nytorv billig bekommen. Moltke empfahl ihnen, finanzielle Unterstützung beim Magistrat zu beantragen.

Am 4. August 1747 ging ein Brief an den Magistrat, in dem es hieß: „Durch Vermittlung hoher und vornehmer Patrone ... wurde uns versichert, man könne Seine königliche Majestät veranlassen, uns das sogenannte Teerhaus an der Ecke von Kongens Nytorv am Ende des Holmens Kanals, welches die allergeeignetste Stelle und das Zentrum der ganzen Stadt ist, zu einem tragbaren Preis zu verkaufen." Das Gesuch war von Moltkes Empfehlung vom 9. August begleitet. Der Magistrat gab Moltke eine positive Antwort, und dieser gab den Bescheid an die Schauspieler weiter. Es wurde beschlossen, das Teerhaus abzureißen, und zugleich bekam Nicolai →Eigtved den Auftrag, ein neues Theatergebäude zu pla-

Die Situation 1874, als das neue Kgl. Theater schon unter Dach und Eigtveds stark umgebautes Theatergebäude (rechts) noch nicht abgerissen war. Karten- und Bildersammlung der Kgl. Bibliothek.

nen. Damit kam die ganze Angelegenheit auf eine höhere Ebene. Dies entsprach den Privilegien, die die Schauspieler am 29. Dezember 1747 empfingen. Darin hieß es, zum Nutzen der Komödien sei „zunächst ein ansehnliches Theater und ein geeignetes und mit gebührenden Logen sowie verschiedenen Auf- und Abgängen ausgestattetes Haus“ erforderlich.

Am 13. April 1748 lag ein fertiger Entwurf von Eigtveds Hand vor, nach Pfingsten wurde das Teerhaus abgerissen, und im Dezember desselben Jahres war der Rohbau fertig. Am 9. Oktober 1749 diente das Theater erstmals als Opernhaus. Man führte ein gerade erst komponiertes Werk von Scalabrini auf: *La Semiramide riconosciuta.* Wir wissen vom Gebäude, daß es nach ausländischen Vorbildern als *Logentheater* eingerichtet war. Die einzige heizbare Loge war die des Königs, in der ein Ofen stand. Einige Wärme ging aber von den 24 Lampen der Rampe aus, die mit Talg brannten. Man vermied sorgfältig, daß der Talg in den Lampen alt wurde.

1773/74 wurde das Theater von Harsdorff umgebaut, und kleinere Veränderungen fanden auch später statt. Das Theater feierte in den nächsten hundert Jahren große Triumphe. Am 31. März 1780 hatte →Ewalds Singspiel *Fiskerne (Die Fischer)* Premiere, und 1801 hatte das Theater bedeutenden Erfolg durch das Ballett *Lagertha* von Galeotti. Es war das erste nordische Ballett, dessen Thema von Saxo Grammaticus stammte. Der später berühmte Ballettmeister August Bournonville hatte übrigens sein Debut am 17. Oktober 1813 in demselben Ballett. Er tanzte 1848 das letzte Mal auf der Bühne, war aber weiterhin mit dem Theater verbunden, bis zur Saison 1877/78. In der Schauspielkunst wurde Johanne Louise Heiberg die führende Kraft, nachdem ihr 1826 der Durchbruch gelungen war.

1870 beschloß der Reichstag, da das alte Theater zu unzeitgemäß sei, einen Wettbewerb für den Bau eines neuen auszuschreiben. Vilhelm Dahlerup und Ove Petersen siegten, und ihr Projekt wurde 1872–1874 ausgeführt. Während sich Petersen der technischen Probleme annahm, war Dahlerup für die künstlerische Ausschmückung zuständig. In die letzte Phase der Bauarbeiten mischte sich aber Meldahl ein, was zu viel Bitterkeit führte. Der Bau ist in einer Art Renaissancestil gehalten. Die niedrige Kuppel über Bühne und Zuschauerraum stammt von Pionierhauptmann Larsen.

„Kringelen“ war ein großer Festungsturm nördlich der Einmündung der jetzigen Vingårdsstræde in →Kongens Nytorv, erstmals erwähnt 1289. Er wird 1343 *Stadtturm,* 1496 *Kringelen* genannt. Bei der Belagerung Kopenhagens während der Reformation stand er noch, und als 1873 der Untergrund für den Bau des →Magasin du Nord freigelegt wurde, fand man Reste seiner Fundamente.

Kringlegangen ist eine kleine Passage zwischen Gråbrødrestræde und Valkendorfsgade. Ihr geknickter Verlauf, die ockergelben Mauern und Arkadenpfeiler vermitteln eine Stimmung wie in Venedigs labyrinthischen Gassen. Der Name Kringlegangen, der von dem vergoldeten Bretzel über dem Eingang zum Haus *Gråbrødrestræde 17 A–B* inspiriert ist, wurde 1978 gewählt, nachdem man einen privaten Wettbewerb für den besten Namen der neuen Verbindung zwischen den beiden Straßen ausgeschrieben hatte.

Kristen Bernikows Gade, die Fortsetzung der →Gammel Mønt bis zur Østergade, war ursprünglich eine Rinne, eine Abwasserleitung zum Hafen. 1547 wurde bestimmt, hier solle ein freier Durchgang bestehen. Wo die Straße in die Østergade mündet, lag auf dem südlichen Grundstück ein ansehnlicher Hof, der 1607 Christian Barnekow gehörte. Vermutlich war Barnekow auch für den Bau der 27 Wohnungen zuständig, die es 1636 auf dem Grundstück gab.

In jungen Jahren hatte Barnekow „Asiam et Africam“ bereist und war bis Abessinien gelangt, wo das warme Klima und die Angst vor Krokodilen und anderen gefährlichen Tieren ihn zur Aufgabe der weiteren Entdeckungsreisen veranlaßten. So hieß es in seiner Grabrede. Nach seiner Rückkehr nach Dänemark wurde er zum Hofjunker ernannt. Sein Name war seit 1620 mit der Passage verbunden, die zuerst *Christen Bernekousstræde* hieß, was später vom Kopenhagener Dialekt zur jetzigen Namensform entstellt wurde.

Kronprinsessegade 18. Vorder- und Nebenhaus samt Zwischengebäuden wurden 1807–1813 von Maurermeister J. M. Quist errichtet, während die Fassadendekoration aus der Zeit zwischen 1857–1877 stammt. Die Abdeckungen der Fenster und ihre Brüstungen mit den Stuckornamenten sind, wie die Fugung des Quadermauerwerks, von der damaligen deutschen Architektur beeinflußt, genauer gesagt: von den Arbeiten Karl

Friedrich Schinkels. Seine Baukunst, die zu Beginn des 19. Jahrhunderts in Preußen blühte, bekam großen Einfluß auf das Kopenhagener Straßenbild. Hatten die Kopenhagener Baumeister und Architekten nicht selbst Gelegenheit, zum Studium von Schinkels Werken nach Berlin zu reisen, so brauchten sie nur seine Bücher „Architektonische Entwürfe und Vorbilder für Fabrikanten und Handwerker“ zu studieren.

Ein Bindeglied zwischen Preußen und Kopenhagen war auch der deutsche Architekt G. F. Hetsch, der 1815 in die Hauptstadt kam, C. F. Hansens Schwiegersohn wurde und bis zu seinem Tod 1846 ein geschätzter Lehrer auf der Architektenschule der Kunstakademie war. Die Häuser *Nordre Toldbod* und *Bredgade 10* sind ebenfalls Beispiele für die schinkelsche Tradition.

Kronprinsessegade 30, s. Davids Sammlung.

Krystalgade. Die Straße wird 1492 als „die kleine Gasse, die hereinläuft zu Herrn Cantors Tor“ beschrieben, und 1528 ist die Rede von „der Gasse hinter Cantoris Port, die sich von der Nørregade zur Købmagergade erstreckt“. Anno 1600 tritt der Name *Skidenstræde* (Schmutzgasse) auf, vielleicht ein Hinweis auf die im 16. Jahrhundert abgedeckte Schmutzwasserrinne, über die die Straße geführt wurde. Die Bezeichnung Skidenstræde blieb durch das 17. Jahrhundert hindurch erhalten. So heißt es in der Einwohnerliste von der Belagerung Kopenhagens 1659 Schiden Strede. Auf Geddes Karte von 1757 wird jedoch „Cristall Gade eller Skidenstrede“ geschrieben, und ab 1818 gilt die erstere Bezeichnung offiziell.

Krystalgade 12, s. Synagoge.

Kultorvet (der Kohlenmarkt) ist einer der jüngeren Märkte der Stadt und entstand erst nach dem Brand von 1728. Dies Atemloch in der Altstadt hieß ursprünglich *Ny Nørre Torv over for Rundetaarn* (Neuer Nordermarkt beim Runden Turm). Hier verkauften die Torfstecher und die nordseeländischen Köhler ihr Brennmaterial, was früher in den Straßen in der Nähe des Nordertores geschehen war. Bernhard Olsen (geb. 1836), der als Kind in der Store Kannikestræde wohnte, erinnerte sich an die Torfstecher als an eine „oft räuberartige Bande, die einsame und furchtsame Leute nötigte, ihre betrügerisch geladenen Waren zu kaufen“.

Die Köhler kamen aus dem Amt Frederiksborg und fuhren ihre Holzkohle nach Kopenhagen. Wenn es mit leeren Wagen wieder heimwärts ging, drehten sie durch und veranstalteten richtige Wettfahrten. So erzählte es J. Junge im 18. Jahrhundert. Der breite Kongevej war dazu wohlgeeignet, und oft geschah es unter Einsatz des Lebens.

Die jetzige Ausdehnung des Platzes ist großen Abrissen zu verdanken, denn die Gegend war ursprünglich dicht bebaut. So erstreckten sich *Rosengården* und *Sankt Gjertrudsstræde* weiter als heute. Die westliche Seite des Platzes wurde von der *Mikkel Vibes Gade* eingenommen, benannt nach dem bekannten Bürgermeister, der dort ein Anwesen hatte. Derselbe Mikkel Vibe baute zwischen 1622 und 1636 zwei Höfe in →Christianshavn.

Am 24. Juni 1847 wurde am Kultorv das erste alkoholfreie Café in Dänemark eröffnet. Die größte Veränderung in jüngerer Zeit war der Abriß der alten Häuser an der Ostseite des Platzes, wodurch Raum für *Bibliotheksgården* entstand. Am Kultorv wohnten bekannte Leute wie der Maler Chr. Dalsgaard (1851) und die Witwe A. M. Mangor (1847–1854), die 1837 das „Kogebog for smaa Husholdninger“ (Kochbuch für kleine Haushalte) herausgegeben hatte, ein so populäres Werk, daß es 1887 in der 28. Auflage erschien. Während des Krieges von 1864 schrieb sie in ihrem Patriotismus und Mitgefühl ein „Kogebog for Soldaten i Felten“ (Kochbuch für den Soldaten im Feld), das das schwere Leben der dänischen Soldaten erleichterten sollte. Madame Mangor wurde einfach zu einer Institution.

Kunstgewerbemuseum (Kunstindustrimuseet), Bredgade 66–72. Der groß angelegte Gebäudekomplex wurde auf Initiative von Graf Adam Gottlob Moltke errichtet. Nicolai →Eigtved war für das ursprüngliche Projekt verantwortlich. Die Gebäude sollten als Krankenhaus dienen. Am 21. Mai 1751 wurde Eigtveds Plan, der vier einstöckige Pavillons an jeder Straßenseite und zwei freistehende, parallele Flügel um „Grønnegården“ vorsah, Friedrich V. vorgelegt. Die Forderung nach mehr Raum führte jedoch dazu, daß „Grønnegården“ durch Hinzufügung zweier kurzer Flügel geschlossen wurde.

Am 29. Juli 1752 wurde der Grundstein gelegt, und auf der beigelegten Kupferplatte stand in Dänisch und Lateinisch: „Der fürsorgliche Vater des Vaterlandes, Friedrich V., König von Dänemark

Frederiks Hospital, jetzt Kunstgewerbemuseum. Karten- und Bildersammlung der Kgl. Bibliothek.

und Norwegen, legte den ersten Stein zu diesem öffentlichen Gebäude, das einmal 300 Kranke aufnehmen soll, und gebot, die Arbeit auf seine eigenen Kosten ohne Beitrag der Untertanen auszuführen. Im Juli 1752". Der König beschaffte aber dafür auch Mittel aus dem Überschuß der norwegischen Generalpostkasse, der hierauf „für ewige Zeit" für die Einrichtung bestimmt wurde.

Im Jahre 1754, als Eigtved starb, stand das Karree fertig. Lauritz de Thurah übernahm jetzt die Bauleitung, und mit Genehmigung des Königs baute er 1755–1757 die vier noch existierenden Pavillons in zwei Etagen. Diese Lösung sollte die ursprüngliche mit den acht kleineren Bauten ersetzen. Während Eigtveds Karree in einem leichten Rokokostil gehalten wurde, erscheinen Thurahs Bauten schwerer in den Formen, was auf seine Abhängigkeit vom Barock hindeutet. Über dem *Haupteingang* befindet sich ein Relief mit dem Barmherzigen Samariter. Die Arbeit stammt von J. C. Petzold. Die Vasen auf den eisenvergitterten Toren stammen von dem Bildhauer J. F. Hännel.

In dem *südlichen* Pavillon zur →Bredgade hin war die Apotheke eingerichtet, in den anderen waren Bad, Geburtenanstalt u. a. Ursprünglich war vorgesehen, daß die 300 Kranken, für die es Platz gab, alle Freiplätze bekommen sollten. Aus wirtschaftlichen Gründen wurde aber die Zahl der Freiplätze auf 125 herabgesetzt, 1788 aber wieder auf 170 erhöht. Einige Betten waren Militärs vorbehalten. Es war außerdem eine feste Regel, daß unheilbare Krankheiten wie Wahnsinn, Pocken, Aussatz und venerische Krankheiten nicht behandelt werden sollten.

1910 wurde *Frederiks Hospital* in das neueingerichtete Rigshospital überführt, und 1919 schenkte der Staatsrat Emil Glückstadt das Grundstück mit dem Grønnegårdskarree dem dänischen Kunstgewerbemuseum. Sein damaliger Direktor, Emil Hannover, verfolgte mit großer Beängstigung, wie der großzügige Spender in den folgenden Jahren immer mehr wegen einer Bankaffäre in Verdacht geriet. Das Schicksal wollte es, daß Hannover am 8. März 1923 starb, am Tage vor der Mitteilung, daß Glückstadt wegen Betruges verhaftet sei.

1921–1926 wurden die Flügel umgebaut und zu Ausstellungszwecken eingerichtet. Diese Arbeit wurde auf die Architekten Ivar Bentsen und

Kaare Klint verteilt; letzterer war für die Inneneinrichtung zuständig. Die Sammlungen des Museums sind chronologisch aufgestellt und umfassen europäisches Kunsthandwerk vom Mittelalter an. Möbel sind stark betont, aber auch besondere Sammlungen von Fayencen, Porzellan, Silber, Textilien und Schmuck müssen hervorgehoben werden. Auch die japanische und die chinesische Kunst sind repräsentiert.

L

Ladegården (Wirtschaftshof, Vorwerk). Es ist dokumentiert, daß Christian III. 1548 einen Wirtschaftshof für das Kopenhagener Schloß anlegen ließ, und zwar in Nyby außerhalb Kopenhagens. Eine Rechnung von 1602 verrät, daß die Materialverwaltung des Schlosses in diesem Jahr Bauholz und Nägel für eine Brücke „zwischen dem Nyby-Ladegård und Islevmark" lieferte.

Zur Zeit →Christians IV. war der Hof zu klein, und es wurde ein neuer und größerer Wirtschaftshof 1623 bei der *Ladegårdså* (am jetzigen →Åboulevard) errichtet. Dem Hof ordnete Christian IV. das ganze Areal zu, auf dem sich später Frederiksberg entwickelte. Das Gebäude selbst, ein niedriger Bau, konnte 500 Stück Rindvieh aufnehmen. 1628 wurde es durch Sturm zerstört, und der König ließ ein neues bauen, diesmal in massivem Mauerwerk und mit drei Etagen. Es wurde mit Bastionen und Gräben umgeben, und das Wasser für die Gräben kam aus der Ladegårdså und einer ihrer Zweige, der *Rosenå*, die bei Kalvebodstrand mündete.

Die wirtschaftliche Lage des Hofes war niemals gut. Der König setzte jährlich zu, und schließlich wurde der Betrieb verpachtet. Darauf begann eine Verteilung des Bodens, meist an holländische Bauern, wodurch die Grundlage von *Ny Hollænderby* gelegt wurde. Als die Schweden 1559 Kopenhagen belagerten, wurde das Gebäude zerstört. Christoffer Gabel kaufte zu Beginn der 1660er Jahre die Ruine, und 1710 wurde sie zum Lazarett der Armee eingerichtet. Während der Pest 1711–1713 beherbergte der Hof 100 Pestkranke zugleich, und zusammen mit dem anderen Pesthospital *Vodroffgård* hatte er einen Barbier als Leiter, der als Chirurg diente.

Am 27. Juni 1733 beantragten die Direktoren der Kriegshospitalkasse, im Ladegård eine Werg- und Flachsspinnerei sowie eine Weberei zu errichten. Man schlug außerdem den Heeresarchivar Simon Schmidt als Betriebsleiter vor. Kurz darauf gab es Pläne, alle Armenhäusler dort zu sammeln. Aus diesen Projekten entwickelte sich ein größeres Unternehmen, zu dessen Leitung Schmidt auserwählt wurde. Er sollte als Inspekteur die vielen Gebäude des Ladegård und ihr Inventar, die Maschinen der Fabrik, die empfangenen und verarbeiteten Waren sowie die Buchhaltung beaufsichtigen. Von den detaillierten Anweisungen sei erwähnt, daß die Arbeitsstuben vom Martinstag bis Ostern beheizt werden sollten, wozu sechs Fuder Buchenholz zur Verfügung standen. Zur Beleuchtung dienten Tranlampen, während in den Schlafsälen nur eine feste Laterne sein durfte. Zwei Frauen sollten täglich die Spinn- und Schlafsäle reinigen, worunter man das Fegen und Waschen der Böden und bei Bedarf das Räuchern (mit Wacholder) verstand. Schmidt bekam als Inspeteur ein Gehalt von 500 Reichstalern.

1768 verkaufte man den Ladegård an die Stadt Kopenhagen, und darauf wurden die Bewohner des Pesthauses Sankt-Hans-Hospital beim Kalvebodstrand dorthin überführt. Die neue Einrichtung auf dem Ladegård, die besonders als Hospital für Geisteskranke diente, behielt den Namen Sankt-Hans-Hospital. 1816 verlegten die Behörden sie nach Bistrup bei Roskilde. Die nächsten sechs Jahre über gab es für den Ladegård keine Nutzung, doch 1822 richtete man ihn zur Arbeitsanstalt ein. Die ersten Armen kamen am 1. Oktober dieses Jahres an. 1834 wurde die Einrichtung durch eine Zwangsarbeitsanstalt erweitert. Als 1908 das Arbeitshaus Sundholm eingerichtet wurde, wurden die Bewohner des Ladegårds nach →Amager verlegt. Doch bestand der Ladegård noch eine Zeitlang. Erst 1930 wurde er geräumt. Auf seinem Boden entstanden Wohnhäuser und das *Radiohaus*.

Læderstræde hinter →Gammel Strand war ursprünglich eine Hafenstraße, die zunächst auch die Kompagnistræde umfaßte. Wenn die Straße 1397 *Laadbrostræde* genannt wird, so weist das auf *Ladbroen* (die Ladebrücke), den wichtigsten Teil des älteren Hafens. 1416 kommt die Bezeichnung *Lathbrostrede* vor, später im selben Jahrhundert treten mehrere Namensverdrehungen auf: *Lædherstrædet* (1423), *Lædærstredhet*

(1461) und *Lederstredet* (1475). Im 17. Jahrhundert wurden allmählich die Formen Læderstræde und Læderstrede üblich.

Auf einem Grundstück zwischen Læderstræde und Gammelstrand liegt ein schönes Anwesen aus klassizistischer Zeit. Das Vorderhaus zum Gammel Strand hin (Nr. 40) wurde 1799–1801 für den Hofgraveur David Ahron Jacobsen gebaut, und vermutlich wurde zugleich ein Neben- und Querhaus errichtet. 1830 wurde das Vorderhaus zur Læderstræde hin gebaut.

Das Anwesen wurde im vorigen Jahrhundert von einer Reihe bekannter Kopenhagener bewohnt, wobei das Haus zum Gammel Strand natürlich die meisten anzog: 1815–1819 den Archäologen P. O. Brøndsted, 1843–1845 Georg Carstensen, den Gründer von Tivoli, und danach 1850–1853 Peter Faber, einen Mann von ganz ungewöhnlichen Talenten. Sein Interesse an den Naturwissenschaften, besonders am Elektromagnetismus, machte ihn 1853 zum Direktor des Telegraphenwesens bis zu seinem Tode 1877. Diese Tätigkeit stand im Schatten seiner Schriftstellerei. Faber dichtete und komponierte Lieder, die bis heute in Dänemark populär sind. – Im Jahre 1853 wohnte der Bischof und Reichstagsabgeordnete D. G. Monrad auch in diesem Hause, während der Musikdirektor H. C. Lumbye damals vorzog, in dem Hause zur Læderstræde hin zu logieren.

Landemærket ist der Name der Straße, die an der nordwestlichen Seite des Runden Turms und der Trinitatiskirche verläuft. Die Bezeichnung spiegelt die topographischen Verhältnisse am Ende des 16. Jahrhunderts, als hier die Grenze des letzten unbebauten Gebiets innerhalb der Wälle lag. In der ältesten Buchhaltung der Trinitatiskirche wird unter dem 23. Oktober 1656 eine Ausgabe für „eine Haspe am Tor zum Landemerchett" erwähnt.

Langebro. Die Brücke, die den H. C. Andersens Boulevard nach →Amager fortsetzt, hatte mehrere Vorgänger. Die erste Brücke an dieser Stelle, *Kalvebodbro* genannt, wurde 1690 gebaut, und sie verband somit die Bastionen auf beiden Seiten des Strandes. Sie diente sowohl dem Fußgänger- als auch dem Wagenverkehr und konnte in der Mitte hochgewunden werden, so daß die Schiffe durch den Hafen fahren konnten. Obwohl die Kalvebod-Brücke viele Jahre lang dem Militär vorbehalten war, konnte sie doch von zivilen Fußgängern benutzt werden.

Bei der Brücke stand eine Zeitlang der sogenannte *Blaue Turm*, der 1731 zur Ablösung des alten Blauen Turms auf dem Kopenhagener Schloß (vgl. S. 39) gebaut wurde. Wie sein Vorgänger diente der Turm als Gefängnis, und hier mußten u. a. auch die königlichen Schauspieler ihre Strafe absitzen. Nach einer Verordnung von 1762 sollten Verbrecher, die nicht zum Tode verurteilt waren, ihre „publique Straf" am Leibe an der Seite des Turms empfangen, die zum Kanal gerichtet war. Ein Pfahl sollte dort aufgestellt, jedoch gleich nach Vollzug der Bestrafung wieder entfernt werden. Der Turm wurde 1848 teilweise abgebrochen; bis 1865 war ein Rest davon im Hofe des Hauses Vester Voldgade 131 erhalten.

Nach mehreren Umbauten der Holzbrücke wurde sie 1875/76 verbreitert und mit einem eisernen Klappteil bedeckt, der mit Handkraft bewegt werden konnte. Der Gedanke einer neuen Brücke kam 1885 auf, doch erst 1903 konnte sie eröffnet werden, gut 400 Fuß südlich der alten. In der Mitte gab es einen Schwenkteil mit zwei Durchfahrtöffnungen. Der ganze Brückenkörper ruhte auf neun steinernen Pfeilern. Seine Lebenszeit war wegen des zunehmenden Verkehrs mit großen Schiffen nur kurz, und 1929/30 wurde eine „Vindebro" mit einem schweren Betonklotz als Gegengewicht eingerichtet. Durch Sabotage wurde diese Brücke im Frühjahr 1945 außer Betrieb gesetzt. Die jetzige Brücke wurde 1954 gebaut.

Larslejstræde diente im Mittelalter als Zugang zum *Hof des St.-Johannes- und St.-Birgitten-Altars*, der in der Reformation nach dem Professor, den man ihm zugeteilt hatte, *Paedagogi Gaard* genannt wurde. Außerdem führte die Gasse zum *Sankt-Petri-Kirchhof*. Unter dem 21. März 1495 ist in einem Dokument die Rede von „der kleinen Gasse zwischen der Pedersgasse und der Wohnung, in der der Vicarius des St.-Birgitte-Altars nun wohnt".

Der jetzige Straßenname kann auf 1571 zurückgeführt werden, als man *Lasse Leegs Strede* schrieb, nach einem Bürger dieses Namens, dem viele Jahre lang ein Hof in der Straße gehörte. Darauf variiert die Schreibweise: *Lasse-, Laurs-, Leeg-, Leyell-, Leig wurde schließlich zu Larslejstræde* verschliffen.

Lateinerquartier. Das Viertel, das Kopenhagener Gegenstück zum Quartier Latin in Paris, war jahrhundertelang der Stadtteil, wo Studenten, Magister und Professoren verkehrten und die Wissenschaften pflegten. Zweifellos war der *Frue Plads* das Herz des Lateinerviertels. Dagegen lassen sich seine Grenzen schwieriger bestimmen, da es keine Verwaltungseinheit wie die alten Kopenhagener Steuerbezirke (roder) oder Quartiere bildete. Die meisten werden aber die *Store Kannikestræde, Krystalgade, Fiolstræde, Nørregade, Skt. Peders Stræde und Dyrkøb* als Begrenzung annehmen.

Obwohl die Kopenhagener →Universität größerenteils nach →Amager verlegt ist, gibt es noch Gebäude und verwinkelte Straßen, die an das alte Zentrum der Gelehrsamkeit erinnern, an das „gotische Packhaus der Wissenschaften, die wie in einem öffentlichen Kramladen angeboten werden“, wie J. H. Tauber es in den 1760er Jahren nannte. In der Kannikestræde hatte die katholische Geistlichkeit ihre Höfe, die nach der Reformation zu Professorenresidenzen eingerichtet wurden. Aus der Vor Frue Kirkeskole entstand die →Metropolitanschule, während die Universität selbst den Bereich des alten Bischofshofes einnahm.

In alten Tagen prägten die Studenten das Leben auf den Straßen des Viertels, oft mit Schlägereien, ja sogar Duellen. Einmal wurden Jacob Krog und der spätere Bischof und Dichter Thomas Kingo vor Gericht geladen, weil sie vor →Regensen Kapitän Kaltoft überfallen hätten. Kingo wurde aber freigesprochen. Ein Nachtwächter in der Skt. Peders Stræde hatte 1711 den Verdacht, Studenten von Regensen und Walkendorff hätten ihn „Freitag nacht zwischen elf und zwölf“ geschlagen und übel zugerichtet.

Lenin, dessen wirklicher Name Vladimir Iljitsch Uljanov war (1870–1924), kam im Herbst 1910 nach Kopenhagen, um am 8. Kongreß der II. Internationale teilzunehmen. Er fand vom 28. August bis zum 3. September auf Einladung durch Stauning und Borgbjerg im →Odd-Fellow-Palais statt. Am Kongreß, der selbst bei den bürgerlichen Zeitungen ein großes Echo fand, nahm der französische Sozialistenführer Jean Jaurès teil, außerdem die späteren deutschen Spartakisten Rosa Luxemburg und Karl Liebknecht.

Während seines einmonatigen Aufenthalts in Kopenhagen wohnte Lenin in der *Vesterbrogade 112 a*, Hinterhaus, 1. Stock. Er kam durch einen russischen Emigranten an die Adresse. Der Vermieter war ein Fuhrmann und früherer Werftarbeiter. Die Monatsmiete betrug 10 Kronen. Die Frau des Vermieters berichtete einige Jahre später dem Redakteur Anker Kirkebye von der Tageszeitung Politiken, Lenin sei „sehr ordentlich und sorgfältig mit seiner Kleidung gewesen. Er besaß nur einen blauen Anzug, und seine Schuhe waren sehr zerschlissen, aber immer gut geputzt“. Lenin war im übrigen ein fleißiger Benutzer der →Königlichen Bibliothek. Eine Gedenktafel wurde am 17. September 1984 an dem Haus in der Vesterbrogade angebracht.

Levetzaus Palais, s. Amalienborg Slot.

Lille Strandstræde 14. Im Vorderhaus sind Reste eines Gebäudes enthalten, das möglicherweise aufs 17. Jahrhundert zurückgeht. Die jetzige Fassade ist von 1773–1776, als das Haus für den Brigadier William Halling umgebaut wurde. Sie wird durch einen vierachsigen Mittelrisaliten aufgeteilt. Aus Rücksicht auf den älteren Bau hat man darin den Eingang asymmetrisch angeordnet. Aufgrund der Dekoration aus Girlanden und Medaillons und der Fenstereinrahmungen muß die Arbeit der Jardin-Tradition zugeschrieben werden, und einer von Jardins Schülern, Hans Næss, kommt am ehesten in Frage.

William Halling war im übrigen eine legendäre Person im damaligen Kopenhagen. Eine Zeitlang war er Direktor der Asiatischen Kompanie, doch sonst verbrachte er einen großen Teil seines Lebens auf dem Gut Dronninglund in Nordjütland, das er durch Tausch vom Grafen C. H. G. Moltke erworben hatte. Hier trat er als ein richtiger Bauernschinder auf, hatte aber zugleich die bizarre Idee, die Bevölkerung zu verschönern, indem er die schönsten Mädchen mit den schönsten Burschen verheiraten wollte.

Lindencrones Palais, Bredgade 26, wurde 1752 für den reichen Gutsbesitzer Christen Lintrup gebaut, der 1756 zu Lindencrone geadelt wurde. Sein Vermögen hatte er als Großkaufmann im fernen Osten erworben. Der Bauherr ließ Kreidesteinblöcke von Stevns Klint heranschaffen, wo er das Gut Gjorslev besaß. Sie fanden beim Bau des Palais Verwendung. Aus →Eigtveds Zeichenstube kamen die Entwürfe, aber I. C. Conradi hatte die Bauleitung.

Løvstræde. Die Straße, die den →Gråbrødretorv mit der →Købmagergade verbindet, weckt Assoziationen an Bäume und grüne Gewächse. Ihre Geschichte beginnt auch damit, denn sie war ursprünglich ein Klostergarten des mittelalterlichen Franziskanerklosters (Grabrødrekloster) von 1238. Durch den Garten schlängelte sich ein Pfad zur Købmagergade hin. Nach der Reformation wurde dieser Pfad ein öffentlicher Weg, der zunächst *Ny Gråbrødrestræde* genannt wurde, im Gegensatz zu der weiter nördlich gelegenen *Gråbrødrestræde*, der jetzigen Skindergade.

Ein Verzeichnis der Kopenhagener Straßen aus den Jahren 1613–1623 verrät, daß die Straße jetzt *Løffue stræde* hieß, und bei der Grundsteuer von 1661 wurde sie *Løw Stræde* genannt. Als Corfitz Ulfeldt Ende der 1630er Jahre seinen Palast auf dem Klostergrund aufführte, wurde die Løvstræde der wichtigste Zugang zu dem vornehmen Bau. Doch 1663 fiel das Urteil über Ulfeldt: Der Hof des Landesverräters sollte abgebrochen, der Platz geräumt und ein Schandmal errichtet werden (s. S. 102). Bei der Einrichtung des Gråbrødretorvs wurde die Løvstræde auf ihre jetzige Länge verkürzt.

Im 19. Jahrhundert kann man von der literarischen Løvstræde sprechen, denn hier verkehrten Oehlenschläger, der Dichter des Goldenen Zeitalters, und später seine Schüler. Oehlenschläger kam in das Haus mit der Matrikelnummer 178, die jetzige Nr. 7, das der Buchdrucker Boas Brünnich von 1813 bis 1826 besaß. Dieser druckte mehrere seiner Bücher, so das Meisterwerk *Helge*. 1852 wurde das Anwesen von dem Verlag C. A. Reitzel übernommen, zu dessen Kunden die Dichter Christian Winther und Frederik Paludan gehörten. Auch H. C. →Andersen und →Kierkegaard besuchten den Verlag und die zugehörige Buchhandlung.

Einer von Kierkegaards Widersachern, der Dichter Meir Goldschmidt, wohnte Mitte der 1840er Jahre in der *Løvstræde 8*, und in der *Nr. 10* hatte der Bildhauer Jens Adolf Jerichau seine Wohnung. Sie stand den Malern Thomas Lundbye, Christian Købke und P. C. Skovgaard offen.

Löwenapotheke. Am Freitag, dem 30. April 1971, schloß einer der geschichtsträchtigsten „Läden" Kopenhagens seine Pforten: die über 350 Jahre alte Löwenapotheke an der Ecke Amagertorv/Hyskenstræde. In dem Eckhaus lag die Apotheke nordwärts zum Platz hin orientiert.

Die Geschichte der Apotheke begann 1605, als die Krone den damaligen Hof dem Apotheker Werner von Kleve übertrug. Zuerst war die Apotheke unprivilegiert, aber 1620 bekam sie die Konzession, und in den folgenden Jahrzehnten gingen von dort auch wichtige Lieferungen an den Hof. In dessen Buchhaltung kommen oft „Konfekt, Zucker, Kräuter und Spezereien" vor; interessanter war eine Rechnung von 1621 für „Kräuter und Farbe für die königlichen Reitpferde". Ebenso konnte man „vergoldetes und geschnittenes Papier . . . feines, mittleres und gemeines Papier samt Wachs, Lack und Tintenpulver" an Christian IV. (1639) liefern. Mehrere dieser Lieferungen gingen an das königliche Laboratorium im Garten von →Rosenborg.

Viel erforderte die Tafel →Christians IV. So wurden am 28. Februar 1639 bestellt: Pfeffer, Zimt, Muskatblüten, Mandeln, Rosinen, Datteln, Pistazien, Anis, englischer Safran, Kardemomme und Gelatine. Am Ende des 17. Jahrhunderts hatte die Löwenapotheke eine führende Position erreicht, und daneben waren nur drei weitere privilegiert: die *Elefantenapotheke*, die *Schwanenapotheke* und *König Salomons Apotheke*. Der berühmte dänische Anatom Thomas Bartholin, der 1672 das Buch „De visitatione pharmacopolorum" herausgab, schrieb darin, die Ärzte hätten in diesem Jahr am 13. Oktober bei ihrer Visitation der vier privilegierten Apotheken mit der Löwenapotheke als ältester begonnen.

Der Brand von 1728 legte auch die Löwenapotheke in Asche, und nur die nackten Mauern blieben stehen. 1762 gab der damalige Inhaber Christoffer Günther eine teure Bestellung bei dem Kanonen- und Hofglockengießer M. C. Troschell auf: Ein Mörser von einem halben Meter Höhe sollte gegossen werden. Die fertige Arbeit, mit delphinförmigen Henkeln geschmückt, trug lateinische Inschriften.

Der Mörser, vielleicht der größte Europas, stand bis 1971 in der Löwenapotheke.

Beim Brand von 1795 wurde das Haus erneut zerstört. Darauf ließ sein Besitzer, der Pharmazeut Ludvig Manthey, den Professor Harsdorff von der Kunstakademie das neue Eckhaus entwerfen. Der Stil wurde klassizistisch. Der Maler Nicolai →Abildgaard lieferte auch einige der Malereien für den Ladenraum. Dahinter lagen Rezeptur und Kräuterkammer, während sich im Keller das Dampflaboratorium befand. Hier wurde vor über einem halben Jahrhundert *Løvens kemiske Fabrik* gegründet.

Das Inventar der Apotheke war reich. Es zählte beispielsweise 228 alte Apothekerkrüge – davon die meisten aus der →Königlichen Porzellanfabrik –, die alle mit einer vergoldeten und roten Kante und schwarzer Glasur dekoriert waren. In der Kräuterkammer standen 235 grün lackierte Deckeldosen. Das Warensortiment entsprach einer kuriosen Wanderung in alten Rezeptbüchern, denn es wurden Baldrianwurzeln, „Kristen Spillemands Tropfen", „Jungfer Mikkelsens Brusttropfen" und „Sattler Brandts Universalsalbe" annonciert. *Santali Rubrum*, rotes Sandelholz, und Veilchenwurzeln fehlten auch nicht.

Der berühmteste Leiter der Löwenapotheke war cand. pharm. H. C. Ørsted, der im Jahre 1800 in dem Hause wirkte, während Manthey sich auf Auslandsreise befand. Dies gab Ørsted Gelegenheit zu elektrochemischen Experimenten.

1907/08 wurde das Eckhaus umgebaut, und Harsdorffs schöner Klassizismus verwandelte sich in einen ornamentalen Jugendstil à la Bindesbøll. Aber das einmalige Interieur der Apotheke blieb erhalten. Schade, daß die Behörden diese Einrichtung 1971 verschwinden ließen. Sie hätte ausgezeichnet als Museum dienen können.

Lyshøj Allé. Zwischen den Vogelbeerbäumen der Allee steht beim Toftegårds Plads das Denkmal „Jabal, Jubal und Tubalkain". Die Skulpturengruppe, die von dem französischen Bildhauer Paul Maximilian Landowski stammt, wurde 1914 ursprünglich auf dem Vester Boulevard (dem jetzigen H. C. Andersen Boulevard) aufgestellt. Sie wurde vom Legat „Albertina" finanziert, dessen Stifter der Brauer Carl Jacobsen war. Als der Boulevard umgelegt wurde, kam das Denkmal 1956 in die Lyshøj Allé.

Die stark mit Grünspan überzogenen Bronzefiguren stellen drei Personen aus dem Alten Testament dar, alle Nachkommen Kains. Im 1. Buch Mose (4,20–22) wird erzählt, Jabal sei der Stammvater der Nomaden, sein Bruder Jubal „der Stammvater all derer, die Harfe und Flöte spielen". Tubalkain war ihr Halbbruder, von dem die abstammten, „die Kupfer und Eisen schmieden".

M

Magasin du Nord, Kongens Nytorv 13, steht auf historischen Boden. Hier wurde 1721 ein sehr vornehmes Palais für den Großkanzler Graf U. A. Holstein gebaut, der im Jahr zuvor ein älteres Anwesen an gleicher Stelle von dem Generalleutnant Gregers Juel erworben hatte. Die Frau des Großkanzlers, Christine Sophie Reventlow, war lebhaft an der Schauspielkunst interessiert, und man darf annehmen, daß sie 1722 ihren Einfluß bei der Errichtung eines Theaters in der Lille Grønnegade (jetzt →Ny Adelgade) (s. S. 113) geltend gemacht hat.

1748 wurde Holsteins Palais in bescheidenerer Form erneuert, und das Gebäude wechselte häufig die Besitzer. Als der Gastwirt Ernst Møller das Anwesen übernahm, richtete er 1796 das Haus zum „Hotel du grand Nord" ein. Er hatte früher „Vildanden" (Die Wildente) in der *Østergade* betrieben.

Das Hotel war sehr angesehen, und in einer schwedischen Besprechung heißt es: „Man wohnt hier, wie es einem paßt, aber immer im Verhältnis zum Preis; Zwei Zimmer (für Herren und Diener) mit Licht, Morgenkaffee, Aufwartung usw. kosten etwa einen Reichstaler pro Tag". 1816 wurden im Hotel du Nord warme Bäder eingerichtet, und die Gäste konnten Erfrischungen in Form von Bouillon, Schokolade und Likören genießen. Als der Mietkutscher Rasmus Jørgensen Besitzer des Hotels wurde, geriet es ernsthaft ins Rampenlicht der Öffentlichkeit. Der neue Inhaber hatte von Jugend an den Spitznamen „Specie-Jørgensen" (etwa: Taler-Jørgensen). Damals arbeitete er für einen steinreichen jüdischen Händler aus Christianshavn. Eines Tages wurde Rasmus gebeten, seinen Prinzipal zur Nationalbank zu begleiten und einen Ziehwagen mitzubringen. Es sollten einge Säcke Geld abgeholt werden. Als der Wagen beladen war und Rasmus ihn, bewacht von seinem Prinzipal, heimwärts zog, kamen sie zur →Knippelsbro, gerade als das Sperrsignal gegeben wurde. Rasmus Jørgensen kam mit dem Wagen und dem Geld noch schnell hinüber, während der Jude ins Wasser fiel und ertrank.

Rasmus Jørgensen hatte im übrigen mit seinem Hotel wenig Glück. 1859 wurde er verhaftet, weil er Zimmer zu unzüchtigen Zwecken vermietet hatte. Er wurde zu 14 Jahren Zuchthaus verurteilt, das Hotel wurde zwangsversteigert. In der

Hotel du Nord vor dem Umbau. Xylographie 1874. Karten- und Bildersammlung der Kgl. Bibliothek.

folgenden Zeit beherbergte das Haus Geschäfte und Restaurants. So hatte „Schucani & à Porta" eine Zeitlang eine Konditorei mit Café im Erdgeschoß. 1871 übernahm die Firma Emil Vett & Co. das Anwesen. Dies wurde der Anfang der später sehr bekannten Handelsfirma Th. Wessel & Vett.

Das jetzige Hauptgebäude der Firma wurde 1893/94 von Alb. Chr. Jensen und H. Glæsel gebaut, die den französischen Chateau-Stil wählten, um das Gepräge eines internationalen Warenhauses anzudeuten.

Magasintorvet an der *Østergade* gehört zu den neuen Plätzen der Stadt. Vor der Anlage der neuen und breiten Straße *Bremerholm* in den 1930er Jahren lag dort eine Gasse mit dem Namen *Integade*, die der Ostseite des Magasintorvet entspricht. Die Gasse war einer der düsteren Orte Kopenhagens und nach dem Namen zu urteilen fast anonym. In einem Dokument vom 20. Dezember 1669 ist die Rede von „der kleinen Straße zwischen Østergade und Kongensgade", und 30 Jahre später heißt das Gäßchen „Tverstredet (Quergasse), die Liden Kongensgade (Kleine Königsstraße) genannt wird". Die Tageszeitung Politiken eröffnete am 10. Oktober 1884 ihre erste Redaktion in dem noch bestehenden Eckhaus.

Das kleine vierachsige Haus zwischen *Bremerholm 1* und *3* wurde 1802 für den Schuhmacher Rasmus Lefoli gebaut. Zwischen der zweiten und dritten Etage sieht man eine Vertiefung mit einem Mäanderornament, ein Zeugnis für den klassizistischen Stil, der die Periode prägte.

Ältere Kopenhagener werden sich im Übrigen daran erinnern, daß der Volksmund den Platz „Magabangs Torv" nannte.

Magstræde. Die Straße entstand in den 1520er Jahren, als man durch Auffüllen die Küstenlinie weiter hinaus verlegte. 1525 taucht der Name das erste Mal auf, und zwar nach einem *Mag*, einem

Notdurfthäuschen, das dort auf Pfählen am Strand errichtet war. (vgl. →Hyskenstræde).

Die Straße hat noch ihren verwinkelten Lauf behalten, der durch die historischen Häuser bestimmt wird, von denen *Magstræde 17–19* das älteste ist. Sie wurden zur Zeit Christians IV. oder etwas später gebaut. An den Fassaden mit den schweren Mauerankern sieht man noch flachbogige Stiche über den Fenstern und waagerechte Sandsteinbänder. *Nr. 17* wurde vor 1712 umgebaut, wobei die Zahl der Achsen von vier auf drei vermindert wurde. Bei dem Kopenhagener Brand von 1728 wurden die beiden Giebelhäuser nur leicht beschädigt.

In der *Magstræde 10* wohnte der Italiener Guiseppe Sarti in den Jahren 1773–1775. Er war Komponist, kam 1753 nach Kopenhagen und zog schnell die Aufmerksamkeit des Hofes auf sich. Sarti wurde 1755 zum Kapellmeister ernannt und war ein außerordentlich fleißiger Lieferant von Opern. Zu drei Stücken jährlich war er verpflichtet. Als Gesanglehrer half er, das Interesse an gutem Singen in den operninteressierten aristokratischen Kreisen zu fördern; selbst Christian VII. war als Prinz sein Schüler. Mit →Struensees Fall verlor er eine wichtige Stütze. Schwierigkeiten bei der Leitung des →Königlichen Theaters sowie eine bodenlose Verschuldung versauerten ihm bald das Leben. Es wird erzählt, daß zwei königliche Lakaien Sarti gegen seine Gläubiger schützen mußten, wenn er zum Schloß oder vom Schloß kam. 1775 verließ er das Land.

Die Magstræde wurde im 19. Jahrhundert zur Straße der Prostitution degradiert, die von reiferen Mädchen bewohnt war. Außerdem wurde sie durch ein Original bekannt, den „Philosophen von der Magstræde".

Marktschreier und Straßensänger. In der Zeitung *Aftenposten* konnte man 1776 lesen, es werde Fremden und Bauern wirr und schwindelig im Kopfe „von dem öffentlichen Feilbietungs-Geschrei auf unseren Kopenhagener Straßen". In einer anderen Spalte vom selben Jahr heißt es dagegen, die vergnüglichste Zeit des Jahres sei die, „wenn die Musen aus den Nyboder, die Göttinnen aus Walbye und die Grazien aus Amager in buntem Aufzug und mit trillernden Weisen lebende Krabben und holsteinische Heringe und Heringsfilets verkaufen, aber leider währt diese Stimme, wie der Gesang der Nachtigall, nur einige Monate!"

Sicher ging es lebhaft zu, wenn der Schrei des Kesselflickers und die Stimme des Muschelverkäufers sich mit dem Ruf der Schornsteinfeger von den Dächern trafen. Den Schornsteinfegern war es nämlich 1746 auferlegt worden, von den Schornsteinen herunter „zu rufen und Zeichen von sich zu geben".

Die Liederweiber waren ein besonderer Einschlag im Straßenbild. Ihre heiseren Stimmen waren oft schneidend; zerlumpt waren sie auch, und die Leute ekelten sich. Zeitungsjungen mischten sich in ihren Chor. So konnte →Holberg schreiben!

„Man drängt mit Macht durch alle Gassen,
wo Jungens ihre Lieder hören lassen,
die Ohren voll, ein jeder seine Melodei,
mal geht's um Mord, um Brand, mal auch um Hexerei."

Während es den Jungen 1726 verboten wurde, Zeitungen auszutragen, überlebten die Liederweiber bis 1738. Damals verboten die Behörden, unzensierte Lieder anzubieten. Dennoch konnte Holberg einige Jahre später notieren, daß in den Straßen Lieder und Geschichten umliefen. Die armen Frauen füllten ihre Körbe mit den gedruckten Liedern bei P. Horrebow oder Svares Witwe in der Store Kannikestræde oder bei Holm S. Popp. Die sensationslüsternen Texte stammten von hungrigen Studenten und literarischen Piraten, was ihnen Niveau gab. Die Wochenschriften kamen und gingen, alles ließ sich verkaufen, von Gerüchten bis zum scheußlichsten Mord. So lautet eine Ankündigung aus den 1780er Jahren: „Ein erregendes *neues Lied*, in dem der Missetäter Johan Friderich Petersen, Musketier beim Norwegischen Leibregiment, der wegen vorsätzlicher Tötung seines eigenen Kindes am Donnerstag, dem 11. Dezember 1783 durch Räderung hingerichtet wurde, als Bekenner seiner Sünden und als ein im Gefängnis bekehrter und begnadeter Sünder vorgestellt wird. Zu singen nach der Melodie: Nun wohlan sei frisch zu Mute."

Neben den Muschelverkäufern, Fischweibern, Matronen mit ihren Liedern, Almanachvertreibern und den flinken Zeitungsjungen bewegten sich die halbwüchsigen Mädchen mit ihren Obstkörben. Die Zitronenfrau wurde geradezu eine feste Einrichtung in der Hauptstadt. Brunnenkresse war auch populär, wenn man sich nicht mit Kartoffeln begnügen mußte. Die Kopenhagener Polizei wurde reichlich mit Klagen eingedeckt. Aus dem Protokoll von 1791 stammt folgendes Augenblicksbild:

„An den Polizeimeister in Kopenhagen. Vorgestern, am 10. (August) nachmittags, als meine kleine Tochter mit Namen Sophie Fridericia Vimmelskaftet hinunterging und Kirschen feilbot, kam ein Mann mit Namen Johan Brøger aus dem Keller der Nr. 159 gesprungen, nahm den Korb des Mädchens, zertrampelte die Kirschen, schimpfte das Mädchen aufs gröbste aus und sagte, daß dort auf der Straße keiner schreien dürfe! (Unterschrieben:) Ingeborg Elisabeth Malmberg."

Marmorbrücke. Die Brücke, die ihre Bögen über den *Frederiksholms Kanal* spannt, ist eines der Meisterwerke des Hofbaumeisters Nicolai → Eigtved. Ursprünglich war es der Wunsch Christians VI., sie als Zugbrücke einrichten zu lassen, so daß Schiffe passieren konnten, aber weder Eigtved noch sein Konkurrent Thurah noch die Schloßbaukommission konnten den Gedanken unterstützen. Er hätte der Brücke ihre Größe genommen, fortwährende Reparaturen erfordert und Probleme mit den Fußgängern geschaffen.

So beschloß der König am 1. Mai 1739, die Brücke solle ohne Aufzugmechanismus „nach der Zeichnung F der Hofbaumeister" gebaut werden. Es zeigte sich, daß diese Zeichnung alleine von Eigtved stammte, der darauf den Auftrag bekam. Ein Holzmodell, das später verlorenging, wurde zum Projekt angefertigt und im Juli 1739 dem König vorgeführt. Was an Eigtveds Vorschlag besonders gefiel, waren die flachen Brükkenbögen, die eine fast waagerechte Fahrbahn und damit einen angenehmen Verkehr ermöglichten.

Ursprünglich hatte sich Eigtved eine reichere skulpturale Ausschmückung der Brücke vorgestellt, als man sie schließlich beschloß. Aus den Vasen und Figuren, die die profilierten Plinthen über den Brückenpfeilern schmücken sollten, wurde nie etwas. Dafür kamen Porträtmedaillons auf die Mittelpfeiler, sogar von feinsten Rokokoornamenten eingerahmt, während der mittlere Bogen mit einem Medusenhaupt versehen wurde. Für eine Stadt, die die schweren Formen des Barock gewohnt war, war dies eine Eleganz sondergleichen.

Der französische Bildhauer Louis-Augustin le Clerc war für die Ausschmückung zuständig; er war im übrigen stark mit der Ausschmückung des neugebauten → Christiansborg beschäftigt. Mit Hilfe von fünf Bildhauern und sechs Steinmetzen begann er die Sandsteine zu formen, die man aus Sachsen importiert hatte. Das Material wurde vermutlich von Pirna bei Dresden nach Altona und von dort über das Meer zum Frederiksholms Kanal gefahren. Moderne Untersuchungen haben gezeigt, daß es sich um eine höchst fragwürdige Mischung weicher und harter Steine handelte, was damals nach Kopenhagen kam.

Nach dem Geschmack der Zeit sollte die Ausschmückung mit Symbolik gesättigt sein, hier in Form einer Huldigung an das Meer. Als Hauptmotive verwandte man klassizistische Medaillons, zwei weibliche und zwei männliche Porträts, alle im Profil und mit Schilf im Haar. Dazu kamen Dekorationen mit Schilf und Rohrkolben, Rocaillen (muschelartige Ornamente) und zwei furchteinflößende Monster mit schaumspeienden Mündern.

Da die ursprünglichen Identifikationen vergessen sind, wurde viel über die Bedeutung der Reliefs gerätselt. So meinte man etwa, die vier Medaillons repräsentierten die vier antiken Meeresgottheiten: Poseidon und Amphitrite zur Stadt hin (nach Norden), Okeanos und Tethys zum Øresund (zum „Meer") hin. Faßt man diese Götter als menschlich auf, so müssen die beiden Monster das Gefährliche und Launenhafte des Meeres ausdrücken. Und hier gab es freies Spiel für die Phantasie, da Meeresungeheuer im 18. Jahrhundert immer noch als Realitäten galten. Eine der unheimlichsten Beschreibungen stammt von der Hand Hans Egede, der 1734 auf dem Atlantik ein „sehr schreckliches Meerestier" beobachtet hatte, „das sich so sehr über das Wasser erhob, daß sein Kopf über uns ragte. Die Augen dieses Tieres schienen rötlich und dadurch wie von Feuer brennend. Viereckiges Maul, große Nasenlöcher und an den Seiten einige abstehende, steife Haare, die Haut glatt wie ein Spiegel, außer über dem Nacken, wo es eine hängende Mähne hatte, die aussah wie Tang".

Der eigentliche Brückenbau einschließlich der Ausschmückung zog sich lange hin. Der König hatte gehofft, die Brücke noch vor Jahresende 1739 fertig zu sehen, aber vergeblich. Der Haushalt wurde überschritten, so brauchte man 200 000 Backsteine mehr als berechnet. Noch 1745 wurde Geld für die Bildhauerarbeit bewilligt. Im selben Jahr wurde der Sandstein zur Konservierung mit gekochter Ölfarbe überstrichen, und damit konnte die Brücke als vollendet gelten.

In den offiziellen Dokumenten hieß die Brücke entweder *Neue Brücke, Hauptbrücke* oder *Schloßbrücke*, wogegen der inoffizielle Name *Marmorbrücke*, von den marmorbelegten Trottoirs inspiriert, sich erst später durchsetzte.

Spannend ist auch die Geschichte der kostspieligen Restaurierung der Marmorbrücke, die Anfang der 1970er Jahre begann. Die Brücke war damals arg mitgenommen, besonders die schönen Reliefs. Unter der Leitung des Sachverständigen aus dem Wohnungsministerium, Eric Erlandsen, gelang es im Laufe der nächsten zehn Jahre, die Linien und die skulpturellen Details der Brücke wieder herzustellen. Zuständig für die Medaillons waren die Bildhauer Johan Galster und Povl Søndergård zusammen mit dem Stukkateur Henry Thomsen vom Nationalmuseum. Ihre Arbeitsgrundlage waren einige zerbrechliche Abgüsse der Ornamentik, die um 1900 angefertigt wurden, als die Brücke schon im Verfall war. Man fand diese Formen, die mit Holz abgesteift waren, auf einem Lager im Wirtschaftshof von Schloß Bernstorff wieder. Leider waren die Abgüsse in kleinere Teile zersägt, so daß ein Puzzle nötig war und große Lücken ausgefüllt werden mußten. Dies gelang, und auf Grund neuer Gipsabgüsse wurden die neuen Reliefs in der DDR zunächst roh zugehauen. Die Brücke konnte 1983 wieder eingeweiht werden.

Marmorkirche (Frederikskirken). Die Marmorkirche in der Frederiksgade war von Anfang an als großartiger Point de vue für den achteckigen Platz in der geplanten →Frederiksstad vorgesehen. Eine gigantische Zentralkirche sollte sich über den Palais und Bürgerhäusern des neuen Stadtteils erheben, und am 30. Oktober 1749 legte Friedrich V. den Grundstein. Dies wurde u. a. mit Wein für 153 Reichstaler für die Handwerker gefeiert. Später wurde die Buchhaltung mit weit höheren Posten belastet.

Bei der Grundsteinlegung war die Kirche noch nicht projektiert, aber der Hofbaumeister →Eigtved lieferte im Februar 1750 einen Entwurf und einen Überschlag für die Kirche. Der Überschlag betraf nur die Fundamentierung bis zwei Ellen über dem Boden und belief sich auf 37 686 Reichstaler. Eigtved wollte, daß die Kuppel der

Eigtveds Projekt der Marmorkirche, ein von zwei Türmen flankierter Zentralbau, wurde nie realisiert. So stellte man sich die fertige Kirche vor, die zum 300jährigen Jubiläum des oldenburgischen Königshauses entstehen sollte. Stich von Jonas Haas. Karten- und Bildersammlung der Kgl. Bibliothek.

Kirche 17 Ellen höher als der Turm der Nikolaikirche würde. Die Mitglieder der Baukommission bekamen Schweiß auf die Stirne und meinten, „ein paar Tonnen Gold“ würden nicht ausreichen.

Es begann die Pfählung und Fundamentierung. Dienstverpflichtete Soldaten gruben ein 30 Meter tiefes Loch. Hofbaumeister Zuber leitete die Zimmerarbeiten bei der Fundamentierung, und langsam erhob sich aus der Tiefe eine Rotunde. Inzwischen hatte Friedrich V. Bedenken bekommen. Die Kirche, die seinen Namen tragen sollte, schien ihm nicht imponierend genug. Statt mit Sandstein sollte sie mit norwegischem Marmor bekleidet werden; der Eingang war allzu niedrig. Eigtveds Entwürfe wurden zur Begutachtung nach Paris geschickt, und darauf verbesserte der Hofbaumeister sein Projekt in Richtung auf die neue Mode der Zeit, den Klassizismus. Er starb 1754, mitten während der Arbeit.

Eigtveds Nachfolger, der Franzose N. H. Jardin, änderte das Projekt zwar völlig im Sinne des Klassizismus, aber die Ausgaben, hauptsächlich für den Marmor, brachten die Bauarbeiten in Gefahr. Schon 1770 wurden sie von →Struensee eingestellt. Nur die Mittelpartie stand, neun Meter hoch, fertig.

Der Bauplatz lag nun da mit fertigen und halbfertigen Kapitellen, Säulenteilen und Marmorblöcken. Später fertigte Harsdorff einen neuen Plan an, diesmal zu einer reinen Zentralkirche mit dem Pantheon in Rom als Vorbild. Der Plan wurde bei Harsdorffs Tod 1799 aufgegeben, aber das erhaltene Holzmodell ist in der *Bibliothek der Kunstakademie* ausgestellt.

Der gescheiterte Bau wurde zu einer Attraktion für die Reisenden. Ein jütischer Bauer schrieb 1849 in holpriger Sprache, die Kirche sei aus lauter blauem norwegischem Marmor gebaut und verfalle immer mehr; wäre der Krieg nicht dazwischen gekommen, so wäre sie sicher zur ersten Kirche Kopenhagens vollendet worden.

Erst der Finanzmann C. F. Tietgen erbarmte sich der Ruine. Im Juni 1874 kaufte er den ganzen Bauplatz vom Staat und verpflichtete sich, die Kirche fertig zu bauen. Eigtveds ursprünglicher Plan einer 76 Ellen hohen Steinkuppel war längst aufgegeben. Statt dessen kam es unter Ferdinand Meldahl als Architekten zu einer 48 Ellen hohen Kuppel, wie der übrige Bau in den Formen des römischen Barock gehalten.

Die praktische Bauleitung hatte der Architekt Albert Jensen zusammen mit Carl Thonning.

Die Ruine der Marmorkirche wirkte so malerisch, daß man sich in Italien fühlen konnte. Helena Nyblom, die Tochter des Malers Jørgen Roed, erinnert sich, als Kind in der Ruine gespielt zu haben. Eine ihrer Freundinnen, Olga Berg, „säte Senf bei der Marmorkirche, denn es steht in der Bibel, daß Senf höher als alle anderen Gewürze wird, so daß die Vögel des Himmels kommen und ihre Nester in seinen Zweigen bauen“. Foto: Kgl. Bibliothek.

Aus ökonomischen Gründen mußte man die Vollendung in norwegischen Marmor aufgeben. Statt dessen verwandte man Kalkstein aus Öland und aus Fakse. Die Kuppel, die mit Kupfer gedeckt wurde, erhob sich über einem säulengeschmückten Tambour, eine Anordnung nach Vorbildern des römischen Barock. Um Mittel für die kostspielige Eindeckung zu beschaffen, wurden Kupfergeräte und Geld gesammelt, während das Kreuz auf der Kuppel Tietgen von seinen Mitarbeitern geschenkt wurde. Es wurde am 8. September 1883 zu Grundtvigs hundertstem Geburtstag enthüllt.

„Punch“ war über die Kupferdeckung so verärgert, daß das Blatt 1885 schrieb, man müsse auf Meldahl aufpassen, damit er nicht die Stadt mit weiteren Kupfertöpfen und Wasserkannen verschönere.

Ganz oben auf der Balustrade des Tambours sieht man Zinkfiguren, die „Repräsentanten der Kirchengeschichte“ von Moses bis Luther darstellen. Interessanter sind die kolossalen und verwitterten Marmorkapitelle, die hinter der Einhegung des Baues im Gras zum Vorschein kommen. Sie sind Reste des Bauplatzes aus dem 18. Jahrhundert und zeigen, welch großartiges Bauwerk man sich gedacht hatte.

Das Innere hat die klare Form der Rotunde, die durch Arkaden von den umliegenden Gängen abgetrennt ist. Die Emporen werden von 12 Marmorsäulen getragen. In der Chorschranke sieht man ein Taufbecken, das Joakom Skovgaard in Marmor geschaffen hat.

Mayonnaise-kvarteret (das Mayonnaisenviertel) ist die volkstümliche Bezeichnung für das Viertel um die *Laksegade* und *Hummergade* (Lachs- und Hummerstraße), von denen die letztere am Ende der 1950er Jahre saniert wurde. Es war der Schriftsteller Gustav Esmann († 1904), der dem Viertel seinen gastronomischen Namen gab. In beiden Straßen, die um 1650 in dem früheren königlichen Kräutergarten angelegt wurden, wohnten Seeleute. Unter den späteren Bewohnern der Hummergade können mehrere Theaterleute genannt werden, die im Haus *Nr. 15* wohnten: der Gesangsmeister H. O. C. Zinck (1805), der Spielleiter P. Frydendahl (1827) und die Tänzerin Juliette Price (1858–1861).

Der Ausdruck „da Fanden var løs i Laksegade“ (als der Teufel in der Laksegade los war) geht auf 1826 zurück, als in der *Nr. 15* merkwürdige Dinge passierten. Die Leute hörten Schimpfworte, Geschrei und Raubtiergebrumm, Hausgeräte und Kartoffeln flogen durch die Luft, und Fenster zersprangen. Aber die Polizei konnte das Rätsel nicht lösen, das wildester Phantasie und Aberglauben Nahrung gab.

Medizinisch-Historisches Museum (Chirurgische Akademie), Bredgade 62, wurde 1785–1787 nach Entwürfen von Peter Meyn gebaut, der zu dieser Zeit Zweiter Professor an der Königlichen Kunstakademie war. Die Königinwitwe Juliane Marie stiftete für diesen Zweck einen Baugrund. Das Gebäude sollte das ältere Amphitheater in der Købmagergade ersetzen, wo Chirurgie gelehrt wurde, der Platz aber nur für 200 Personen reichte. Hinter der Errichtung des neuen Baues stand auch der Wunsch, das Fach Chirurgie vom Barbierwesen zu trennen und eine akademische Lehranstalt zu schaffen. Johan Bodendick, Leibarzt und Kammerdiener Kronprinz Friedrichs (VI.), führte die Baupläne durch. Im übrigen sollte die Ausbildung der Chirurgen unabhängig von der Universität verlaufen.

Peter Meyn, der bei einem Studienaufenthalt in Paris 1799 ein großartiges Projekt zu einer „Academie Royale de Chirurgie“ verfertigt hatte, mußte sich in der Bredgade mit bescheidenerem Rahmen begnügen. Auf dem schmalen Baugrund schuf er aber ein Haus mit monumentaler, klassizistischer Fassade, die in Seitenrisalite und eine Mittelpartie mit Säulenportal eingeteilt ist. Das Auditorium des Gebäudes geht über zwei Etagen und hat ganz oben eine gewölbte, kassettierte Decke mit Lichtöffnung, die auf den Seziertisch mitten im Saal Licht werfen sollte.

Von 1842 an übernahm die Universität den Unterricht. Die letzte chirurgische Vorlesung fand am 29. November 1939 durch Professor Erling Dahl-Iversen statt. Dann zog man in moderne Lokale um. In dem alten Gebäude ist jetzt das *Medizinisch-Historische Museum* untergebracht.

Meerjungfrau. Die kleine Meerjungfrau an der Langelinie wurde 1913 von dem Bildhauer Edvard Eriksen geschaffen. Der Brauer Carl Jacobsen war der Initiator des Denkmals und holte die Idee dazu von H. C. Andersens Märchen. Bei der Gestaltung ließ sich Eriksen von der damals sehr bekannten Skulptur der *Jeanne d'Arc* des französischen Bildhauers Henri Chapus inspirieren. Edvard Eriksens Frau saß Modell und nicht, wie oft behauptet wird, Ellen Price, die Primaballerina am Königlichen Theater.

Meinungsgade, eine Nebenstraße der →Nørrebrogade, ist nach dem Kapitän Conrad Robertus Meinung benannt, der um die Mitte des 19. Jahrhunderts dort einige Grundstücke besaß. In einer Zeit, da man sich für gesündere Arbeiterwohnungen (vgl. S. 49 f.) interessierte, kam man auf die Hohlwandkonstruktion. Die Methode wurde bei einer Weltausstellung in Paris prämiert.

Meinungsgade 17 a–b, ein Massivhaus mit dekorativ gemauerten Backsteinen, wurde für den Verein der Schmiedemeister von 1883 gebaut. An der Fassade ein Relief des Ankerschmieds A. W. Holm.

Metropolitanschule. Die Schule lag früher in der Fiolstræde 4–6, wo ihr altes Gebäude erhalten ist. Ihre Geschichte geht zurück auf etwa 1210, als

Die monumentale Fassade der Chirurgischen Akademie stammt von dem Architekten Peter Meyn. Stich von 1786. Karten- und Bildersammlung der Kgl. Bibliothek.

das Kollegiatskapitel der → Frauenkirche gestiftet wurde. Es bestand aus den Kanonikern mit einem Dekan an der Spitze, und seine Aufgabe bestand in der Verwaltung des Vermögens und anderer Einnahmequellen der Frauenkirche sowie in der möglichst prächtigen Gestaltung des Gottesdienstes. Im Gottesdienst brauchte man Priester und Chorknaben, und diese mußten ausgebildet werden. Damit war die Grundlage geschaffen für eine Schule ähnlich den übrigen Kapitelschulen im Lande.

Erst 1246 wird die Schule der Frauenkirche mit Sicherheit erwähnt, nämlich in einem Testament, in dem einer der Zeugen als „Magister Toti, Rector scholarum in Haffn" bezeichnet wird. Dieser Magister Toti war also der erste bekannte Rektor der Schule. Die Nachrichten über die Tätigkeit der Schule bleiben spärlich, aber 1343 fand auf Anordnung des Roskilder Bischofs eine Visitation statt. Seine Vertreter stellten fest, daß das Kapitel einen „scholasticus ydoneus, non perpetuus" (einen geeigneten, nicht fest angestellten Lehrer) unterhielt. Der Unterricht umfaßte hauptsächlich Fertigkeiten im lateinischen Schreiben und Lesen.

Ein altes Privileg, das Recht der armen Schuljungen, sich ihre Kost in den Straßen der Stadt zusammenzubetteln (Ähnliches galt in anderen Orten), wurde 1519 von Christian II. aufgehoben. Er ordnete an, daß keiner die Kopenhagener

Schule besuchen durfte, der sich nicht selbst ernähren konnte.

Die ganze katholische Zeit hindurch und bis zum Zweiten Weltkrieg hatte die Schule ihr Gebäude in unmittelbarer Nähe der Frauenkirche (des Domes). Das Schulgebäude, das man 1599 gebaut hatte, wurde wie die Frauenkirche bei dem großen Brand von 1728 zerstört, doch schon 1731 war an seiner Stelle ein neues gebaut. Es ist in Thurahs *Hafnia Hodierna* von 1748 wiedergegeben. Um dieselbe Zeit führte Christian VI. eine Schulreform durch. Danach sollte der Anfängerunterricht an der Schule aufhören und die Zahl der Stunden auf sieben reduziert werden. Latein hatte immer noch Vorrang, aber auch Griechisch und Hebräisch spielten eine Rolle.

Beim Kopenhagener Bombardement 1807 wurde das Schulgebäude zerstört, und C. F. Hansen bekam nun die Aufgabe, ein neues zu entwerfen. Es wurde unter der Bezeichnung *Metropolitanskole* in den Jahren 1811–1815 Ecke *Fiolstræde/St. Kannikestræde* gebaut. Bei der Einweihung am 23. April 1816 waren Friedrich VI. und die wichtigsten Beamten der Stadt anwesend und wurden mit Reden und Kantaten unterhalten.

C. F. Hansens Bau ist in streng klassizistischem Stil gehalten und weist das besondere Detail auf, daß das Fenstermotiv der Frauenkirche dort in kleinerem Maßstab wieder erscheint. In der obersten Etage waren fünf Unterrichtsräume eingerichtet, von denen der größte zu Festlichkeiten benutzt wurde.

1940 bekam die Metropolitanschule neue Räumlichkeiten, das frühere Femmers Seminarium in der *Struenseegade.* Im selben Jahr kam unter dem Titel „Det forsømte forår“ (Der versäumte Frühling) Hans Scherfigs berühmte Darstellung des Geistes der Schule heraus. Die Analysen waren scharfsinnig und entschleiernd. Das Buch wird mit einem 25jährigen Abiturientenjubiläum eingeleitet, bei dem die Produkte der Anstalt vorgeführt werden: ein querulierender Polizeimeister, ein kindischer Richter, ein kesser Pastor und ein hochmütiger Oberarzt, lauter Beispiele für geborgene Akademiker mit großen Fehlern, die ihre Wurzeln in einem falschen pädagogischen System haben.

Meyns Pavillons in der *Kronprinsessegade.* 1789 wurde der Professor und Architekt Peter Meyn zum Stadtbaumeister ernannt, und dieser prägte darauf das Aussehen der Stadt, vor allem nach dem großen →Stadtbrand von 1795. Eine der Ursachen der Brandkatastrophe war die allzu dichte Bebauung. Unter ihrem Eindruck plante man u. a. die Kronprinsessegade, um die alten Grundstücke auf dieser Seite von →*Kongens Have* zu vergrößern. Die Straßenbenennung geschah zu Ehren der Kronprinzessin Marie Sophie Frederikke von Hessen-Kassel, die mit dem späteren Friedrich VI. verheiratet war.

Als man die Straße durch eine Einfriedigung vom Garten abtrennen wollte, lieferte Peter Meyn im März 1802 den entsprechenden Vorschlag, der insgesamt befolgt wurde. In den Jahren 1803/04 wurden die Pavillons gebaut, 16 an der Zahl. Jeder war mit einem Raum von 6 Ellen Tiefe, 6 Ellen Breite und 6 Ellen Höhe ausgestattet. Ursprünglich war die Fassade zur Straße hin nur mit einem halbrunden Fenster über dem Eingang versehen, und nicht einmal in der Eingangstür gab es Scheiben.

Die Pavillons waren als Läden für Händler gedacht, mit allerlei Angeboten von Kleinwaren bis zu Kleidung und Schmuck. Sogar einige Konditoreien sollten das beliebte Viertel und die Besucher des Gartens bedienen. Es war aber schwer, Mieter zu finden, und einige Pavillons wurden umgebaut, so daß sie schließlich zwei Wohnetagen bekamen. 1851 begann man, in die Fassade große Schaufensterscheiben einzusetzen.

Jetzt sind die Pavillons von den Behörden unter Schutz gestellt, und die Mieter reißen sich darum; Weber und Bildhauer etwa fühlen sich dort wohl. Sogar Piet Hein hatte einen der kleinen Pavillons, die so stark an den Klassizismus in Kopenhagen erinnern.

Moltkes Palais, s. Amalienborg Slot.

Møntergade. Die Straße wird 1528 als „die Gasse, die zum Wall verläuft“ beschrieben. Der jetzige Name, der erst seit 1623 belegt ist, verweist auf die Einrichtung der königlichen Münze in dem früheren katholischen Claraklosten nahe der Straße (vgl. S. 126). Aus der Einwohnerliste, die 1659 bei der Belagerung Kopenhagens erstellt wurde, geht hervor, daß in der Straße hauptsächlich Handwerker wohnten: vier Zimmergesellen, zwei Weber, ein Böttcher, ein Kannengießer, ein Korbmacher, ein Handschuhmacher, ein Stellmacher und ein Dreher. Die geraden Nummern *4–16* waren ursprünglich →„Brandhäuser“. Sie wurden alle in den 1730er Jahren von Handwerkern errichtet, aber wie es von anderen Brandhäusern bekannt ist, wurden sie später um eine

Etage aufgestockt und die Fassaden wurden verändert.

Mosaischer Friedhof in der Møllegade (Nørrebro). Wie Fredericia und Nakskov hat auch Kopenhagen seinen alten jüdischen Friedhof, der 1694 angelegt und mehrmals erweitert wurde. Das echte jüdische Gepräge ist in hohem Grad erhalten. So sieht man flache, aufrechtstehende Grabsteine mit hebräischen Inschriften, die nach mosaischer Tradition nach Osten gerichtet sind. Der älteste Grabstein ist 1693 datiert, d. h. die Beisetzung muß vor der offiziellen Einrichtung des Friedhofs stattgefunden haben. Viele der Marmorplatten sind leider durch die starke Verunreinigung beeinträchtigt.

Ursprünglich hieß die Møllegade *Sandgrasvej*, weil in der Nähe früher große Sandgruben waren. Der Sand wurde u. a. zum Scheuern von Fußböden benutzt. Später, nach Anlage des Friedhofs, bekam die Straße im Volksmund den Namen „Jødegaden" (Judenstraße). Bei der Belagerung durch die Engländer 1807 kam die Gegend in die Schußlinie. Major Blom berichtet, die Engländer hätten sich, als sie den „Judenfriedhof" erreichten, hinter dem dortigen Plankenzaun verschanzt, der mit Schießlöchern versehen wurde, „und ein mörderisches Feuer eröffnet, das unseren Vormarsch zum Stehen brachte". Nach dem Treffen wurden einige englische Soldaten auf dem Friedhof beigesetzt, und ihre Gräber sind erhalten.

Musikhistorisches Museum und Carl Claudius' Sammlung. Das Museum hat die Adresse Åbenrå 32–34, wo ursprünglich das Pastorat für die →Reformierte Kirche war. Zum jetzigen Zweck wurde das Gebäude 1963–1966 unter Leitung von Jørgen Bo und Vilhelm Wohlert restauriert. Neben einer Instrumentensammlung befinden sich in dem 1898 gegründeten Museum ein Archiv und eine Bibliothek. Von den Musikinstrumenten seien ein Harmonium Christians VIII., die Violine Niels W. Gades und das Klavier Carl Nielsens erwähnt. Zum eher Kuriosen gehört ein Uhrkettenteil aus dem Besitz Mozarts. Dazu kam die große Instrumentensammlung des Generalkonsuls Carl August Claudius, die 1941 dem Staat hinterlassen wurde. Die Dauerausstellung des Museums vermittelt einen glänzenden Überblick über die bunte Welt der europäischen Instrumente, und der Besucher wird zugleich durch die Phasen der Musikgeschichte geführt.

Wohnzimmer im französischen Pastorat, Åbenrå, jetzt Musikhistorisches Museum. Im Stuhl sitzt der französisch-reformierte Pastor Emanuelle Rodolphe Krayenbühl. Foto nach Gemälde.

Das Gebäude selbst wurde 1730–1732 errichtet. Der Bauherr, die französisch-reformierte Gemeinde, hatte den Maurermeister Gottfred Schuster mit der praktischen Arbeit beauftragt, aber möglicherweise hatte der holländische Architekt Felix du Sart Einfluß auf die Fassadengestaltung. An der zwölfachsigen Fassade ist der mittlere Fensterpfeiler unverhältnismäßig breit. Hinter diesem schweren Pfeiler befindet sich eine quergerichtete Scheidewand, die das Vorderhaus in zwei Pastorenwohnungen aufteilt. Jede Wohnung hatte ihre eigene Toreinfahrt und ihren Hofplatz.

N

Naboløs, die kurze Straße hinunter zum →Gammel Strand, wurde im Mittelalter als Teil der →Hyskensgade aufgefaßt. Im 16. Jahrhundert tritt sie unter den verschiedenen Namen auf, so 1551 als „Gasse, in der Niels Tommesen wohnt", und 1604 als *Weigerhusstræde.* Anlaß zur letzteren Bezeichnung war das „Vejerhus" (Waage), das man 1581 am Gammel Strand vor der kleinen Straße errichtete. Dies geschah auf Initiative des Kopenhagener Statthalters, des energischen Schatzmeisters Christoffer Valkendorff.

Die Namensverwirrung setzte sich im 17. Jahrhundert fort: 1684 ist die Rede von der „Gasse, die zum früheren Hummelgaard führt". Erst 1713 wird die Bezeichnung *Naboeløsstrede* verwandt, und 1728 wird *Naboeløs* geschrieben. Dieser merkwürdige Name („Nachbarlos") kommt wahrscheinlich daher, daß das Haus auf der *Grundstücknummer 18* in →*Snarens Quartier* das einzige mit der Fassade zur Straße hin war.

Nationalmuseum. Das Nationalmuseum ist im Prinzenpalais am Frederiksholms Kanal samt den angebauten Flügeln an der Stormgade, der Ny Vestergade und der Vester Voldgade untergebracht. An der Stelle des *Prinzenpalais* baute der Kaufmann Michelbecker 1684 einen ansehnlichen Hof, ein dreietagiges Haus mit zwei privaten Wohnflügeln. Der eine davon lag zu den Kalveboderne (jetzt Ny Vestergade) hin, während der andere Flügel die Aussicht über den Kanal ermöglichte. 1725 bekam der Oberlandesbaumeister J. C. Krieger den Auftrag, den Hof umzubauen, in dem Kronprinz Christian mit seiner engeren Familie wohnen sollte. Krieger schreibt, die Fassade mit den Reliefs werde „weitaus reicher als am Hause seiner hochgräflichen Excellenz von Laurvig" (dem späteren Moltkeschen Palais). Der Kronprinz kaufte im selben Jahr das Nachbaranwesen zum Kanal hin, wodurch das Gesamtgrundstück bedeutend vergrößert wurde. Ein Ausgabenbeleg und ein Gartenplan Kriegers von etwa 1730 zeigen, welch einen präsentablen Garten man im Anschluß an das Hauptgebäude anlegte. Es gab Bogengänge, Pavillons und die obligatorischen Parterrebeete.

Der Umbau des Palais von 1743/44 wurde Nicolai →Eigtveds erste selbständige Arbeit, jedoch in Grenzen, denn eine Reihe von Vorbehalten mußten respektiert werden: die Straßenlinie zu Kalveboderne war bereits festgelegt, und der lange Flügel an dieser Seite sollte in den neuen Plan einbezogen werden. Rücksicht auf den bestehenden Garten sollte genommen werden. Die Angelegenheit wurde weiter kompliziert, als Eigtved argumentierte, ein Bau am Amalienborg-Platz würde sich besser machen. Entsprechend bekam der Revisor C. von Clausberg die Idee, das Palais könne hinter der Börse gebaut werden.

Christian VI. fegte jedoch die Einwände vom Tisch und entschied sich für Eigtveds Plan eines Teilumbaus des bestehenden Palais. Eigtveds vierflügelige Anlage hat die Pariser „Hotels" zum Vorbild, die zu Beginn des 18. Jahrhunderts von Architekten wie Courtonne und Lassurance gebaut wurden. So ist der niedrige Torflügel mit Balustrade und Vasen, der vor dem Straßenlärm abschirmt, typisch französisch. Dasselbe gilt für Einzelheiten wie die Fenstergestaltung, die Lisenen, die rechtwinkligen Mauerfüllungen und die waagerechte Aufteilung der Fassade. Die *Rokokointerieurs* sind die ältesten erhaltenen in Dänemark. Am feinsten ist der *Rittersaal* ausgeschmückt, in dem die Wände vom Boden bis zur Decke mit Paneelen bekleidet sind, welche rechteckige Felder und Füllungen mit vergoldeten Randleisten haben. Der Stil ist kein lebhaftes Rokoko, eher etwas asketisch. Die Stuckarbeiten an den Decken stammen vielleicht aus der Werkstatt Brennos.

Als Friedrich V. 1746 den Thron bestieg, zog seine Tante ein, die Fürstenwitwe Sophie Caroline von Ostfriesland. Sie verwandte das Palais als Winterdomizil und hatte in ihrem Haushalt 44 Personen. Später logierte der Minister Guldberg eine Zeitlang im Erdgeschoß entlang der Ny Vestergade, während der Rittersaal von den Malern →Abildgaard und Jens Juel benutzt wurde.

Im 19. Jahrhundert wurde das Prinzenpalais allmählich zum Museum verändert. Hintergrund dafür war die Gründung des *Nationalmuseums,* die offiziell am 22. Mai 1807 stattfand. Die Kopenhagener konnten aber schon am 13. Januar dieses Jahres in der Zeitung *Dagen* (Der Tag) lesen: „Der auf der Universitätsbibliothek gemachte Beginn, Beiträge zu einem künftigen Nationalmuseum zu sammeln, hat gleichsam eine öffentliche Billigung erhalten. Die dortige kleine Sammlung von Altertümern wurde nämlich dadurch eingeweiht, daß einige Runensteine, die in einem Winkel der →Trinitatiskirche lagen, am Dienstag,

So vornehm wohnte der Staatssekretär Ove Høegh-Guldberg mit seiner Familie. Saal im Erdgeschoß (Südflügel) des Prinzenpalais. Zeichnung von Wilh. Haffner 1782. Privatbesitz.

dem 11. Februar, in Gegenwart der Professoren Munter und Nyerup am Eingang zur Bibliothek aufgestellt wurden".

1845 zog die *ethnographische Sammlung* ins Prinzenpalais. 1851 wurde die *Antikensammlung* dorthin überführt, nachdem das Cabinet Christians VIII. mit den Antiquitäten des Königlichen Kunstmuseums zusammengelegt worden war. 1855 zog das *Altnordische Museum* aus →Christiansborg hinüber ins Palais.

Die Triebkraft hinter diesem Museum, heute die erste Abteilung des Nationalmuseums, war der Archäologe C. J. Thomsen, der die Entwicklung seit 1807 begleitet hatte. Er wurde 1849 zu seinem Direktor ernannt und führte den Umzug ins Prinzenpalais durch.

Seit 1892 lag der Name „Nationalmuseum" offiziell fest, und in unserem Jahrhundert folgte die große Erweiterung unter Mogens Clemmensens Leitung, die erst 1938 abgeschlossen war. Das Museum umfaßt heute acht Abteilungen. Die 1. Abteilung reicht von den vorgeschichtlichen Funden bis zur Wikingerzeit, während die 2. Abteilung vom Frühmittelalter bis zum Beginn des Absolutismus 1660 reicht. Diese Abteilungen haben in den letzten Jahren einige neue Ausstellungsräume bekommen, die die Gegenstände museumspädagogisch und technisch zu ihrem Recht kommen lassen. Zu den Kleinodien der 2. Abteilung gehören die berühmten goldenen Altäre. Die 3. Abteilung zeigt das tägliche Leben beim Adel, bei Bürgern, Handwerkern und Bauern von 1660 bis zum 19. Jahrhundert. Trachten, Möbel, Keramik und Silber sind hier das Wichtigste. Die 4. Abteilung umfaßt die ethnographischen Sammlungen, von der eskimoischen, afrikanischen und polynesischen Kultur bis zu den asiatischen Kulturen. Zu den schönsten Stücken zählt eine Buddhafigur aus der Gandhara-Periode (den ersten Jahrhunderten nach Christi Geburt). Die 5. Abteilung enthält Sammlungen der ägyptischen, vorderasiatischen und klassischen Kunst, und hier müssen die Mumien, die Funde aus Hama in Syrien und die griechischen Vasen hervorgehoben werden. Die 6. Abteilung wird auch als Königliches Münz- und Medaillenkabinett bezeichnet; die Geschichte der Münze seit dem Altertum wird aufgezeigt. Während die 7. Abteilung als Freilichtmuseum ausgelagert ist, ist die 8. Abteilung eine wissenschaftliche Abteilung und steht der Öffentlichkeit nicht zur Verfügung.

Nikolaj Plads. Der Nikolaiplatz hat seinen Namen nach dem wichtigsten Bauwerk am Ort, der rekonstruierten Nikolaikirche, deren Geschichte bis in das 13. Jahrhundert zurückverfolgt werden kann. Im Mittelalter galt der St.-Nikolai-Kirchhof als öffentlicher Platz, und an seiner Süd-, West- und Nordseite standen die Häuser mit den Fassaden zum Kirchhof. Ein Dokument vom 5. April 1473 erwähnt ein Grundstück „ved Sancti Nicolai Kirchegaard". In seiner Beschreibung Kopenhagens von 1784 erzählt Jonge, der Kirchhof habe in alter Zeit offen gelegen, er sei aber nach der Pest von 1711 mit Gitterwerk eingehegt, in den Kirchhof und den Kräuterhof unterteilt und mit Leichenpforten versehen worden. Die Nikolaikirche war im Mittelalter nicht der einzige Grundbesitzer am Orte; auch die Frauenkirche, der Roskilder Bischof und das Kloster Sorø müssen genannt werden.

Nach dem →Stadtbrand von 1795 bestand die Kirche nur noch aus rauchgeschwärzten, geborstenen Mauern und einem Turm ohne Spitze. Vergeblich versuchte man, Geld zu beschaffen. Schließlich wurde die Gemeinde 1804 durch einen königlichen Beschluß aufgelöst und auf die →Garnisons-, →Heiliggeist-, →Holmens-, →Trinitatis- und →Frauenkirche verteilt. Darauf wurde das Brandgrundstück geräumt, mit Ausnahme des Turms, den die Feuerwehr 1807 übernahm und 1820–1823 zu einem Wachtturm umbauen ließ. Ganz oben wurde eine kleine Feuerglocke aufgehängt.

Schon 1810 bekamen die Schlachter von Højbro die Erlaubnis, ihre Buden in den aufgegebenen Kirchhof zu verlegen. Einige Gemüsehändler folgten ihrem Beispiel. Aber dieser Marktbetrieb störte die Bewohner. 1818 stand in „Nyeste Skilderie af København", ein unange-

Eine der Schlachterbuden am Nikolaiplatz, wo Storm P.s Vater auch einen Laden hatte und wo der junge Storm eine kurze Zeit in die Lehre ging. Foto um 1900. Archiv des Storm-P.-Museums.

nehmer Geruch breite sich von diesen Buden aus, vor allem an heißen Tagen. Die Kritik schloß: „Diese aus Brettern zusammengeschlagenen Läden haben zugleich die Eigenschaft, leicht von der Sonne aufgeheizt zu werden, so daß die Waren leicht verderben können und sie im Falle eines Brandes zur Gefahr werden."

1840 gab es auf dem Nikolaiplatz 82 Buden und Stände, und das konnten die Behörden nicht länger tolerieren. Mehrere Projekte wurden erörtert. Der Architekt Peder Malling schlug vor, die Kirche mit einem gemauerten Bogengang aus gotischen Spitzbögen zu umgeben. Den Auftrag bekam aber der Architekt P. C. Hagemann, der 1845 vorschlug, die Schlachterbuden aus Gußeisen zu erstellen; sie würden weniger Platz einnehmen als die gemauerten und wären auch im Hinblick auf die Brandgefahr geeigneter. Die Schlachterbuden, die man „Maven" (der Magen) nannte, wurden erst kurz nach der Einweihung der wiedererbauten Kirche 1917 beseitigt.

Nørre Quartier (Nordviertel), der dritte in der Reihe der alten Kopenhagener Steuerbezirke, begrenzt von Vester Voldgade, Nørre Voldgade, Nørregade, Gammel Torv und Vestergade. In dem Viertel gibt es eine große Anzahl erhaltenswerter Häuser, die größtenteils nach dem Brand von 1895 errichtet wurden.

Nørrebrogade war früher die Ausfallstraße nach Norden. Sie wurde vermutlich bei der Anlage des →Assistens Kirkegård 1760 gepflastert, als der Verkehr wesentlich zunahm. Bis 1852 verbot das Militär, den Weg entlang feste zivile Häuser zu bauen. Nur leicht abbrennbare Holzhäuser durften errichtet werden. Vom Ende der 1850er Jahre an kam der Häuserbau aber in Schwung. Von den Häusern mit interessanten Details sei *Nørrebrogade 7* erwähnt, wo die Toreinfahrt mit Säulen und Stukkaturen ausgestattet ist.

Nørreport (Nordertor). In Dänemark haben nur Fåborg auf Fünen und Stege auf Møn ein mittelalterliches Stadttor bewahrt. Wie andere Städte hatte aber auch Kopenhagen in alten Tagen Wälle und Stadttore, für den Verkehr wahre Flaschenhälse. Zur Zeit Christians III. und nochmals 1616 wurde das Nordertor umgebaut. Bedeutende Reste dieses Torbaus kamen zutage, als G. F. Lassen 1854 dort eine Grabung veranstaltete. Es wurde festgestellt, daß es an der Nørregade gestanden hatte.

Zu Beginn der 1670er Jahre entstand ein neues Tor, diesmal an der *Frederiksborggade*. Sein Architekt war Lambert van Haven, der Generalbaumeister Christians V. Ein Stich in Thurahs *Vitruvius* (1746) zeigt, wie pompös es war, ausgestattet mit Dreieckfronton, Nischen, freistehenden Säulen und Festons. 1695 wurde es gestattet, an Sonn- und Feiertagen das Nordertor gegen Entrichtung eines Torgeldes zu passieren, während die übrigen Stadttore wie bisher an diesen Tagen geschlossen blieben. Erst 1821 wurde diese Ordnung erleichtert, indem man jetzt das Tor auch die ganze Nacht hindurch offen hielt. Man mußte aber eine Gebühr von zwei Schillingen bezahlen. Als der Norderwall aufgegeben wurde, gehörte das Nordertor 1856 zum ersten, was man abriß.

Ny Adelgade. Die Straße wurde nach der Verlegung des Ostwalls angelegt. Auch von dem Grundstück des verstorbenen Niels Trolle mußte 1668 etwas für die neue Straße abgetreten werden. 1681 schreibt sie sich *Lille Adelgade ved Corps de Guarden* (Kleine Adelstraße bei der Hauptwache). Im 18. Jahrhundert wurde das kleine Straßenstück *Lille Grønnegade* genannt, und hier war es, wo der französische Schauspieler und Gastwirt Etienne Capion auf Grund eines Privilegs von 1721 Theaterspiele und Maskenbälle veranstaltete. Auch →Holberg war bald darauf mit dieser Stätte verbunden. Am Vorderhaus von *Ny Adelgade 10* wurde eine Gedenktafel angebracht, die die Geschichte des Theaters festhält. Im Laufe von Holbergs Jahrhundert wurde der Name Ny Adelgade üblich und ist es seitdem geblieben.

Nyboder. Dem Reichsrat wurde im Januar 1631 ein Vorschlag präsentiert, wonach ein ganzes Wohnquartier, eine Reihe Freiwohnungen für die königlichen Seeleute, gebaut werden sollte. Der Vorschlag wurde angenommen, und schon im Sommer waren die Bauarbeiten in vollem Gang. In den nächsten acht Jahren wurden insgesamt 616 neue Wohnungen gebaut, alle mit einem Stockwerk. Das bebaute Gebiet, das etwa 10 ha groß war, wurde von zwei Hauptstraßen aufgeteilt, die auf einen geplanten, aber nie ausgeführten zentralen Platz zielten. Die Häuser wurden in Reihen quer zu diesen Straßen gebaut. Als Baumeister dienten →Christian IV. Hans Steenwinckel d. J. und später wahrscheinlich Leonhard Blasius.

Die Straßen des neuen Stadtteils sollten natürlich auch Namen haben. Aber erst 1650 taucht der älteste Beleg einer systematischen Straßenbenennung auf, nämlich die *Kattegade* (Katzenstraße). Es folgten die Namen nach Heil- und Gewürzkräutern in dem Viertel zwischen Adelgade und Rigensgade, während das Gebiet von der Adelgade zur Store Kongensgade Tiernamen bekam. Noch sind etwa Namen wie Elsdyrsgade (Elchstraße), Krokodillegade, Hjertensfrydsgade (Melissenstraße) und Timiansgade erhalten, während die Bjørnegade (Bärenstraße), Kaninstræde (Kaninchengasse) und Nellikegade (Nelkenstraße) längst in der jetzigen *Fredericiagade* aufgegangen sind. Ähnlich wurden die Elefantgade, Leopardgade und Tulipangade durch die *Suensonsgade* ersetzt. Diese Rationalisierung fand in den 1850er Jahren statt, als unter dem Stadtbaumeister T. Krak die fortlaufende Numerierung der Kopenhagener Häuser eingeführt wurde.

Schon zur Zeit Christians IV. konnte die Zahl der Wohnungen den Bedarf nicht decken. Oft teilten daher zwei Familien ein Haus, und die Übervölkerung stieg somit. 1756–1758 wurde das Viertel schließlich um 24 zweistöckige Häuser erweitert, die nach Entwürfen von Philip de Lange gebaut wurden, und als man 1771 einen Teil der einetagigen Häuser Christians IV. auf zwei Etagen aufstockte, entsprach man de Langes Typenhäusern. Diese Umbauten wurden von den Architekten G. D. Anthon und Harsdorff vorgenommen. Darauf ging es schneller: 1781–1783 wurden 23 neue Häuser mit zwei Etagen gebaut; 1785, 1790 und 1795 kamen Verträge zustande zum Bau von weiteren 61, 51 bzw. 13 Häusern. P. Meyn baute außerdem 1787 eine Wache, die noch erhalten ist. Auch drei von fünf Offiziershäusern des Hofbaumeisters B. Magens aus derselben Periode blieben erhalten.

Diese ganze dynamische Entwicklung endete abrupt 1853, als man die Häuserzahl zu reduzieren begann. 1878 war das Nyboder-Gebiet auf weniger als die Hälfte geschrumpft. Von den ursprünglichen niedrigen Häusern Christians IV. ist nur eine einzige Reihe erhalten, nämlich *Sct. Paulsgade 20–40*, wo sich ein kleines Museum, *Nyboders Mindestuer*, befindet.

Nybrogade 4, s. Hans Blasens Haus.

Nyhavn. Der „Neue Hafen" geht auf das Ende der 1660er Jahre zurück, als Friedrich III. einen Kanal planen ließ, der sich vom Hafen bis zu →Kongens Nytorv erstrecken sollte. Das Projekt verschwand aber in der Schublade, als der König 1670 starb. Erst am 28. Dezember desselben Jahres konnte sein Nachfolger einen Brief an drei prominente Männer seines Reiches verfassen und damit die Wiederaufnahme des Projektes anordnen. Im September 1671 begannen Soldaten, den Kanal zu graben, und zugleich befahl Christian V., die Eigentümer der Grundstücke am künftigen Hafenbecken sollten ihre Kaiplätze mit soliden Bohlen befestigen. Die Arbeit schritt langsam voran, aber am 19. Oktober 1673 wurde der Damm zum Meer hin durchstochen, und der Kanal füllte sich mit Wasser.

Der Hafen wurde von den Schiffen fleißig benutzt, aber ebenso interessant waren die Sandkisten am Kai. Von dort holten sich die Bürger der Stadt ihren Sand für die Aborte und zum Scheuern der Böden. Etwas Besonderes war es, daß das Bethelschiff 1881 am Ende des Kanals ankerte. Es wurde bis 1906 zu Missionsgottesdiensten benutzt.

Gegen Ende des vorigen Jahrhunderts war Nyhavn für sein mehr als buntes Leben bekannt. Eine der bekanntesten Gestalten dort war Pudse Peter, eines der vielen Originale der Stadt. Er lebte vom Verkauf von Wachs und Schuhkreme, fiel aber 1890 berauscht ins Wasser und ertrank.

Nyhavn 9 ist ein kleines, blau gemaltes Haus mit einem Zwerchgiebel, in dessen Fassade mit Mauerankern die Jahreszahl 1681 eingesetzt ist. Vermutlich wurde das Haus in diesem Jahr gebaut, und der Bauherr war wahrscheinlich der Hafenmeister Christen Christensen. Das Gebäude repräsentiert den Haustyp, der das Kopenhagener Stadtbild vor dem Brand von 1728 beherrschte. Aber auch nach dem Wiederaufbau war der Typ noch vorherrschend. Davon zeugen die erhaltenen „Ildebrandshuse" (→Brandhäuser). Abgesehen von der Geschäftseinrichtung ist das Vorderhaus seit seiner Errichtung fast unverändert.

Nyhavn 59, s. unter Alchimisten.

Nyhavn 67, s. unter Andersen und Heiberg.

Nyholm wurde von Christian V. 1680–1685 angelegt, und hier wurde die Werft für die Flotte eingerichtet. Das erste hier gebaute Kriegsschiff *Dannebrog* lief 1692 vom Stapel und nahm später an einer Schlacht in der Køge-Bucht teil (1710). Die Batterie *Christianus Sixtus* liegt im Norden,

Der Architekt Professor Martin Nyrop in seiner Wohnung im Schloß Charlottenborg. Foto: Verwaltung des Rathauses.

während Nyholms am meisten hervortretendes Gebäude der *Mastenkran* ist. Der viereckige, schwere Backsteinbau wurde 1748–1751 von Philip de Lange errichtet. Der Kran wurde später als Seezeichen beibehalten, und 1904 wurden dort Sturmsignale eingerichtet. 1922 wurde der charakteristische Oberbau erneuert. Die *Hauptwache*, ein Massivbau mit einem feierlichen Türmchen, wurde 1744/45 von de Lange erbaut.

Nyrop, Martin (1849–1921), Architekt mit dem Haupttägigkeitsbereich in Kopenhagen. Er wurde 1849 im Pastorat in Holmsland geboren. 1859 kam er auf die Akademie Sorø. Später setzte er die Ausbildung auf der Architektenschule in Kopenhagen fort, wo F. Meldahl und Chr. Hansen Professoren waren. Für Meldahl war das Einleben in die historischen Stile entscheidend, während Chr. Hansen die klassische (griechische) und byzantinische Architektur pflegte. 1874 kam Nyrop auf Vilhelm Dahlerups Zeichenstube und arbeitete da bis zu seinem Abgang von der Architektenschule 1876. Zu seinen ersten Arbeiten gehört der →Gasbehälter am Østre Gasværk.

1888 erregte Nyrop Aufsehen auf der Kopenhagener Industrie-, Landwirtschafts- und Kunstgewerbeausstellung. Es folgten das *Landesarchiv*, Jagtvej 10 (1891–1893), das *Kopenhagener →Rathaus* (1893–1905), die *→Eliaskirche* (1905–1908) und *→Bispebjerg Hospital* (1907–1913).

Nyrop war sehr um Form und Funktion bemüht. „Sehen Sie sich auch einmal die eisernen Signalmasten bei der Eisenbahn an mit ihren vielen senkrechten Seilzügen, Warnzeichen und Ampeln, die allmählich durch die andauernde Erfüllung ihrer praktischen Aufgaben eine ansprechende Form gefunden haben, welche künstlerisch beeindruckt“ (Architekten 1919).

O

„Odd-Fellow Palais“, Bredgade 28. Das Palais ist nach wie vor eines der schönsten Rokokohäuser der Stadt, obwohl die ursprüngliche Anlage verstümmelt ist. Sie wurde als Point de vue zu Droningens Tværgade geplant, und der Hauptflügel wurde von der Straßenflucht zurückgezogen, wie es bei den Pariser *Hotels* üblich war. Bauherr war der wohlhabende Christian August Graf Berckentin, der das Grundstück im Januar 1751 erworben hatte. Im Jahr zuvor war er in den Grafenstand erhoben worden. →Eigtved, der die Aufsicht über die Bauarbeiten in der gesamten →Frederiksstad hatte, prägte auch diesen Bau. Eine Bescheinigung des Stadtbaumeister erwähnt „den von Herrn Hofbaumeister Eigtved erstellten Entwurf“. Die Ausführung wurde Johan Gottfried Rosenberg übertragen, der vermutlich Eigtved einen Vorschlag zur Begutachtung geschickt hatte. Die Bauzeit dauerte von 1751 bis 1755.

Das rechteckige Haus hat drei Etagen, und die elfachsige Fassade wird durch einen hervorgehobenen Mittelrisalit und schwach betonte Seitenrisalite gegliedert, deren untere Etage bossiert ist. Die Zwischenpartien werden durch Ohrenlisenen aufgeteilt, ein beliebtes Motiv Mitte des 18. Jahrhunderts. Im Mittelrisaliten befindet sich die Eingangspartie mit paarweise angeordneten Marmorsäulen, die den Balkon der Beletage tragen. Der Mittelrisalit wird von einer Balustrade abgeschlossen, die von einer Sandsteinkartusche mit dem berckentinschen Wappen gekrönt wird. Das Rokoko zeigt sich in der asymmetrischen Form der Wappenkartusche, aber auch in den Kartuschen über den Fenstern der Beletage. Über dem Eingang ist eine Tafel angebracht mit der Inschrift „Nova urbis regione regnante augusto aedificiis exurgente ejusdem auspicio hoc opus sibi et posteritati C. A. C. de Berckentin MDCCLIII“ (Als der neue Stadtteil auf Befehl des Königs entstand, baute C. A. C. de Berckentin dies Werk für sich und seine Nachkommen 1753).

Hinter dem Eingang öffnet sich das Vestibül, dessen Wände und Decke mit Stuck in lebhaftem Rokokostil dekoriert sind. Einige Räume der Beletage sind noch teilweise intakt.

Nach französischem Muster legte man vor dem Haus einen Ehrenhof an, der nach den Seiten zu von zwei niedrigen Stallflügeln abgegrenzt und zur Straße hin von zwei kürzeren, quergestellten Pavillons und einem reich ausgestatteten schmiedeeisernen Gitter abgeschlossen wird. Nach einer Schätzung von 1755 lagen hinter dem Haus der Garten sowie kleinere Gebäude wie das Hühnerhaus, das Waschhaus und Aborte. Der Garten war im Sinne des französischen Barocks durch gerade Gänge streng eingeteilt und mit Blumenbeeten, Buschwerk, Figuren und Sandsteinvasen geschmückt.

Doch zur Freude gesellte sich bald Trauer. Der Bauherr starb schon drei Jahre nach Fertigstellung des Palais, und im Dezember 1761 gab es „in Berckentins Hof bei Schimmelmann nachts ein Feuer, das den Saal und viele Möbel zerstörte“, wie es Luxdorph in seinem Tagebuch festhielt.

Der neue Eigentümer, der hier erwähnt wird, war Heinrich Carl Schimmelmann. In Wirklichkeit war er zu dieser Zeit nur in das Palais eingezogen, doch 1763 erwarb er es für 40 000 Reichstaler. Die Familie Schimmelmann sollte den Hof vier Generationen lang besitzen.

Zur Zeit der ersten Generation Schimmelmann bildete das Palais den Rahmen eines großartigen Herrschaftslebens. Als einmal eine Extrasteuer ausgeschrieben wurde, wurde der Hausstand folgendermaßen angegeben: ganz oben ein Bediensteter mit dem Titel eines Kanzleirats, dann zwei Sekretäre, ein Feinbäcker, zwei Köche, ein Friseur, ein Bote, zwei Jäger, sieben Diener, zwei Reitburschen, drei Kutscher, zwei Stallknechte sowie sechs weitere männliche Bedienstete. Dazu kam das weibliche Personal.

Der Sohn, Heinrich Ernst Lehnsgraf Schimmelmann, setzte diesen Lebensstil fort. Er war Finanzminister und außerdem ein großer Humanist und Schöngeist, der die größten Künstler der Zeit sammelte: Rahbek, Baggesen, Oehlenschläger und Schack Staffeldt. Mit seinem Tod 1831 endete die Glanzzeit des Palais. 1884 verkaufte die Familie es an die neugegründete Aktiengesellschaft Concert Palæet.

Østerbrogade 57, s. Brumleby

Øster Farimagsgade 3–7, s. Kommunehospital.

Øster Quartier (Ostviertel), das erste in der Reihe der alten städtischen Steuerbezirke, begrenzt von Havnegade, Ved Stranden, Højbro Plads, Østergade, Kongens Nytorv und Nyhavn-Südseite. Der größte Teil des Viertels wurde beim Stadtbrand 1795 zerstört.

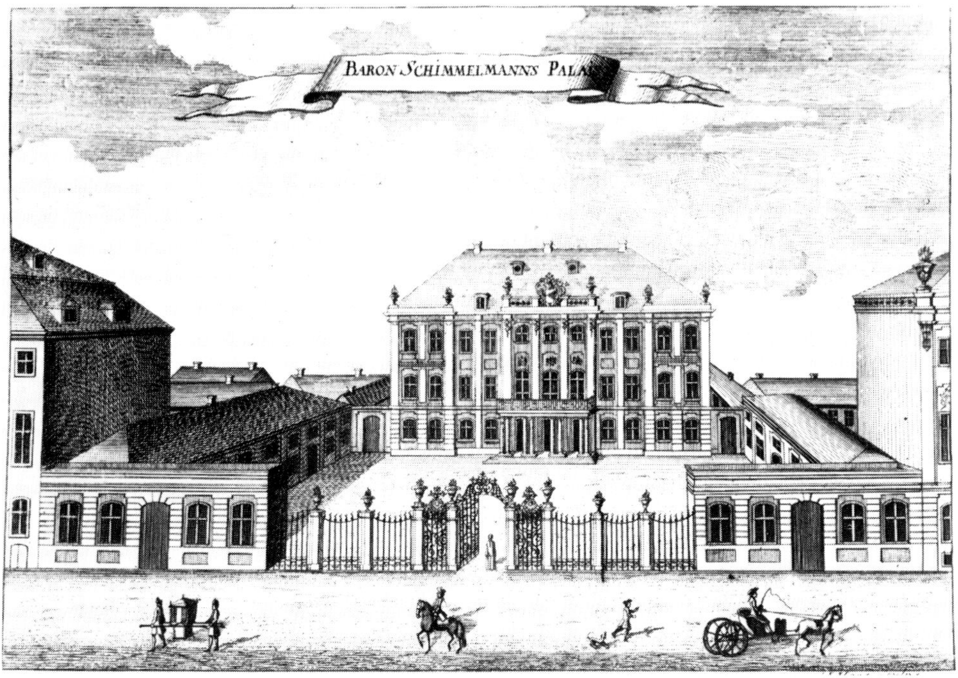

Schimmelmanns Palais, jetzt Odd-Fellow, dargestellt von J. Haas in den 1760er Jahren. Die Pavillons an der Bredgade sind heute stark umgebaut. Karten- und Bildersammlung der Kgl. Bibliothek.

Østerport (Osttor) lag ursprünglich am Ende der jetzigen Østergade und wurde in Verbindung mit der Anlage der neuen Wälle und von →Kongens Nytorv im 17. Jahrhundert verlegt. Nach mehreren Verlegungen stand das Stadttor von 1708 bis zum Abriß 1858 da, wo der jetzige Bahnhof Østerport steht. Von 1851 an ließen die Behörden das Tor die ganze Nacht über offen stehen.

Østre Landsret (Östliches Landgericht), Fredericiagade 24. Nach der Brandkatastrophe im Garten von →Sophie Amalienborg, bei der 1689 Schloß und Opernhaus abbrannten, ließ Friedrich IV. 1701/02 ein neues Opernhaus bauen. Es wurde mitten zwischen die königlichen Gärten gelegt und hatte möglicherweise W. F. von Platen als Architekten. Bedenkt man die Zeit – es war ein längerer Baustopp in den letzten Regierungsjahren Christians V. vorausgegangen –, so muß man zugeben, daß es sich um einen imponierenden Bau handelte. Er diente nur in der Zeit von 1705 bis 1708 als Theater, und dessen Einrichtung ist nur schlecht dokumentiert. Das ursprüngliche Opernhaus hatte zwei massiv gemauerte Etagen, wo zwei Stile dominierten: Die Pilaster zeigen holländischen Einfluß, während das gemusterte Mauerwerk ein italienisches Motiv ist.

1718–1721 ließ der Generalbaumeister J. C. →Ernst das Haus zur *Kadettenakademie* umbauen, und 1769 wurde es von Harsdorff um ein Mezzaningeschoß erhöht. Harsdorff senkte die Fenster der zweiten Etage ab, um Platz für die kleinen Fensteröffnungen des Mezzanins zu gewinnen. Das Haus war mit gewissen Unterbrechungen bis 1861 Kadettenakademie. Danach diente es als Infanterie- und Pionierkaserne. 1884–1918 war der Reichstag in Fredericiagade 24 unterbracht, und seitdem benutzen das Östliche Landgericht und das See- und Handelsgericht das Gebäude.

Obergade oven vandet 6, s. „Stanleys Gard".

Overgade oven Vandet 10, s. Brøstes Sammlung.

P

Palægade. Die Straße zwischen →Bredgade und Store Kongensgade wurde in den 1870er Jahren dort angelegt, wo früher das Vergnügungslokal Palæhaven (Palastgarten) gelegen hatte. Es hatte seinen Namen nach →Thotts Palais, an das es grenzte. Die Einfahrt von der Bredgade wird durch zwei reichverzierte Häuser aus der Zeit der Jahrhundertwende markiert. *Palægade 1,* gebaut 1902, ist mit Granit verkleidet, und die Eckpartie wird von einer phantasievollen Spitze bekrönt. *Palægade 2,* 1900/1901 von der Aktiengesellschaft *Palaisgaden* gebaut, trägt einen gewaltigen Drachen über dem Eingang an der Ecke.

Peblingesee. Der Historiker Hans Svaning schreibt, der See habe seinen Namen nach „peblinge“ (Schüler der früheren Lateinschulen), aber irgend einen Anlaß zu dieser Namensgebung hat die Ortsnamenforschung nicht finden können. Der See wurde im Mittelalter durch Aufstauen der Gjeveå (auch Ladegårdså genannt) gebildet. Als man in den 1520er Jahren die Palisadenbefestigung an Norder- und Westerwall durch Mauern und Türme ersetzte, muß der Peblingesee gleichzeitig erweitert worden sein. Er bekam auch steigende Bedeutung für die Wasserversorgung der Stadt, denn 1618 legte man ein Leitungssystem mit Rinnen direkt vom Peblingesee aus.

Ein tragisches Ereignis trat 1802 ein, als der Bildhauer Johannes Wiedewelt in dem See seinem Leben ein Ende setzte. Es gab dafür mehrere Ursachen. In seinem hohen Alter wurde er von wirtschaftlichen Schwierigkeiten geplagt, er mußte sogar auf geliehenem Bettzeug schlafen. Eine unheilbare Krankheit brachte ihn schließlich dazu, aufzugeben. Am 17. Dezember verließ er sein Heim auf dem Materialhof, und vier Tage später fand man seine Leiche im See.

Im 19. Jahrhundert wurde der See ein Teil des Kopenhagener Lebens im Freien. Erster Schritt dazu war die Anlage einer Promenade am Skt.-Jørgens-See und am Peblingesee *(Dossering).* 1885 wurde dem Kopenhagener Schlittschuhverein die südwestliche Hälfte des Peblingesees überlassen.

Perücken werden in Dänemark erstmals 1628 erwähnt, als →Christian IV. auf einer Kirchenversammlung gegen sie ein Verbot erließ. 1645 wurde einem Studenten befohlen, seine Perücke abzulegen. Erst nach der Einführung des →Absolutismus 1660 und dem gleichzeitigen Modewechsel zum Barock hin wurden die Perücken allmählich akzeptiert. Der Deutsche Hector Gotfred Masius, der zu Beginn der 1680er Jahre dänischer Legationspastor in Paris war, wurde 1686 zum Hofprediger in Kopenhagen ernannt und erregte die Gemüter, indem er als erster Pastor in Dänemark eine Allongeperücke trug. Seine dänischen Kollegen hatten bisher gegen diese Mode gewettert, doch Hector Masius erklärte, ein solcher Schmuck sei hier im kalten Norden keine Sünde. Bald darauf war die Perücke überall verbreitet.

Da viele Perücken blonde Haare haben sollten, die in Kopenhagen schwer aufzutreiben waren, mußten sie aus England importiert werden. So wandte sich 1684 der Rentschreiber Joh. Neve an den dänischen Diplomaten Chr. von Lente in London und bat ihn, einige Perücken in gutem Cendré (mit aschblondem Haar) zu besorgen. Mit diesen Perücken wollte sich Neve bei seinem Vorgesetzten, dem Oberrentmeister P. Brandt, der gerade Perücken dieser Farbe trug, beliebt machen. Zu der Zeit gab es unter den französischen Reformierten, die nach Kopenhagen gekommen waren, insgesamt 18 Perückenmacher.

In den ersten Jahren des 18. Jahrhunderts begann man die Perücken zu pudern, und es wurde üblich, daß auch Kinder Perücken trugen. Am 28. November 1710 wurde eine Steuer auf Perükken und Fontangen (hochgetürmte, mit Schmuck und Bändern versehene Frisuren) eingeführt. Letztere waren bei den Damen höchste Mode, und um 1700 überragten die Haaraufsätze ihre Trägerinnen um mehr als Haupteslänge, wie es in Paris üblich war.

Die Kopenhagener Perückenmacher ersuchten mehrmals, aber lange vergeblich, um die Erlaubnis, eine eigene Zunft zu gründen. Sie beklagten sich über die Aufmüpfigkeit ihrer Lehrlinge und Gesellen und darüber, daß Perücken häufig von Händlern, durch die reitende Post oder von Juden zollfrei eingeführt würden. 1728 beantragte ein Perückenmacher die Genehmigung zum Verkauf von Perücken in Wirtshäusern, doch dieser Antrag wurde von den Behörden zurückgewiesen.

Kilian Dubrin, „Paruqve-Fabriquer udi denne kgl. Residence-Stad“, wohnte eine Zeitlang Ludvig →Holberg gegenüber. Er wurde geradezu berühmt durch seine bombastischen Annoncen in den Kopenhagener Zeitungen, die man als

Durchbruch der modernen psychologischen Reklame betrachten kann. Eine davon wandte sich an „Liebhaber und Kenner rechtschaffener Allongeperücken von netter und wohlgebildeter Fasson . . .“. Kilian Dubrin scheute sich auch nicht, gelegentlich seine zehn unversorgten Kinder zu erwähnen, damit das Publikum mehr bei ihm kaufen sollte. Dubrins Auswahl an Haarschmuck war im übrigen imponierend. Es gab Pastoren-, Kokarderosetten-, Mirledonperücken und Mischgebilde, außerdem Allonge-, Zopf- und Beutelform, ganz zu schweigen von den Perücken der China- und Ostindienfahrer. Die Farbauswahl bestand auch nach jedem Geschmack: grau, griseille, cendré, blond, dazu weiß, schwarz und braun samt den zugehörigen Zwischentönen. Die teuerste Perücke konnte gut bis zu 100 Reichstalern kosten.

Das Kopenhagener Publikum konnte auch verwundert von Dubrins Haarsammlungstournee in Jütland lesen, wo er in Viborg große Mengen Haar kaufte, das er „mit seiner eigenen Hand von den alten Köpfen der Menschen abgeschnitten“ hatte. Und dieser günstige Einkauf sollte „das erste Fundament zugunsten einer Fabrik und ihrer Interessenten“ legen.

Aus den späteren Tagen der Perückenzeit ist in den Archivalien der Kopenhagener Polizei ein kurioser Vorgang erhalten. Am 28. Dezember 1791 stand der Perückenmacher Peter Schaltz vor Gericht, angeklagt, das Friseurhandwerk unberechtigterweise ausgeübt zu haben. Das Urteil lautete: „Der Perückenmachergeselle Peter Schaltz hat vor dem Gericht selbst zugegeben, er habe dadurch, daß er umherging und die Leute frisierte, die Perückenmacherzunft geschädigt. Und zum Erlaß der Strafe, die man deshalb beantragt, hat er nichts angeführt, weshalb er hiermit verpflichtet wird, eine Buße von 4 Reichstalern an die Perückenmacherzunft zu zahlen.“

Pestjahre. Wie andere europäische Hauptstädte hatte auch Kopenhaben seine Pestjahre, in denen Epidemien Tod und Furcht unter den Einwohnern verbreitete. Eine der schlimmsten war der „Schwarze Tod“, der 1349/50 in der Stadt wütete. Die Krankheit, die aus Zentralasien stammte und Dänemark über England erreichte, trat in zwei Formen auf, als Beulenpest und als Lungenpest.

Im 16. Jahrhundert gab es eine lange Reihe von Pestjahren in Kopenhagen, von denen die schlimmsten 1546, 1552/53, 1563/64, 1568, 1575/76 und 1583 waren. Jedesmal, wenn die Pest in die Hauptstadt kam, zogen König und Hof sofort in das eine oder andere entfernt liegende Schloß um. Zugleich schloß die →Universität, und ihre Professoren eilten – mit den Medizinern an der Spitze – nach Knardrup oder Roskilde oder einen anderen sicheren Ort. Wenn die Pest von 1546 besonders bösartig wurde, so ist das auf zwei vorausgegangene Umstände zurückzuführen: eine schlechte Ernte 1545 und einen darauf folgenden strengen Winter. Beides führte zu Hunger in Kopenhagen und schwächte die Widerstandskraft der Ärmsten.

Aus der erhaltenen Buchführung der →Frauenkirche geht hervor, daß 1564 700–800 Tote bei der Kirche beerdigt wurden. Aus dem 18. Jahrhundert sei die orientalische Beulenpest von 1711/12 erwähnt, die einen Verlust an Menschenleben brachte, der auf 22 000, etwa ein Drittel der Bevölkerung, geschätzt wird. Mehrere Hilfsfriedhöfe (→Assistens Kirkegård) mußten innerhalb der Wälle eingerichtet werden, und ein Pestfriedhof (der spätere Garnisonsfriedhof) entstand in Østerbro. Bei dieser Gelegenheit flüchtete der König mit seinem Hof nach Kolding. Nach der Buchführung der Frauenkirche von 1711 wurden über 800 Fuhren mit Opfern der Pest auf den Friedhof der Frauenkirche gefahren, so daß es dort „kleine Berge“ gab.

Die Bessergestellten wurden nach alter Sitte in der Kirche begraben, und Professor Hans Mule, der zur Gemeinde der Frauenkirche gehörte, schrieb, er habe zweimal seinen Stuhl räumen müssen, weil einige Leichen darunter beigesetzt wurden; „und der Dielenboden war voll großer Risse, so daß der Dampf und Gestank der Leichen mir gerade in die Nase steigen konnte“.

Petrikirche, s. Sankt-Petri-Kirche

Peymanns Rinne ist die Bezeichnung für einen Tunnel, den man am Ende des 18. Jahrhunderts über einen Teil des offenen Grabens zwischen Sortedamssee und Stadtgraben baute. Die ursprüngliche Rinne, die der Wallmeister Jørgen Drücker 1618 auf Befehl →Christians IV. hatte graben lassen, sollte Wasser aus dem Sortedamsee zum Stadtgraben leiten. Dieser war ein wichtiger Teil der neuen Stadtbefestigung nach der Landseite hin. Durch gemauerte Querdämme war er in mehrere Abschnitte eingeteilt, in denen das Wasser unterschiedlich hoch stand. Der oberste Abschnitt wurde durch Jørgen Drückers Rinne mit Wasser versorgt. Auf dem Weg zwischen dem Wall und den Seen benutzten die Leute den *Farimagsvej*, der die Rinne über einer Brücke kreuzte.

Durch die Wasserversorgung des Stadtgrabens sollte jedoch den Bürgern auch Trinkwasser verschafft werden (s. auch S. 51). Man braucht nicht viel Phantasie dazu, sich vorzustellen, wie schlecht das funktionierte, wenn man weiß, daß der Sortedamssee und die übrigen Seen zur Wäsche von Kleidung, von Wagen und ähnlichem benutzt wurden, auch tote Tiere schwammen darin. Man beschloß daher am Ende des 18. Jahrhunderts, einen Teil der Rinne zu überdecken. Die Aufgabe wurde dem deutschstämmigen Offizier Heinrich Ernst Peymann übertragen. Er hatte der dänischen Armee als fähiger Architekt gedient. So hatte er den Leuchtturm auf Anholt gebaut und – ein bedeutendes Projekt – die Kaserne der Leibgarde.

Als man 1968 auf dem Gebiet des →Kommunehospitals Ausschachtungsarbeiten vornahm, entdeckte man die westliche Mündung des Tunnels, einen gut meterhohen Gang, der teilweise aus Granit und Sandstein gemauert war. Es zeigte sich auch, daß der Gang später, wohl in der ersten Hälfte des 19. Jahrhunderts, verlängert worden war. Die ganze Leitung wurde wohl um 1870 wieder zugemauert, als die Wälle geschleift wurden.

Es sei hinzugefügt, daß Peymanns Leben unter traurigen Umständen endete. Die Verhältnisse führten dazu, daß er als alter Mann die Verantwortung für die Verteidigung Kopenhagens 1807 bekam. Völlig ungeeignet für diesen Posten, zu alt zum Reiten und ohne Erfahrung in der Truppenführung, vermochte er nur eine höchst unzureichende Verteidigung zu organisieren. Bei der Belagerung durch die Engländer wurde er verwundet, und das anschließende Bombardement ver-

Die Pferdebahn, die die Route Frederiksberg–Sorte Hest (Vesterbrogade)–Rådhusplads befuhr, aufgenommen in den 1890er Jahren. Karten- und Bildersammlung der Kgl. Bibliothek.

anlaßte ihn, die Stadt zu übergeben. Seitdem wurde ihm die Hauptschuld für das militärische Fiasko Dänemarks in die Schuhe geschoben, was ihm ein Todesurteil einbrachte. Später wurde er aber rehabilitiert.

Pferdebahnen. 1840 begann der erste „Omnibus" („Solen" – die Sonne) seine Fahrt zwischen Kopenhagen und Frederiksberg, während die erste Pferdebahn auf Schienen erst 1863 eingeweiht wurde. Die Linie war von einer englischen Gesellschaft gebaut worden und erstreckte sich von Frederiksberg bis →Trommesalen. 1866 wurde die *Aktiengesellschaft Kopenhagens Straßenbahnen* gestiftet, die in den folgenden Jahren ihre Linien ausdehnen konnte, während gleichzeitig andere private Gesellschaften entstanden. Besonders berühmt wurde die Pferdebahn „Hønen" (das Huhn) von der Nørregade, die 1880 gebaut wurde. Die technische Entwicklung führte im übrigen dazu, daß es auch zweietagige Pferdebahnen gab.

Der schwedische Journalist Claes Lundin schrieb 1872 von seinen persönlichen Erlebnissen bei einer Pferdebahnreise von Gråbrødretorv nach Nørrebro:
„‚Na, Madsen, geht's jetzt nicht los?' fragten die Passagiere, als sie allzulange auf die Abreise warten mußten.
‚Ja, jetzt fahren wir gleich', antwortete der gutmütige Konduktör. ‚Ich soll nur ein halbes Pfund Seife für Peder Mortensens Frau mitnehmen, und Krautkrämers Hans kommt wohl gar nicht, glaube ich, mit der gesegneten Seife.'

Nach dieser Mitteilung überließ sich Madsen einem gemütlichen Plausch mit einem Dienstmädchen von Gråbrødretorv, und die Passagiere mußten sich in Geduld üben.

Endlich kam Krautkrämers Hans mit dem halben Pfund Seife, und die Pferde wurden in Bewegung gesetzt. Es ging gemächlich über den Kultorv zum Nørreport, als Madsen plötzlich einfiel, daß er noch einen Auftrag vergessen hatte. Er sollte bei einem Schuhmacher in der Peter Hvitfelts Stræde ein Paar besohlte und geflickte Stiefel für den Barbier holen, der Ecke Nørrebrogade/Fælledvej wohnte. Die Pferde hielten also wieder an, und die Passagiere bekamen einen neuen Kursus in Geduld, während der Konduktör seinen Auftrag ausführte. Er bedauerte die Verzögerung, aber er konnte natürlich den Barbier nicht auf seine Stiefel warten lassen."

Pilestræde. Die Straße im →Købmagerquartier hat ihren Namen nach dem *Pilegård* (Weidenhof), der erstmals in einem Dokument von 1419 auftaucht. Nicolai Jonge berichtet in seiner Beschreibung Kopenhagens aus den 1780er Jahren, die Straße habe den Namen aus früherer Zeit von der großen Menge von Weiden, die am Ende des alten St.-Nikolai-Friedhofs nahe am Ufer standen. Die Gegend war also am Ende des Mittelalters nicht bebaut, aber in der Renaissance begann die Nutzung. Der Pilegård selbst wurde 1579 zum Bau von drei Armenhäusern aufgeteilt.

Das Nordende der Pilestræde, das 1970/71 begradigt wurde, hieß bis 1881 *Springgade.* Ihre Angliederung an die Pilestræde ging zurück auf eine allgemeine Verärgerung darüber, in einer Straße zu wohnen, die nach brünstigen (springsk) Bullen benannt wurde. Der Name kam von einem der Wirtschaftshöfe der Stadt, der dort im 16. Jahrhundert lag und der als Materialhof, aber auch als Stall für die Kopenhagener Arbeitspferde und die städtischen Stiere diente, die für eine Stadt mit Ackerbau als bedeutendem Erwerbszweig unverzichtbar waren. Der Wirtschaftshof wurde 1671 an die →Trinitatiskirche verkauft. Seine Gebäude wurden abgerissen, und es wurde ein Friedhof angelegt.

Zur neueren Geschichte der Straße gehört die Berlingske Buchdruckerei, die nach einer Annonce zu Ostern 1765 „in den zweiten Hof linker Hand von der Regnegade aus" einzog.

Post- und Telegrafenmuseum, Vesterbrogade 59. Das Museum wurde 1913 unter dem Namen „Dansk Postmuseum" gegründet. Als man 1927 das Post- mit dem Telegrafenwesen vereinigte, wurde das Museum ausgebaut und der jetzige Name eingeführt.

Die Sammlungen sind in verschiedene Themen unterteilt: Boten zu Fuß und zu Pferde, Postbeförderung zu Land, zu Wasser und in der Luft. Auch die kurze, merkwürdige Geschichte der Kugelpost 1830 bis ca. 1848 wird beschrieben. Die Briefmarkenabteilung zeigt sämtliche in Dänemark herausgekommenen Marken und Wechselausstellungen anderer Länder. Sie umfaßt etwa 170 000 Briefmarken. Hier besteht auch die Möglichkeit, maschinelle wie manuelle Abstempelung zu erproben. Schließlich gibt es Abteilungen, die die Geschichte des Radios und des Telefons beleuchten.

Pustervig, die kurze Strecke zwischen →Kultorvet und Hauserplads, hat den jetzigen Namen seit der Zeit Christians IV. Man nimmt an, daß die Straße nach dem Ortsnamen Putziger Wieck (Poesterwijc) in Pommern benannt ist, doch kann auch eine Beziehung zu dem älteren neudänischen Wort *Kulpuster* („Kohlenpuster") bestehen, eine herabsetzende oder scherzhafte Bezeichnung für Schmiede. In alten Tagen bedeutete das Wort *puster* nämlich Blasebalg. Zur Stützung dieser These sei angemerkt, daß unmittelbar an der Gasse Schmiede wohnten, und wegen der großen Feuergefahr war es auch praktisch, eine Straße mit Schmieden am Rande der Stadt zu haben.

R

Rahbeks Allé 23 B, s. „Gamle Valby Bakkehus".

Rathaus und Rathausplatz haben eine gemeinsame Geschichte. Sie entsprangen dem Wunsch der Gründerjahre nach einem monumentalen Platz, der ein ebenso monumentales Rathaus einrahmen sollte. Wo der Rathausplatz heute liegt, war früher ein Teil des Westerwalls. Dieser wurde im 17. Jahrhundert durch Schacks und Gyldenløves Bastionen ausgebaut und auf der letztgenannten kam später das Rathaus zu stehen.

Als man in den 1850er Jahren den Wall schleifte, entstand ein freies Terrain. Darauf wurde 1872–1889 ein Industrie- und Kunstausstellungspark eingerichtet, der ein riesiger Erfolg wurde. Die erste Ausstellung wurde am 13. Juni 1872 von Christian IX. mit großer Festlichkeit eröffnet. Diese begann mit einer Kantate mit Text von Carl Ploug und Musik von N. W. Gade.

Bei dieser Gelegenheit wurde das „Industriegebäude" an der Ecke der „Vesterbro Passage" erbaut, das den späteren Rathausplatz stark prägen sollte. Der Bau, der 1870–1872 nach Entwürfen des Architekten Vilhelm Klein errichtet wurde, bestand aus vier Flügeln mit Eckpavillons und zwar zweigeschossig. Das Material waren rote Ziegel, der Stil war französisch inspiriert. 1879 wurde ein Mittelgebäude hinzugefügt, eine großartige Halle, auch nach Kleins Entwürfen. Sie wurde in den 1930er Jahren aufgegeben, um dem

So sah eine Ecke des Rathausplatzes 1901 aus. In einer Holzbaracke hatte Martin Nyrop sein Baubüro. Im Hintergrund das Rathaus, schon unter Dach. Es fehlte aber noch die Vollendung des Innenausbaus. Zeichnung von Tom Petersen. Verwaltung des Rathauses.

Kino „Palladium" Platz zu machen. Der große Komplex wurde 1976 abgerissen und von dem heutigen „Haus der Industrie" abgelöst.

Das Hauptgebäude des Ausstellungsgebiets wurde 1887 unter Leitung des damals 39 Jahre alten Architekten Martin →Nyrop errichtet. Es erstreckte sich fast von der „Vesterbros Passage" über den alten Halmtorv (Strohmarkt, wo jetzt die Lurenbläser stehen) bis zur damaligen Verlängerung der Vestervoldgade. Sein Hauptzug war eine imponierende Holzkonstruktion, die von einer großen Kuppel mit Flaggenmast ganz oben gekrönt wurde. Die Wahl von Holz als hauptsächliches Baumaterial war zwar untraditionell, aber doch klar von Ausstellungsgebäuden in London, Liverpool und Edinburgh beeinflußt, wo man teilweise Holzkonstruktionen verwendet hatte.

РОССIЯ

Nyrop hatte mit einem Schlag Anerkennung gefunden und schrieb in *Den tekniske Forenings Tidsskrift* 1888/89: „Es ist beachtenswert, welch entscheidende Bedeutung alle Detailfragen und Einzelheiten eines Gebäudes für seinen Gesamtcharakter und sein Aussehen bekommen und wie man immer von den Einzelheiten als den bestimmenden Elementen ausgehen muß. Rücksicht auf das Glas bestimmt die Dachneigung und den Abstand zwischen den Fenstersprossen. Die üblichen Maße der Holzsorten ergeben die Gefacheinteilung. Die Breite der Bretter muß dem Äußeren des Gebäudes entsprechen, und die Gliederung muß von diesem Maß ausgehen."

Das Manifest war klar, und ebenso das nächste Ziel: die Projektierung des neuen Rathauses. Zuerst wurde das Ausstellungsgebiet nach Absprache mit der Stadt geräumt und lag vom 1. Januar 1889 an frei. Zwei Monate später lieferte Nyrop seinen ersten Rathausplan ab. Dies geschah in Konkurrenz mit Dahlerup, Valdemar Koch und anderen. Obwohl sich Nyrops Vorschlag im Verhältnis zu den übrigen mehr oder weniger überladenen Zuckerbäckerprojekten gut ausnahm, mußte er den ersten Preis mit Koch teilen. Doch nach einem neuen Wettbewerb siegte er alleine, und die Ausschachtungsarbeiten begannen 1892.

Am 28. Juli 1894, dem Tag des Silberhochzeit von Kronprinz Friedrich (VIII.), wurde der Grundstein gelegt, und schon vier Jahre später feierte man das Richtfest. Weitere drei Jahre später war die Inneneinrichtung so weit, daß man eine Kunstausstellung arrangieren konnte. Am Silvesterabend 1903 sollte das neue Glockenspiel eingeweiht werden, und viele Erwartungsvolle waren gekommen. Tief enttäuscht wurden viele, als Krawallmacher den Ort zu einem Kampfplatz machten. Das Glockenspiel wurde von ihrem Lärm und den Knallkörpern völlig übertönt, und die Polizei konnte die Kämpfe nicht vor vier Uhr am nächsten Morgen beenden.

Betrachtet man das Rathaus heute, so läßt sich nicht verhehlen, daß Nyrop die historischen Baustile genauso gepflegt hat wie seine Konkurrenten. Dagegen überzeugt der Bau nach wie vor durch seine klare Disposition. Er bildet ein längliches Rechteck mit durchgehenden Korridoren und Haupteingängen an den kurzen Seiten. Das Viereck ist in einen größeren und einen kleineren Hof unterteilt. Da der letztere mit einem Glasdach überdeckt ist, läßt er sich als Festsaal verwenden. Der schönste Raum, der Festsaal der Bürgervertretung, wurde 1905 eingeweiht.

Reformierte Kirche, Gothersgade 111. Im Jahre 1685 bekamen die deutschen, französischen und holländischen Calvinisten das Recht freier Religionsausübung, etwa zur selben Zeit, da die Juden das Recht erhielten, Gottesdienste in Privathäusern abzuhalten. Der Grundstein der Kirche wurde 1688 gelegt, und er wurde übrigens bei der Restaurierung des Gebäudes 1968–1973 wiedergefunden. Der Steinmetz Henrik Brockam war der Architekt, während die Brüder Frederik und Nicolai Müller die Unternehmer waren. 1689 war die Kirche fertig. Das Innere erlitt beim Brand von 1728 großen Schaden.

Über einem rechteckigen Grundriß erhebt sich der Bau in roten holländischen Backsteinen, und die Hauptfassade wird durch jonische Pilaster unterteilt. Das Pilastermotiv, das reichprofilierte Hauptgesims und die ovalen Blenden unter den Fenstern sind typisch für den Barockstil. Über dem Haupteingang befindet sich eine Kartusche mit den Monogrammen Christians V. und der Charlotte Amalie samt einer Inschrift aus dem Buch Esajas 2,3.

Das Innere wird von den weißgekalkten Wänden, den vielen Emporen und der besonders angeordneten Kanzel beherrscht. Die Kanzel, eine prachtvolle Schnitzarbeit von Friederich Ehbisch, ruht auf einer Säule, die wie ein Palmenstamm geformt ist. Darunter befindet sich ein Abendmahlstisch. Diese Anordnung von Altar und Kanzel an derselben Seite des Kirchenraums ist typisch für die reformierten Kirchen, sie kommt aber auch bei einigen lutherischen Kirchen vor. Das naheliegendste Beispiel ist Nicolai Eigtveds → *Christianskirche* in Christianshavn.

In der Kirche in der Gothersgade steht an der Decke auf lateinisch: „Der Herr ist der beste und größte. Mit Hilfe des höchsten Gottes, auf gnädigen Befehl des großmächtigsten Monarchen Chri-

Auf der Nordischen Industrie-, Landwirtschafts- und Kunstausstellung 1888 in Kopenhagen war Rußland durch diesen imponierenden Pavillon repräsentiert. Er stammte von dem Architekten Ropett. Ein Teil des Ausstellungsgeländes wurde später zum Rathausplatz. Fotosammlung der Kunstakademie.

stian V., des Königs von Dänemark und Norwegen, der Goten und Wenden, und durch die Fürsorge der erhabenen Königin Charlotte Amalie, Landgräfin von Hessen, wurde dieser Tempel für die Reformierten errichtet, im Jahre des Herrn 1689 am 11. Oktober." Der Kirchenraum hat gemäß reformierter Tradition keinerlei figürliche Ausschmückung.

Regensen, Store Kannikestræde 2. Schon 1569 stiftete Friedrich II. eine Gesellschaft zur Unterstützung armer Studenten. Der Gedanke, ein richtiges Studentenkollegium zu organisieren, wurde erst unter →Christian IV. realisiert. Die Gelegenheit bot sich, als die →Universität 1618 ein großes Anwesen an der Nordecke von Købmagergade und Store Kannikestræde erwerben konnte. Es hatte der Mette Hardenberg gehört, der Witwe des Kanzlers Christian Friis zu Borreby, und mit einem königlichen Darlehen wurde es für 9000 Taler gekauft. Es war ein Vorteil, daß der Hof so nahe bei der Universität lag.

Gleich darauf begann man mit dem Bau des Kollegiengebäudes, wobei kleine Bauten auf dem Grundstück, die nicht verwendet werden konnten, abgerissen wurden. Zugleich wurden 43 400 Backsteine bestellt. Es gab jedoch Verzögerungen, so daß der erste Teil des Gebäudes erst im Sommer 1623 in Gebrauch genommen werden konnte. Dies wird von der Inschrifttafel an der Front zur Købmagergade hin bestätigt, wo es heißt: „Christian IV., Dänemarks und Norwegens großmächtiger König, heiligte und weihte diese Wohnung der Frömmigkeit Gott, dem Erlöser, als ein Mittel zur reicheren und kräftigeren Ausbreitung der wahren Religion in den nordischen Reichen 1623". Aus den Bauabrechungen geht hervor, daß große Summen bis 1626 unbezahlt blieben. Erst 1628 gelten die Bauarbeiten als abgeschlossen. Offiziell wurde der Gebäudekomplex *Collegium Regium* genannt, aber schon 1629 war *Regensen* ein allgemein üblicher Name.

Beim Brand von 1728 wurden große Teile des Kollegiums zerstört, doch zeigen erhaltene Pläne, daß es ursprünglich als dreiflügeliger Komplex angelegt war, wobei ein kurzer Flügel an der Skidenstræde (jetzt →Krystalgade) und ein langer Flügel mit Tor an der Store Kannikestræde lag. Zur →Købmagergade hin errichtete man einen einstöckigen Kirchenbau. Nach einer Fassadenzeichnung des Flügels an der Store Kannikestræde war das Kollegium im niederländischen Renaissancestil ausgeschmückt, wie es von so vielen Bauten Christians IV. bekannt ist. Ursprünglich wohnten hier 96 Stipendiaten, verteilt auf 48 Zimmer. 1626 wurden in Norwegen 60 Öfen für das Kollegium bestellt. Der Flügel nach der Store Kannikestræde hin, der als einziger den Brand von 1728 überstand, wurde 1743 renoviert und 1777 aufgestockt, während die übrigen Flügel 1731 neu aufgebaut wurden. Dem *Kirchenflügel* an der Købmagergade wurde 1780 eine Turmpartie mit Uhr aufgesetzt. Ein größerer Umbau fand 1906–1909 unter Leitung des Architekten Martin Borch statt. Dabei kam der *Westflügel* hinzu, und der Bogengang unter dem Kirchenflügel wurde eingerichtet.

Die Studenten des Kollegiums waren im 18. Jahrhundert in den Straßen als Radaumacher bekannt. Es ging über friedliche Bürger her, doch gab es auch Zusammenstöße zwischen Borchianern und Regensianern. Am schlimmsten waren die Auseinandersetzungen zwischen den Regensianern und einigen jungen Kadetten, die ein Schreiben des Polizeimeisters Ernst bewirkten. Den Studenten wurde befohlen, „sich vor Streit mit den Kadetten zu hüten . . ." Die Streitigkeiten gingen im Jahr darauf weiter, in dem Regensen fast im Belagerungszustand war. Die Kadetten verfolgten die Studenten mit gezogenen Degen, und eines Nachts wurden die meisten Fenster des Kollegiums eingeschlagen. Die Regensianer klagten darüber beim Universitätspatron Ditlev Vibe.

1712–1791 hatten die Studenten das besondere Privileg, für eine bestimmte Gebühr Leichen zu tragen; danach ging das Recht an die Stadt über. Regensen bekam aber bis 1895 die Einnahme daraus. Das Leichenträgerkontor lag links im Tor zur Store Kannikestræde. Die jetzige Linde im Hof wurde in den 1950er Jahren als Ersatz für die berühmte Linde gepflanzt, die der Regenspropst A. C. Hviid 1785 setzen ließ. In seinen Erinnerungen *Foråret så sagte kommer* von 1942 hat Kaj Munk das Leben in Regensen geschildert, wie es sich in den 1920er Jahren abspielte.

Rømersgade 22, s. Arbeitermuseum.

Rosenborg, Østervoldgade 4 A. →Christian IV. erwarb im Februar 1606 einige Gärten außerhalb des damaligen Norderwalls und das Areal wurde im September desselben Jahres durch weitere Käufe erweitert. Der König wollte dort einen Wirtschaftshof zur Versorgung der höfischen Haushaltung anlegen. Außerdem war an einen

Lustgarten gedacht, weil die alten königlichen Gärten (an der jetzigen Vingårdsstræde) aufgegeben werden sollten. Während der Wirtschaftshof (→Ladegård) zum Ersatz eines älteren, unzeitgemäßen Hofes weiter hinaus vor die Stadt verlegt wurde, legte man, wie geplant, den Lustgarten mit Gartenhaus an. Der Bau war 1607 fertig und bildete den Beginn des größeren Renaissanceschlosses.

Die Idee eines Gartenhauses außerhalb der Wälle war im Ausland verbreitet und kam auch in dem Bau des etwas jüngeren →Blågård zum Ausdruck. Die Anlage Christians IV. wird in den Quellen erstmals „Dett Nye Løsthuus udj hans Maij. Løsthaffue" (Das neue Lusthaus im Lustgarten Seiner Majestät) genannt. Von 1624 an heißt sie Rosenborg. Der ursprüngliche Bau gleicht ein wenig dem *Badehaus* in Frederiksborg, denn er war ebenfalls rechteckig und hatte zwei Etagen sowie einen Wendeltreppenturm vor der einen Langseite. Als man 1929 vor der Südpartie von Rosenborgs Westfassade eine Grabung vornahm, wurden die Fundamente dieses Turmes freigelegt. Entsprechend gab es einen quadratischen Anbau an der Ostfassade, der 1606 als *Karnap* (erkerartiger Vorbau, Auslucht) erwähnt und später zu einem der beiden kleineren Türme umgebaut wurde. Ein Rest der ursprünglichen Nordfassade erscheint heute als besonders dicke Trennwand im Erdgeschoß. Unter ihrer Seidentapete verbirgt sich eine Fugung wie bei einer Außenwand.

In der Auslucht des Erdgeschosses befand sich die „Smöckekammer" (Ankleidezimmer), während ein geräumigeres Gemach nach Süden zu für die Königin und vermutlich zwei kleinere im Norden für den König eingerichtet waren. Eine Untersuchung in unserem Jahrhundert hat gezeigt, daß der kleinste dieser Räume in den Farben des oldenburgischen Königshauses ausgeschmückt war, nämlich mit gelber Deckentäfelung und roten Balken.

Es erwies sich schnell, daß das Haus zu klein war, und so wurde es 1613–1615 (?) auf mehr als die doppelte Länge (45 Meter) vergrößert. Möglicherweise wurden die ursprünglichen, nur etwa 75 cm dicken Außenmauern gleichzeitig durch eine Verschalung von einem halben Meter Dicke verstärkt.

Eine Erhöhung um ein Stockwerk wurde wahrscheinlich 1615 vorgenommen, während der erwähnte Karnap 1616 zu einem kleinen Turm erhöht wurde. Der hohe, schlanke, viereckige Turm mit achteckigem Abschluß an der Westfassade kann auf 1617 datiert werden. Wer der Architekt bei diesen Anfangsarbeiten war, ist unbekannt, doch hat vielleicht Christian IV. selbst einigen Einfluß darauf ausgeübt. Die praktische Ausführung lag bei Bertel Lange. Fast alle architektonischen Details sind von dem etwas älteren Frederiksborg in Hillerød bekannt.

Die nächste Bauphase war 1633/34, als mitten vor der Ostfassade (unter Leitung von Hans Steenwinckel d. J.?) ein freistehender, achtkantiger Treppenturm errichtet wurde. Er wurde durch eine kurze Galerie und eine offene Loggia in Höhe der ersten Etage mit dem Hauptgebäude verbunden. Damit war das Schloß vollendet, und es wurde äußerlich bis heute fast nicht verändert.

Wie erwähnt, hatten König und Königin ihre Gemächer im unteren Stockwerk, das beim Umbau vergrößert wurde und noch eine fast unveränderte Raumverteilung aufweist. An jedem Ende des Schlosses befindet sich ein größerer Saal und als Verbindung dazwischen ein Korridor an der Ostseite. Dies Prinzip ist von einer Reihe zeitgenössischer dänischer Herrenhöfe bekannt. Man kennt diesen Grundriß auch von Frederiksborg, wo der eine Endsaal, der *Sommersaal*, vom König, der *Wintersaal* am entgegengesetzten Ende von der Königin bewohnt wurde; zu beiden Räumen gehörten einige weitere kleinere Zimmer. In Rosenborg residierte Christian IV. im nördlichen Teil des Schlosses, Kirstine Munk wohnte im Südteil. Ein Schlafgemach gehörte zu jedem der großen Räume. Der dazwischenliegende Durchgangsraum lag hinter dem großen Turm. Von dort aus konnte man über die steinerne Wendeltreppe des Turmes in die oberen Etagen kommen. Zum königlichen Komfort gehörte ein Badezimmer im untersten Turmgeschoß, dessen Wände mit Zinn bekleidet waren, wie es von den damaligen Kriegsschiffen bekannt ist. Der Fußboden hatte eine versenkte Badewanne, und ein fester Kessel lieferte warmes Wasser. Die königliche „Heimlichkeit" war ein Turmanbau mit einer besonderen Vorrichtung zur Wasserspülung.

Die Raumverteilung im *zweiten Stockwerk* wurde unter Friedrich IV. so geändert, daß die ursprünglichen beiden großen Säle in kleinere aufgeteilt wurden und somit zwei selbständige Wohnungen entstanden. Die nördliche bekam Sophie Hedevig, die Schwester Friedrichs IV. Dagegen ist der Rittersaal im *dritten Stockwerk* in

Die Winterstube in Schloß Rosenborg.

seiner ganzen Länge erhalten, wenn auch Ausschmückung und Inventar geändert wurden.

Die einzelnen Räume im Schloß erscheinen heute als eine Reihe einmaliger Beispiele für den Geschmack und das handwerkliche Können der verschiedenen Epochen. Im ersten Geschoß befindet sich die wohlerhaltene Wohnung Christians IV. Das nördliche Giebelzimmer, das als Vorgemach diente, war die „Winterstube" des Königs. Hier sind die Wände mit eichenen Paneelen vom Fußboden bis zur Decke verkleidet und durch Halbsäulen mit geschnitzten Basen in Gefache unterteilt. Über 90 Gemälde sind in die Paneele eingesetzt, die alle von Christian IV. in den Niederlanden gekauft wurden. Es handelt sich hauptsächlich um Landschaftsdarstellungen, etwa Felslandschaften aus der Werkstatt Mompers oder Waldbilder im Stil Paul Brils sowie ein kleines Schlittschuhläuferbild. Der behauene Sandsteinkamin an der Giebelwand trägt die Jahreszahl 1615 und den Namenszug Christians IV. Die Decke, geschmückt mit mythologischen Szenen, stammt aus der Erbauungszeit, wurde aber aus dem Raum darüber hierhin überführt.

Das *Arbeitszimmer Christians IV.*, die „Schreibstube", befindet sich im Turmraum daneben und ist mit einer kassettierten Eichendecke ausgestattet. Bemerkenswert sind die lackierten Paneelfüllungen mit Chinoiserien. In Rosenborgs ältestem erhaltenen Inventarverzeichnis von 1718 heißt es, die Wände seien mit „indianischen Figuren" versehen; besser wußte man es nicht. Als das Schloß in den 1830er Jahren zum Museum eingerichtet wurde, rätselte man darüber, ob die „japanische" Ausschmückung in Beziehung zu der ostindischen Expedition unter Leitung von Ove Giedde gesetzt werden könne, die Christian IV. 1618–1622 ausschickte. Erst 1914 wurde erkannt, daß es sich um Chinoiserien handelte. Moderne Untersuchungen von Gudmund Boesen, der einige Jahre lang Direktor der Rosenborg-Sammlungen war, haben gezeigt, daß die Füllungen nach 1667 von dem Holländer J. de Bray gemalt worden sein müssen. Als Vorbilder benutzte er u. a. Kupferstiche aus zeitgenössischen Reisebeschreibungen, z. B. aus Athanasius Kirchers „China . . . illustrata", das 1667 in Amsterdam auf Lateinisch herauskam. Die Schiffsmotive aus diesen Büchern erscheinen wieder auf den Rosenborger Paneelen.

Das Giebelzimmer in der zweiten Etage, „Vorzimmer der Prinzessin" genannt, wurde zu Beginn des 18. Jahrhunderts eingerichtet. Hier ließ Friedrich IV. die Wände mit Oudenaarde-Tapeten bespannen, die Landschaften mit ovidischen Szenen zeigen. Der Kronleuchter ist ein Geschenk Ludwigs XIV.

Der *Rittersaal*, der vornehmste Raum des Schlosses, hat eine flache, tonnengewölbte Stuckdecke, die Friedrich IV. 1705 einbauen ließ. Die Stuckdekorationen bilden zugleich den Rahmen für vier Deckengemälde, die von dem französischen Künstler Benoit le Coffre geliefert wurden. Ihre Themen sollten wichtige Regierungshandlungen sein: „die immer bereite Seerüstung", die „Aufstellung der Landwehr und der Dragoner" und die „Aufhebung der Leibeigenschaft". Aus unbekannten Gründen verwarf der König die Bilder und ließ sie statt dessen von den deutschen Stukkateuren Leonhard Schwabe und Franz Biener in Stuck modellieren. Die Felder in den Stuckrahmen wurden mit Hendrich Krocks vier Gemälden der Kronregalien ausgefüllt. Der auffälligste Teil der Stuckdekoration sind die vier langen Figurenreihen, deren Personen sich in Richtung auf eine allegorische Frauengestalt bewegen, jedenfalls in zwei der Reihen. Die Themen sind u. a. die Kriegsmacht und die Dankbarkeit der Bauern für den Empfang der Freiheitssymbole von Libertas.

Schon zur Zeit Friedrichs III. wurde das Schloß weniger zu Wohnzwecken benutzt. Christian V. verlieh dort erstmals feierlich den Danebrogorden. Aus seiner Zeit blieben auch die Regalien des Reiches, der Stuhl für die Königssalbung und die drei Silberlöwen erhalten. Der Stuhl und die Löwen stehen heute im Rittersaal.

1708/09 unternahm Friedrich IV. seine zweite große Auslandsreise, deren Hauptziele Deutschland und Italien waren. In Venedig wurde dem König am Neujahrstag 1709 ein Willkommensgeschenk der Republik überreicht, das aus „allerlei Erfrischungen wie Wein, Wild, Lammfleisch, Käse, Obst und verschiedenen kostbaren venezianischen Gläsern" bestand. Aus Venedig brachte Friedrich IV. auch acht Kronleuchter und acht Wandleuchten „aus geschliffenem Glas" mit. Im Winter 1713/14 wurde das nordöstliche Turmzimmer beim Rittersaal neu eingerichtet, wo das Glaskabinett für die mitgebrachten Schätze sein sollte. Der Major Gotfred Fuchs ließ an den Wänden Pyramiden von Regalen anbringen, die mit Glas bekleidet und mit vergoldeten Bleiborten umgeben waren. Geschnitzte vergoldete Putten und Genien stützten sie.

Allmählich diente das Lustschloß als Schatzkammer der Könige und des Reiches, vergleichbar mit der Kunstkammer auf Slotsholmen. Diese Tradition wurde schon von Christian IV. eingeleitet. Als der Fürst Christian der Jüngere von Anhalt 1623 Rosenborg besuchte, notierte er in sein Tagebuch, es habe dort „ein klein Cabinet" gegeben, „in welchem etliche Japanische Säbel, Meszer und Teppich . . ." sich befanden. Mitte des 18. Jahrhunderts berichtet ein Schwede, er habe zwei Reichstaler bezahlt, „um diese Herrlichkeiten zu sehen". 1804 wurden die Mineralien der Kunstkammer nach Rosenborg überführt, wo es schon zwei andere Mineraliensammlungen gab. Auch eine berühmte Sammlung von Muscheln, die von dem königlichen Hof- und Kunstdreher Lorenz Spengler begründet worden war, wurde den Schätzen von Rosenborg zugesellt. Eine Umorganisation fand statt, als man auf königlichen Erlaß vom 4. Mai 1833 eine Kommission einsetzte „zur chronologischen Ordnung und Aufstellung der Kunstgegenstände usw., die auf Schloß Rosenborg aufbewahrt werden". Vorsitzender der Kommission wurde Christian Jürgensen Thomsen (s. S. 156), eine der bedeutendsten Gestalten in der dänischen Museumsgeschichte.

Für den kleinen Mann war das Schloß eine merkwürdige Welt. Ein jütischer Bauer erzählt um 1850: „Auf Schloß Rosenborg gibt es gar keine Leute, sondern lauter Sachen von den alten Königen, und es soll ungeheuer viel darin zu sehen sein. Aber das kostet drei Reichstaler . . .".

Rosenborg Exerzierplatz, der den Eingang an der →Gothersgade hat, wurde seit alter Zeit für militärische Zwecke verwendet. Luxdorph schreibt 1760 in seinem Tagebuch von einer Parade, die „im Garten von Rosenborg" stattfinden sollte. Zur Gothersgade hin stand ein Exerzierhaus, das 1787 gebaut und 1929 wieder abgerissen wurde, als man die Gothersgade verbreiterte. Eine ganz unmilitärische Angelegenheit war die öffentliche Verbrennung abgenutzter Geldscheine, die früher auf dem Exerzierplatz stattfand. Die Scheine wurden in einem großen Ofen auf dem Platz zerstört, während das Volk außerhalb des Gitters stand und zuguckte. Es kam vor, daß ein Schein zu früh aus dem Schornstein kam und auf der Straße gefunden wurde.

Rosenborg Quartier, der neunte der alten städtischen Steuerbezirke, der von Købmagergade, Kultorvet, Skt. Gjertrudstræde, Tornebuskegade, Nørre Voldgade, Gothersgade, Møntergade und Klareboderne begrenzt wurde. Das Viertel wurde in zwei Unterbezirke gegliedert, den der Trinitatiskirche und den der Reformierten Kirche. Sowohl die Gothersgade wie die Rosenborggade und die Tornebuskegade entstanden im Zusammenhang mit der Anlage von Neu-Kopenhagen im 17. Jahrhundert.

Rosenvænget ist ein bekanntes Villenviertel in Østerbro mit einer langen Geschichte. 1688 erwarb Jens Nielsen Toller von Rosenheim, Amtmann in Norwegen, dort ein großes Areal, und nach ihm bekamen spätere Örtlichkeiten Namen, die mit „Rosen" begannen. Seine Zeit als Grundbesitzer war kurz, denn 1689 wurde er Oberkriegskommissar der Truppen, die man Wilhelm III. von England auf seinem Irlandfeldzug gegen Jakob II. zu Hilfe schickte. Rosenheim starb im Jahr darauf in Dublin.

In der zweiten Hälfte des 18. Jahrhunderts hatte der betriebsame Geschäftsmann und Staatsrat Reinhard Iselin hier seinen Hof *Rosenvenge.* Er wurde später von dem Landsitz *Rosendal* und dem zugehörigen *Rosenengen* östlich davon abgelöst. Diese Anwesen wurden 1857 von dem Hofweinhändler und Kapitän im Jägerkorps Mozart Waagepetersen gekauft, der im Jahr darauf eine Aufteilung in Baugrundstücke vornahm. Eine Voraussetzung dafür war aber die Aufhebung des städtischen Vorkaufsrechts, die er ebenso erreichte wie das freie Dispositionsrecht über zwei Erbpachten, das ihm vom Kammerherrn P. H. Classen und dem Classenschen Fideikommiß übertragen wurde. Die eine Erbpacht umfaßte 4060 Quadratellen und schied Rosenengen von der Strandpromenade, dem jetzigen Strandboulevard.

Nachdem die Parzellierung begonnen hatte, legte man den Hauptweg fest und führte ihn bis zum Strand hinunter. Später folgten die übrigen Villenwege des Viertels, die mit einer Breite von 20 Ellen (etwa 13 Meter) geplant wurden. Die entsprechenden Beschlüsse sollten eine attraktive Umwelt sichern und legten auch fest, daß die Villen höchstens dreigeschossig gebaut werden durften. All dies geschah „zum Nutzen derer, die auf einen ländlichen Wohnsitz mit Garten in der Nähe von Stadt und Strand Wert legten". Als Waagepetersen 1872 die Parzellierung beendete, waren 49 Grundstücke verkauft, doch auch der ursprüngliche Charakter des Viertels hatte sich etwas geändert. Das Erfordernis der 20 Ellen breiten Wege war für die letzten Wegstrecken aufgegeben worden, und die Straßenbeleuchtung mit Gas hatte begonnen.

Einige der bedeutendsten Architekten der Zeit, so G. Bindesbøll und G. F. Hetsch, lieferten Entwürfe für die ersten Villen. Außerdem beteiligte sich der vielgefragte Villenarchitekt J. D. Herholdt, der 1857 mit dem Entwurf der Villa des Xylographen Axel Kittendorff in Frederiksberg hervorgetreten war. Mehrere Stile beherrschten die Bauten, da die Periode von großer Unsicherheit in der architektonischen Formsprache geprägt war. Aber die Häuser und das Milieu gefielen dem Bürgertum, und Leute wie der B&W-Fabrikant William Wain, der Präsident des Obersten Gerichts A. L. Drewsen und T. Krak, der Herausgeber des Adreßbuches, zogen hinaus nach Rosenvænget. Kriegsminister Oberst Good und der Marinekommandeur Christiansen kamen hinzu.

Auch die Kunst wurde in dem Viertel gepflegt. In der Villa *Rosenvængets Hovedvej* 27, 1860 nach Entwürfen von Herholdt in italienischem Stil gebaut, wohnte der Maler P. C. Skovgaard. Er verewigte den schönen Aggersborgs See in der Nähe. Auch Wilhelm Marstrand, C. F. Aagaard und der Marinemaler C. F. Sørensen zogen zu. Ihre Ateliers standen Holger Drachmann offen. Die Schauspielerin Johanne Louise Heiberg wohnte „ganz unten am Strand in vornehmer Abgeschlossenheit, gleichsam im Schatten der vielen ihr gewundenen Lorbeeren". So erinnerte sich der Historiker Edv. Lehmann und vermerkte über sein eigenes Elternhaus in Rosenvænget, Meldahl habe es „in einem schönen, aber nicht allzu praktischen Schweizerstil gebaut".

Rundetårn. Der Runde Turm wurde als astronomisches Observatorium errichtet und zugleich in einen größeren Gebäudekomplex einbezogen, der eine Studentenkirche (→ Trinitatis) und eine in ih-

Die Theorie des Engländers Robert Fludd über einen „Tempel der Musik" war vermutlich eine der wesentlichsten Inspirationsquellen beim Entwurf von Christians IV. Rundem Turm. Ausschnitt eines Kupferstichs von Robert Fludd, aus: Utriusque Cosmi Historia, Tractatus secundus. Oppenheim 1618.

rem oberen Halbgeschoß untergebrachte Universitätsbibliothek umfaßte. →Christian IV., der Initiator des Baues, erlebte nur die Fertigstellung des Turms (die Kirche wurde am ersten Sonntag Trinitatis, am 1. Juni 1656, eingeweiht). Man glaubt, daß drei Architekten am Bau beteiligt waren: L. Blasius, J. Scheffel und H. v. Steenwinckel der Jüngere. Der Grundstein zu diesem wohl eigentümlichsten Bauwerk Kopenhagens wurde am 7. Juli 1637 gelegt. Als wichtigstes Baumaterial verwandte man holländische Backsteine, auch „mopper" genannt. Nachdem der Turm 1950 von einer alten Zementschicht befreit wurde, sieht man jetzt, wie die Steine wechselweise in gelben und roten Streifen gelegt sind.

Im Turm, einem Zylinder von 15 m Durchmesser und 36 m Höhe, ist eine gewundene Rampe mit 7½ Windungen eingebaut. Wo die Rampe endet, beginnt eine breite Holztreppe, aber man hat immer gewußt, daß die Schnecke sich fortsetzte. Als man 1983 die vorletzte Etage ausräumte, die die alte Pförtnerwohnung enthielt (später zum Waschraum und Kohlenlager eingerichtet), wurde der Boden aufgebrochen. Darunter lag, abgenutzt aber intakt, die Fortsetzung der Schnecke mit einer halben Umdrehung. Die bauarchäologische Untersuchung endete bei der Wand zum Raum mit der Planetenmaschine, und man kann nicht ausschließen, daß die Schnecke einmal weiterging.

Mit dem Bau befaßt war auch der führende Astronomieprofessor der Universität, Christian Sørensen Longomontanus (1562–1647), ein Schüler Tycho Brahes. Er hatte die Sternengukkerburg auf Valby Bakke bauen lassen wollen, aber der König bestand auf dem Standort an der Universitätskirche. Der offizielle Name des Observatoriums wurde *Stellaburgi Regii Hauniensis*, was sich deutlich auf Tycho Brahes berühmte *Stjerneborg* (Sternenburg) auf der Insel Hven (Uranienborg) bezog. Die Kopenhagener Universität konnte damit eine wissenschaftliche Disziplin behaupten, die zu den angesehensten gehörte. Die Einrichtung des Observatoriums beanspruchte aber Zeit. 1643 wurde der Vertrag über die Errichtung von fünf astronomischen Häusern auf der Plattform mit den Zimmerleuten abgeschlossen. Die Häuser waren vier Ellen hoch. Ole Rømer (1644–1710) ließ 1697 die erste Planetenmaschine einbauen, die er selbst konstruiert hatte. Er war Professor der Astronomie, und als Entdecker der Lichtgeschwindigkeit wurde er der berühmteste Leiter des Observatoriums. Die letzte

SERI
PARATION
66
Guldsmed
64
XTRA

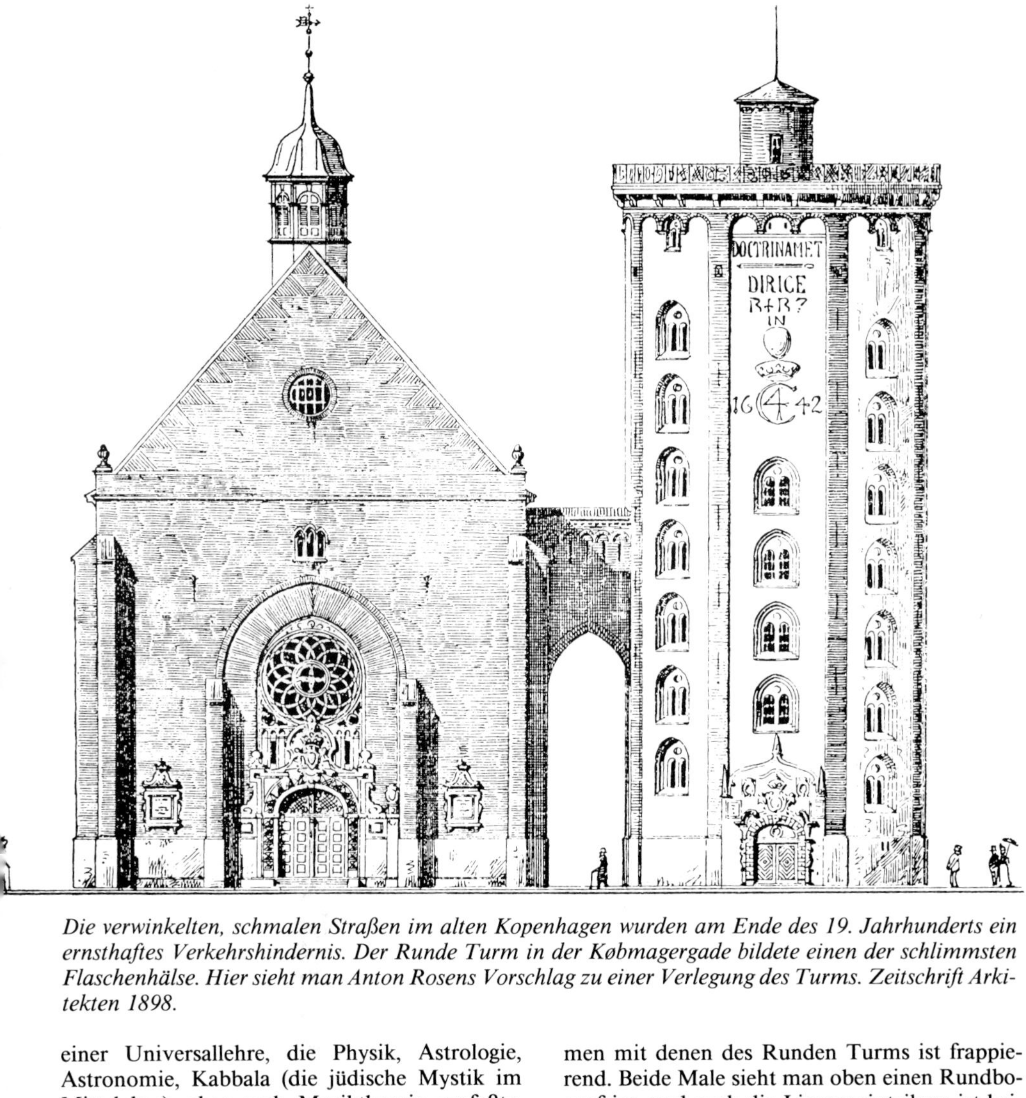

Die verwinkelten, schmalen Straßen im alten Kopenhagen wurden am Ende des 19. Jahrhunderts ein ernsthaftes Verkehrshindernis. Der Runde Turm in der Købmagergade bildete einen der schlimmsten Flaschenhälse. Hier sieht man Anton Rosens Vorschlag zu einer Verlegung des Turms. Zeitschrift Arkitekten 1898.

einer Universallehre, die Physik, Astrologie, Astronomie, Kabbala (die jüdische Mystik im Mittelalter), aber auch Musiktheorie umfaßte. Das Buch ist voller Illustrationen. Darunter ist ein Kupferstich, den Fludd „Tempel der Musik" nennt und der ein kompliziertes Phantasiegebäude darstellt. Die Ähnlichkeit seiner äußeren Formen mit denen des Runden Turms ist frappierend. Beide Male sieht man oben einen Rundbogenfries, und auch die Liseneneinteilung ist beiden gemeinsam. Fludds Turm ist außerdem mit einer Spirale und konzentrischen Kreisen geschmückt, was erst einen Sinn ergibt, wenn man seine eigene Erklärung liest: „Du sollst die Spiral-

Abb. links oben: Häuserrückseiten in Christianshavn, gesehen von der Dronningensgade.
Abb. links unten: Altes Haus mit Geschäftseinrichtung am Valby Torv. Eines der farbenreichen Kopenhagener Milieus.

drehung in dem größten Turm sorgfältig betrachten. Sie bezeichnet die Bewegung der Luft, wenn sie vom Laut oder der Stimme berührt wird. Die beiden Türen bedeuten die Ohren oder Hörorgane, ohne die der hervorgebrachte Laut nicht aufgenommen werden kann. Ebenso kann es ohne sie keinen Zugang zum Tempel geben."

Ein moderner Forscher, Frances Yates, hat gezeigt, daß dies Schneckenhaus-Gebäude einen Versuch darstellt, die klassische Lehre des Altertums von der Akustik zu illustrieren. Es hängt mit dem Glauben an die Harmonie der Sphären zusammen. Darunter soll die antike Auffassung verstanden werden, daß die Himmelskörper durch ihre Bewegung wunderschöne Musik verbreiten. Platon schreibt in seinem 10. Buch vom *Staat*, wie der Krieger Er in einer Vision sieht, wie die acht Sphären des Himmels sich um die „Spindel der Notwendigkeit" drehen. So ist es denkbar, daß der Schneckengang des Runden Turms die acht himmlischen Sphären symbolisiert, die nach damaliger Meinung die der Fixsterne und der sieben Planeten umfaßten.

Der Runde Turm ist seit 1958 eine sich selbst tragende Einrichtung, die das zugehörige Museum mit einer großen Büchersammlung über historische Astronomie, Hunderten von Stichen und einer vornehmen Instrumentensammlung betreibt. Hier sind Francois de Montgenets Himmelskugeln von 1560, eine chinesische Horizontaluhr, dänische Gewichte vom Ende des 17. Jahrhunderts und vieles mehr ausgestellt.

Ryesgade in *Nørrebro*. Die Straße wurde nach dem Kriegshelden General Olaf Rye benannt. Er organisierte 1849 den Rückzug einer dänischen Heeresabteilung durch Jütland. Von Helgenæs auf Djursland wurden die Soldaten per Schiff in die Festung Fredericia gebracht, ohne daß es der Feind merkte. Bei einem Ausfall am 6. Juli desselben Jahres verlor Rye sein Leben.

Die Anlage der Ryesgade wurde 1857 von der Bürgervertretung als Teil eines Bebauungsplanes für die Vororte beschlossen. Der Urheber der Idee war der königliche Bauinspekteur J. D. Herholdt, aber es dauerte lange, bis das Projekt abgeschlossen war. Der erste Abschnitt war die Strekke von der *Skt. Hansgade* aus nordwärts im Jahre 1858. Darauf folgte der nördliche Verlauf bis zur *Østerbrogade*. Noch 1881 hörte die damalige Ryesgade etwa bei der Irmingergade auf. Nördlich dieser Linie war ein etwa 300 Meter langes Zwischenstück, das erst später geschlossen wurde.

Viele Bewohner der Straße klagten über diese Trödelei, einer aber war damit zufrieden, nämlich der Leutnant H. Schow, der die Leute lehrte, auf dem Velociped zu fahren. 1875 beherbergte die Straße nur 300 Familien, schon 1901 war die Ryesgade mit ihren 9000 Bewohnern die bevölkerungsreichste Straße Kopenhagens, und in den 1970er Jahren lag die Zahl bei etwa 30 000. Gleichzeitig erlebte das Viertel ein Aufblühen entzückender Butiken.

S

Sankt- Annæ-Quartier. Der erste Bau von Bedeutung im Annenviertel war ein Hospital, das 1516 nahe der Küste beim jetzigen Nordre Toldbod angelegt wurde. Dahinter stand der Arzt Claus Jensen Denne. Während einer dreijährigen strengen Gefangenschaft zur Zeit von König Hans dachte er an die Armen in Kopenhagen, besonders an die Leute mit Syphilis, die auf die Straßen und Gassen der Stadt angewiesen zu sein pflegten, weil sie nirgends unterkamen. Claus Denne gelobte, eine Stiftung für diese Hilflosen zu errichten, wenn er aus seiner Gefangenschaft befreit würde.

Dies gelang, und so kam es zu der Stiftung. Eine der heiligen Anna, der Mutter Marias, geweihte Kapelle kam hinzu, und dies gab später dem ganzen Viertel den Namen.

Claus Denne setzte in den folgenden Jahren seine Arbeit fort und wurde darin allmählich auch unterstützt, so durch päpstliche Ablaßbriefe und Empfehlungen, einmal sogar durch eine Aufforderung Christians II. und der Königin Elisabeth an ihre Untertanen, Geld für die Unterhaltung des Hospitals zu spenden. Der König sandte darauf den „Sankt-Annen-Boten" in den drei nordischen Reichen umher, und die Sammlung verlief gut. Bei der Belagerung Kopenhagens 1523/24 wurden die Hospitalgebäude zerstört, und die Einrichtung wurde zuerst zum jetzigen →Kultorv und 1607 zum Vartov verlegt (s. S. 83).

Christian IV. war ein Bauherr mit großen Visionen. Einiges gelang, anderes verfiel, wie z. B. seine Zentralkirche im neuen Annenquartier. Nur die erste Etage wurde vollendet, bevor im 17. Jahrhundert der Abbruch kam. Ausschnitt aus Pufendorfs Stich von der Belagerung Kopenhagens 1658/59. Foto: Antiquarisch-topographische Sammlung des Nationalmuseums.

Claus Dennes Hospital hatte nahe bei einem Steindamm gelegen, der in den Øresund hinaus verlief. Die Mole wurde später Skt. Annæ Bro genannt, und 1628 verlegte man das Kopenhagener Zollhaus von der Holmenskirche dorthin.

In den 1620er Jahren interessierte sich →Christian IV. immer mehr für das Gebiet. Er legte 1625 den *St.-Annen-Friedhof* an, wo u. a. Gefangene von →Bremerholm und andere Kriminelle beerdigt werden sollten. Im Jahr darauf begann die Bauarbeit an einer Schanze, der *St.-Annen-Schanze*, auf der später das →Kastell entstand. Ein französischer Diplomat konnte berichten, der König habe sich schon vor seiner Teilnahme am Dreißigjährigen Krieg mit Plänen getragen, das alte Schloß auf die Schanzen an der St.-Annen-Brücke zu verlegen. Aber dies Projekt wurde nie verwirklicht. Statt dessen legte man 1629 einen Graben und einen Wall vom →Nordertor her zu der neuen Befestigung. Damit war die Grundlage für einen neuen Stadtteil – „Skt. Anne By" – gelegt.

Doch Christian IV. war ein Mann mit immer neuen Visionen. 1640 begann er den Bau einer gigantischen Rundkirche, *Skt. Annæ Rotunda*. Sie sollte die Seeleute versorgen. Die Idee dazu hatte der König aus der italienischen Renaissance übernommen, als viele große Architekten davon träumten, Rotunden mit dem *Pantheon* in Rom als Vorbild zu bauen. Der Grundriß, ein Zwölfeck von 60 Metern Durchmesser, war großartig, und die Arbeit kam auch gut in Schwung. Aber Kriege und Geldnot brachten die Bauarbeiten zum Erliegen, als man gerade bis zur Mauerkrone gelangt war. Kurz nach dem Tod des Königs 1648 wurden die Mauern eingerissen. Fundamentreste wurden bei der Ausschachtung für den Neubau der Polytechnischen Lehranstalt in den 1880er Jahren entdeckt.

Sankt-Johannes-Kirche. Die Kirche am Sankt Hans Torv wurde 1856–1861 gebaut und stellte den ersten Kirchenbau dar, der in neuerer Zeit außerhalb der Wälle entstand. Die Stilsprache kommt der gotischen am nächsten. Die Entwürfe stammen von dem Architekten S. Th. Suensen. Ursprünglich war es geplant, die Kirche mit einer niedrigen Bebauung zu umgeben, aber das wurde nie realisiert.

Sankt-Petri-Kirche. Die Kirche in der Nørregade war im Mittelalter eine von Kopenhagens vier Gemeindekirchen und wurde damals *Sankt Peders Kirke* genannt. Schon 1304 wird ein Kirchengebäude erwähnt, aber bei einem →Stadtbrand 1386 verbrannte es mit seinen beiden Glocken. In dem jetzigen Bau sind trotz starker Veränderungen und Erweiterungen bedeutende Teile eines gotischen Langhauses erhalten, das in der ersten Hälfte des 15. Jahrhunderts in Backstein errichtet wurde. Dies gilt für das Schiff und den Chor, die einheitlich von fünf schmalen Kreuzgewölben überdeckt sind. Typisch für die Gotik ist auch der dreiseitige Chorabschluß. Der Westturm mit den Treppengiebeln wurde um 1500 angefügt. Ein *nördlicher Anbau* von 1631 (verlängert 1691) sowie ein *südlicher* von 1634 veränderten den Grundriß im Sinne einer Kreuzkirche. Hans von Steenwinckel der Jüngere nahm 1681–1683 einen Umbau vor, bei dem u. a. der Chor mit einem Barockgiebel versehen wurde.

Der →Stadtbrand von 1728 zerstörte fast das ganze Inventar der Kirche, wogegen Mauern, Turm und Gewölbe hielten. Der Wiederaufbau 1730/31 stand unter der Leitung von J. C. Krieger. Ein früherer Dachreiter wurde nicht erneuert; dafür wurde der Turm um fast neun Meter erhöht. Seine jetzige Spitze stammt von dem Zimmermeister Boye Junge, einem der bedeutenden Mitglieder der Gemeinde. Sie wurde 1756/57 errichtet. Die Turmuhr funktioniert immer noch.

Beim Bombardement 1807 wurde die Kirche stark beschädigt, doch entging Boye Junges Turm der Katastrophe. 1616 konnte das Gebäude wieder benutzt werden.

Inventar und Ausschmückung der Kirche sind eng mit ihrer späteren Geschichte verbunden. 1530 hörten die katholischen Gottesdienste darin auf, und von 1537 an diente sie als königliche Kanonen- und Glockengießerei, bis Friedrich II. den Bau 1585 der deutschen Gemeinde überließ. Die Deutschen hatten schon im 14. Jahrhundert ihre Kaufmannsgilde in der Stadt, die *Deutsche Kompagnie* mit einem Gildehaus auf dem →Amagertorv. Das Bedürfnis nach einer eigenen Kirche wuchs seitdem. Im 17. Jahrhundert gab es u. a. Seidenweber in der Gemeinde, und während des Dreißigjährigen Krieges kamen deutsche Studenten nach Kopenhagen, wo sich fast 120 an der Universität immatrikulieren ließen. Mehrere davon predigten in Sankt Petri.

Der berühmteste Pastor der Gemeinde war Johannes Lassenius (1636–1692), der aus Pommern stammte und dessen Vater dem bekannten polnischen Adelsgeschlecht Leszcynski angehörte. Nach Studien in Rostock, Danzig und Stettin kam er in die Niederlande, nach Paris und nach England, wo er mit Milton zusammentraf. Nach weiteren Reisen in Europa, auch als Schauspieler, holte Christian V. ihn nach Kopenhagen, wo er der erste Pastor der Gemeinde und später auch Professor der Theologie an der Universität wurde. Lassenius' Predigten, voll von Effekten, Wortspielen und politischen Bemerkungen, machten ihn bald zum meistbesuchten Prediger der Hauptstadt. 36 Schriften gab er heraus, weitere 23 fanden sich bei seinem Tod ungedruckt. Der älteste Kronleuchter der Kirche, ein zwölfarmiger Messingleuchter, trägt die Inschrift: „A(nno) 1693 Doctor Johannes Lassenius". Sein Epitaph, ursprünglich über seinem Grab in der Kapelle, wurde 1865 in den nördlichen Kreuzarm der Kirche verlegt. Die Arbeit stammt von dem Bildhauer Thomas Quellinus, einem der Meister des dänischen Barock.

Der Altartafel, 1817 von J. L. Lund in Rom gemalt, wurde der Kirche 1819 von dem Großkaufmann Constantin Brun geschenkt, der ein bedeutendes Mitglied der Gemeinde war. Das Motiv ist die Auferstehung. Zwei von Hendrich Krocks Bildern aus dem Beginn des 18. Jahrhunderts kann man im nördlichen Kreuzarm sehen: Christus am Ölberg und Christi Himmelfahrt. Zur Kirche gehört ein Komplex von Grabkapellen, die 1648 begannen und 1681–1683 abgeschlossen wurden, als Hans van Steenwinckel eine drei-

Epitaph für Dr. Johannes Lassenius, der Pastor an der Petrikirche war und 1692 starb. Foto: Antiquarisch-topographisches Archiv des Nationalmuseums.

flügelige Kapelle an der →Larslejstræde errichtete. Es finden sich reiche Grabdenkmäler, von denen mehrere von Johannes Wiedewelt und Andreas Weidenhaupt geliefert wurden. Zwischen den Kapellen liegt der idyllische *Kräutergarten.*

Saxogade. Die Nebenstraße in →Vesterbro wurde in den 1880er Jahren völlig mit Wohnhäusern bebaut. Allein in diesem Jahrzehnt nahm die Straße um 800 neue Wohnungen zu. Um der sozialen Not in dem Viertel etwas abzuhelfen, errichtete die Heilsarmee eine Herberge in der Saxogade, in der man um die Jahrhundertwende für 25 Øre ein Bett bekommen konnte. Erst 1958 begann die Sanierung der Straße.

Der Straßenname stammt von dem Historiker Saxo mit dem Beinamen Grammaticus, der kurz vor 1200 in Latein eine Geschichte Dänemarks schrieb, die „Gesta Danorum". Das Werk, das bis 1185 reicht, umfaßt 16 Bücher, und darin befinden sich auch Schilderungen von →Absalon, dem offiziellen Gründer Kopenhagens. Saxo starb um 1220.

Ein Böttcherschild aus dem 18. Jahrhundert in der Holmensgade. So phantasievoll war das Rokoko. Das Schild ist heute verschwunden. Foto: Antiquarisch-topographisches Archiv des Nationalmuseums.

Schacks Palais, s. Amalienborg Slot.

Schilder. Bevor die Häuser von Kopenhagen Grundstücksnummern bekamen (von →Struensee 1771 eingeführt), waren Bürger und Reisende darauf angewiesen, die Schilder und Spitznamen zu kennen, durch die sich die Häuser auszeichneten. Die Erwerbstreibenden benutzten natürlich Schilder wie überall in Europa. Im Mittelalter waren es einfache Aushangbretter. Sie wurden im 17. und 18. Jahrhundert durch schmiedeeiserne Schilder in phantasievollen Formen ersetzt, die mit ihren Angeln einen großen Lärm machten, wenn der Wind durch die Straßen und Gassen strich. Der Laden des Hutmachers Niels Jørgensen in →Vandkunsten wurde 1723 mit einem viereckigen Eisenschild mit vergoldetem Hut und Wappenschildern geschmückt, die von Löwen mit goldenen Kronen und Sternen getragen wurden.

Für Herbergen galt schon zur Zeit Christians II. das Gebot, „ein Zeichen auszuhängen, gemalt auf einem Brett, draußen am Haus, hoch an einer langen Stange. Einige sollten einen Löwen, andere einen Mohren, einen Greifen, einen Mond, einen Stern oder Ähnliches aufgemalt haben". Nach diesen Schildern bekamen die Herbergen ihre Namen, und in Kopenhagen sind Beispiele bekannt wie „Vergoldete Tonne", „Grüner Holzschuh" und „Oldenburgsches Horn". Einer der schrofferen Namen, „Tod und Teufel", gehörte zu einem Gasthaus in Vandkunsten.

Im 18. Jahrhundert wurde es üblich, besonders nach dem großen Brand von 1728, eine Steinplatte mit dem Wahrzeichen des Gebäudes über dem Portal oder der Haustür einzusetzen.

Schilderumzug wurde in alten Tagen gefeiert, wenn ein Ältermann oder Gesellen die Wohnung wechselten. Die Tradition basierte auf der Bedeutung der Zunftzeichen. Schon 1623 wurde in den Satzungen der Kopenhagener Zimmerleute bestimmt, daß der Ältermann und die Zunftbrüder „den fremden Gesellen, die hierher kommen, ein gewisses Logement zuweisen, wo sie Herberge bekommen können, und dort ein Brett aushängen sollen". Dies Brett war das Zunftschild, ein richtiges Kunstwerk mit Jahreszahl und Inschriften. In der Regel schmückte es die Herberge, wo die Gesellen wohnten, obwohl es Eigentum der Zunft war.

Die Zeremonien und Festlichkeiten, die allmählich mit der Verlegung der Zunftschilder verbunden wurden, gaben den Behörden Anlaß zur Kritik. Ein königlicher Erlaß warnte 1682 vor dieser „bösen Gewohnheit", und es kam vor, daß Bußen verhängt oder die Zunftlade, der Pokal oder das Schild konfisziert wurden.

Das 18. Jahrhundert wurde die Glanzzeit der Handwerkerzünfte. Alle Meister hatten vor ihren Geschäften festliche Schilder. Der Wollwarenhändler hatte seinen Strumpf, der Tischler seinen Hobel, der Schlosser seinen Schlüssel, der Schneider seine Schere und der Bäcker natürlich seinen gekrönten Bretzel. Aber diese Schilder wiesen nur auf die tägliche Arbeit hin. Der Umzug eines Zunftschildes war dagegen ein Ereignis für die ganze Stadt.

Über eine solche Begebenheit liegt ein genauer Bericht aus dem Jahre 1724 vor, als die Kopenhagener Tischlerzunft das Zunftschild vom *Gråbrødretorv* zur *Grønnegade* verlegte. Die Prozession wurde von sechs Musikanten angeführt, es folgten neun Meister mit Zollstöcken in den Händen. Hinter ihnen ging ein Offizier, dem zwei weitere türkisfarben gekleidete Offiziere und 12 ebenso gekleidete Fußsoldaten folgten. Außer diesem orientalischen Einschlag konnte man die Personifikationen der fünf Baustilarten erleben: „1. die toskanische in italienischer Tracht wie ein Bauer, zur Erinnerung daran, daß sie von einem Bauern erfunden wurde, 2. die dorische in einer fürstlichen Tracht, 3. die jonische in Frauenkleidung, 4. die korinthische in derselben Tracht und 5. Composita in römischer Kleidung." Diese Abteilung des Aufzugs wurde durch zwei „wilde Männer" mit grünen Bäumen und Pyramiden abgeschlossen.

Die nächste Abteilung der Prozession begann mit vier Gesellen, die, von zwei Fechtern sekundiert, die besonders kunstvoll angefertigte Lade trugen. Darauf war der silberne Willkommensbecher an der Reihe, und dann sah man die große Schankkanne, gefolgt von den vier Jahreszeiten: der Frühling mit Blumen, der Sommer symbolisiert durch Sichel und Ähren, der Herbst durch Becher und Trauben und schließlich der Winter in gefütterter Kleidung und mit Feuerschale. Weiter hinten im Aufzug wurden 42 Tischlergesellen notiert, jeder mit einem vergoldeten Werkzeug und einem Federschmuck am Hut versehen. Die Reihe endete mit einem Bauern und einer Bauersfrau.

Die Tischlerzunft scheint überhaupt die erfinderischste gewesen zu sein, und als 1749 ein neues Zunftschild aufgestellt wurde, legte man die Route an Christiansborg vorbei, wo Friedrich V. selbst „sich so gnädig erwies, dies Schauspiel aus dem Fenster mit einem Antlitz zu betrachten, aus dem Gnade und Majestät leuchteten".

Die Reepschläger stellten 1779 einen außerordentlich üppigen Zug zusammen. Seine erste Abteilung wurde von einem Harlekin angeführt sowie von einem Merkur, der einen versiegelten Brief für die Herberge trug. Es folgten rot gekleidete Fahnenjunker mit der Fahne, darauf die Musik, der Ältermann und paarweise alle Reepschlägermeister, schließlich das Wappen der Zunft mit drei vergoldeten Haspeln und das große Zunftschild, das von acht Gesellen mit einer entsprechenden Anzahl Ablösern getragen wurde, jeder in schwarzen Samthosen und weißen Seidenstrümpfen. Vier „sogenannte lustige Brüder" schlossen die Abteilung ab.

In der zweiten Abteilung erregten besonders die Zunftgeräte Aufsehen, nämlich die Lade mit vergoldeten Schlüsseln und der Pokal, der mit Silberplaketten reich behängt war. Der Höhepunkt kam in der dritten Abteilung in Form eines „mit voller Takelage hergestellten Schiffes", dem ein Jäger folgte, „der sich an den passenden Stellen mit einigen Schüssen hören ließ". Der farbenreiche Zug begann am Kultorv und schlängelte sich auf einer komplizierten Route an allen anderen Zunfthäusern vorbei, wo man anhielt und sich bewirten ließ. Verschiedenen Notabilitäten wurden unterwegs gehuldigt, und am Rathaus am Gammeltorv gab der Magistrat einen Empfang. Er verehrte sogar den Gesellen 20 Reichstaler. Als man endlich in der *Studiestræde* ankam, um das Schild aufzuhängen, ertönten 27 Kanonenschüsse.

Nachdem sich der Rauch gelegt hatte, hieß der Herbergsvater die Gesellschaft willkommen, Merkur quittierte mit einer Dankesrede und eine Predigt wurde auf Dänisch und Deutsch gehalten. Letztere gab Anlaß zu einem Hoch auf das Königshaus, die Obrigkeit, das Militär usw. Schließlich wurde das Schild aufgehängt – „beim Schall der Trompeten und Pauken, beim Klang der Pokale und beim Donner der Kanonen".

Nicht immer ging es so reibungslos zu. 1780 wurden alle Aufzüge solcher Art verboten. Die

Routen sollten so kurz wie möglich sein, und der Transport sollte in der Stille vor sich gehen.

Schweinehaltung gehörte im alten Kopenhagen zu den schlimmsten Plagen. Sie war unangenehm für die Nasen und hinderlich für den Straßenverkehr. Friedrich II. begann einen Feldzug gegen die Schweine, indem er ihnen 1564 den Zugang zum Nikolaikirchhof verwehrte.

Ein generelles Schweinehaltungsverbot für die Hauptstadt, das sowohl für die offene Straße wie den geschlossenen Koben galt, wurde 12 Jahre später erlassen. Die ungern gesehenen Tiere scheinen sich danach auf die städtischen Felder verzogen zu haben, wo sie allerdings ebenfalls unerwünscht waren. Der König mußte 1585 ein Verbot erlassen, da die Schweine die eingefriedeten Felder der Stadt geschädigt hatten. Aber der Widerstand war hart, und 1587 mußte Friedrich II. die Strafe verschärfen. Es war wieder vergeblich. Aus einem Königsbrief von 1596 geht hervor, daß die Verordnung wenig beachtet wurde.

Noch im 18. Jahrhundert befaßten sich die Behörden mit der Vertreibung der Schweine aus der Stadt. 1709 wurde es überhaupt verboten, Schweine in Koben innerhalb der Wälle zu füttern. Doch trotzten Schlachter und Branntweinbrenner allen Verboten. Man konnte sogar Zeitungsannoncen über entlaufene oder verschwundene Schweine lesen. So wurde 1764 bekanntgegeben: „Eine große, lange, weiße Sau mit langen Ohren und Hinterteil ist heute aus einem Hof in der Tvergade entlaufen, für deren Entdeckung eine billige Belohnung versprochen wird." Auch im Jahre 1765 gab es unterhaltende Mitteilungen für die Zeitungsleser, z. B.: „Aus einem Hof in Kalleboderne sind am Donnerstag nachmittag zwei kleine, weiße Schweine entlaufen, von denen das eine eine kleine Glocke, das andere ein Band um den Hals hatte."

Aber der Gestank drang in die Nase, auch in die des Stadtphysikus Wandeler, und er machte 1771 kräftig darauf aufmerksam. Besonders in →Christianshavn waren die Schweine zahlreich, und der eifrige →Struensee verschärfte das Verbot gegenüber den Branntweinbrennern, die Schweine im Koben mästen wollten. Trotz einem Regen von Bußen blieb die Schweinehaltung bestehen, wenn auch im Verborgenen. So wurde 1779 ein Postkommissar dabei ertappt, als er zwei halberwachsene Schweine im Erdkeller unter seiner Diele verbarg. Noch 1840 soll es in Kopenhagen 739 Schweine gegeben haben.

Seepavillon. 1885 wurde dem Kopenhagener Schlittschuhverein der südwestliche Teil des →Peblingesees als Schlittschuhbahn übertragen, und acht Jahre später erlaubten die Behörden dem Verein, einige primitive Schuppen abreißen zu lassen zugunsten eines etwas dauerhafteren Bauwerks. Der vielbeschäftigte Architekt Vilhelm Dahlerup lieferte die Entwürfe für den Holzbau, der mit zwei charakteristischen Türmen versehen wurde. Ein Gastwirt trug die Baukosten und durfte dafür die Lokale in den nächsten zehn Jahren frei benutzen.

Sänften. Der Gebrauch von Sänften (portechaises) in Kopenhagen kann ins 17. Jahrhundert zurückgeführt werden. Am 16. November 1664 bekam der Italiener M. A. Tonti das alleinige Recht, dies Transportmittel herzustellen, zu verkaufen und auszuleihen. Zu Beginn des 18. Jahrhunderts genoß der Kammerjunker und königliche Küchenmeister von der Osten das Privileg, aber ein richtiger Aufschwung begann erst 1726, als man Gebühren für die verschiedenen Touren festlegte. Haltestellen wurden auf Kongens Nytorv, bei Vandkunsten, auf Ulfeldts Plads und an der Nikolaikirche im „Kongen af Sverig" eingerichtet.

Die geschlossenen Tragestühle wurden mit der Zeit richtige Kunstwerke, bemalt und vergoldet, mit Glasscheiben, Gardinen und Bezügen aus Tuch oder Seide ausgestattet. Man brauchte auch zwei starke Träger, die die „Chaise" durch den oft sehr lebhaften Verkehr in den unbequemen Straßen tragen mußten. 1751 schärfte man den Mietkutschen ein, nicht zu dicht an den Senften vorbeizufahren.

In „Københavns Adressekontors Efterretninger" wurde 1762 annonciert: „Eine Tour hier in der Stadt 8 Skilling. Nach Nyekiøbenhavn, Christianshavn oder nach Amalienborg gilt als doppelte Tour, 1 Mark. Für jede halbe Stunde Aufenthalt 8 Skilling". Ja man war sogar so modern, Billethefte zu 12 Touren zu verkaufen. Im selben Jahrgang wurde auch mitgeteilt, „eine Chaise mit Schwanenhals" werde bei dem Auktionator Christian Jørgensen in der Gothersgade zum Verkauf angeboten.

Der Tragestuhl spielte auch in dem Anschlag gegen →Struensee am 17. Januar 1772 eine Rolle, denn einer der Hauptakteure des Komplotts, der

Im Museum im Herrenhof Gammel Estrup in Jütland ist eine Sänfte (portechaise) des Typs ausgestellt, der auch in Kopenhagen verwendet wurde. Foto: Nationalmuseum.

General S. C. Rantzau, bereute sein Mitwirken in elfter Stunde und entschuldigte sich mit seiner Fußgicht. Sehr resolut wurde er darauf in der Sänfte zum Schloß transportiert, wo andere Konspirateure gespannt seine Ankunft abwarteten.

Nach dieser Zeit schien die Sänfte aus der Mode zu kommen. Eine kuriose, aber kaum richtige Erklärung dafür lieferte schon 1832 der Historiker und Jurist G. L. Baden: „Sänften waren bisher in Kopenhagen ein ebenso allgemeines Beförderungsmittel, wie es die Kutschen jetzt sind. Da sie aber nach dem Bau des Krankenhauses (des →Frederikshospitals 1757) zur Beförderung der Kranken verwendet wurden, so wollten die Gesunden sie nicht mehr benutzen." 1799 waren sie allgemein außer Gebrauch, denn in diesem Jahr wurde in der Zeitschrift „Politivennen" mit einem Seufzer bemerkt, sie „kämen wohl nicht wieder in Gebrauch wie in alten Tagen". Während der Choleraepidemie 1853 wurden sie nochmals verwendet.

Slotsholmen 4, s. Kanzleigebäude.

Smørhatten (Butterhut) hieß ein Festungsturm, der am östlichen Wall der mittelalterlichen Stadt stand. Dieser lag an der Nordseite der jetzigen Lille Kongensgade in der Nähe von →Kongens Nytorv. Der Turm wird erstmals im *Erdbuch* der Stadt von 1496 erwähnt. Danach scheinen die Höfe von Kirstine Kald und Jes Olsen beide an die Befestigung gegrenzt zu haben, deren Besitzer Jes Olsen war. Daß der Turm als Privateigentum angegeben ist, mag verwundern, aber auch der nahegelegene Festungsturm →*Kringelen* war an einen privaten Grundeigentümer übertragen.

Noch 1523 wird Smørhatten erwähnt, diesmal im Beschlußbuch des Magistrats: Oluf Jensen von der Østergade und Laurits Jensen vom Amagertorv wurden für die Palisaden bezahlt, die sie zwischen Smørhatten und *Reeperbahn* (eine private oder königliche Anlage vor der östlichen Stadtmauer) errichtet hatten. Smørhatten wird in späteren Quellen nicht mehr erwähnt.

Snaregade. Die Straße nahe am →Gammelstrand ist nach dem Ratsherrn und Kaufmann Erland Jonssøn Snare benannt, dem 1501 das jetzige Grundstück *Snaregade 14* gehörte. Sein Name war jedoch vor 1607 noch nicht mit der Straße verbunden. Das Haus, das er bauen ließ, hieß lange nach seinem Tod *Snarens Gård.* In den 1520er Jahren wurden die Grundstücke bebaut, auf denen früher ein Teil des alten Hafens, die Ladebrücke (Ladbroen) gelegen hatte. Die Einwohnerliste von der Kopenhagener Belagerung 1659 verrät, daß sogar der Bürgermeister Hans Nansen in der Straße wohnte. An minder berühmten Bewohnern können ein Goldschmied, ein Schneidergeselle, ein Student und ein Zimmergeselle genannt werden.

Die Häuser *Snaregade 6–10* wurden in der Zeit zwischen 1798 und 1808 vom Maurermeister P. Eegeroed gebaut. Diese Häuser im klassizistischen Stil und mit schönen Torpartien stehen im großen und ganzen seit der Erbauungszeit unverändert. Sie machen, wie das erhaltene Straßenpflaster, die gekrümmte Snaregade zu einer der reizvollsten Straßen der Stadt.

Snarensquartier. Das Viertel, das wie die →Snaregade nach dem Kaufmann und Ratsherrn Erland Jonssøn Snare aus dem 16. Jahrhundert benannt ist, zählt als fünftes in der Reihe der alten hauptstädtischen Steuerbezirke. Der Stadtteil wird durch die Linie Naboløs, Hyskenstræde, Vimmelskaftet, Skoubogade, Skindergade, Gammel- und Nytorv, Rådhusstræde, Frederiksholms Kanal und Nybrogade begrenzt. Der Brand von 1795 zerstörte große Teile des Viertels. An Gassen, die im Laufe der Zeit geschleift wurden, können der *Nissengang* und der *Trompetergang* genannt werden.

Solbjerg hieß ein jetzt verschwundenes Dorf in Frederiksberg. Der höchste Punkt dort, wo das Schloß steht, hieß ursprünglich *Solbjerg*, später *Valby Bjerg* und jetzt *Frederiksberg Bakke*. Man nimmt an, daß ein Dorf, nach dem der Hügel Solbjerg genannt wurde, im Norden des jetzigen Frederiksberger Schloßparks lag. 1186 schrieb es sich *Solbiergh*, 1193 *Solbiarga* und 1377 *Solbyerghe*. Waldemar der Große hatte Besitzungen darin wie auch in einigen anderen Dörfern, die um die Fischersiedlung Havn herum lagen. Als er Havn →Absalon schenkte, ging auch ein Teil der königlichen Besitzungen mit, so Güter in Solbjerg. In seinem Testament vermachte Absalon später seinen Anteil an Solbjerg zusammen mit anderem Besitz außerhalb Havns dem Roskilder Bistum.

Wann das Dorf verschwand, weiß man nicht sicher. In einem Dokument von 1562 heißt es, die Bauern in sechs Harden sollten Pflastersteine und Sand „zum Weg bei Solbjerg vor Kopenhagen" fahren, und noch 1580 wird den Bauern auferlegt, Material zum Weg zwischen Solbjerg und dem Langvadsdam (dem jetzigen Damhus-See) zu bringen.

Sølvgade 38, s. „Jacob Holmblads Gård."

Sophie Amalienborg. Auf einem Gebiet, das etwa durch die jetzige Bredgade, Frederiksgade, Amaliegade und den Skt. Annæ Plads umschrieben wird, lag in der Anfangszeit des Absolutismus ein schöner Garten. Er gehörte Sophie Amalie, der Gemahlin Friedrichs III., und bildete ein Gegenstück zum Garten von Rosenborg (→Kongens Have, Garten des Königs). Sophie Amalie ließ ihn zuerst als reinen Lustgarten einrichten und mit Springbrunnen, Pavillons, Alleen und Pomeranzenhäusern ausschmücken. In den Jahren 1666/67 war der Franzose Michel le Roy für die Gartengestaltung zuständig. Er beschäftigte sich besonders mit Kaskaden, Wasserleitungen und Terrassen. In einem der frühen Rechnungsposten figuriert er als „Ingenieur", während er später zum „Baumeister der Königin" avanciert. Inwieweit er auch für die Errichtung des Lustschlosses verantwortlich war, ist nicht bekannt.

Das Schloß namens Sophie Amalienborg wurde 1667–1673 gebaut und repräsentierte bei seiner Fertigstellung die typische italienische *villa suburbana:* ein Haus gerade außerhalb der Stadt in einem Garten gelegen. Bemerkenswert war besonders die vornehme Treppenanlage außen. Die Eleganz des Gebäudes machte es vornehmer als das altmodische Kopenhagener Schloß. Sophie Amalie benutzte es als Witwensitz, und nach ihrem Tod 1685 fiel es an ihren königlichen Sohn Christian V.

Dieser fand es zu repräsentativen Zwecken wohlgeeignet, und am 15. April 1689 sollte es den Rahmen für seinen Geburtstag bilden. Eine festliche Opernvorstellung war aus diesem Anlaß geplant, und zwar handelte es sich um die erste Oper dänischen Ursprungs. Ihr pompöser (deutscher) Titel lautete „Der vereinigte Götterstreit". Da Sophie Amalienborgs eigener Komödiensaal zu klein war, wurde dicht beim Schloß ein Theater für mehrere hundert Zuschauer ganz aus Kiefernbrettern errichtet.

Mit dem Sinn des Barock für Theatereffekte und starke Religiosität waren zwei Bildstützen als Wächter am Eingang aufgestellt, die die Gottesfurcht und die Gerechtigkeit darstellen sollten. Als die Gäste eintraten, erlebten sie künstliche, von Satyren bewohnte Grotten. Den Zuschauerraum selbst hatte man mit Moos, Blumen und Wacholderzweigen geschmückt und so in eine Laubhütte verwandelt. Zwischen den Blättern steckten goldene Äpfel und Zitronen. Große Transparente an den Wänden trugen den Namenszug des Königs, dessen vergoldete Buchstaben auf ölbenetzte Seide gemalt waren.

So gingen die deutschen Akteure der Oper ans Werk, begleitet von gewaltigen und kuriosen Effekten. Kanonen donnerten, und die Götter des Olymps schwebten auf Wolken daher, um dem absoluten Monarchen zu huldigen. In der Kopenhagener Zeitung „Den poetiske Mercurius" wur-

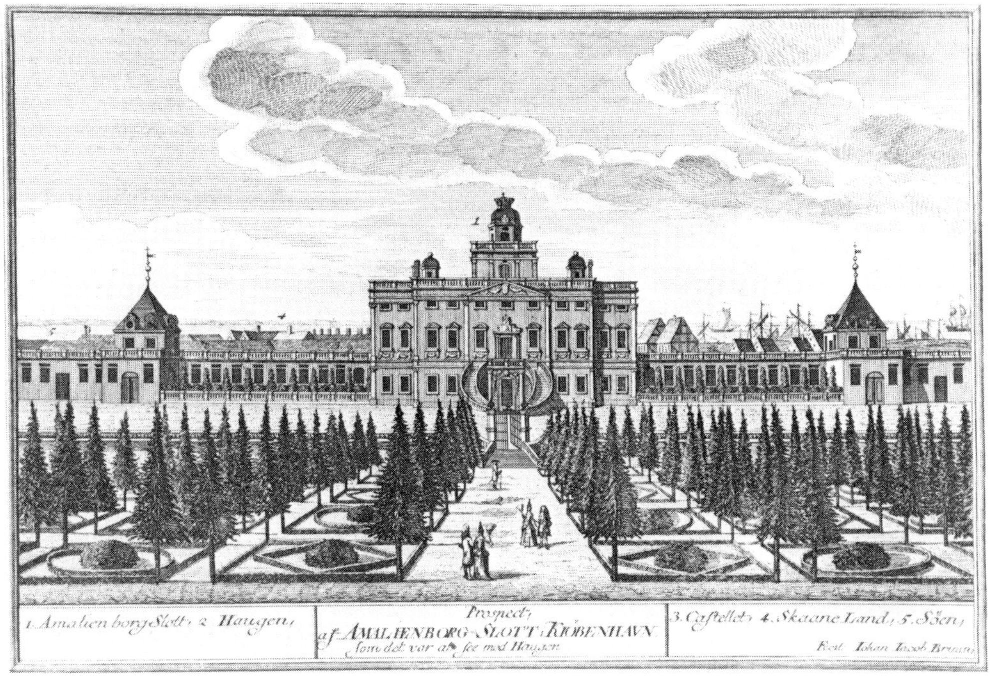

Um 1760 fertigte J. J. Bruun diesen Stich nach einem älteren Gemälde an, der Sophie Amalienborg von Süden zeigt. Zu beachten ist die Außentreppe mit doppeltem Lauf, ein typischer Zug vom italienischen Casino (Landschloß). Karten- und Bildersammlung der Kgl. Bibliothek.

de in begeisterten Versen von dem großen Ereignis berichtet.

Vier Tage später wurde die Aufführung auf Wunsch Christians V. wiederholt. Die Oper, der Leute aus den etwas niedrigeren Rangklassen zuströmten, begann um drei Uhr nachmittags. Alles schien gutzugehen, die olympischen Götter waren aufgetreten, und Mars lieferte seine Arie. Plötzlich fiel ein Stückchen Docht von einer Lampe herunter in etwas Wacholderreisig. Das Feuer griff um sich, erfaßte all die brennbaren Dekorationen und machte alles zu einem Inferno. Da sich die Türen unglücklicherweise nach innen öffneten, drückte das Publikum vergeblich gegen sie. Es war in einer Falle gefangen, und in einer Viertelstunde verbrannte das ganze Theaterhaus mit 172 Menschen; weitere starben an den folgenden Tagen an ihren Brandwunden. Das Feuer ergriff auch das Schloß selbst, das in wenigen Stunden in Trümmer fiel.

Die Katastrophe hinterließ viele Spuren. Die Schloßruine stand einige Jahre lang, dann wurde ihr brauchbares Material für den Bau der → Garnisonskirche verwendet. Eine Tafel am Tor des Hauses Frederiksholms Kanal 20 erinnert an den Waisenhausdirektor Johan Jürgens, der zwei Töchter in den Flammen verlor.

„Sorte Hest“ (Schwarzes Pferd), Vesterbrogade 148, ist eines der wenigen erhaltenen Häuser aus dem alten → Vesterbro. Wie das abgerissene „Gule Hest“ (Gelbes Pferd) war auch Nr. 148 einmal ein beliebter Gasthof. Der Dichter Carl Bagger (1807–1846) gab 1835 die Novelle „Min Broders Levned“ (Meines Bruders Leben) heraus, worin er das bunte Milieu im „Schwarzen Pferd“ schilderte sowie den Wirt, einen kleinen Mann mit Papageiennase. Er trug einen langen, blauen Mantel, der wie ein Bettuch an ihm hing.

Die Gastwirtschaft „Sorte Hest" (Schwarzes Pferd) an der Vesterbrogade, aufgenommen umd die Jahrhundertwende. Karten- und Bildersammlung der Kgl. Bibliothek.

Das *Vorderhaus* hat sich in den letzten hundert Jahren nicht wesentlich geändert, wenn man einmal von den Schaufensterscheiben absieht. Charakteristisch ist die oberste, ganz zurückgezogene Etage in Fachwerk.

Staatliches Kunstmuseum (Statens Museum for Kunst), Ecke Sølvgade–Øster Voldgade. Als 1884 Schloß →Christiansborg brannte, wurde die *Königliche Gemäldesammlung* obdachlos und kam vorläufig in das Ausstellungsgebäude bei →Charlottenborg. Im Jahr darauf wurden die Baupläne für ein neues Museum beschlossen, das den Sammlungen zeitgemäßere Ausstellungsmöglichkeiten bieten sollte. 1889–1896 wurde der Museumsbau auf Qwitzows Bastion, einem Teil der aufgegebenen Wallanlage, errichtet. Für die Bauarbeiten verantwortlich war der Architekt Vilhelm Dahlerup, dem E. V. Møller half. Der Grundriß zeigt zwei lange Flügel in west-östlicher Richtung und zwei breitere Endflügel. Die Eingangspartie, zu der eine hohe Granittreppe hinaufführt, ist hervorgehoben und hat ein tiefes Portal mit Tonnengewölbe.

Statt des um die Jahrhundertwende so beliebten Stucks hat man in großem Umfang Natursteine wie Granit und Kalk aus Fakse und Öland verwendet. Hans Chr. Berg war für die dekorative Skulpturarbeit zuständig, wie sie von Dahlerup skizziert worden war. Die beiden Medaillons, die die Eingangspartie schmücken, wurden während des Baues in kleinerer Ausführung im *Kunstverein* ausgestellt. Das eine Relief zeigt, wie Dädalos dem Ikaros die Schwingen anfertigt. Auf dem anderen Relief trägt der Genius des Lichts seine Fackel, um den Erdball zu erleuchten, der von einer sitzenden Göttin gestützt wird.

Der Kunsthistoriker Julius Lange hielt im Februar 1893 zwei Vorträge im *Kunstverein*, in denen er die künftige Einrichtung des Museums diskutierte. Es war ihm ein Anliegen, die Gemälde mit kritischem Sinn aufzuhängen und die Prinzipien der altertümlichen Fürstengalerien zu durchbrechen. Abstoßende Beispiele dafür gab es damals genug. „In den Galerien hängen die Bilder vom Fußboden bis zur Decke dicht nebeneinander, woraus folgt, daß jedes einzelne Gemälde mit den Nachbarbildern rechts und links, oben und unten gleichsam einen Kampf bestehen muß, wenn es einen besonderen Eindruck auf den Betrachter machen will." Julius Lange setzte sich auch für eine kritische Auswahl der alten Malerei ein. So wollte er die Sammlung im Charlottenborger Ausstellungsgebäude von 459 auf etwa 200 Gemälde reduzieren. Doch diese ausgewählten Stücke sollten so aufgehängt werden, daß sie zu ihrem Recht kamen.

Das Kunstmuseum, das 1966–1969 gründlich umgebaut wurde und dabei sein stattliches Treppenhaus verlor, umfaßt die Königliche Gemälde- und Skulpturensammlung sowie die Königliche Kupferstichsammlung. Was die westeuropäische Kunst betrifft, so zeigt die Sammlung Beispiele von der byzantinischen Ikonenmalerei bis zur französischen Kunst eines Henri Matisse. Die alten niederländischen Meister sind durch Rembrandt, Rubens, Jacob Ruisdael, Salomon Ruisdael, Jan Steen, Honthorst, Pieter Lastmann und Jacob Jordaens vertreten. Lucas Cranach der Ältere wird ebenfalls gezeigt, außerdem eine Auswahl der italienischen Meister: Tizian, Tintoretto und Bassano. Die dänische Abteilung enthält schöne Werke der Maler des Goldenen Zeitalters: C. W. Eckersberg, Købke und Constantin Hansen.

Stadtbrände größeren Umfangs haben im Laufe der Jahrhunderte Kopenhagen heimgesucht. 1386 brannte das Viertel um die →Frauenkirche, die selbst zerstört wurde. Als →Christian IV. am 29. August 1596 gekrönt wurde, folgten der Feier zehn Festtage, in deren Verlauf ein Brand 14 Häuser zerstörte. Am 14. und 15. November 1685 brannten 40 Höfe in der *Endeløsstræde, Badhusstræde* und *Vimmelskaftet* ab. Der erste Stadtbrand von katastrophalem Ausmaß fand erst zu Beginn des folgenden Jahrhunderts statt.

Mittwoch, den 20. Oktober 1728 löste ein starker südöstlicher Sturm böiges Wetter ab. In der Nacht sah die Wache am Westertor plötzlich Flammen aus dem Dach eines kleinen Hauses am Wall schlagen, etwa an der Stelle des jetzigen Paladshotels. In dem Haus wohnten ein Marketender und ein Kerzengießer. Der Sturm trieb das Feuer hinüber zu den Nachbarhäusern in der Skt. Klemensstræde, und als die Feuerwehr erschien, hatte das Feuer schon die Oberhand gewonnen.

Einige Stunden später erreichte das Flammenmeer die Studiestræde. Die Katastrophe überraschte die Behörden völlig. Der Kommandant fluchte und quälte sich mit seinen Soldaten ab, die am Morgen fix und fertig waren, während der Polizeimeister Hans Himmerich so betrunken war, daß er seinen Rausch ausschlafen mußte.

Als das Feuer drei Tage lang gewütet hatte, waren die →Frauenkirche, →St. Petri, →Heiliggeist, →Trinitatis, das halbe Waisenhaus und das Rathaus abgebrannt. Dazu kam der größte Teil der →Universität mit elf Professorenhöfen. Insgesamt wurden 74 Straßen mit etwa 1670 Häusern in Asche gelegt. Noch um die Weihnachtszeit war die Stadt ein Aschenhaufen, und die Leute mußten sich inzwischen in ihren Kellern einrichten. Primitive Schuppen entstanden auf den Grundstücken. Ein praktisches Resultat des Brandes wurde die Einführung einer Feuerversicherung.

Die Katastrophe wurde auch dichterisch verarbeitet, oft sehr pathetisch, aber gut gemeint. Als man die neuen Häuser baute, wurde es üblich, kleine Gedenktafeln mit Erinnerungszeilen über den Brand einzubringen.

Der nächste große Stadtbrand brach am 5. Juni 1795 am Nachmittag aus, angeblich in Bauholz am Gammel Holm. Wieder sorgte ein kräftiger Wind für seine Verbreitung. Den Kanal entlang kamen die Flammen in das Viertel um die Nikolaikirche. Erst am Abend des 7. Juni hielt das Feuer am Wall an der →Teglsgårdstræde an. In einer Zeitung konnte man am Montag, 8. Juni, lesen, das Feuer habe die ganze Turmspitze der Nikolaikirche eingeäschert, „die bei ihrem Fall alle darunterliegenden Straßen in Brand setzte". Später gingen Gerüchte über Mordbrennerei und Sabotage um, wie es in einem Brief von einem der folgenden Tage heißt: „Ob der Engländer oder der Russe das Feuer verursacht hat, kann wohl noch nicht entschieden werden." Die Bilanz der Katastrophe ergab, daß etwa 55 Straßen mit über 950 Häusern Beute der Flammen geworden waren. Die Protokolle der *Kollektenkommission* zeigen, daß insgesamt 3442 Familien Hilfe gewährt wurde, was etwa 10 000–15 000 Menschen entspricht. Der Versicherungswert der abgebrannten Häuser überstieg 4,5 Millionen Reichstaler.

Kopenhagen wurde von seinem dritten großen Brand heimgesucht, als die englische Armee vom 2. bis 5. September 1807 die Stadt bombardierte. Nach Major H. J. Bloms späterer Beschreibung der Ereignisse fielen die ersten „Probewürfe feindlicher Bomben auf Kongens Nytorv" kurz nach Sonnenuntergang am 2. September. Kurz darauf folgte ein Regen von Bomben, Granaten, Brandkugeln und Raketen. Es brannten 290 Häuser in den nächsten Tagen ab, und 1500–1600 wurden mehr oder weniger beschädigt. 2000 Einwohner kamen um oder wurden verletzt.

Städtisches Museum, Vesterbrogade 59. Das Museum ist in dem alten Gebäude der Königlichen Schießbahn eingerichtet. Die Schützengesellschaft, deren Geschichte sich bis 1443 zurückführen läßt, ist jetzt in dem alten Landhaus Sølyst bei Klampenborg beherbergt.

Der Grundstein wurde am 29. Januar 1782 von Frederik Vilhelm Wivet gelegt, der zu dieser Gelegenheit ein Gedicht verfaßt hatte. Dies wurde in einer Dose beim Grundstein niedergelegt an Stelle der üblichen Silbermünzen. Baukapital und Grundurkunde mangelten, dagegen konnte den versammelten Schützenbrüdern ein Entwurf vorgezeigt werden mit der Aufforderung, den Bau zu unterstützen. Der Entwurf stammte von dem Hofmaurermeister Brandemann, während der Hofzimmermeister J. Boye Junge die Bauaufsicht hatte. Das Gebäude wurde am 10. Mai 1787 eingeweiht. Boye Junge entwarf auch den niedrigen Seitenflügel, der kurz darauf gebaut und 1895 erneuert wurde.

Die Stadtentwicklung nach dem Zweiten Weltkrieg bedrohte den friedvollen Fleck, und die Gesellschaft mußte einen Umzug in Erwägung ziehen. 1948 wurde das Areal an die Stadt Kopenhagen verkauft. Einige Jahre lang wollte man ein großes Hotel hinter dem Hauptgebäude errichten, und dieses selbst sollte zur Kulisse reduziert werden und nur noch als Eingang dienen! Nach einer heißen Debatte wurde das Gebäude geschont und mit Hilfe eines Staatszuschusses von der Stadt erworben.

In den schönen alten Räumen wurde 1954–1956 das Städtische Museum eingerichtet. Das Museum, das 1901 gegründet wurde und seit 1925 im Kopenhagener Rathaus zu besichtigen war, konnte jetzt seine stark vergrößerten Sammlungen unter besseren Bedingungen zeigen.

Hauptziel des Museums ist es, die Entwicklung der Hauptstadt seit dem Mittelalter, den Einfluß wechselnder Geschlechter auf Straßen, Häuser, Wohnungseinrichtung, Handel und Marktleben zu illustrieren. Es gibt Beispiele von Haustüren, Schildern, Glockenzügen, Schlußsteinen von abgerissenen Häusern. Die Straßenbeleuchtung wird auch gezeigt, als Pendant zu den alten Straßenlaternen, die jetzt in der *Absalonsgade* neben dem Museum aufgestellt sind.

Ein überwiegender Teil der Ausstellung besteht in der historisch-topographischen Sammlung von Bildern, Gemälden, Stichen, Zeichnungen und Aquarellen, die von Ereignissen von allgemeinem Interesse berichten. Eine wahre Fundgrube sind die Schießscheiben aus den Jahren 1752–1846, die von der Schützengesellschaft stammen. Es wimmelt von interessanten Allegorien und wertvollen topographischen Details aus dem Kopenhagen des 18. und 19. Jahrhunderts. Eine wichtige Ergänzung erfolgte, als 1960 eine besondere Søren-Kierkegaard-Sammlung eingeweiht wurde. Bei der Museumseinfahrt ist im Sommer ein Modell Kopenhagens zur Zeit der Reformation aufgestellt.

Stadttore, s. Amagerport, Nørreport, Østerport, Vesterport.

Stadttürme, s. Hanetårnet, Jarmers Turm, „Kringelen", Smørhatten; s. auch unter Langebro und Vandkunsten.

„Stanleys Gård", Overgaden oven Vandet 6, wurde 1755/56 für Simon Carl Stanley gebaut, den Meisterbildhauer vom Holm und Professor an der Kunstakademie. In jungen Jahren kam Simon Carl beim Hofbildhauer Sturmberg in die Lehre, später hielt er sich 20 Jahre lang in England auf, von wo der Vater stammte. Hier arbeitete er u. a. an der Ausschmückung des Herrensitzes Compton Place in Sussex. Von 1746 an war Simon Carl wieder in Dänemark, teils mit dem Holm verbunden, teils mit der Lieferung von Figuren für die Gärten Friedrichs V. und von Epitaphien und Sarkophagen für Privatleute beschäftigt.

Das Wohnhaus in der Overgade oven Vandet wurde im Dezember 1755 kurz vor der Fertigstellung für 4600 Reichstaler feuerversichert. Ursprünglich stand nur die Mittelpartie in voller Höhe, während die Seitenpartien nur das Erdgeschoß umfaßten. Das dreifache Palladio-Fenster ist typisch englisch, der Rest folgt dänischen Traditionen. 1783 wurden die Seitenpartien aufgestockt.

Stockholmsgade 2, s. Hirschsprungsche Sammlung.

Store Kannikestræde, s. Borchs Kollegium, Elers Kollegium und Regensen.

Store Kongensgade 14 ist eines der charakteristischsten Beispiele für die Verwendung der historischen Baustile um 1900, hier mit dem Hauptgewicht auf dem Barock. Über dem Eingang, der die Jahreszahl 1905 trägt, befindet sich ein ovales Fenster im Hochformat, das von einer dicken und ungewöhnlich langen Girlande umgeben ist. Zur Dekoration gehört auch ein Fruchtkorb, der wie ein Füllhorn überquillt. Der Dreieckfronton rahmt eine üppige Dame ein. Das Haus wurde von dem Architekten Fr. Levy entworfen, der im übrigen durch seine Restaurierungen der →Synagoge in der Krystalgade und des Palais →Erichsen bekannt ist.

Store Magleby auf →Amager unterstand im Mittelalter dem Erzbistum Lund. 1521 wurde das Dorf den holländischen Familien zugewiesen, die Christian II. nach Dänemark gerufen hatte. Durch Sigbrit Willoms aus Amsterdam, der Mutter seiner Mätresse Dyveke, hatte er die holländischen Verhältnisse gründlich kennengelernt. Schon 1515 versuchte Christian II., holländische Bauern aus Waterland zu holen, aber vergebens. Die ersten kamen erst 1518 an und bekamen Höfe in der Gegend von Helsingør. 1521 bekamen 184 holländische Bauern Privilegien auf Amager, doch wurde das Fischerdorf →Dragør ausgenommen.

Die Bauern der Holländersiedlung wurden zu einer markanten Erscheinung im Kopenhagener Marktleben und bekamen 1540 Standplätze auf dem →Amagertorv. Ihre hübschen Trachten fielen auf, ebenso das festliche Tonnenschlagen an Fastnacht. Der Hof soll zur Zeit Christians V. hinaus nach „Neu Amager" gefahren sein, um die Possen am Fastnachtsmontag mitzuerleben. Man liebte es auch am Hof, sich wie Amagerbauern zu verkleiden. Die Sitte des Tonnenschlagens ist bis zum heutigen Tag erhalten.

Store Magleby Kirke. Die Kirche stammt in ihrer jetzigen Gestalt aus dem Beginn des 17. Jahrhunderts, als die holländische Gemeinde einen größeren Umbau der älteren Kirche vornahm. Nach diesem Umbau findet sich kaum noch erhaltenes mittelalterliches Mauerwerk. 1731 wurde die Kirche wieder umgebaut. Das Gebäude, das aus Kreidequadern besteht, ist vom Langhaustyp und wird durch einen dreiseitigen Chor abgeschlossen. Der Haupteingang an der Westfassade und der Dachreiter stammen von dem Umbau 1731. Vom *Inventar* seien eine alte Katechismustafel von 1580 und eine romanische Granittaufe erwähnt.

Storm P.-Museum. Das Museum am Frederiksberg Runddel wurde im September 1977 gegründet und in dem Eckhaus mit den charakteristischen rundbogigen Fensterpartien untergebracht. Das Gebäude, ein ausgezeichnetes Beispiel für den Historismus des 19. Jahrhunderts, wurde 1884 vom Maurermeister J. C. Sørensen gebaut. Er versah es auch mit Rundbogen an den Giebeln, eine Nachahmung venezianischer Renaissancemotive. Leider wurden die interessanten Giebelpartien 1977/78 von den städtischen Architekten wieder entfernt.

Ursprünglich diente das Museumsgebäude als Feuerwehrhaus, später als Polizeistation, und bis 1977 war hier das Friedhofsamt. Maurermeister J. C. Sørensen muß auch wegen des ersten Frederiksberger Rathauses erwähnt werden, das er 1885 entwarf. Hier herrschte nicht der Renaissancestil, sondern eine überladene Gotik.

Das Museum zeigt Storm P.s künstlerische Entwicklung, zugleich die Spannweite seiner Kunst, von beißender Gesellschaftskritik bis zu warmem Humor. Eigentlich hieß er Robert Storm Petersen – daher die Signatur *Storm P.* – und stammte aus einem gutbürgerlichen Milieu in →Valby, wo er 1882 zur Welt kam. Der Vater war Schlachtermeister, und Storm hat sich auch in diesem Beruf versucht, bevor die Lust zur Kunst stärker wurde. Der *erste Ausstellungsraum* beleuchtet seine Frühzeit, als er vom Symbolismus und Jugendstil beeinflußt war. Von großer Bedeutung war sein Aufenthalt in Paris (1906 und 1910), während seine satirische Poesie stark von dem Schweden Ivar Arosenius inspiriert wurde.

Der *zweite Raum* zeigt seine Malereien, mehrere mit Motiven aus dem Zirkusleben, darunter auch der geniale „Grüne Clown" von 1940. Im *dritten Raum* kann man Storm P.s Experimentieren mit der modernen Malerei verfolgen. Er bekam 1912 Kontakt mit Herwarth Walden, der in Berlin zur Unterstützung der deutschen Avantgarde die Kunstgalerie „Der Sturm" und eine Zeitschrift desselben Namens gegründet hatte. Darauf stellte Storm P. im Herbst 1917 in *Edderkoppen* (Die Spinne) aus.

Der sehr junge Storm P. am Zeichentisch und mit seiner geliebten Pfeife. Die Aufnahme stammt von dem Fotografen Hans Rønnov, für den Storm Annoncen zeichnete. Archiv des Storm-P.-Museums.

Seine Zeichnungen kann man im *vierten Raum* studieren: die Tagebuchblätter aus Berlingske Tidende (die Serie begann 1916) und „Die drei kleinen Männer und der Nummernmann", in *Verden og Vi* 1913 eingeführt; außerdem Peter und Ping, erstmals 1922 in Berlingske Tidende, sowie „Dagens Flue" (Die Fliege des Tages). Der *letzte Raum* ist als Lesezimmer eingerichtet und enthält seine Entwürfe zu Bühnenbildern sowie Teile seiner Bibliothek.

Stormgade 10, s. Holsteins Palais.

Strandgade 4, s. Burmeister & Wain (Museum).

Strandgade 6, s. Abraham Lehns Gård.

Strandgade 22, s. „Cort Adelers Gård“.

Strandgade 25, s. unter Asiatisk Plads.

Strand Quartier. Das Viertel ist das vierte in der Reihe der alten Kopenhagener Steuerbezirke und umfaßt auf der „Landseite“ ein kleines Gebiet, das von Naboløs, Hyskenstræde, Amagertorv, Højbro Plads und Gammel Strand abgegrenzt war. Dazu kam Slotsholmen. Heute sind die beiden Stadtteile selbständige Viertel. Die Bebauung hinter Gammel Strand wurde beim Brand von 1795 stark zerstört.

Straßenpflaster. Das Kopenhagener Straßenpflaster scheint für die Verkehrsteilnehmer immer schwierig gewesen zu sein. 1581 ordnete Friedrich II. an, daß die Bürger der Stadt die Straßen vor ihren Häusern und Gärten pflastern sollten, und hundert Jahre später sollten sie Straßen und Gassen mit der Wasserwaage umpflastern. Es half wenig.

Schlimmer war, daß zum Ärger der Stadtverwaltung überall allerlei Schmutz floß. 1768 beklagte sich das Militär darüber, daß die Route der Wachtparade behindert, daß besonders die →Købmagergade „vor Schmutz und Unrat bald gar nicht mehr zu passieren“ gewesen sei. Plakate an Straßenecken und Straßenfegen führten zu nichts, und 1789 war es gegen Ende des Winters ganz schlimm: „Die Straßen waren so voller Seen wie Finnland und so reich an Morast wie Ungarn.“ Besser war es 1830 nicht, als der finnische Medizinprofessor Immanuel Ilmoni aus Helsinki notierte: „Die Straßen schlecht gepflastert“.

1841 kam der Asphalt, aber nur zur Befestigung der Bürgersteige, z. B. vor Prinz Ferdinands Palais in der Bredgade (jetzt „Baltica“). Abfall und Schmutz störten noch 1851, als man im Sommer die Rinnsteine durch Ausspülen zu reinigen versuchte, doch dies stank, war zu teuer und wurde schließlich aufgegeben.

Die erste Straßenasphaltierung geschah 1885 in der →Bredgade vor dem Obersten Gericht und der Fredericiagade vor dem Reichstagsgebäude.

Strøget (eigentlich: „der Strich), die wichtigste Verkehrsader für Fußgänger, existiert in voller Erstreckung von →*Kongens Nytorv* bis zum →*Rathausplatz* erst seit der Zeit nach dem →Stadtbrand von 1795.

Der langgestreckte →Amagertorv ist der älteste Teil, der alte Hauptknotenpunkt der Stadt, an dem sich die Verkehrslinien von den vier Stadttoren her trafen. Nach der Gründung der →Frederiksstad 1749 strebten immer Kopenhagener vom Amagertorv auf der Østergade nach Kongens Nytorv. Indem 1771 die Bürgersteige der Østergade mit Platten belegt wurden, verbesserte sich die Pflasterung der Straße beträchtlich, und die Damen begannen dort allmählich spazierenzugehen. Man behauptet, sie seien dem Beispiel der Königin Caroline Mathilde gefolgt.

Nach 1795 wurde die Østergade richtig vornehm, als ein wichtiger Konkurrent, die *Højbrostræde*, aus dem Stadtplan verschwand (Højbro Plads). Elegante Läden etablierten sich, und schon 1804 ist von pulsierendem Verkehr die Rede. 20 Jahre später konnte man mit den ersten Fensterauslagen in der Østergade prahlen, und dies führte wiederum zum Gebrauch größerer Schaufenster.

Eine große Neuerung war die Einführung der Droschken in Kopenhagen am 5. Mai 1828, und natürlich wurde der erste Halteplatz auf dem Amagertorv eingerichtet, während Kongens Nytorv erst einige Tage später einen bekam. Von 1840 an fuhren Omnibusse von Kongens Nytorv über Østergade, Amagertorv zum Vimmelskaft. Auf diesen Teil des künftigen „Strøget“ richteten sich alle Blicke, als 1844 eine Reklamepuppe ausgestellt wurde, die sich bewegen konnte. Das war im Haus Vimmelskaftet 38, wo die Modehändlerin Louise Rasmussen, die spätere Gräfin Danner, ihren Laden hatte.

In diesen Jahren wurde das Gedränge auf der Strecke von Kongens Nytorv zum →*Gammeltorv*, die jetzt den Namen „Routen“ (die Route) trug, immer stärker. Der Schriftsteller Carl Bernhard fühlte sich schon 1834 nach London versetzt, wo die Modeeinfälle der Dandies ebenso in der Luft lagen wie „paa Routen i København“. Jetzt bewegten sich hier Stutzer, Müßiggänger und Touristen. Die schwedische Schriftstellerin Frederika Bremer beklagte sich 1849 über das Treiben in der Østergade, und ein dänischer Provinzler meinte im selben Jahr, man komme dort kaum durch

Sollte in Kopenhagen eine Verlobung bekanntgegeben werden, so war die Østergade der rechte Ort, das Mädchen vorzustellen, natürlich erst zwischen 14 und 16 Uhr nachmittags. In einer Touristeninformation von 1872 wird betont, die Østergade sei nach wie vor „der belebteste ‚Strøg‘ auf der ‚Route‘“ und das →Hotel d'Angleterre „die scharfe Ecke“, die alle mit Respekt passierten. Hier taucht endlich das Wort „Strøg“ auf. Einige Jahre später kam es wieder vor in der Sommerrevue „Die Reise zum Mond“ und wiederum in einer Sommerrevue 1886. Die alte Bezeichnung „Routen“ begann in Vergessenheit zu geraten, und eine neue Generation von Kopenhagenern fand es praktisch, von „Strøget“ zu reden, der jetzt Østergade Amagertorv, Vimmelskaftet, Nygade und Frederiksberggade umfaßte.

Die Behörden mußten bald den Verkehr regeln, der nicht geringer geworden war. Die Polizeivorschrift vom 22. Juni 1883 ordnete an, daß die „Fahrt mit Velocipeds und ähnlichen Beförderungsmitteln nur auf der Fahrbahn und dem Reitweg, nicht aber auf dem Bürgersteig oder Gehweg“ zugelassen sei. Die größte Veränderung in der Geschichte des Straßenzugs brachte aber ein Beschluß der Kopenhagener Bürgervertretung, der ihn zur ersten Fußgängerstraße der Stadt machte. Eine Probeordnung wurde am 15. November 1962 eingeführt.

Struensee, Johan Friedrich, geboren 1737 in Halle, später Stadtphysicus in Altona, von wo er 1768 zum Reisearzt Christians VII. avancierte. Ein Jahr später nahm er als neuernannter Leibarzt des Königs Aufenthalt in Kopenhagen, und gleichzeitig erfolgte seine Ernennung zum Staatsrat. Als er bei dem kleinen Kronprinzen am 2. Mai 1770 eine erfolgreiche Pockenimpfung vornahm, wurde er bald zum Vorleser des Königs befördert und außerdem mit dem Titel eines Konferenzrats belohnt.

In den nächsten Wochen können wir Struensees politisches Spiel verfolgen. Der immer wohlorientierte Luxdorph notiert unter dem 7. Mai in seinem Tagebuch: „Der ganze Hof ist in einer Krise“. Drei Tage später kommt folgender Kommentar: „Berger wird Leibmedicus bei Struensee, der jetzt alles macht.“ Schlimmes kündigte sich an.

Ab September verstärkte Struensee seinen politischen Einfluß. Auf seine Initiative wurde am 14. September die uneingeschränkte Pressefreiheit eingeführt, und am Tage darauf wurde sein stärkster Widersacher entlassen, J. H. E. Bernstorff, bisher der erste Mann im Staatsrat. Die Pressefreiheit wurde von gewissen Kreisen wohl mit Jubel begrüßt, doch paradoxerweise führte sie auch zu einer Reihe von Schmähschriften gegen ihren Urheber, nämlich Struensee. Was half es, daß der französische Philosoph Voltaire Christian VII. mit einem Gedicht zu diesem Fortschritt gratulierte.

In den ersten Monaten des Jahres 1771 machte die Geisteskrankheit des Königs ernsthafte Fortschritte, während Struensee fieberhaft an seinem großen Reformprogramm arbeitete. Allmählich diente der König nur noch als Unterschriftenautomat. Mitte Juli ließ Struensee sich vom König zum geheimen Kabinettsminister mit nahezu souveränen Befugnissen ernennen.

Von den vielen Reformen sei die Verordnung erwähnt, wonach auch bei verschuldeten Adeligen gepfändet werden durfte. War das auch ein Versuch, ein größeres Maß an Gleichheit einzuführen, so gewann Struensee dadurch nur neue und noch stärkere Feinde, vor allem den verschuldeten S. C. Rantzau, der ihm ursprünglich den Weg zum Hofe geebnet hatte. Daß Struensee auch den Luxus am Hof einschränkte, verstärkte nur den Widerstand gegen seine Reformen.

Populärer wurde Struensee sicher dadurch, daß er →Kongens Have ‚den königlichen Garten bei Schloß Rosenborg‘ dem Publikum öffnete und ihn zugleich in einen Vergnügungspark mit Konzerten verwandelte. Er sorgte auch für den Abbruch des kostspieligen Baus der →Marmorkirche, was dazu führte, daß der französische Architekt Jardin Dänemark verlassen mußte. Der Dichter Johannes →Ewald jedoch machte sich in seiner Komödie „Harlekin Patriot“ über den Projekteifer der Reformzeit lustig. Einmal heißt es darin: „All unser Schaden ist deutsch.“

Am 22. Juli 1771 schrieb Luxdorph in sein Tagebuch die lakonische Mitteilung: „Struensee und Brandt werden Grafen.“ Den Sommer verbrachte man im übrigen in dem schönen Schloß Hirschholm, wo der junge italienische Musiker und Komponist Giuseppe Sarti den Hof mit seiner Kunst zerstreute. Er hatte eine Truppe hervorragender italienischer Sänger und Sängerinnen bei sich. Primadonna war Terese Torre, hoch verehrt vom Kopenhagener Publikum. Man trat auf einer Miniaturbühne auf, die von Christiansborg dorthin geschickt worden war.

Das Verhältnis zwischen Struensee und dem Kopenhagener Magistrat hatte sich einige Monate zuvor verschärft, als die 32 Männer (s. S. 11) durch ein Plakat davon unterrichtet wurden, daß sie durch einen neuen Magistrat ersetzt waren. Am selben Tag bekamen die Bürgermeister und Ratsherren einen Brief mit 17 Fragen, die ihre Amtsführung betrafen und die binnen 14 Tagen

Die zerteilten Leichen Brandts und Struensees, gerädert. Die Bürgerschaft konnte ihre Neugierde befriedigen. Karten- und Bildersammlung der Kgl. Bibliothek.

beantwortet werden sollten. Das erzeugte natürlich viel Zorn.

Ein Komplott gegen Struensee und Brandt nahm Form an, und als Anlaß verwandte man Struensees amouröses Verhältnis zur Königin, der lebenslustigen Caroline Mathilde von England, die erst 20 Jahre alt war. „Des Königs Ehebett muß rein und unbeschmutzt sein" hieß es später beim Prozeß. Zu den Verschwörern gehörten die Stiefmutter des Königs, Königinwitwe Juliane Marie, General und Reichsgraf S. C. Rantzau, General Eichstedt, Oberst van Köller vom Falsterschen Regiment und Magnus Bering von Beringskjold, eine Person mit ziemlich zweifelhafter Vergangenheit.

Der Coup fand am Morgen des 17. Januar 1772 statt, nachdem ein wohlgelungener Maskenball im Hoftheater von Schloß Christiansborg zu Ende gegangen war. Die Festteilnehmer, die als Dominos erschienen waren, „tanzten ruhig in aller Freude", wie einer der anwesenden Militärs schrieb. Einige Stunden später wurden Struensee und seine „Partei" festgenommen, während die Königin nach Schloß Kronborg gefahren wurde. Alles geschah mit größter Eile. Luxdorph schrieb bestürzt: „Große Revolution, Gott gebe zum Besten . . . Rantzau und Beringskjold begannen das Werk früh am Morgen, aber mit Zustimmung von Dr. Julianæ und Prinz Friedrich. Das Volk raste vor Freude."

Der Prozeß kam, ein außerordentlich delikates Anliegen für die neue Regierung, da der englische König der Bruder der Königin Caroline Mathilde war. Eines war, daß Struensee eine ruchlose Regierung geführt hatte, ein anderes war sein Verhältnis zur Königin. Die Richter konnten erschüttert schreiben, das Bettzeug der Königin sei bedeckt gewesen „mit solchen Flecken, wie sie die Zeugen und die Frauenzimmer gar nicht beschreiben wollten".

Der Königin war nicht zu helfen, obwohl England drohte, ihre Schonung zu erzwingen. Ihre Ehe mit Christian VII. wurde aufgelöst, und sie beendete ihre Tage im hannoverschen Celle. Es folgte die Hinrichtung Struensees und Brandts, „und der königliche Hof kam Gott sei Dank wieder zur Ruhe", wie es der Apotheker Claus Sedenius in Nykøbing Falster ausdrückte.

In Wahrheit waren aber sowohl die dänische Gesellschaft wie das Ausland über diese Vorgänge erschüttert. Benedicte Arnesen-Kall schreibt in ihren „Lebenserinnerungen 1813–1857", der 17. Januar habe als unglücklichster Tag des Jahres gegolten. „Wurde ein Kind an diesem Tage geboren, so verschob man die Geburtsangabe etwas, um so den 16. oder 18. Januar als Geburtsdatum zu bekommen. All die kleinen Caroline-Mathilden, die nach der unglücklichen jungen Königin genannt worden waren, wurden umbenannt. Man wollte keine Erinnerung an sie haben." In einer Note erwähnt die Autorin weiter, das Geburtsdatum der Prinzessin Vilhelmine Marie von Glücksburg sei vom 17. Januar 1808, „einem Tag, dessen Erwähnung ihr Vater Friedrich VI. nicht ertragen konnte", auf den 18. Januar verlegt worden.

Eine andere Autorin, Frederike Bruun, schrieb in ihren Jugenderinnerungen, ihr Vater habe bei Struensee gedient und habe ihm sehr nahe gestanden. Struensee habe ihrem Vater versprochen, er wolle „sich ihm im ersten Vierteljahr nach seinem Tode zeigen, falls es Geistern vergönnt sein sollte, die Schranken zur sichtbaren Welt zu durchbrechen – zum unbeschreiblichen Schrekken meiner Mutter“. Sie erinnert sich weiter, wie eine Tabaksdose aus Blech, die Struensee im Gefängnis benutzt hatte, in den Besitz des Vaters gekommen sei und im Schlaf immer an seiner Seite stand. Aber ihre Mutter „fürchtete immer, die abgehauene Hand daneben zu sehen“.

War dies ein Ausdruck von Hysterie? Vielleicht. Dagegen wirkt eine Würdigung der Ereignisse lähmend, die kurz darauf in Gentleman's Magazine in London herauskam: „The late revolution in Denmark, my Lord, will produce, in all human probability, an entire alteration in the whole system of Europe.“ Selten war ein Journalist so prophetisch. Der Staatsstreich in Dänemark vom 17. Januar 1772 wurde überschattet von der Französischen Revolution 1789.

Strumpfwirker kamen im 17. Jahrhundert nach Kopenhagen. 1680 bekam ein Mann namens Friderich Boye die Genehmigung, sich niederzulassen und „Kamisole oder Nachtjacken, Strümpfe und andere Arbeit“ herzustellen. Gegen Zahlung des üblichen Zolls durfte Boye auch Wolle und Seide zu diesem Zweck einführen. Die Kopenhagener Wollwarenhändler bekamen acht Jahre später ihre Satzung, und daraus geht hervor, daß es noch keine Strumpffabriken in Dänemark gab.

Erst 1736 läßt sich dokumentieren, daß eine Strumpffabrik in der Hauptstadt gegründet wurde. Der Justizrat Kaj Friederich Schnell hatte im Jahr zuvor in Amsterdam einen vorläufigen Vertrag mit dem Strumpffabrikanten Johann Simeon Juvalta abgeschlossen, wonach Juvalta nach Kopenhagen ziehen und dort eine Fabrik gründen sollte.

Am 7. September 1736 bewilligte das Kommercekollegium das Privileg, das für Juvalta und seine Erben 16 Jahre lang gelten sollte. Die von der Dänischen Ostasiatischen Kompanie importierte Seite mußte verwendet werden, während die übrigen Rohwaren direkt aus dem Ausland beschafft werden konnten.

1736 war auch das Jahr, in dem ein anderer Strumpffabrikant, der Franzose David Perrin, sich in Kopenhagen oder Fredericia niederlassen durfte. Aber keine von den Fabriken hatte es leicht. Große Probleme entstanden, als →Christian VI. 1746 starb, denn niemand durfte während der Trauerzeit Seidenstrümpfe tragen. 2000 Paar wurden zunächst in Juvaltas Fabrik, die inzwischen von seiner Witwe übernommen worden war, auf Lager gelegt, und man ersuchte auf verschiedene Weise den Staat um Hilfe. Ob es eine solche Hilfe gab, ist nicht bekannt, aber Juvaltas Fabrik überstand wenigstens die Krise.

1751 wurde eine Zunftsatzung für die Kopenhagener Wollstrumpffabrikanten aufgestellt. Die Fabrikanten Jürgen Adolph Iborg, Joh. Diedr. Lange und Christian Robertsen hielten die dänische Wolle für so gut, daß sie eine professionelle Behandlung verdiene. In der Satzung wurde auch festgelegt, daß zwei „Schaumeister“ monatlich einmal die Arbeit eines jeden Meisters kontrollieren sollten. Wurde ein Paar Strümpfe als zu schlecht erachtet, so war eine Buße von zwei Reichstalern für die Zunftkasse fällig. Als das Kommercekollegium 1775 die Lage der Strumpfwirkerzunft untersuchen ließ, zeigte sich, daß sie nur sieben Meister zählte. Sie unterhielten 14 Webstühle, aber 10 standen unbenutzt. Dagegen gab es 19 priviligierte Fabrikanten außerhalb der Zunft, die zusammen 73 Stühle arbeiten ließen.

In den 1770er Jahren klagten die meisten Meister darüber, daß die Arbeitslöhne zu hoch seien. Auch gab es Probleme mit dem Nachwuchs an Spinnern. Zu dieser Zeit lag die Produktion bei 6–10 Paar Wollstrümpfen oder 3–4 Paar Seidenstrümpfen pro Woche für einen einzelnen Gesellen. Am besten von allen Unternehmen ging Wesselys & Warburgs Fabrik, die 1752 entstanden war. Sie verfügte 23 Jahre später über einen Meister, 27 Gesellen, 32 Spinner und 20 Winder. In dem Betrieb fand auch das Färben, Bleichen und Pressen statt. Im 19. Jahrhundert, als die Familie Warburg die Fabrik alleine betrieb, gab es mehrere Aufschwungphasen, und die Fabrik schloß erst 1902. Strumpfwirker als besondere Berufsgruppe gab es nur bis 1890, danach nannten sie sich Fabrikanten.

Suhrs Friboliger (Suhrs Freiwohnungen) in der Valdemarsgade 5–9 repräsentieren den Geschmack des späten 19. Jahrhunderts an den historischen Baustilen. Die zweigeschossigen Häuser in gelbem Backstein wurden 1876/77 auf Initiative des Staatsrats Ole Bernt Suhr gebaut. Er war ein Kaufmann aus Nyborg, legte eine Kokerei auf Christiansholm an und war an der Gründung der Privatbank 1857 beteiligt. Er saß auch im Vorstand der dänischen Zuckerfabriken und interessierte sich für den Kryolithabbau in Grönland.

In seinem Testament war ein Teil seines Vermögens zur Errichtung der Freiwohnungen am Valdemarsvej bestimmt, und zwar zugunsten bedürftiger Großhändler und ihrer Witwen. Als Architekt wurde P. L. Fenger gewählt, und das Projekt sah 14 Wohnungen vor. Es gab auch Mittel für eine kleine Gartenanlage, wo eine Merkurstatue als Gruß von dem alten Stifter aufgestellt wurde.

Svanemøllen (die Schwanenmühle), die den Namen für eine Eisenbahnstation und eine Villenstraße nahe der Østerbrogade geliefert hat, war in alten Zeiten eines der Wahrzeichen der Stadt, schon vom Øresund aus sichtbar. Bei *Bagerens Mølle* (Bäckermühle, anderer Name für Schwanenmühle) bauten die Engländer vor der Belagerung Kopenhagens eine feste Batterie mit vier Kanonen – Vierundzwanzigpfündern –, um ihre dortige Position zu sichern. Ein Ausfall der Kopenhagener am 20. August 1807 in Richtung auf die Batterie mißglückte.

Nach dem Krieg war die Mühle wieder ein wichtiger Betrieb, und ein Geselle bekam 1840 zehn Reichstaler monatlich. Das Oberteil der Schwanenmühle einschließlich der Flügel brannte 1892 ab, während das Unterteil, als Restaurant eingerichtet und wegen der nahegelegenen Pionierkaserne gut besucht, bis 1944 existierte. Da das Restaurant während der Besetzung hauptsächlich von deutschen Soldaten aufgesucht wurde, sprengten Saboteure es in die Luft.

Synagoge. Die Synagoge in der Krystalgade 12 tritt heute nach Häuserabrissen im Viertel stärker im Stadtbild hervor. Die jüdische Gemeinde erwarb im Jahre 1800 das Grundstück in der →Krystalgade, der damaligen Skidenstræde, und wollte dort eine Synagoge als Ersatz für die alte Synagoge in der →Læderstræde errichten, die beim →Stadtbrand 1795 verlorengegangen war. 1804 bekam der Stadtbaumeister Peter Meyn den Auftrag, den neuen Bau zu projektieren, aber sein Vorschlag wurde nicht verwirklicht. Man wählte

Die Synagoge in der Krastalgade im Längsschnitt. Hetsch, der die Zeichnung 1830 anfertigte, sah eine klassische Basilika mit säulengeteiltem Raum und Kassettendecke vor. Die Galerie in der Oberetage ist für die Frauen bestimmt. Antiquarisch-topographisches Archiv des Nationalmuseums.

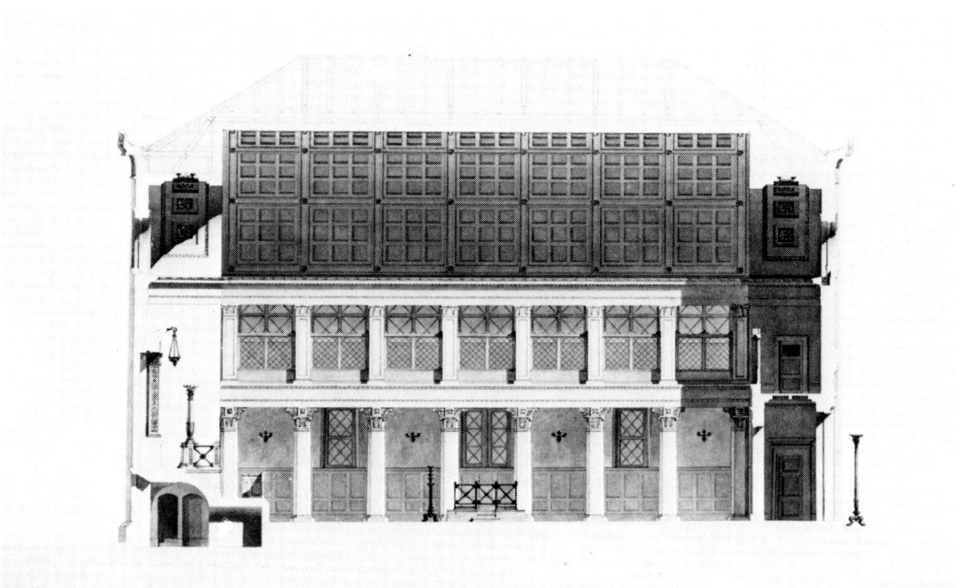

statt seiner den bekannten G. F. Hetsch, Professor an der Kunstakademie, der 1830–1833 die Synagoge errichtete. Hetsch schuf eine Basilika von nahezu quadratischem Grundriß, und für die Ornamentik wählte er eine der Modelaunen der Zeit, den ägyptisierenden Stil, der an den schrägen Fenstern hervortritt.

Das Innere hat monumentalen Charakter und wird durch zwei Reihen achtkantiger Säulen bestimmt, die in zwei Etagen die drei Schiffe voneinander trennen. Die Emporen sowie der Balkon an der Westwand sind den Frauen vorbehalten, während für die Männer der untere Teil bestimmt ist. Oben sieht man eine Kassettendecke, nach Hetschs Anweisung flach geformt, obwohl die Gemeinde sich ursprünglich ein Tonnengewölbe gedacht hatte. Treppen führen an der Ostwand zur Kanzel hinauf, und dahinter erkennt man den eingebauten „heiligen Schrank", in dem die Thorarollen aufbewahrt werden. Der „Bimah", ein altarähnlicher Tisch, befindet sich auf einer Estrade. Er ist das Zentrum des Gottesdienstes, und hier hat der Kantor (Vorsänger) seinen Platz.

Am 12. April 1833 wurde in der Berlingske Tidende angekündigt, am Vormittag werde „die neue Synagoge der mosaischen Glaubensgemeinde durch ihren gelehrten und würdigen Priester, Herrn Dr. Wolff", eingeweiht. Der erwähnte Priester war der berühmte Oberrabbiner Abraham Alexander Wolff, der wenige Jahre zuvor zur Leitung der Gemeinde aus Darmstadt geholt worden war. Durch seine große Energie gelang es, das Geld für den Neubau zu beschaffen, und er wirkte als Oberrabbiner in Kopenhagen bis zu seinem Tod 1891. Einer war aber mit der Synagoge nicht zufrieden: Hetsch bedauerte zehn Jahre später, eine falsch verstandene Ökonomie sei beim Bau das leitende Prinzip gewesen.

In dem Kopenhagener Magazin „Nutiden" (Die Gegenwart) gab Eli Frère 1881 ein Bild davon, wie sich die Synagoge damals ausnahm: „Obwohl ich nichts von Architektur verstehe, war mir doch schnell klar, daß dies orientalischer Stil war; es war weder der Rund- noch der Spitzbogenstil! . . . Ich bemerkte die Menge der Kronleuchter und die vielen Gasbrenner, die am Rande der Stühle befestigt waren."

Bei einem Umbau 1885 unter Leitung der Architekten F. L. Levy und Ove Petersen wurde ein Tor- und Treppenhaus im Westen angefügt. Über dem Eingang sieht man eine Vertiefung mit einer hebräischen Inschrift.

T

Teglgårdsstræde. An der Stelle der jetzigen Straße wurde um 1530 ein Ziegelhof (Teglgård) angelegt, der dritte der Stadt. Zum Betrieb gehörten große Lehmgruben. Die zunehmende Bautätigkeit im 17. Jahrhundert machte eine Verlegung auf die Felder außerhalb der Wälle notwendig.

Die jetzigen Häuser stammen fast alle aus dem Klassizismus, der Zeit zwischen 1796 und 1810, doch wurde das Haus *Teglgårdsstræde 14* schon um 1740 gebaut. Zu den Bauherren zählten u. a. ein Kleinkrämer, ein Branntweinbrenner, ein Kolonialwarenhändler, ein Teehändler und ein Fuhrmann.

Telefonhäuschen (Telefonkiosker), ein festes Inventar im älteren Kopenhagener Stadtbild, wurden auf Initiative der Aktiengesellschaft *Københavns Telefonkiosker* aufgestellt, nachdem ihr am 3. September 1895 die Konzession erteilt worden war. Zu dieser Zeit gab es in der Hauptstadt etwa 4000 Telefonabonnenten. Im Jahr darauf waren die ersten zehn Häuschen in verkehrsreichen Gegenden aufgestellt. Die Serie wurde von dem Architekten Fritz Koch entworfen, der auch das Telefongebäude in der Nørregade errichtete. Die sechseckigen, neun Meter hohen Häuschen, in einer Art Jugendstil ausgeschmückt, waren mit Kupferdächern und ganz oben mit Laternen und Uhren versehen. 1906 war die Zahl der festlichen Straßentempel erst auf 11 angestiegen.

Ein restauriertes Exemplar von der Sølvgade wurde jetzt in der Museumsstraße (Absalonsgade) wieder aufgestellt. Darauf sind interessante Reklameplakate aus der Zeit der Jahrhundertwende – in moderner Technik wieder hergestellt – angebracht. Die ursprünglichen Plakate stammen von bekannten Künstlern wie Thorvald Bindesbøll, Axel Nygaard und Joakim Skovgaard. Auch Tivoli hat alte Telefonhäuschen vom Enghave Plads und vom →Gammel Torv erworben. Das jetzige Telefonhäuschen auf dem Gammel Torv wurde 1913 erstellt. Auch am Nørrevold ist ein Exemplar erhalten.

Theatermuseum. Das Museum, 1912 von der *Gesellschaft für dänische Theatergeschichte* gestiftet, wurde am 1. Mai desselben Jahres eröffnet. 1922 wurden die Sammlungen in das alte Hoftheater auf Slotsholmen (Christiansborg Ridebane 18) verlegt. Der französische Architekt N. H. Jardin hatte das Hoftheater 1766 eingerichtet. Im folgenden Jahr trat Christian VII. selbst dort als Sultan Orosmane in Voltaires Tragödie „Zaire" auf. Das Theater war im übrigen so eingerichtet, daß es leicht zum Ballsaal werden konnte. In dieser Funktion war es der Rahmen eines „Bal-Masque paré en domino", der am Abend des 16. Januar 1772 stattfand. Leute von höherem Rang nahmen teil und traten als „Domino" auf, d. h. in einem schwarzen Umhang mit Kaputze. Die Tanzenden trugen auch Masken, die ihre Identität verschleiern sollte. Als →Struensee und Königin Caroline Mathilde das Fest verließen, ahnten sie nicht, daß ein Staatsstreich am nächsten Morgen ihr Glück beenden würde.

1842 modernisierte Jørgen Hansen Koch das Theater, dessen Zuschauerplätze seitdem unverändert blieben. Die Sammlung des Museums decken die Geschichte des dänischen Theaters seit →Holberg ab.

„Thors Halle" ist längst nur noch ein Name. An der Stelle, wo heute das Vergnügungslokal „Valencia" in der Vesterbrogade 32 liegt, begann 1861 ein ungewöhnliches Unternehmen, das sogar von Friedrich VII. selbst eingeweiht wurde. Der Beiname *Folkekær* (Volksliebling) paßt in diesem Zusammenhang gut auf den König, denn er eröffnete die erste Bierhalle der Stadt und gab ihr den Namen. Ursprünglich war vor dem Gebäude ein kiesbedeckter Platz, wo das Publikum im Sommer an kleinen Tischen sein Bier einnehmen konnte. Wollte man hinein, so führte eine doppelläufige Treppe hinauf ins Erdgeschoß der Bierhalle und in einen Saal, desen Decke von Eisensäulen getragen wurde.

Hinter der Errichtung von „Thors Halle" stand der Großhändler Isaac Wulff Heymann, der 1853 die Brauerei „Svanholm" am Gammel Kongevej gegründet hatte. Das Lokal hatte die deutschen Bierhallen zum Vorbild, wo bayerisches Bier ausgeschenkt wurde. Da der Zustrom des Publikums trotz Bierausschank mäßig war, versuchte man, zusätzlich Kartoffelmus zu servieren. Als auch das nichts half, organisierte man Varietévorführungen. Trotz französischer und ungarischer Sängerinnen stellte sich kein Erfolg ein, und Heymann mußte sein Geschäft 1863 veräußern. Das Lokal wurde darauf zum Tanzsalon „Figaro" umgebaut und ist später als „Palais de Dance" bekanntgeworden.

Thorvaldsens Museum wurde vom Meister selbst gegründet, denn Bertel Thorvaldsen schenkte 1837 all seine Werke und großen Kunstsammlungen einem Museum, das in Kopenhagen liegen sollte. Von denen, die ihn zu diesem Plan ermuntert hatten, spielten Prinz Christian Friedrich und Ionas Collin eine Hauptrolle. Thorvaldsen gab außerdem sein Vermögen für die Errichtung des Museums und wurde darin wesentlich von dem Dichter Ludvig Bødtcher angespornt. Gleichzeitig spendete →Friedrich VI. das Baugrundstück. Dort lag vorher der königliche Wagenhof. Eine landesweite Sammlung sowie ein Zuschuß der Stadt sorgten für den Rest der Mittel.

Der Architekt M. G. Bindesbøll, der die Bauarbeiten leiten sollte, machte 1839–1848 aus dem alten Wagenhof, einer vierflügeligen Anlage, ein fein proportioniertes Museumsgebäude im ägyptischen Stil. Der alte Bau hatte einen rechteckigen Hof enthalten, vor dessen südlicher Schmalseite Bindesbøll die große Vorhalle anordnete, deren Außenmauer als Hauptfassade dient. Über der Fassade, die von fünf hohen, schrägen Portalen aufgeteilt wird, erhebt sich eine Bronzeskulptur. Sie stammt von H. V. Bissen nach Thorvaldsens Entwurf und stellt die Siegesgöttin Victoria mit wehenden Schwingen hinter einer Quadriga dar.

„Auch Sonnes Figurenfries für Thorvaldsens Museum war Bindesbølls Idee", schrieb der Architekt Vilhelm Klein, der für Bindesbøll gearbeitet hatte. Der Fries wurde nach J. V. Sonnes Kartons in farbigem Zementputz ausgeführt, aber 1952–1959 unter Leitung von Axel Salto erneuert. Auf der Kanalseite sieht man die Heimkehr des berühmten Bildhauers aus Paris 1838. Sie geschah mit der Fregatte „Rota". An der Seite zur Schloßkirche hin ist dargestellt, wie Thorvaldsens Werke ausgeladen werden, während die Seite zum Schloßhof ihre Überführung ins Museum zeigt.

Im Hof des Museums ist Thorvaldsens Grab, dessen Deckplatte allein sich über die Erde erhebt. Nach dem Kunsthistoriker Julius Lange war einer der letzten Klassizisten, der Architekt Theophilus Hansen, mit dieser Anordnung sehr unzufrieden. Er meinte, dort müsse ein Marmorsarkophag mit Skulpturen stehen; der Hof solle mit einem Glasdach überdeckt sein, damit Thorvaldsens große Reiterfiguren dort um das Grabmal herum aufgestellt werden könnten. Ein „Weltausstellungsgedanke", wie Lange es ausdrückte.

Thorvaldsen-Museum und Schloßkirche aus: Edvard Erslev, Der dänische Staat, 1855–1857.

Was die Ausschmückung der Hoffassade betrifft, so stammen die Pflanzenmotive zwischen den Toren von H. C. From, die dahineilenden Genien von Joh. Scholl. Ebenso reich ist die Ausschmückung der großen wie kleinen Ausstellungsräume. Die imponierende Vorhalle hat eine Stuckdecke, und der Boden ist hier wie in den sonstigen Räumen mit Mosaik- und Terrazzomustern bedeckt. Viele Decken sind in pompejanischem Stil gehalten. Die antike Stimmung war von Beginn an vorhanden, und das Museum beeindruckte alle Schichten der Gesellschaft, auch den Provinzler, der bei einem Besuch 1856 sagte: „Wir standen vor dem in der ganzen gebildeten Welt berühmten, unvergleichlichen Museum Thorvaldsens . . . Ich bin kein Kunstkenner, und ich weiß wohl, daß nur wenige es sind."

Thotts Palais, Kongens Nytorv 4, wo die französische Botschaft beherbergt ist, wurde in den 1680er Jahren für den Seehelden Niels Juel gebaut. Der Admiral vom Holm besaß seit alter Zeit ein Grundstück mit Garten an der Ecke Kongens Nytorv/Bredgade, und von 1660 an erweiterte er das Areal mit einem ehrgeizigen Bauvorhaben vor Augen. Der Schonische Krieg 1675–1679 kam ihm aber in die Quere, und erst 1683 konnte Niels Juel bauen. Zur Verbilligung der Bauarbeiten erreichte Juel einen Grundsteuerlaß für zehn Jahre und Zollfreiheit für die Einfuhr der nötigen Materialien.

Das Palais, ein pilastergeschmückter Winkelbau mit der Hauptfassade zum Platz hin, war 1686 fertig. Der Stil zeigte einen holländischen Palladianismus, einen „Barockklassizismus" mit toskanischen Pilastern in großer Ordnung – d. h. sich über beide Stockwerke erstreckend –, wie er an der Fassade zur Bredgade noch sichtbar ist. Der Architekt gehört vermutlich zu dem Kreis um den Generalbaumeister Christians V., Lambert van Haven, der die →Erlöserkirche baute. Als Christian Gyldenløve, der Stammvater des Geschlechts Danneskiold-Samsøe, das Anwesen kaufte, fügte er den nördlichen Seitenflügel 1699–1703 zu und erreichte so eine symmetrische Anlage, ganz im Geiste des Barock. In Gyldenløves Flügel sind noch prachtvolle Räume erhalten, die mit Stuck, Pilastern, Sandsteinkaminen und Paneelen ausgestattet und mit spielenden Putten und Blumengirlanden dekoriert sind. Zum Palais gehörte natürlich auch ein Lustgarten.

Als der steinreiche Graf Otto Thott in den 1760er Jahren den Ort übernahm, änderte sich der Geschmack radikal. Die neue Mode wurde von dem Franzosen N. H. Jardin verwirklicht. Die Pilaster der Hauptfassade bekamen korinthische Kapitelle und elegante Festons (Girlanden) zwischen den beiden Etagen. Als Ersatz für den alten Quergiebel wurde ein niedriger Frontispiz mit Relief aufgesetzt. Außerdem fügte man als Abschluß auf der Fassade eine Balustrade hinzu, die von Figuren, Vasen und einer imponierenden Wappenkartusche in der Mitte bekrönt wurde. Jardin baute auch den gekrümmten Flügel als Ersatz für die Mauer, die früher den Hof gegen den Garten abgrenzte.

Eine Zeitlang, seit 1910, war ein Teil des Palais von verschiedenen Gesandtschaften bewohnt. 1930 wurde der ganze Gebäudekomplex an die französische Botschaft verkauft.

Tivoli wurde von dem Journalisten Georg Carstensen gegründet, der 1843 ein Stück des damaligen Festungsgebiets zu diesem Zweck übertragen bekam. Die Gründung hatte ein interessantes Vorspiel. 1841 bekam Christian VIII. einen Antrag zur Genehmigung eines Vergnügungszentrums in unmittelbarer Nähe der Hauptstadt. Als Argument wurde auf ähnliche Vergnügungsgärten anderer Hauptstädte verwiesen, die geeignet seien, „der Menge passende Zerstreuung zu verschaffen und zugleich alles Unedle und Entwürdigende fernzuhalten". Das geplante Kopenhagener Vergnügungszentrum sollte unter dem Namen „Tivoli" das Publikum mit Pantomimen, Rutschbahnen, Billard, Kegelbahnen unterhalten; auch Luftballons sollten aufsteigen und Feuerwerk inszeniert werden.

Das Gesuch war nicht von Georg Carstensen unterzeichnet, sondern von dem Papierhändler Meyer Hermann Bing und dem Drechsler Lauritz Termannsen Nygaard. Es verlief sich schnell in der Bürokratie, während Carstensen in der Zwischenzeit (15. Juli) in →Kongens Have ein Fest à la Vauxhall und ein Konzert arrangierte, sehr nach dem Geschmack der Kopenhagener. Als der Bing-Nygaardsche Tivoli-Plan in der Presse diskutiert wurde, stellte auch Carstensen einen Antrag auf Genehmigung eines ähnlichen Vergnügungsetablissements. Er verwies u. a. auf seine Erfahrungen aus vielen Auslandsreisen und schlug beispielsweise eine niedrig brennende Feuerwerksstraße, russische Eisbahnen und Konditorpavillons vor.

Thotts Palais, jetzt französische Botschaft, aufgenommen 1909 von Hude. Antiquarisch-topographisches Archiv des Nationalmuseums.

Am 7. April 1842 siegte Carstensens Projekt, und es wurde ein großer Erfolg. Als der Vergnügungspark am 15. August 1843 eröffnet wurde, stand er selbst am Eingang, um jeden Gast willkommen zu heißen. Er brachte es an diesem Tag auf 3615 Händedrücke. Hatte man den Eintrittspreis von einer Mark entrichtet, so passierte man ein Gittertor. Während in der fast ländlichen Umgebung Kühe grasten, gab es im Park illuminierte Gebäude und einen Konzertsaal in türkichem Stil.

Die Kopenhagener Presse war nicht sonderlich begeistert, und die Blätter „Corsaren" und „Fædrelandet" brachten verärgerte Äußerungen, die Carstensens Erfolg ignorierten. Er selbst hatte Schwierigkeiten bei der Zusammenarbeit mit der Parkverwaltung, und es kam daher nach nur anderthalb Jahren zum Bruch. Der rastlose Carstensen warf sich darauf auf ein neues Projekt, ein Wintertivoli in der →Amaliegade. Später zog er nach Amerika, wo er zusammen mit einem deutschen Architekten 1853 für eine New Yorker Ausstellung einen „crystal palace" baute. Leider brannte das Gebäude ab, so daß er noch einmal neue Wege suchen mußte. Nach Kopenhagen zurückgekehrt, begann er die Errichtung des Vergnügungsparks „Alhambra" in Frederiksberg, bevor der Tod ihn einholte.

Aber sein erstes Tivoli war und blieb erfolgreich. H. C. Lumbyes Musik wurde eine der größten Attraktionen; er war 29 Jahre lang Dirigent im Konzertsaal von Tivoli und wegen seines rundlichen, jovialen Äußeren beliebt.

Zu den ungewöhnlicheren Ereignissen in der Geschichte von Tivoli gehört der große Ärztekongreß im August 1884, dessen eher festliche Arrangements nach Tivoli verlegt wurden. Der gefeierte Louis Pasteur, der auf dem Kongreß über seine Experimente mit der Tollwut berichten wollte, kam per Schiff in den Park. Als die letzten Kanalreste der alten Wallanlagen bald darauf aufgefüllt wurden, war dies Erlebnis keiner Berühmtheit mehr bei ihrem Besuch in Kopenhagen vergönnt.

Tornebuskegade. Die Straße im Rosenborg-Quartier trägt ihren Namen vermutlich nach dem wüsten, zugewachsenen Gebiet, in dem sie angelegt wurde. Die Einwohnerliste von der Kopenhagener Belagerung 1659 erwähnt nur eine Mannsperson in der *Thoren Burske Gade,* einen Christen Nielsen. Beim →Stadtbrand von 1728 hörte das Feuer mitten in der Straße auf.

Trinitatiskirche (Dreifaltigkeitskirche). Die Kirche an der Ecke Landemærket und Købmagergade wurde am 7. Juli 1637 begonnen. Am 1. Juni 1656, Sonntag Trinitatis, wurde das Gebäude vom Bischof von Seeland, Hans Svane, in Anwesenheit Friedrichs III. feierlich eingeweiht. Der Hofpastor Hans Dideriksen Bartsker predigte auf dänisch, während Professor Thomas Bang eine lateinische Oration lieferte.

Der Bau hatte von Anfang an drei Funktionen: er sollte als Universitätsbibliothek, als Studentenkirche und – zusammen mit dem →Runden Turm – als Observatorium dienen. So umfaßte die ursprüngliche Gemeinde Professoren und Studenten, wobei erstere ihre Stühle im Chor hatten, während die Studenten mit den sieben obersten Reihen auf der Männerseite bedacht wurden. Diese Tradition hielt sich bis zum Beginn des 19. Jahrhunderts. Außerdem konnten die Theologiestudenten ihre Examenspredigten in der Kirche halten. Über eine solche notierte Luxdorph am 1. April 1774: „Habe in der Runde-Kirke Stud. Jacobsen gehört. Mäßig und nachlässig. Las nicht einmal die Leidensgeschichte richtig vor." Die Bezeichnung „Runde-Kirke" war übrigens allgemein üblich, obwohl die Kirche schon in der Bauabrechnung aus den 1650er Jahren „Hellig Trefoldighedtz Kirche" heißt. So erzählte ein Jüte um 1850, er habe „die alte Runde Kirche" gesehen. Was die Eigentumsverhältnisse betrifft, so hatte die Universität von 1658 bis 1868 das Patronat über die Kirche. Es ging danach auf den Magistrat der Stadt über.

Der Bauplan ist von der nordischen Gotik des 15. Jahrhunderts inspiriert: ein dreischiffiges Langhaus mit dreiseitiger Apsis, Strebepfeilern und spitzbogigen Fenstern. In dem weißgekalkten Kirchenraum tragen 14 gemauerte, achtkantige Pfeiler sternenförmige Rippengewölbe, wobei jedes Joch des Mittelschiffs sein besonderes Rippenmuster mit Stuckornamenten und einer Rosette in der Mitte hat. Im sechsten Joch von Osten ist das Muster durch ein großes, gemaltes und vergoldetes Reichswappen ersetzt. Die Bauarbeiten wurden von 1643 an vom obersten Baumeister Christians IV., Leonhard Blasius, geleitet. Nach seinem Tod 1644 übernahm Albertus Mathiesen die Leitung.

Das Feuer von 1728 beschädigte die Kirche stark, doch konnte sie am 7. Oktober 1731 wieder eingeweiht werden. Beim Bombardement von 1807 wurde sie verschont, und die Kirche wurde danach eine Reihe von Jahren für die großen

Festlichkeiten der Universität benutzt, während die →Frauenkirche erneuert wurde. Bei der Feier des 300jährigen Reformationsjubiläums 1817 „drehte" man die Kirche, indem man die Nordseite zur Hauptfassade machte, deren Portale man umbauen ließ. Mehrere Restaurierungen und kleinere Veränderungen fanden seitdem statt. 1834/35 wurde der Bau gründlich instand gesetzt, und zugleich wurden nach Entwurf von G. F. Hetsch zwei Beichtstühle in den Seitengängen des Chores unter der damaligen großen Musikempore aufgestellt. Außerdem erneuerte man teilweise die vergoldeten Blechsterne der Gewölbe, die vermutlich 1730 angebracht worden waren. 1869–1871 nahm der Stadtbaumeister N. S. Nebelong eine neue Restaurierung vor, die hauptsächlich das Äußere umfaßte und bei der die beiden westlichen Portale an das westliche Joch des Schiffs versetzt wurden. Zugleich wurde der Kirchenraum nach den Vorschlägen des Malers Heinrich Hansen in strahlenden Farben ausgemalt, aber diese lebhafte Ausschmükkung wurde 1909 wieder entfernt.

Das schönste *Ausstattungsstück* ist der *Altar*, den der Hofbildhauer Friederich Ehbisch 1731 für die Kirche lieferte. Nach den Prinzipien des Barock ist das Hauptgewicht auf den architektonischen Aufbau gelegt: ein Portal, flankiert von korinthischen Pilastern und Säulen und über einem Gesims und Oberteil als strahlende Sonne geformt. Im Portal sieht man eine Kreuzigungsgruppe, an den Seiten zwei allegorische Frauenfiguren: den Glauben und die Gnade. Zwei sechsflügelige Engel knien auf dem Gesims. Wolken und Putten mit Schriftbändern sind freigebig hinzugefügt. Oben sieht man Gottes Auge.

Die *Kanzel*, auch eine Holzschnitzarbeit von Ehbisch, ist mit Marmorierung, vergoldeten Ornamenten, Akanthus und Putten, die einen Blumenkorb halten, ausgeschmückt. Es sei angefügt, daß Altar und Kanzel ursprünglich die natürliche Farbe des Eichenholzes hatten, bis ein wohlhabendes Gemeindemitglied 1757 ihre Vergoldung und Marmorierung finanzierte. Gegenüber der Kanzel befindet sich an einem Pfeiler eine prachtvolle *Rokokouhr* von 1757. Ihr vergoldetes Gehäuse enthält drei Zifferblätter, ein vornehmes Gegenstück zu den gewöhnlichen Sanduhren, die die Pastoren sonst bei ihren Predigten benutzten.

Der Chor ist durch drei Stufen angehoben und vom Schiff durch ein Gitter mit 26 Messingbalustern getrennt. Das Gestühl ist von 1731 und trägt eine geschnitzte Muschel an jeder Wange. Während die Orgel 1956 von Marcussen & Sohn in Apenrade geliefert wurde, datiert ihr Prospekt von 1731, als man Daniel Lambert Karstens die Orgel nach dem Brand erneuern ließ.

Die Trinitatiskirche enthält auch *Gräber* und *Krypten*. So wurden 1657–1686 nach dem Plan von Albertus Mathiesen im Chor 15 Grüfte gemauert. Hier wurden einige der angesehensten Männer des Reiches beigesetzt, so der Reichshofmeister Joachim Gersdorff († 1661), Reichsmarschall Johan Christoffer Körbitz († 1682) und Feldmarschall Hans Schack († 1676). Zwei Grüfte wurden aber beim Einbau der Zentralheizung 1870 wieder beseitigt. Hans Schacks prächtiges *Marmorepitaph*, eine Arbeit von Artus Quellinus dem Jüngeren und Christian Nerger, wurde 1689 an der Nordwand des Chores aufgestellt. Man sieht den Feldherrn in halber Ruhestellung mit Allongeperücke und von Fahnen, Kanonenläufen und anderem Kriegsmaterial umgeben.

Der große untere *Dachboden* der Kirche, der in den 1660er Jahren zur Universitätsbibliothek eingerichtet wurde, hatte ansehnliche Dimensionen: ca. 50×20 Meter. War man über die Schnekke des Runden Turms hinauf zum Eingang gelangt, so traf man auf ein festliches Interieur. Rot gemalte Balken, unterstützt von Eisensäulen, trugen eine gelbe Bretterdecke, und große, verzierte Bücherschränke standen an den Wänden entlang. Neben allegorischen Bildern trugen die Schränke Sentenzen wie „Wer viel Unnützes lesen will, treibt mit dem Buch nur Affenspiel"; oder „Spinnwebsideen nur Fliegen bewegen". In den Fensternischen hingen Porträts gelehrter Männer und Stifter. Bei der Einweihung am 7. Juli 1657 läuteten die Kirchenglocken, als Friedrich III. und sein Gefolge ankamen. Darauf hielt Thomas Bang die Einweihungsrede, während der Unterbibliothekar das Reglement vorlas. Demnach war die Bücherei jeden Mittwoch und Samstag einige Stunden lang geöffnet. Ein Ausleihen war nicht erlaubt, da die Bibliothek „mit großen Kosten so bequem eingerichtet und mit Tischen und Bänken versehen (sei), daß sie eine gemeinsame Zufluchtsstätte für alle Verehrer der Musen sein kann". Auch kleine Ausstellungen wurden arrangiert. So notierte ein norwegischer Reisender 1668: „große Riesenknochen und Zähne, gefunden bei Croneborg" und „ein chinesisches Buch, geschrieben auf Seidenpapier".

Beim Brand von 1728 wurde die ganze Bibliothek bis auf einige wenige Bücher zerstört, und ein Wiederaufbau wurde in die Wege geleitet. 1807–1832 war auch das Altnordische Museum in der Bibliothek untergebracht. 1861 wurden sowohl die Bibliothek wie das Observatorium aus dem unzeitgemäßen Gebäude verlegt.

Trommesalen war einer der ältesten Viehmärkte der Stadt, dort gelegen, wo Gammel Kongevej heute beginnt. Der Markt wurde 1671 vom Hofschlachter und Steuerpächter Niels Olufsen angelegt, der verhindern wollte, daß die Bürger Lämmer und Rinder kauften und schlachteten, ohne dafür die Akzise zu bezahlen. Die Bezahlung geschah bei einem Akzisehäuschen am Markt. Da der Viehmarkt morgens mit Trommelwirbel eröffnet wurde, bekam er daher seinen Namen. Denselben Namen hatte das erwähnte Akzisehäuschen. Nach einer Lokalbesichtigung von 1730 gehörten dazu ein Garten mit Obstbäumen, fünf Fischteiche und eine Koppel, die mit zwei Tonnen Roggen eingesät werden konnte. 1879 hoben die Behörden den Markt von Trommesalen auf und ersetzten ihn durch die neuen Schlachthallen am Halmtorv.

U

Universität. Die Universität, deren alter Gebäudekomplex nahe der →Frauenkirche liegt, wurde 1479 gegründet. Schon am 14. Juni 1475 hatte Christian I. die päpstliche Genehmigung zur Eröffnung einer dänischen Lehranstalt bekommen. Der Unterricht wurde in das frühere Rathausgebäude Ecke Nørregade/Studiestræde verlegt. Die Stadtverwaltung war von dort in ein neues Gebäude am →Gammel Torv verlegt worden (Kopenhagens zweites Rathaus).

Die Unterrichtslokale wurden nur für zehn Jahre zur Verfügung gestellt, und da die Stadt mit der Regelung unzufrieden war, mußten die Gelehrten 1491 ausziehen. König Hans bedauerte in einem Brief an den Magistrat, daß Rat und Bürgermeister „das alte Rathaus den Doktoren und Meistern in der Stadt, die es brauchten, gewaltsam entzogen“ hätten.

Bei einem anschließenden Grundstückstausch gelang es, das Gebäude für die Universität zu sichern, und 1512 nahm man eine bedeutende Erweiterung vor. Alleine die Länge der Fassade zur Nørregade wurde von 13 auf 26 Meter verlängert.

Nach der Reformation wurde die Universität 1539 hinüber auf die entgegengesetzte Seite der Nørregade verlegt, wo sie ein Areal übernahm, das etwa dem Gebiet innerhalb der jetzigen Krystalgade, Fiolstræde, Frue Plads und Nørregade entsprach. Hier lag schon ein zweigeschossiges Haus an der Nørregade und das bescheidenere, noch bestehende *Konsistorienhaus*, das heute den ältesten größeren erhaltenen Gebäudeteil Kopenhagens darstellt. Es wird auf etwa 1420 datiert und hat im Keller Gewölbe, die von Granitsäulen getragen werden.

Das jetzige lange Gebäude an der Nørregade, das *Kommunitetsbygning* genannt wird, wurde 1731 gebaut. Hier waren ursprünglich Wohnungen für Studenten, später für Professoren. Im Keller hatten die Studenten ihren berühmten Speisesaal „Kannibalen“.

Das *Hauptgebäude*, das zum Frue Plads hin steht, wurde 1831–1836 nach Entwürfen von Peder Malling gebaut. Er gab dem Bau dadurch ein besonderes Gepräge, daß er klassische Stilformen mit neugotischen – die damals gerade einen Durchbruch in Dänemark erlebten – vereinigte. Verschiedene Zeichnungen und Skizzen waren seit 1819 vorausgegangen, bevor Malling zu dieser Lösung gelangte, die ein Mit- und Gegenspiel zu C. F. Hansens Architektur am Frue Plads bildet. So wurde das Rundbogenmotiv an der →Metropolitanschule und an der →Frauenkirche an Mallings Universitätsbau wiederholt. Die Reihe der Giebel, die die Fassade abschließen, repräsentieren dagegen das neugotische Element. Hoch droben liest man an der graugeputzten Fassade die lateinische Inschrift: FREDERICUS SEXTUS - INSTAURAVIT ANNO MDCCCXXXVI (Friedrich VI. weihte ein 1836).

Berühmt ist die Inschrift über dem Haupteingang: COELESTEM ADSPICIT LUCEM (Er schaut das himmlische Licht). Der Satz bezieht sich auf den prächtigen Adler, der über der Inschriftentafel sitzt. Vogel und Inschrift wurden auf Vorschlag des Theologieprofessors Matthias Hagen Hohlenberg angebracht.

Das Hauptgebäude enthält den alten Festsaal der Universität. Der Ort wird wegen einer Reihe hervorragender Vorlesungen in Erinnerung bleiben, so etwa Georg Brandes' „Hauptströmungen der Literatur des 19. Jahrhunderts“, die er im November 1871 unter großem Zustrom begann.

Universitätsbibliothek, Fiolstræde 1. 1856 schrieb die Universität einen Wettbewerb für den Bau einer neuen Bibliothek aus, die die Fiolstræde entlang stehen sollte. Man verlangte wegen der Brandgefahr eine Konstruktion aus Eisen und Stein, die außerdem solide und bequem eingerichtet sein sowie Platz für 12 000–13 000 laufende Ellen Regalböden haben sollte. Es siegte J. D. Herholdts Projekt. Das Gebäude wurde 1857–1861 errichtet.

Herholdts Lösung leitete durch die starke Verwendung roter Ziegelsteine in der dänischen Architektur ein neues Stilideal ein. Die Vorbilder stammten vom abendländischen, vor allem dem norditalienischen Kathedralsbau. So sind die Strebepfeiler mit ihren kleinen, bienenkorbartigen Abschlüssen von S. Fermo in Verona inspiriert, ebenso der Giebel zur Krystalgade. Herholdt paßte im übrigen seine Bibliothek dem großen Hauptgebäude am Frue Plads an, das Malling für die Universität entworfen und mit sieben Dreieckgiebeln ausgestattet hatte. Der Giebel der Bibliothek zum Platz hin wurde dazu ein Pendant.

Der Gebrauch von Gußeisen in den tragenden Konstruktionen war das Revolutionierendste. Er geschah hier das erste Mal in Dänemark, natürlich unter dem Eindruck des berühmten Kristallpalastes, der 1852 zur Weltausstellung in London errichtet worden war. Bei einem Aufenthalt in England hatte Herholdt dies Bauwerk studiert, aber auch die Bibliotheque Ste. Geneviève in Paris, die mit Eisenkonstruktionen 1844–1850 gebaut worden war. Lesesaal und Mittelgang wurden von Georg Hilker ausgeschmückt, einem der bedeutendsten Dekorationsmaler der Zeit.

In der Ausstellungshalle der ersten Etage sieht man eine Vitrine mit Bruchstücken einiger englischer Granaten, die 1807 das Dach der →Trinitatiskirche durchschlagen hatten, wo die Universitätsbibliothek früher untergebracht war. Kurioserweise landeten die Granaten in der Abteilung für Moral und Politik, wobei eine von ihnen die Ecke einer Ausgabe des „Defensor Pacis" von Marsilius von Padna lädierte. Diese dramatische Erinnerung blieb erhalten, und in einer Ausstellungsvitrine im ersten Stock sind das verstümmelte Buch und Reste der Kugel zu sehen.

V

Valby war ursprünglich ein Dorf und wird erstmals 1186 als *Walbu* erwähnt. Die Bevölkerung lebte im wesentlichen davon, ihre Produkte den Kopenhagenern zu verkaufen, und →Christian IV. räumte ihnen Platz auf dem →Amagertorv ein. Als Christian III. 20 holländische Familien von →Amager nach Solbjerg übersiedeln ließ, war das fast eine Katastrophe. Man fürchtete die Konkurrenz, aber so schlimm war es nicht. Bei der schwedischen Belagerung Kopenhagens 1658/59 wurde das Dorf völlig zerstört. Es bestand zuletzt aus 13 Höfen und 26 Häusern. Die Thingstätte, die noch an der Valby Langgade erhalten ist, war der natürliche Mittelpunkt.

Im 17. Jahrhundert wurde der Roskildevej durch Valby geführt. 1660 wurde der Bau eines Gasthauses bewilligt. Sein erster Besitzer Hans Pedersen Bladt kam nicht vom Fach, sondern wurde als einer von Kopenhagens großen Handels- und Finanzleuten bekannt. 1676 wurde er zum Bürgermeister Kopenhagens ernannt. Eine neue Veränderung von Valbys Verhältnissen ergab sich, als man 1776 den Roskildevej Valby Bakke hinauf und damit an Valby vorbei führte. Dafür bedeutete die Verbindung des Hofs mit Frederiksberg mehr Leben für den Ort. Man erzählt, die Gemahlin →Friedrichs VI. sei oft durch die Straßen von Valby geritten und habe an die Kinder Leckereien verteilt. Der englische Schauspieler James Price, der 1805 starb, war einer der ersten, der nach Valby aufs Land zog, und das wurde später bei den Kopenhagenern sehr populär. 1874 bekam Valby Eisenbahnanschluß, als man die erste Bahnlinie nach Roskilde baute.

Valdemarsgade 5–9, s. Suhrs Friboliger.

Vandkunsten ist ein kleiner Markt im alten Vester Kvarter. Dort lagen im Mittelalter, erstmals 1419 erwähnt, eine Wassermühle und ein Mühlenteich, die über einen Mühlengraben Wasser aus der Umgebung bekamen. Spuren der Dämme, die den Mühlengraben umgaben, wurden um die Jahrhundertwende nachgewiesen, als H. N. Rosenkjær und H. U. Ramsing nördlich und südlich der *Løngangsstræde* gruben. Auch alte Straßennamen zeugen von der Mühle, denn die Løngangsstræde hieß ursprünglich *Møllebækstræde* (Mühlenbachgasse), während die älteste Bezeichnung für die Rådhusstræde *Vandmølle-*

stræde (Wassermühlengasse) lautete. Außerdem gab die Wassermühle einem nahegelegenen Turm in der Stadtmauer den Namen, dem längst abgerissenen *Vandmølletårn* (Wassermühlenturm), dessen Fundamentreste im Keller von *Vartov* (Farvergade 27) freigelegt wurden. Friedrich II. ließ 1559 im Anschluß an den Turm eine Färberei anlegen. Zur Zeit →Christians IV. war es der unternehmerische Johan Ettersen, der die Färberei hinter Vandkunsten betrieb.

Der Name des Platzes, auf Plattdeutsch *Waterkonst* (Wasserkunst), kommt von einem Pumpwerk, das vermutlich Christian III. konstruieren ließ. Das Wasserwerk, das das frische Wasser in Rinnen vom Mühlengraben nach Slotsholmen bringen sollte, war wohl der früheste Versuch, die Wasserversorgung über die Brunnen hinaus zu ergänzen.

Als das neue Viertel weiter südlich – Frederiksholm – angelegt und die Stadt nach dieser Seite hin ausgedehnt wurde, wollte man zuerst den Mühlengraben beibehalten. 1667 wurde verboten, sein Wasser „zum Waschen oder zu anderem unreinlichem Gebrauch“ zu benutzen, da es für das Königliche Brauhaus bestimmt sei. Trotzdem wurde der Mühlengraben einige Jahre später aufgegeben und auf private Initiative aufgefüllt. Dies führte zu Streitigkeiten über das Recht auf den Platz, die erst durch eine Kommission beendet werden konnten. Nach ihrem Spruch mußte der private Grundbesitzer, dem der größte Teil zuerkannt worden war, seine Rechte der Krone übertragen. 1673 wurde gesetzlich festgelegt, daß das Areal unbebaut in der Hand des Königs bleiben sollte. Trotzdem diente der Ort als allgemeiner Müllplatz, so daß man 1678 einige hundert Fuder Unrat, der sich an der Ecke der Magstræde in einigen Jahren angesammelt hatte, wegfahren mußte. 1684 bekam der Platz den Status eines Fischmarktes, und 1880–1887 war hier Flohmarkt.

Die moderne „Wasserkunst“ stammt von dem Architekten J. Magdahl Nielsen und wurde 1910 aufgestellt. Durch die Rachen vierer Löwenköpfe strömt das Wasser in das Granitbecken. An der Ecke beim Restaurant Tokanten ist eine Steintafel mit der Bezeichnung „Wand Konsten“ eingemauert, eines der ältesten Straßenschilder, das auf etwa 1770 datiert wird.

Neueren Datums ist die Gedenkplatte an der Ecke Gåsegade/Vandkunsten, auf der vom Sturm auf Kopenhagen in der Nacht vom 10. auf den 11. Februar 1659 berichtet wird. Die Schweden führten ihren Hauptangriff gerade gegen den Wallabschnitt, der sich damals von Vandkunsten zur Stormgade erstreckte. Über der Platte sieht man ein Porträt Friedrichs III., der den schicksalschweren Krieg gegen Schweden begonnen hatte. Tafel und Ausschmückung wurden vom Besitzer des Anwesens, dem Konservator P. H. Rasmussen, angebracht, der 1853–1889 hier wohnte.

Vesterbro. Im 11. Jahrhundert, als das Fischerdorf Havn am Øresund entstand, existierte noch kein Vesterbro. Auf dieser Seite der kleinen Siedlung war nur ein sumpfiges Gebiet, das von einzelnen Pfaden und Wegen gekreuzt wurde.

Eine völlige Veränderung fand statt, als in der zweiten Hälfte des 12. Jahrhunderts Bischof Absalon etwas außerhalb der Siedlung einen Halbkreiswall anlegte. Drei Hauptverkehrsadern durchschnitten den Wallkörper und strahlten nach Seeland aus. Die westliche davon verlief in Richtung auf Valby Bakke, der im Mittelalter →*Solbjerg* hieß. Ein Stück außerhalb des Festungswalls floß der *St.-Jørgens-Bach*, der den westlichen Ausfallweg der Stadt kreuzte, bevor er sich in den Øresund ergoß. Später im Mittelalter dämmte man diesen Bach auf, und dadurch entstanden die Seen *Skt.-Jørgens-See*, →*Peblingesee* und *Sortedams See*.

Für die Zeit vor dem 18. Jahrhundert, als die Karten genauer wurden, ist unser Wissen um die topographischen Verhältnisse von Vesterbro gering. Der Weg nach →Valby änderte oft seinen Lauf, und, was schlimmer war, man verwechselte oft die drei Seen miteinander.

Die älteste glaubwürdige Wiedergabe Kopenhagens stammt von 1587 und wurde im Jahr darauf in Köln für den großen Atlas von *Braun und Hogenberg* gedruckt. Auf einem der Kupferstiche sieht man Kopenhagen von der Landseite, eine Vogelperspektive von Valby Bakke aus. Vor dem westlichen Teil der Stadtmauer zieht sich die damalige „Vesterbrogade“ oder richtiger die Landstraße nach Valby. Sie passiert unterwegs einen Damm und eine Brücke an der Südseite des Skt.-Jørgens-Sees, und nahebei sieht man den alten *Skt. Jørgensgård*, ein mittelalterliches Aussätzigenhospital. Aus anderen Gründen wissen wir, daß die Landstraße danach einer Route folgte, die der jetzigen *Bagerstræde* und dem *Gammel Kongevej* bis zur Ecke am Værnedamsvej entspricht.

Die schriftlichen Quellen aus dem späten Mittelalter stützen die Details aus dem Prospekt von Braun und Hogenberg. Im Erdbuch der Stadt von

1496 werden 17 Gärten außerhalb von →Vesterport erwähnt. Unter den Eigentümern erscheinen ein Brauer, ein Topfgießer, ein Bäcker und ein Fuhrmann. Knapp hundert Jahre später, 1581, gab es 43 Gärten südlich der Landstraße und 70 nördlich davon.

Bockmühlen prägten nach der Wiedergabe bei Braun-Hogenberg die Felder und Gärten vor Vesterbro. Um 1620, zur Zeit →Christians IV., gab es 18 Windmühlen, und einer ihrer Besitzer hieß Simon Frederiksen Simmelbager. Christian IV., reich an Initiativen, wollte natürlich auch die Vorstadt prägen. Er befahl, der Skt.-Jørgens-See solle als Glied in der städtischen Verteidigung aufgedämmt werden, nachdem er lange je nach Wetter über die Ufer getreten oder fast ausgetrocknet war. Zugleich wurde die Brücke über den Seeabfluß verbessert. Die ersten Wohnhäuser entstanden, so daß 1622 110 Familien ihren Wohnsitz außerhalb von Vesterport hatten.

Zu dieser Zeit entstand auch die Bezeichnung *Vesterbro* (Westerbrücke). Christian IV. gab am 20. August 1624 den Befehl zur Pflasterung des Weges, zuerst bis zum Værnedamsvej, dann bis nach Valby. Er bekam den Namen „den lange Stenbro“ (die lange Steinbrücke), aber offiziell sprach man nicht von „Steinbrücke“, sondern von *Alvejen* oder *Adelvejen*. 1650 wurde die wichtige Verkehrsader in *Roskildegade* umgetauft, und zwei Jahre später bekam die Vorstadt den Namen „Vesterby“.

In der zweiten Hälfte des 18. Jahrhunderts kamen viele Gaststätten nach Vesterby und es wurden auch viele Schlachterhöfe eingerichtet. Dokumente erwähnen 1749, es habe 22 Bierzapfer vor Vesterport gegeben. Das folgende Jahrhundert wurde von den vielen Vergnügungsstätten und Mietskasernen geprägt.

Vesterbrogade, s. Bing & Grøndahl Museum, „Frihedsstøtten“, Post- und Telegrafenmueum, Städtisches Museum, „Thors Halle“ und „Sorte Hest“.

Vester Quartier, das zweite in der Reihe von Kopenhagens alten Steuerbezirken, begrenzt von Vester Voldgade, Vestergade, →Gammel Torv, Ny Torv, Rådhusstræde und Frederiksholms Kanal. Offiziell wurde der Stadtteil *Frederiksholm* genannt, in der täglichen Umgangssprache *Kalveboderne*. Wesentliche Teile des Viertels wurden beim Brand von 1795 in Asche gelegt.

Vesterport (Westtor). Schon das Erdbuch der Roskilder Bischöfe von 1337 erwähnt Vesterport, aber ohne nähere Beschreibung. Als Kopenhagens Belagerung von 1523 überstanden war, ließ man die Stadttore durch Schanzen verstärken. Ein Dokument aus demselben Jahr verrät, Hans van Ryen habe 19 Mark für Unkosten bekommen, die ihm „auf der Schanze vor Vesterport“ entstanden seien. Wer damals durch das Westtor in die Stadt wollte, mußte mehrere Hindernisse passieren; zuerst eine Brücke über den äußeren Wallgraben, dann das äußere Tor, den inneren Stadtgraben und schließlich das dahinter liegende innere Tor. Im übrigen wird angenommen, daß der *Køge Barfred*, der um diese Zeit mehrmals erwähnt wird, identisch mit Vesterport war. Durch den Barfred führte der Weg südlich nach Køge.

Der beschriebene Verkehrsengpaß wurde im 17. Jahrhundert verändert. 1613 hören wir, daß „eine Pulverkammer über Vesterport“ eingerichtet wurde. Wenige Jahre später wurde der Wall weiter hinaus verlegt, was das innere Stadttor überflüssig machte. Es wurde vermutlich bei dieser Gelegenheit abgerissen. Dafür wurde das äußere Tor mit einer neuen Sandsteinfassade versehen. Ihre skulpturelle Ausschmückung wurde 1616 Lorentz Steenwinckel übertragen. Aus der Buchführung geht hervor, daß der Umbau 1619 abgeschlossen war, denn Samuel Clausen konnte am 23. Juni dieses Jahres sich für 160 Reichstaler vornehmen, „das Westtor hier außerhalb der Stadt zu staffieren und für Seine Majestät mit seinem Gold und seiner Farbe zu vollenden“. Zugleich wurde das Tor mit einer hohen Turmspitze ausgerüstet, die vom Zimmermeister Vidt Krag gleich über dem Bild des Königs aufgesetzt wurde. Jørgen Eiler war zuständig für die Deckung mit Blei und Schiefer, und danach wurde die Turmspitze vergoldet. Als Kopenhagen 1658/59 von den Schweden belagert wurde, wurde die Spitze schwer beschädigt und mußte abgenommen werden.

Die nächste große Modernisierung der Wallanlage fand am Ende der 1660er Jahre statt, als das Tor zur Lille Skt. Clemensstræde (am Ende der jetzigen Frederiksberggade) verlegt wurde . Trotz großer Schwierigkeiten gelang es, das meiste an Skulptur auf die neue Fassade zu übertragen. Auf einer Wiedergabe des Tors in Thurahs Danske Vitruvius (1746) sieht man den Aufbau der Fassade im Detail. Wie das Nordertor war es mit Nischen, Festons, einem Dreieckfronton und dem

Monogramm Friedrichs III. ausgestattet. Als Raffinement waren die freistehenden Säulen der Fassade wie Kanonenläufe geformt. Was die Verteidigungsfunktion betraf, so baute man auf *Gyldenløves Bastion* im Süden, die nach Ulrik Frederik Gyldenløve, dem Sohn Friedrichs III., benannt ist. Im Norden wurde entsprechend *Schacks Bastion* errichtet, die ihren Namen nach einem der tüchtigen Verteidiger während der schwedischen Belagerung, dem Reichsfeldherrn Hans Schack, erhielt.

Wie sich die Stadt im 18. Jahrhundert entwikkelte, mußten die Stadttore zu immer größeren Hemmnissen für die Bürger und die Bevölkerung des Hinterlandes werden, und zu Beginn des 19. Jahrhunderts wurde es ganz schlimm. Von 1842 ist eine lebendige Schilderung der Verhältnisse um Vesterport erhalten, das erst um 7 Uhr morgens geöffnet wurde. Da ist die Rede von „Strömen von Menschen, die zu Tausenden über die Brücken wogen, während die mächtigen Omnibusse und Postwagen sich neben mannigfachen kleineren Beförderungsmitteln den Weg durch die lebende Masse bahnen, die sich ängstlich auf die Seiten drückt, um nicht unter die Räder zu geraten oder von den Hufen der Pferde getreten zu werden. Die Leute sammeln sich vor dem Torgewölbe, das vom Wagenlärm dröhnt, um den günstigen Augenblick abzupassen, wo sie sich in die Lücke hinter einem einrollendem Wagen stürzen können und in wildem Trubel, drohenden Pferdetrab hinter sich, durch den dunklen Raum wälzen und weinende Kinder oder kurzatmige Greise mit sich schleppen; nicht jene kleinen zweiräderigen Kinderwagen zu vergessen, die jetzt überall dabei sind“.

Früher mündete der beliebte Wallweg Kirsebærgangen (Kirschengang) am Westtor. Auf Schacks Bastion stand Kongens Mølle (die Königsmühle). All dies ist jetzt verschwunden. Farbiger Stich um 1800 von Elias Meyer. Antiquarisch-topographisches Archiv des Nationalmuseums.

Mühlen auf dem Norderwall 1853. Rechts der Sankt-Petri-Kirchturm und die Frauen-Kirche. Bleistift und Pastell. Landesbibliothek Kiel.

Natürlich kamen Verbesserungsvorschläge. So beantragte die Stadtverwaltung 1843 eine Erweiterung von Nørre- und Vesterport. Man legte nun eine Pontonbrücke für Fußgänger im Sommer über den Stadtgraben. 1845 schlug der Architekt J. D. Herholdt einen Tunnel durch den Wall auf beiden Seiten des Tores vor, aber das wurde verworfen. Erst als die Demarkationslinie durch Gesetz vom 6. Januar 1857 aufgegeben wurde, dämmerte es. 1857 fiel Vesterport. Die große Öffnung, die an Stelle des Tores entstand, wurde von den Kopenhagenern „Vestergab" (Westbresche) genannt. Bei der Anlage des Rathausplatzes fand man wichtige Spuren des alten Wallabschnitts.

Videnskabernes Selskab. Die Königlich Dänische Wissenschaftliche Gesellschaft, die am 13. November 1742 gestiftet wurde, hat ihrt jetziges Domizil in dem Gebäude →*Dantes Plads 35.* Nach den Statuten von 1774 hat die Gesellschaft den Zweck, „die historischen, physischen, mathematischen und philosophischen Wissenschaften" zu fördern und außerdem wissenschaftliche Schriften herauszugeben. Die Mitglieder trafen sich zunächst im Holsteinschen Hof; danach wurde eine lange Zeit das Prinzenpalais (→Nationalmueum) benutzt. Aus Mitteln des Carlsberg Fonds wurde 1894–1898 ein Gebäude am jetzigen Dantes Plads erstellt. Das Haus, dessen monumentale Formung von Professor Vilhelm Petersen stammt, hat den italienischen Renaissancepalast zum Vorbild. Es besteht aus Granit, Wesersandstein und Backstein.

Vingårdstræde 6, s. Kong Hans' Vingård.

Vor Frelsers Kirke, s. Erlöserkirche.

Vor Frue Kirke, s. Frauenkirche.

W

Wallmühlen. Nach Anlage der neuen Wälle im Laufe des 17. Jahrhunderts begann man, die künstlich geschaffene Erhöhung mit Windmühlen zu nutzen. 1669 bekam der Müller Hans Hoppe die Genehmigung, eine Mühle auf Gyldenløves Bastion zu bauen. Ob sie abbrannte oder gar nicht gebaut wurde, ist unbekannt. Jedenfalls bekam ein gewisser Jürgen Gosbruch 1697 das Recht, auf derselben Bastion eine Windmühle zu errichten. Sie wurde später *Luciemølle* oder volkstümlicher *Lussemølle* genannt. In den 1690er Jahren bekam wahrscheinlich auch Schacks Bastion ihre Mühle, die *Store Kongens Mølle* (große Königsmühle) genannt wurde. 1692 wurde eine Wallmühle an der →Gothersgade gebaut.

Dronningens Mølle (die Mühle der Königin), die am Ostwall auf Rosenkrantz' Bastion lag, wurde am 31. März 1779 völlig zerstört, als ein nahegelegener Pulverturm in die Luft flog. In seinem Tagebuch schrieb Luxdorph, viele seien umgekommen und viele Häuser, so im →Kastell und im →Nyboder-Viertel, hätten an Dach und Fenstern großen Schaden genommen. Der Mühlenneubau wurde 1895 abgerissen. Als die Engländer 1807 Kopenhagen belagerten, fürchtete man, sie würden die Mühlen auf den Wällen zerstören, und es wurden zwei Ersatzmühlen in der Solvgade und auf Nyholm eingerichtet. Aber auch die Wettergötter konnten zerstören, so am 26. Januar 1847, als ein Orkan die alte Bockmühle auf dem Wall des Kastells umwarf.

Wessels Haus, s. Gråbrødretorv 3.

Wilders Bro, Wildersgade und **Wilders Plads,** alle in →Christianshavn, sind nach zwei Besitzern einer Schiffswerft benannt: Carl Wilder und sein Sohn Lars Wilder. Der ältere Wilder war ein betriebsamer Mann, der sich ein Vermögen als Makler, Händler und Schiffsbauer verdiente. 1762 wurde ihm die Insel am Ende der Strandgade übertragen, wo Wilders Bro hinüberführt. Auf der Insel hatte Andreas Bjørn früher eine Schiffswerft mit zugehörigen Gebäuden errichtet, einen Betrieb, der sich über mehr als 3500 m^2 erstreckte. Carl Wilder fügte ihm nach königlicher Genehmigung eine Nagelschmiede an.

Der jüngere Wilder führte die Werft weiter und starb unverheiratet als großer Wohltäter seiner Vaterstadt, denn er hinterließ ihr ein Vermögen, fast 50 000 Taler, für soziale Zwecke. So bedachte er das Kopenhagener Armenhospital, wo mehrere Räume nach ihm benannt und mit kleinen Spiegeln auf Holztafeln ausgestattet wurden. Auf dem Spiegelrahmen stand in verschnörkelter Schrift: „Lars Wilder schuldet ihr Dankbarkeit". Die *Wildersgade* bekam ihren jetzigen Namen erst 1859, als man mit einer fortlaufenden Numerierung der Kopenhagener Haustüren begann.

Z

Zeughaus (Tøjhuset). Das Haus bildet einen Teil des alten Arsenals, das nach ausländischen Vorbildern (das Arsenal in Venedig ist eines der berühmtesten) in der Regierungszeit Christians IV. gebaut wurde. Die verschiedenen Gebäude des Arsenals wurden um ein Hafenbassin angeordnet, so daß die Schiffe der Flotte anlegen und versorgt werden konnten. Der 163 Meter lange südwestliche Flügel, 1599–1605 gebaut, bildet heute den Rahmen des *Zeughausmuseums.* Die untere, überwölbte Etage war ursprünglich als Kanonenmagazin eingerichtet. Die berühmte Waffensammlung des Museums wurde 1838 gegründet und umfaßt alles von der schweren Artillerie bis zu den leichten Handwaffen, außerdem Uniformen und Rüstungen. Besonders schön ist die Rüstung des Herzogs Adolf von Gottorf von etwa 1560.

Zirkus Benneweis, Jernbanegade 8. Die Errichtung des ursprünglichen Zirkusgebäudes begann 1885 nach einem Entwurf des Dekorationsarchitekten H. V. Brinkopff. Der Bau umfaßte einen gemauerten Zylinder mit einer hölzernen Dachkonstruktion. Das Etablissement, das Zirkus und Varieté hatte, wurde am 16. April 1886 eröffnet. Zu den eher exotischen Arrangements gehörte die „Schwarze Oper" eines Negerensembles, das zu Beginn der 1890er Jahre sehr erfolgreich war.

Am 7. März 1914 brannte das Zirkusgebäude, was der Kopenhagener Carl Muusman in seinen Erinnerungen schilderte. Niemand kam um, da das Unglück frühmorgens geschah, nur ein Artist verlor sein Marionettentheater mit den zugehörigen Puppen.

Nach dem Brand blieb die rauchgeschwärzte „Ringmauer" übrig, und die junge Ingenieurfirma *Christiani & Nielsen* wurde mit dem Wiederaufbau beauftragt. Es gelang ihr in vier Monaten, den Raum mit einer gediegenen Betonkonstruktion von 40 Metern Durchmesser zu überspannen. Für den Wiederaufbau war auch der Architekt Holger Jacobsen zuständig. Der äußere Fries mit Motiven von klassischen Pferderennen stammt vom Ursprungsbau und wurde von dem Bildhauer U. A. Fr. Hammeleff gestaltet. Eine lange Zeit feierte *Zirkus Schumann* seine Triumphe in dem Gebäude. Heute nutzt ihn der *Zirkus Benneweis* im Sommer. Nach einer mehrjährigen Restaurierung, die den Bau auf seine ursprüngliche Gestalt zurückführte, wurde er im Frühjahr 1984 wieder eröffnet.

Vorschläge zu Rundgängen

Kopenhagen ist für Rundgänge gut geeignet, und die folgenden Seiten enthalten 17 Vorschläge zu Touren durch die Stadt, geeignet für kurze Vormittagsspaziergänge wie für größere Wanderungen den ganzen Tag über. Zu jedem einzelnen Tourenvorschlag gibt es eine besondere Karte, auf der die historischen Denkmäler und Gebäude markiert sind, die man unterwegs erleben kann. In einzelnen Fällen ist die Route durch Straßennamen verdeutlicht. Vor Ort kann man sich dann im lexikalischen Teil des Buches über die entsprechenden ausgewählten Themen orientieren.

Die Absicht dieser Vorschläge zu kürzeren und längeren Rundgängen ist es auch, dem Leser die Möglichkeit zu geben, die Kulturgeschichte der Stadt in Querschnitten zu erleben, einige der Artikel des Buches „in Stein und Mörtel" zu sehen. Repräsentative Beispiele historischer Gebäude und kulturgeschichtliche Themen sind aufgenommen, und im Sachregister findet man Hinweise auf vertiefende Artikel, z. B. auf Stadtbrände in Verbindung mit den Brandhäusern auf dem Gråbrødretorv.

Es wird begonnen mit einer Tour durch das alte Lateinerviertel, wo seit dem Mittelalter der Sitz der Gelehrsamkeit ist. Unter „Nørrevold tur" wird die Geschichte des Stadtwalls beleuchtet. Der dritte Rundgang gilt dem Viertel um Gammel Torv und Nytorv. Slotsholmen ist eine Tour für sich gewidmet, und die fünfte Tour umfaßt zwei von Kopenhagens größten Museen: die Glyptothek und das Nationalmuseum. Es folgt das Quartier zwischen Hauser Plads und Kartoffelrækkerne. Die siebente Wanderung deckt Schloß Rosenborg, Davids Sammlung und das Kunstmuseum ab. Auf dem achten Rundgang wird das bekannte und unbekannte Vesterbro durchkreuzt. Darauf folgt ein Ausflug nach Nørrebro mit Einschluß der beiden historischen Friedhöfe. Kastell und Nyboder haben eine Tour für sich. Eine Wanderung in dem Viertel um das längst verschwundene Claraklöster schließt sich an. Die zwölfte Tour berichtet von der Geschichte von Kongens Nytorv seit dem Mittelalter. Der dreizehnte Rundgang windet sich zwischen Amagertorv, Gråbrødretorv und Magasintorv, während die folgenden das Strandquartier und Christianshavn umfassen. Schließlich wird Frederiksstaden auf zwei Rundgänge aufgeteilt. Wir wünschen dem Leser viel Vergnügen.

Latiner-kvarter tur **1.** Rundetårn og Trinitatis **2.** Regensen **3.** Elers Kollegium **4.** Borchs Kollegium **5.** Gl. Metropolitanskole **6.** Dyrkøb **7.** Bispegården **8.** Vor Frue Kirke **9.** Universitetet **10.** Krystalgade (gl. Zoologiske Museum) **11.** Fiolstræde (Holbergs professorresidens) **12.** Krystalgade II: Synagogen

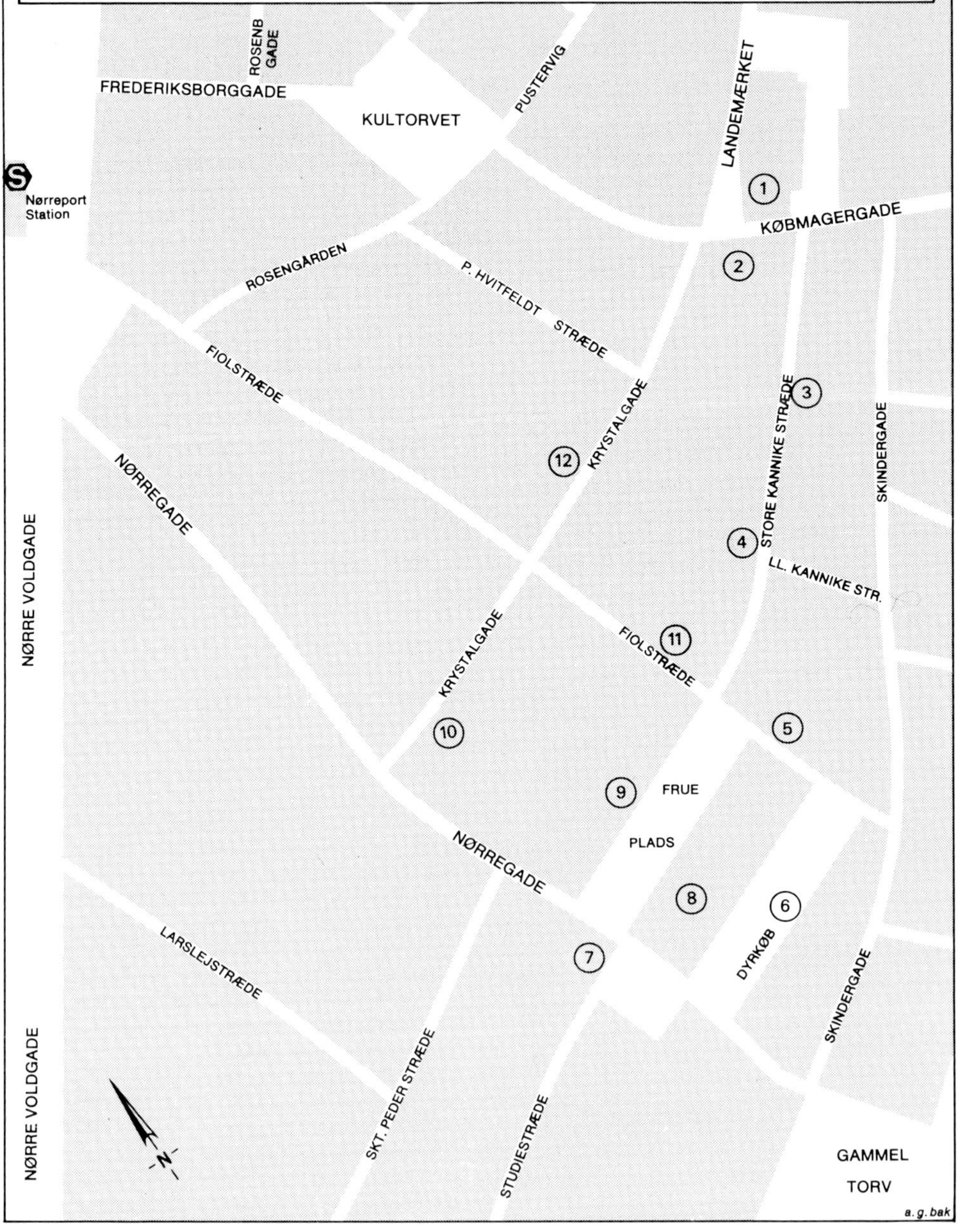

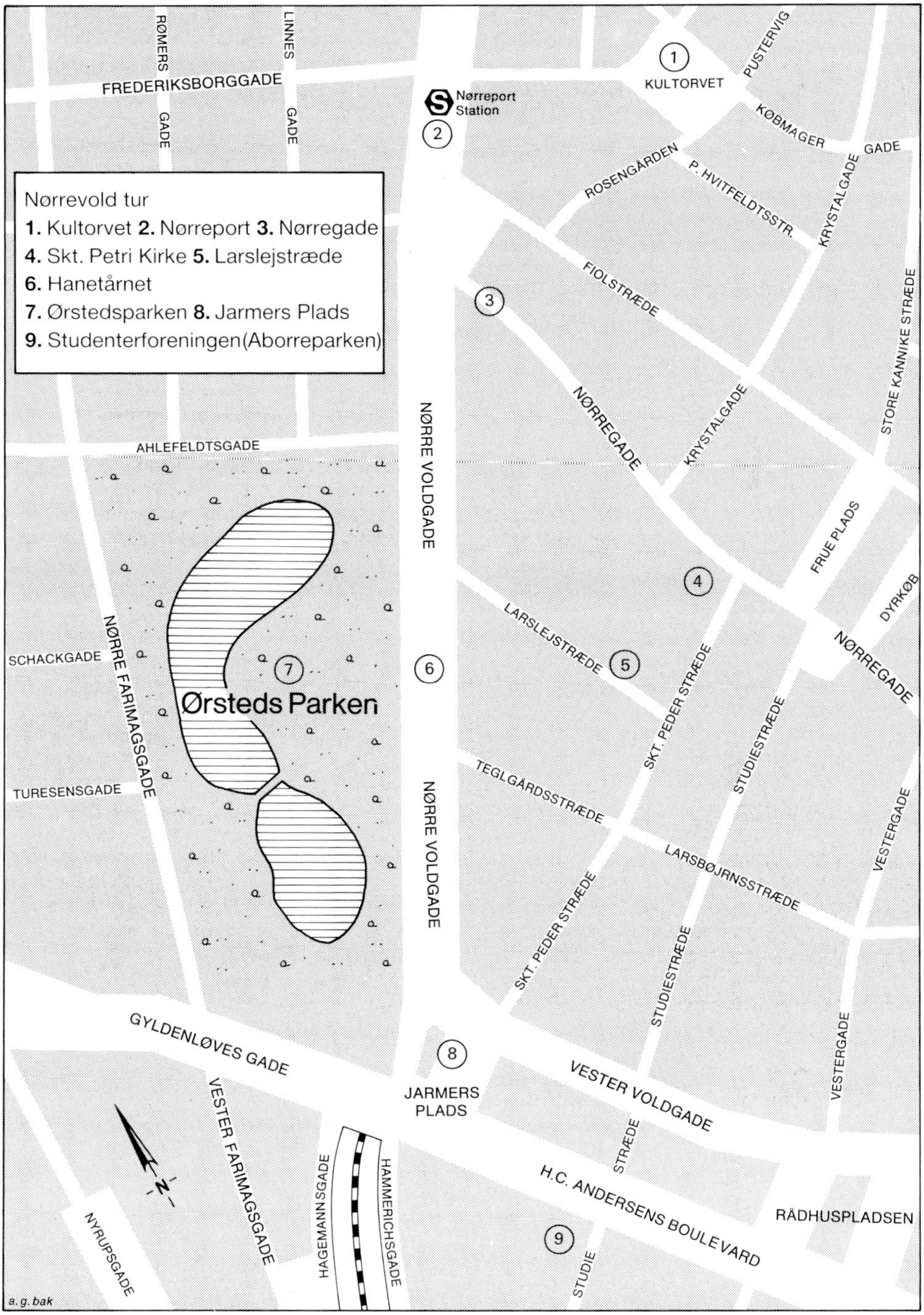
Nørrevold tur
1. Kultorvet 2. Nørreport 3. Nørregade
4. Skt. Petri Kirke 5. Larslejstræde
6. Hanetårnet
7. Ørstedsparken 8. Jarmers Plads
9. Studenterforeningen(Aborreparken)
RØMERS GADE
LINNES GADE
FREDERIKSBORGGADE
Nørreport Station
KULTORVET
PUSTERVIG
KØBMAGER GADE
ROSENGÅRDEN
P. HVITFELDTSSTR.
KRYSTALGADE
FIOLSTRÆDE
STORE KANNIKE STRÆDE
NØRREGADE
KRYSTALGADE
NØRRE VOLDGADE
AHLEFELDTSGADE
FRUE PLADS
DYRKØB
NØRREGADE
LARSLEJSTRÆDE
SCHACKGADE
NØRRE FARIMAGSGADE
Ørsteds Parken
SKT. PEDER STRÆDE
STUDIESTRÆDE
TEGLGÅRDSSTRÆDE
TURESENSGADE
NØRRE VOLDGADE
VESTERGADE
LARSBØJRNSSTRÆDE
SKT. PEDER STRÆDE
STUDIESTRÆDE
GYLDENLØVES GADE
JARMERS PLADS
VESTER VOLDGADE
VESTERGADE
VESTER FARIMAGSGADE
STRÆDE
N
H.C. ANDERSENS BOULEVARD
RÅDHUSPLADSEN
HAGEMANNSGADE
HAMMERICHSGADE
NYRUPSGADE
STUDIE
a. g. bak

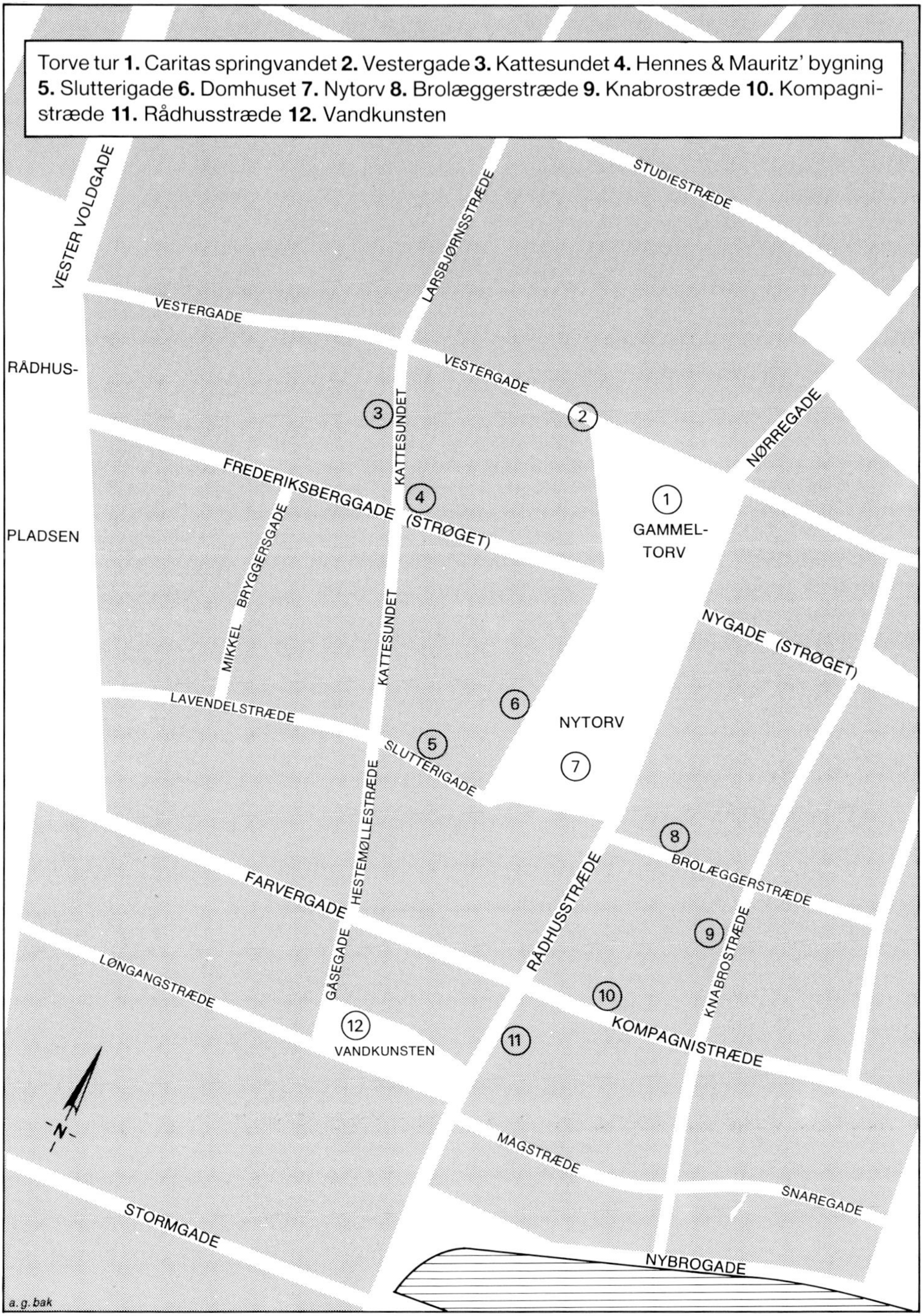
Torve tur 1. Caritas springvandet 2. Vestergade 3. Kattesundet 4. Hennes & Mauritz' bygning 5. Slutterigade 6. Domhuset 7. Nytorv 8. Brolæggerstræde 9. Knabrostræde 10. Kompagnistræde 11. Rådhusstræde 12. Vandkunsten
STUDIESTRÆDE
VESTER VOLDGADE
LARSBJØRNSSTRÆDE
VESTERGADE
RÅDHUS-
PLADSEN
VESTERGADE
KATTESUNDET
NØRREGADE
FREDERIKSBERGGADE (STRØGET)
GAMMEL-
TORV
MIKKEL BRYGGERSGADE
KATTESUNDET
NYGADE (STRØGET)
LAVENDELSTRÆDE
NYTORV
SLUTTERIGADE
HESTEMØLLESTRÆDE
BROLÆGGERSTRÆDE
FARVERGADE
RÅDHUSSTRÆDE
KNABROSTRÆDE
GÅSEGADE
LØNGANGSTRÆDE
KOMPAGNISTRÆDE
VANDKUNSTEN
N
MAGSTRÆDE
SNAREGADE
STORMGADE
NYBROGADE
a. g. bak

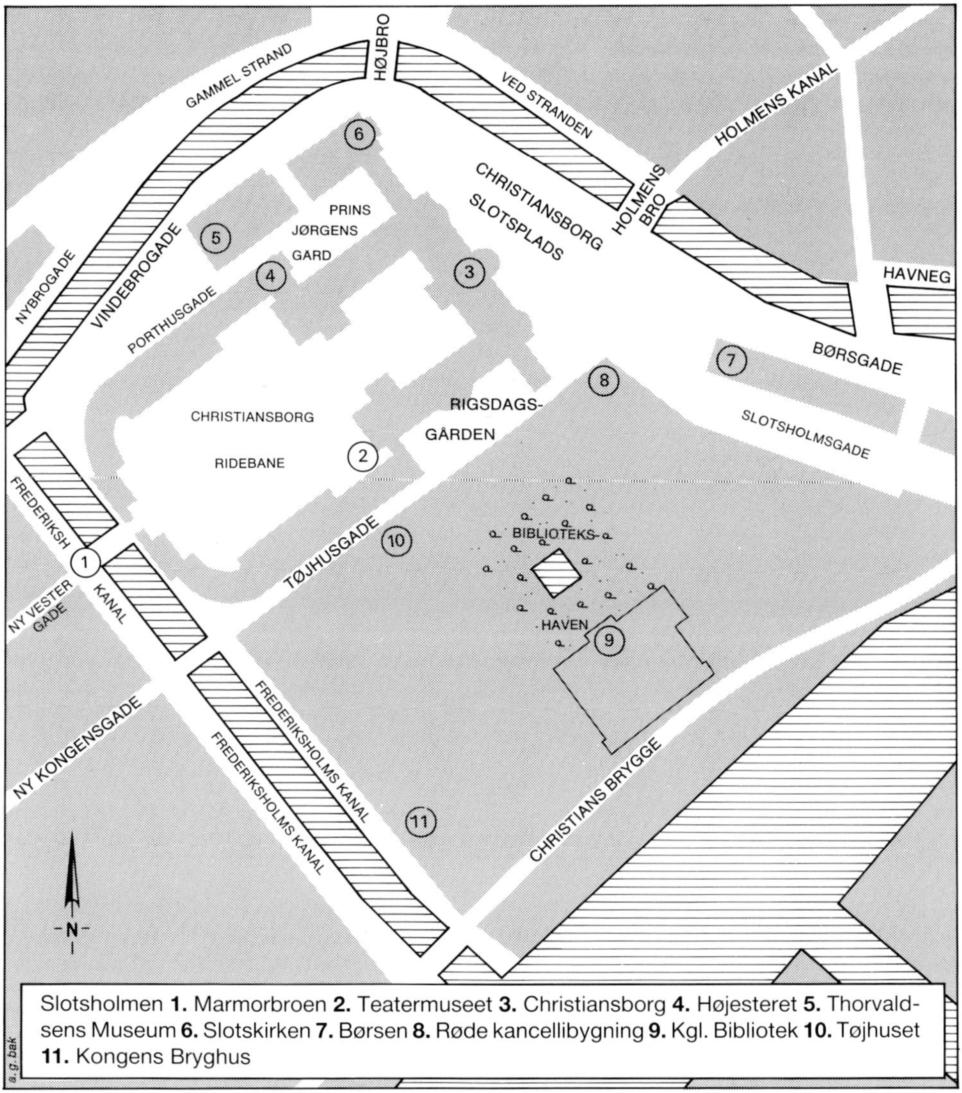

Slotsholmen **1.** Marmorbroen **2.** Teatermuseet **3.** Christiansborg **4.** Højesteret **5.** Thorvaldsens Museum **6.** Slotskirken **7.** Børsen **8.** Røde kancellibygning **9.** Kgl. Bibliotek **10.** Tøjhuset **11.** Kongens Bryghus

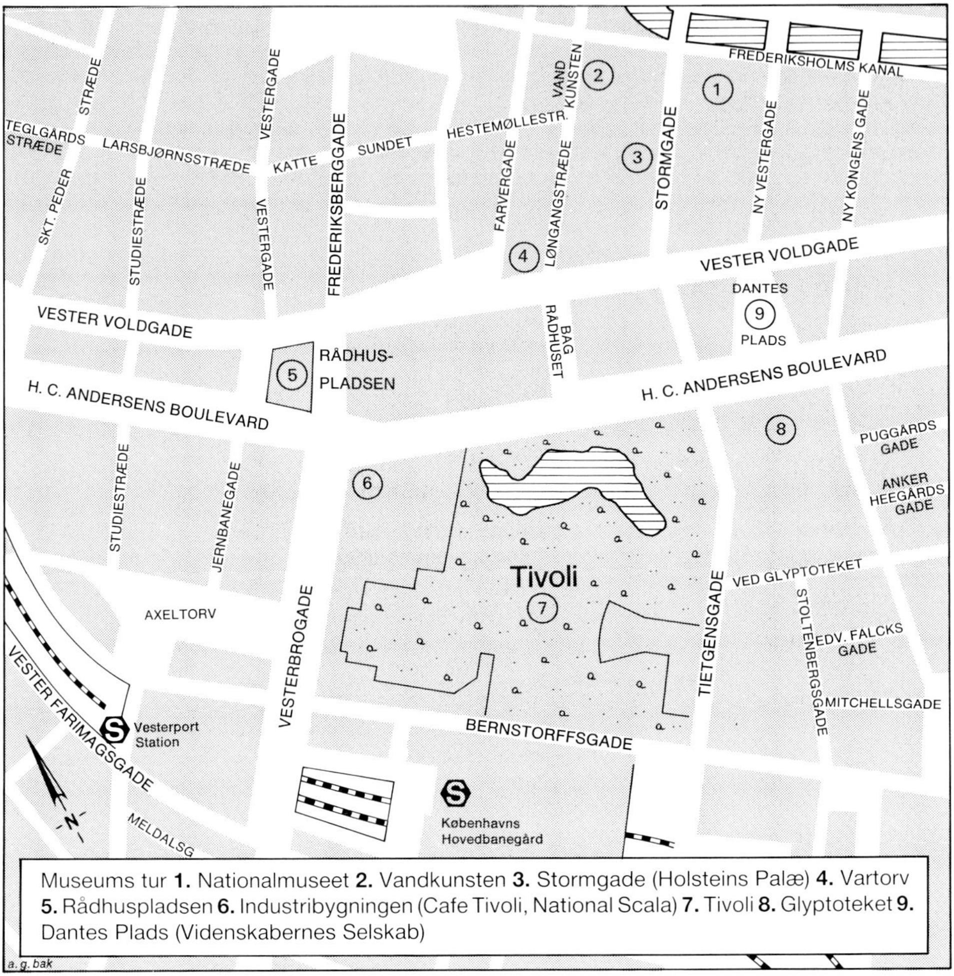

Museums tur **1.** Nationalmuseet **2.** Vandkunsten **3.** Stormgade (Holsteins Palæ) **4.** Vartorv **5.** Rådhuspladsen **6.** Industribygningen (Cafe Tivoli, National Scala) **7.** Tivoli **8.** Glyptoteket **9.** Dantes Plads (Videnskabernes Selskab)

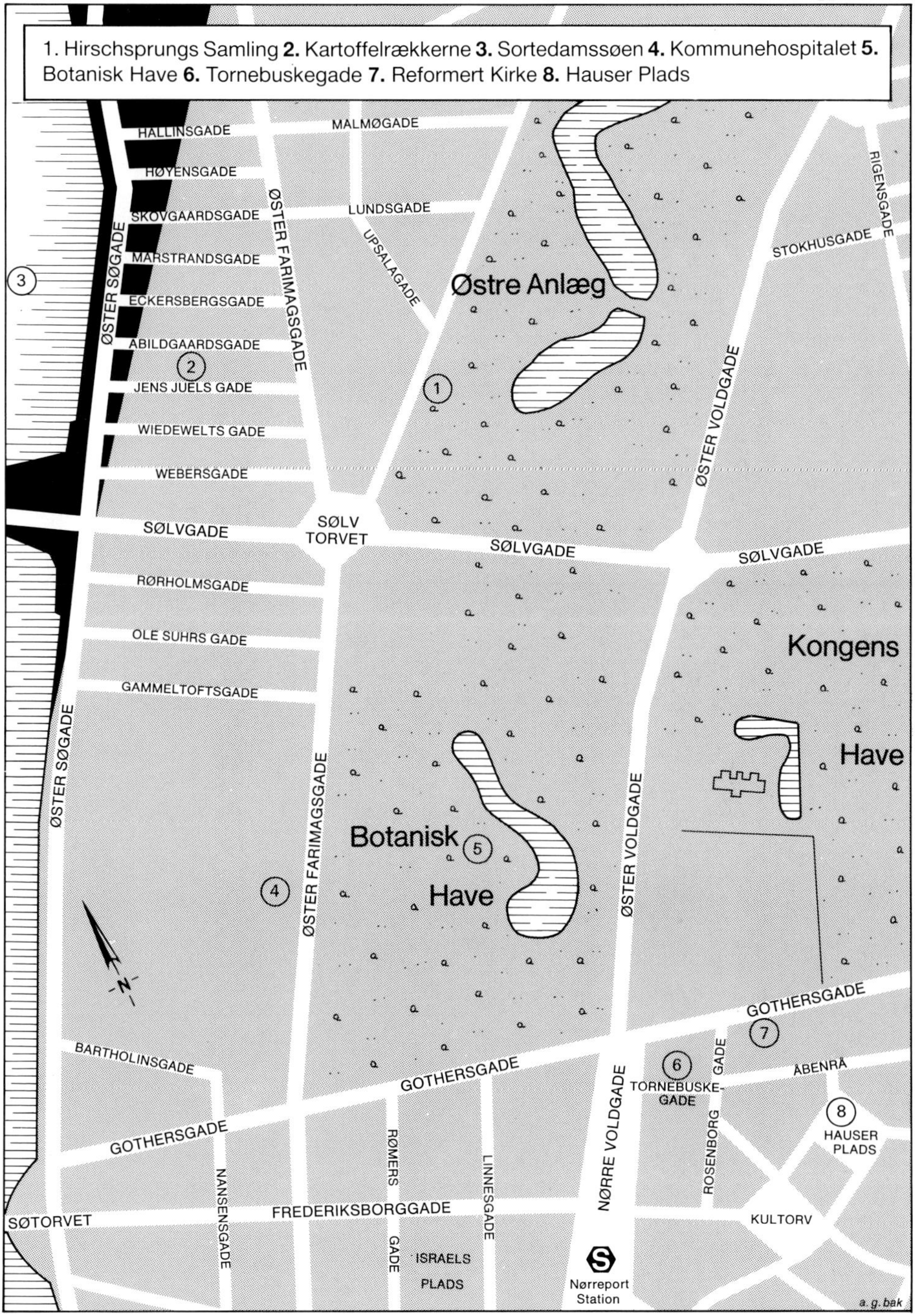
1. Hirschsprungs Samling **2.** Kartoffelrækkerne **3.** Sortedamssøen **4.** Kommunehospitalet **5.** Botanisk Have **6.** Tornebuskegade **7.** Reformert Kirke **8.** Hauser Plads
HALLINSGADE
HØYENSGADE
SKOVGAARDSGADE
MARSTRANDSGADE
ECKERSBERGSGADE
ABILDGAARDSGADE
JENS JUELS GADE
WIEDEWELTS GADE
WEBERSGADE
ØSTER SØGADE
ØSTER FARIMAGSGADE
MALMØGADE
LUNDSGADE
UPSALAGADE
Østre Anlæg
STOKHUSGADE
RIGENSGADE
ØSTER VOLDGADE
SØLVGADE
SØLV TORVET
RØRHOLMSGADE
OLE SUHRS GADE
GAMMELTOFTSGADE
Kongens Have
Botanisk Have
BARTHOLINSGADE
GOTHERSGADE
TORNEBUSKE-GADE
GADE
ÅBENRÅ
HAUSER PLADS
RØMERS
LINNESGADE
NØRRE VOLDGADE
ROSENBORG
NANSENSGADE
SØTORVET
FREDERIKSBORGGADE
KULTORV
GADE
ISRAELS PLADS
Nørreport Station
N
a. g. bak

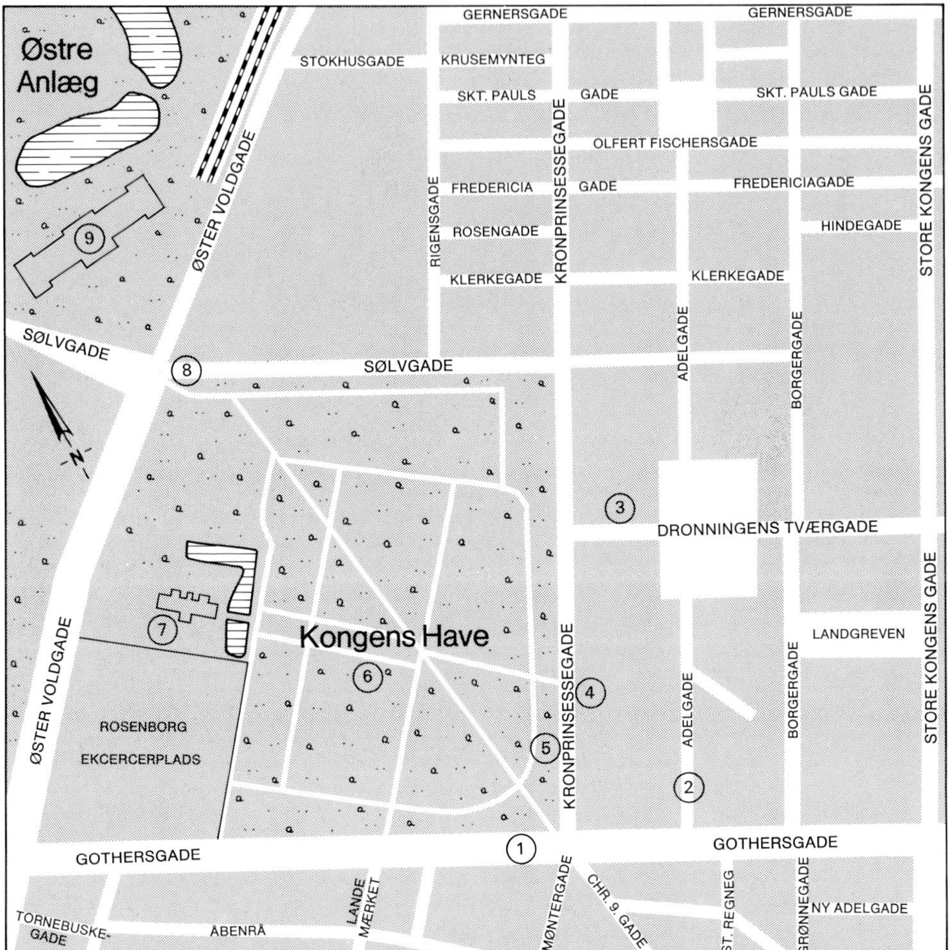

Ny-København tur **1.** Gothersgade (Baron Boltens gård) **2.** Adelgade **3.** Dronningens Tværgade **4.** Davids Samling **5.** Meyns Pavilloner **6.** Kongens Have **7.** Rosenborg **8.** Sølvgade (Jacob Holmblads hus) **9.** Statens Museum for Kunst

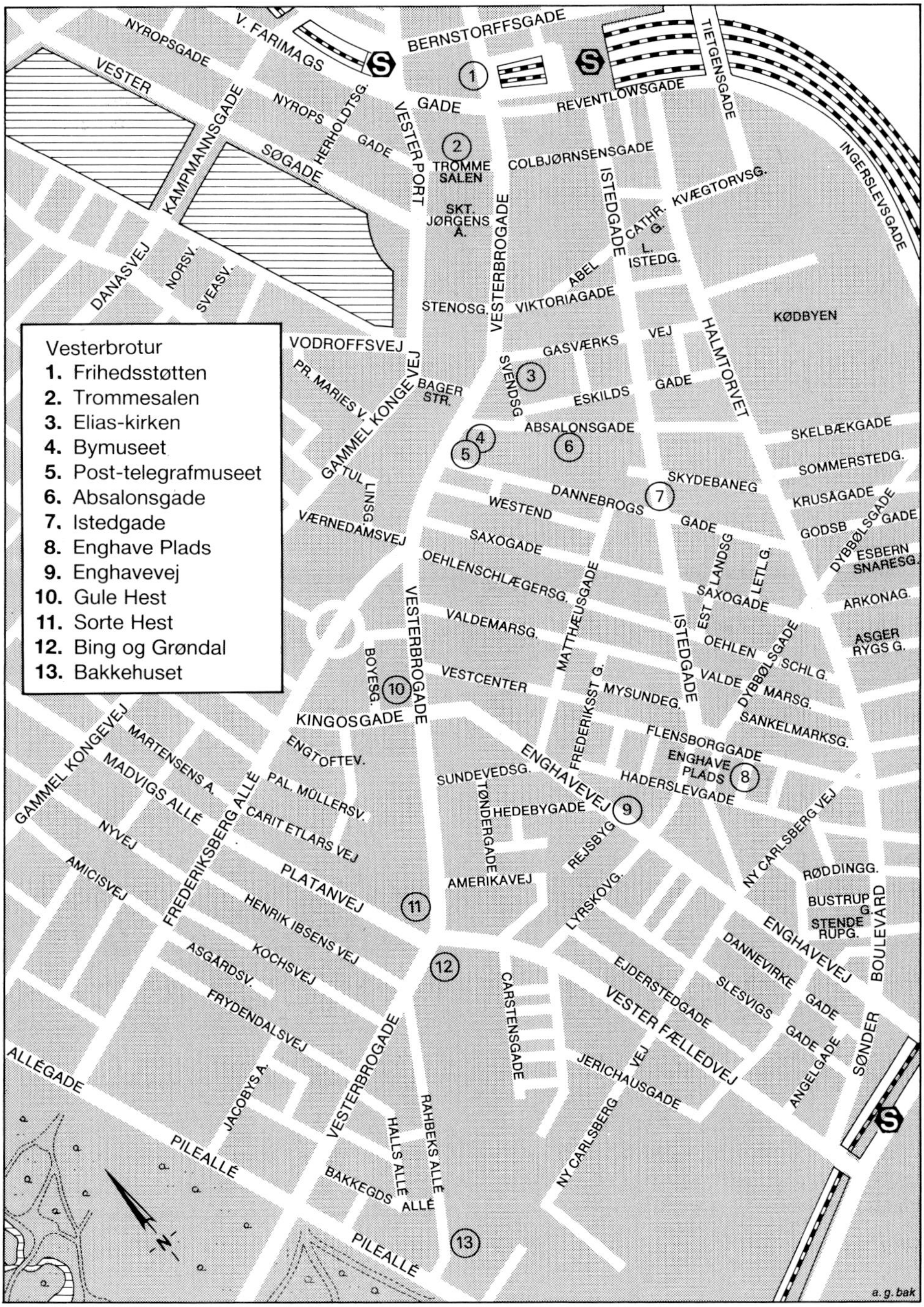
Vesterbrotur
1. Frihedsstøtten
2. Trommesalen
3. Elias-kirken
4. Bymuseet
5. Post-telegrafmuseet
6. Absalonsgade
7. Istedgade
8. Enghave Plads
9. Enghavevej
10. Gule Hest
11. Sorte Hest
12. Bing og Grøndal
13. Bakkehuset
NYROPSGADE
V. FARIMAGS GADE
BERNSTORFFSGADE
VESTER SØGADE
NYROPS GADE
HERHOLDTSG.
VESTER PORT
TROMME SALEN
SKT. JØRGENS Å.
REVENTLOWSGADE
TIETGENSGADE
COLBJØRNSENSGADE
KAMPMANNSGADE
ISTEDGADE
KVÆGTORVSG.
INGERSLEVSGADE
CATHR. G.
L. ISTEDG.
ABEL
DANASVEJ
NORSV.
SVEASV.
VESTERBROGADE
STENOSG.
VIKTORIAGADE
KØDBYEN
VODROFFSVEJ
GASVÆRKS VEJ
HALMTORVET
PR. MARIES V.
BAGER STR.
SVENDSG.
ESKILDS GADE
GAMMEL KONGEVEJ
ABSALONSGADE
SKELBÆKGADE
SOMMERSTEDG.
TULLINSG.
DANNEBROGSGADE
SKYDEBANEG.
WESTEND
KRUSÅGADE
VÆRNEDAMSVEJ
SAXOGADE
GODSBGADE
DYBBØLSG.
ESBERN SNARESG.
OEHLENSCHLÆGERSG.
MATTHÆUSGADE
LANDSG.
LETL G.
VALDEMARSG.
ARKONAG.
ASGER RYGS G.
BOYESG.
VESTCENTER
FREDERIKSST G.
MYSUNDEG.
DYBBØLSGADE
VALDE MARSG.
SANKELMARKSG.
KINGOSGADE
FLENSBORGGADE
MARTENSENS A.
ENGTOFTEV.
ENGHAVE PLADS
HADERSLEVGADE
MADVIGS ALLÉ
PAL. MÜLLERSV.
SUNDEVEDSG.
ENGHAVEVEJ
TØNDERGADE
HEDEBYGADE
FREDERIKSBERG ALLÉ
CARIT ETLARS VEJ
NY CARLSBERG VEJ
NYVEJ
RØDDINGG.
REJSBYG.
AMICISVEJ
PLATANVEJ
AMERIKAVEJ
BUSTRUP G.
STENDERUPG.
LYRSKOVG.
BOULEVARD
HENRIK IBSENS VEJ
DANNEVIRKE
KOCHSVEJ
EJDERSTEDGADE
SLESVIGSGADE
ASGÅRDSV.
CARSTENSGADE
FRYDENDALSVEJ
VESTER FÆLLEDVEJ
ALLÉGADE
ANGELGADE
SØNDER
JERICHAUSGADE
JACOBYS A.
RAHBEKS ALLÉ
HALLS ALLÉ
NY CARLSBERG VEJ
PILEALLÉ
BAKKEGDS ALLÉ
N
a. g. bak

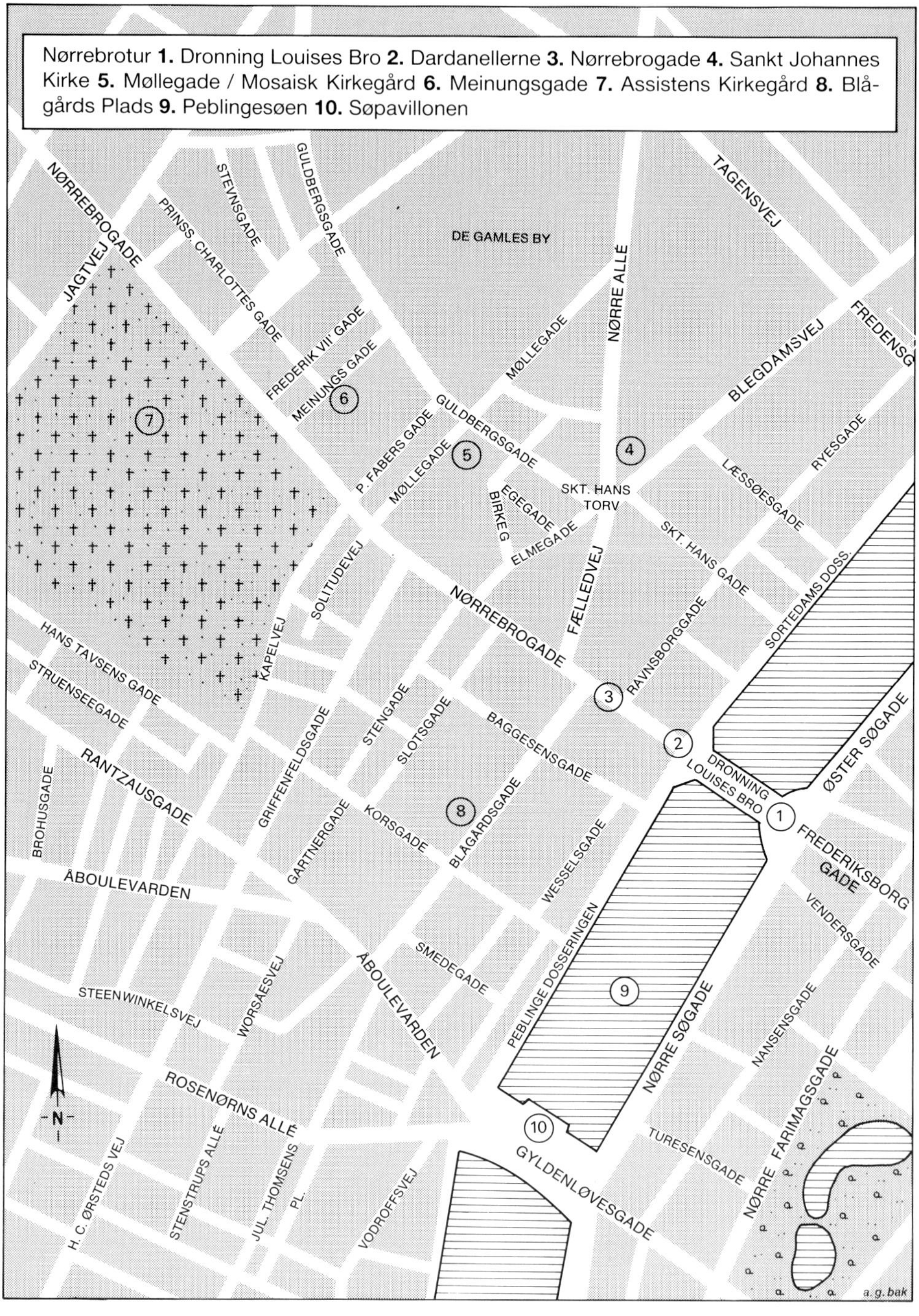

Nørrebrotur **1.** Dronning Louises Bro **2.** Dardanellerne **3.** Nørrebrogade **4.** Sankt Johannes Kirke **5.** Møllegade / Mosaisk Kirkegård **6.** Meinungsgade **7.** Assistens Kirkegård **8.** Blågårds Plads **9.** Peblingesøen **10.** Søpavillonen

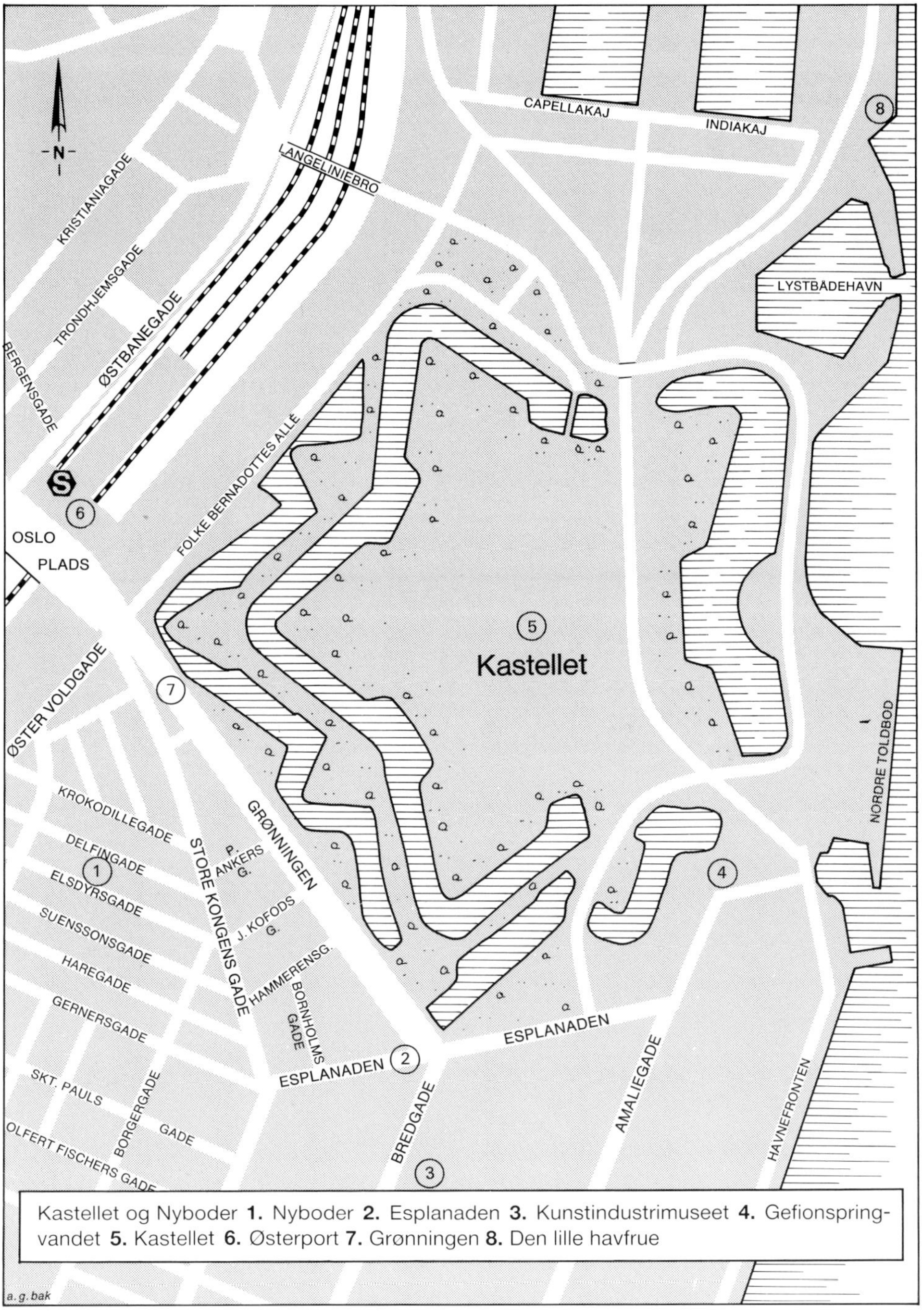

Kastellet og Nyboder **1.** Nyboder **2.** Esplanaden **3.** Kunstindustrimuseet **4.** Gefionspringvandet **5.** Kastellet **6.** Østerport **7.** Grønningen **8.** Den lille havfrue

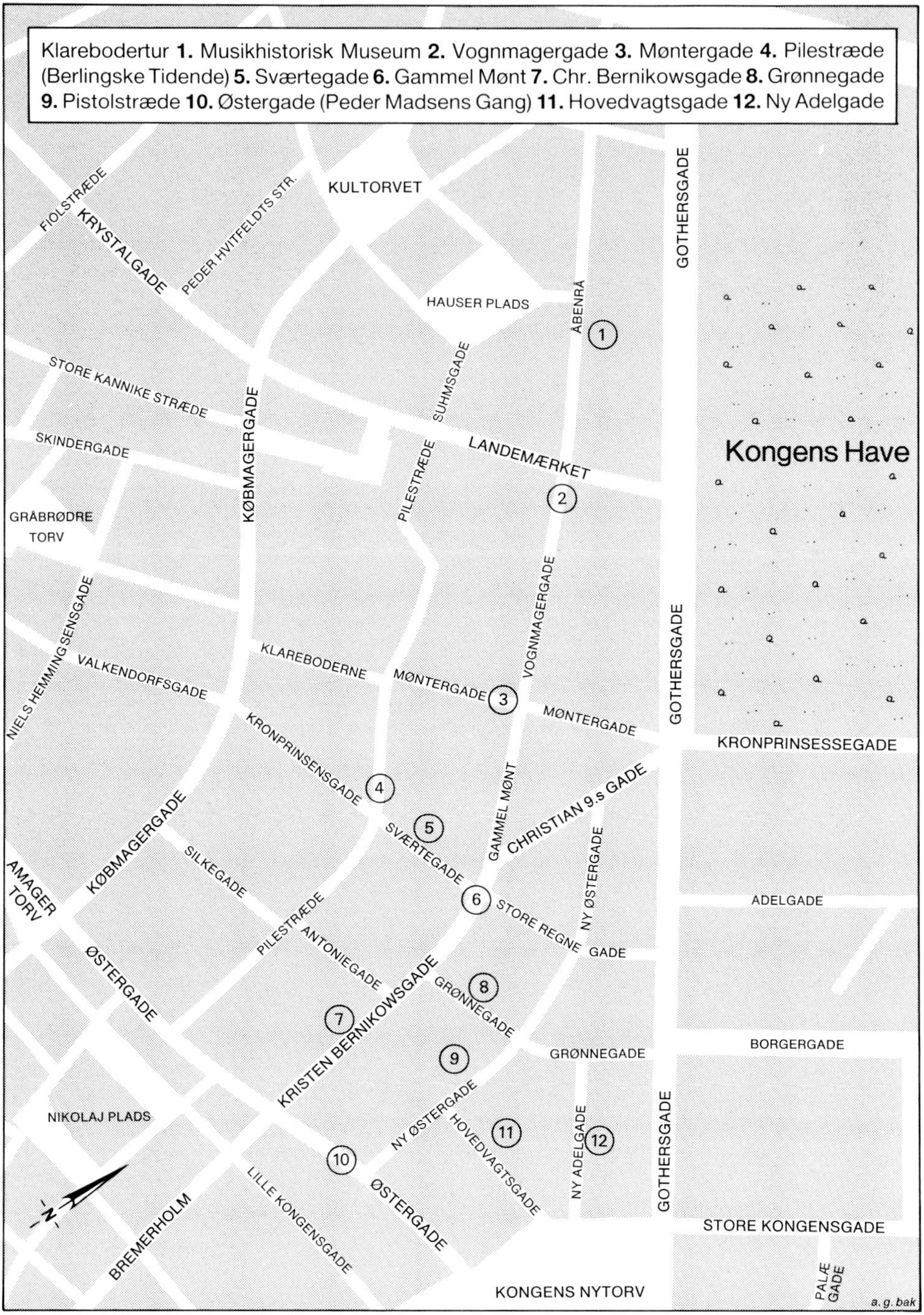
Klarebodertur 1. Musikhistorisk Museum 2. Vognmagergade 3. Møntergade 4. Pilestræde (Berlingske Tidende) 5. Sværtegade 6. Gammel Mønt 7. Chr. Bernikowsgade 8. Grønnegade 9. Pistolstræde 10. Østergade (Peder Madsens Gang) 11. Hovedvagtsgade 12. Ny Adelgade
KULTORVET
FIOLSTRÆDE
KRYSTALGADE
PEDER HVITFELDTS STR.
GOTHERSGADE
HAUSER PLADS
ÅBENRÅ
SUHMSGADE
STORE KANNIKE STRÆDE
KØBMAGERGADE
SKINDERGADE
LANDEMÆRKET
PILESTRÆDE
Kongens Have
GRÅBRØDRE TORV
VOGNMAGERGADE
NIELS HEMMINGSENSGADE
VALKENDORFSGADE
KLAREBODERNE
MØNTERGADE
KRONPRINSESSEGADE
KRONPRINSENSGADE
CHRISTIAN 9.s GADE
GAMMEL MØNT
SVÆRTEGADE
NY ØSTERGADE
AMAGER TORV
SILKEGADE
STORE REGNEGADE
ADELGADE
ANTONIEGADE
ØSTERGADE
KRISTEN BERNIKOWSGADE
GRØNNEGADE
BORGERGADE
NIKOLAJ PLADS
HOVEDVAGTSGADE
NY ADELGADE
LILLE KONGENSGADE
BREMERHOLM
STORE KONGENSGADE
KONGENS NYTORV
PALÆ GADE
N
a. g. bak

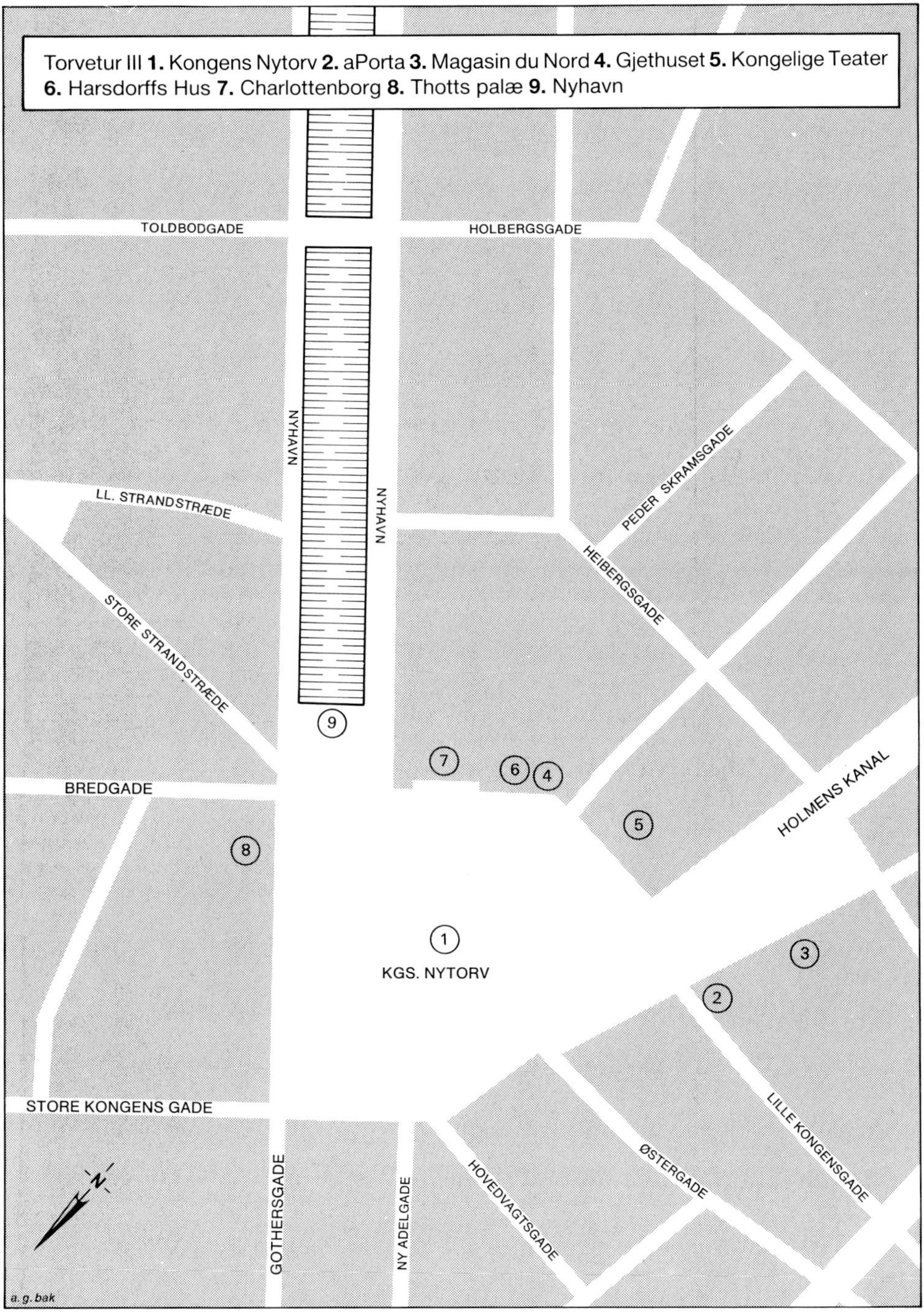
Torvetur III **1.** Kongens Nytorv **2.** aPorta **3.** Magasin du Nord **4.** Gjethuset **5.** Kongelige Teater **6.** Harsdorffs Hus **7.** Charlottenborg **8.** Thotts palæ **9.** Nyhavn
TOLDBODGADE
HOLBERGSGADE
NYHAVN
NYHAVN
LL. STRANDSTRÆDE
PEDER SKRAMSGADE
HEIBERGSGADE
STORE STRANDSTRÆDE
BREDGADE
HOLMENS KANAL
KGS. NYTORV
STORE KONGENS GADE
GOTHERSGADE
NY ADELGADE
HOVEDVAGTSGADE
ØSTERGADE
LILLE KONGENSGADE
N
a. g. bak

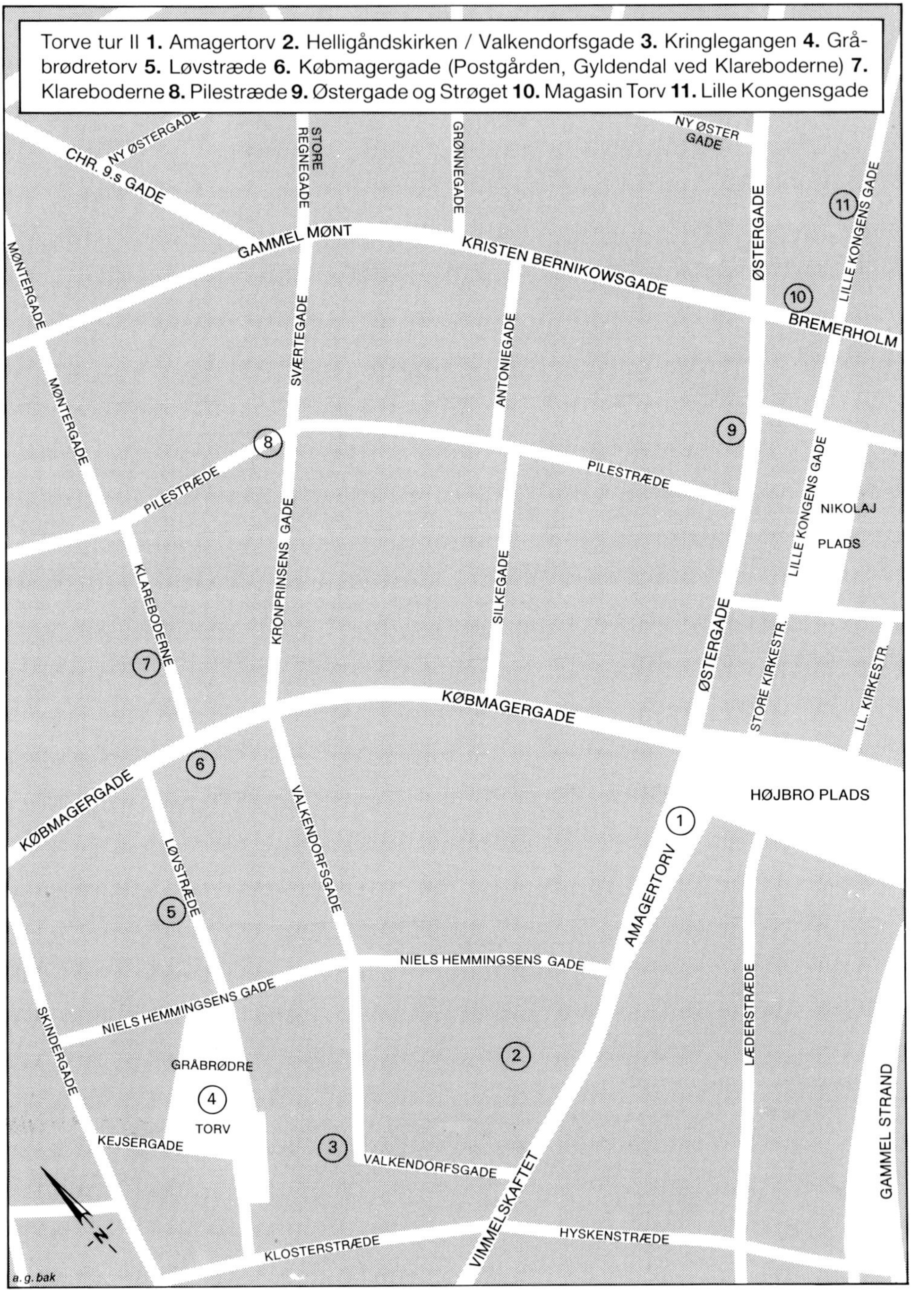

Torve tur II **1.** Amagertorv **2.** Helligåndskirken / Valkendorfsgade **3.** Kringlegangen **4.** Gråbrødretorv **5.** Løvstræde **6.** Købmagergade (Postgården, Gyldendal ved Klareboderne) **7.** Klareboderne **8.** Pilestræde **9.** Østergade og Strøget **10.** Magasin Torv **11.** Lille Kongensgade

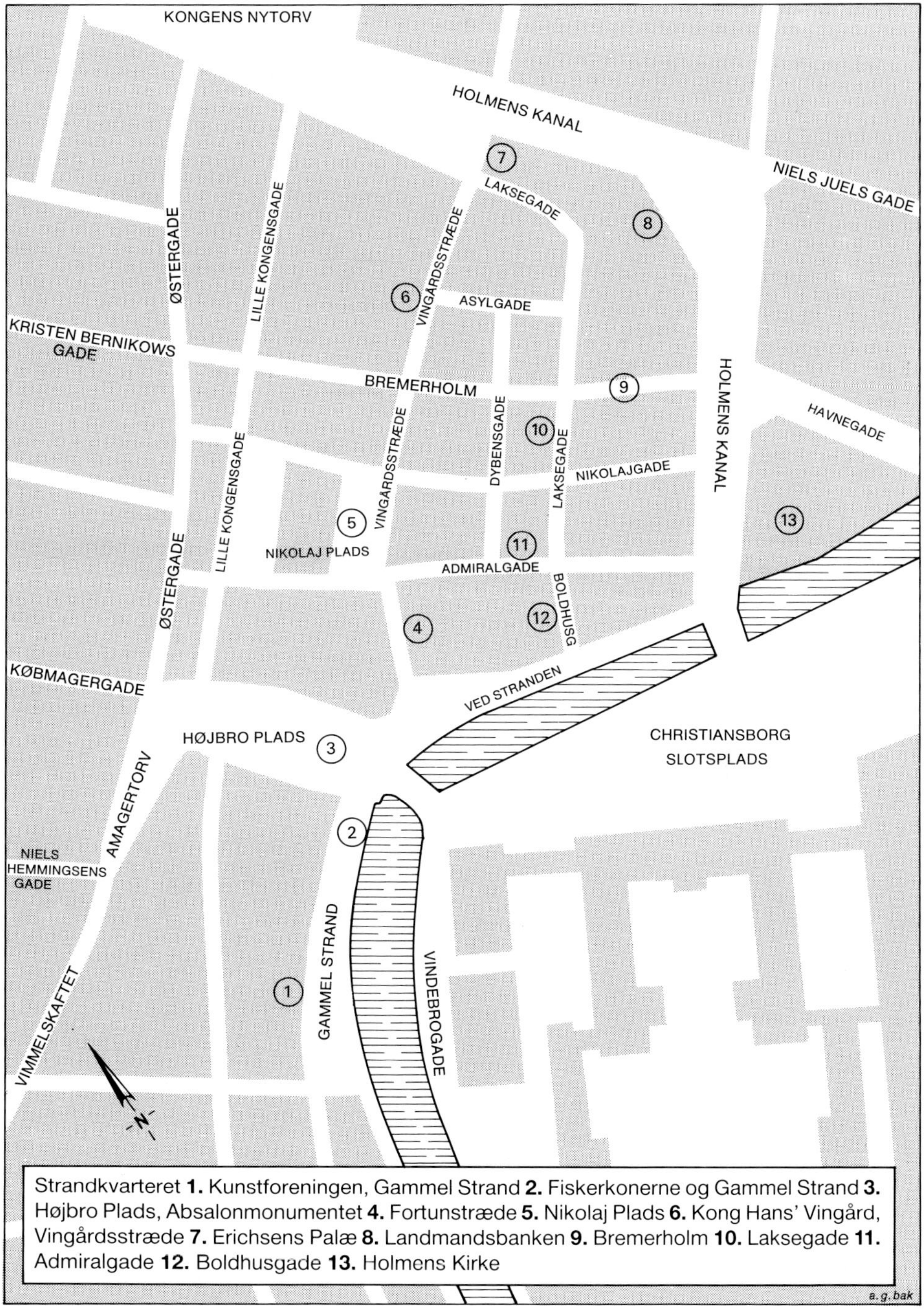

Strandkvarteret **1.** Kunstforeningen, Gammel Strand **2.** Fiskerkonerne og Gammel Strand **3.** Højbro Plads, Absalonmonumentet **4.** Fortunstræde **5.** Nikolaj Plads **6.** Kong Hans' Vingård, Vingårdsstræde **7.** Erichsens Palæ **8.** Landmandsbanken **9.** Bremerholm **10.** Laksegade **11.** Admiralgade **12.** Boldhusgade **13.** Holmens Kirke

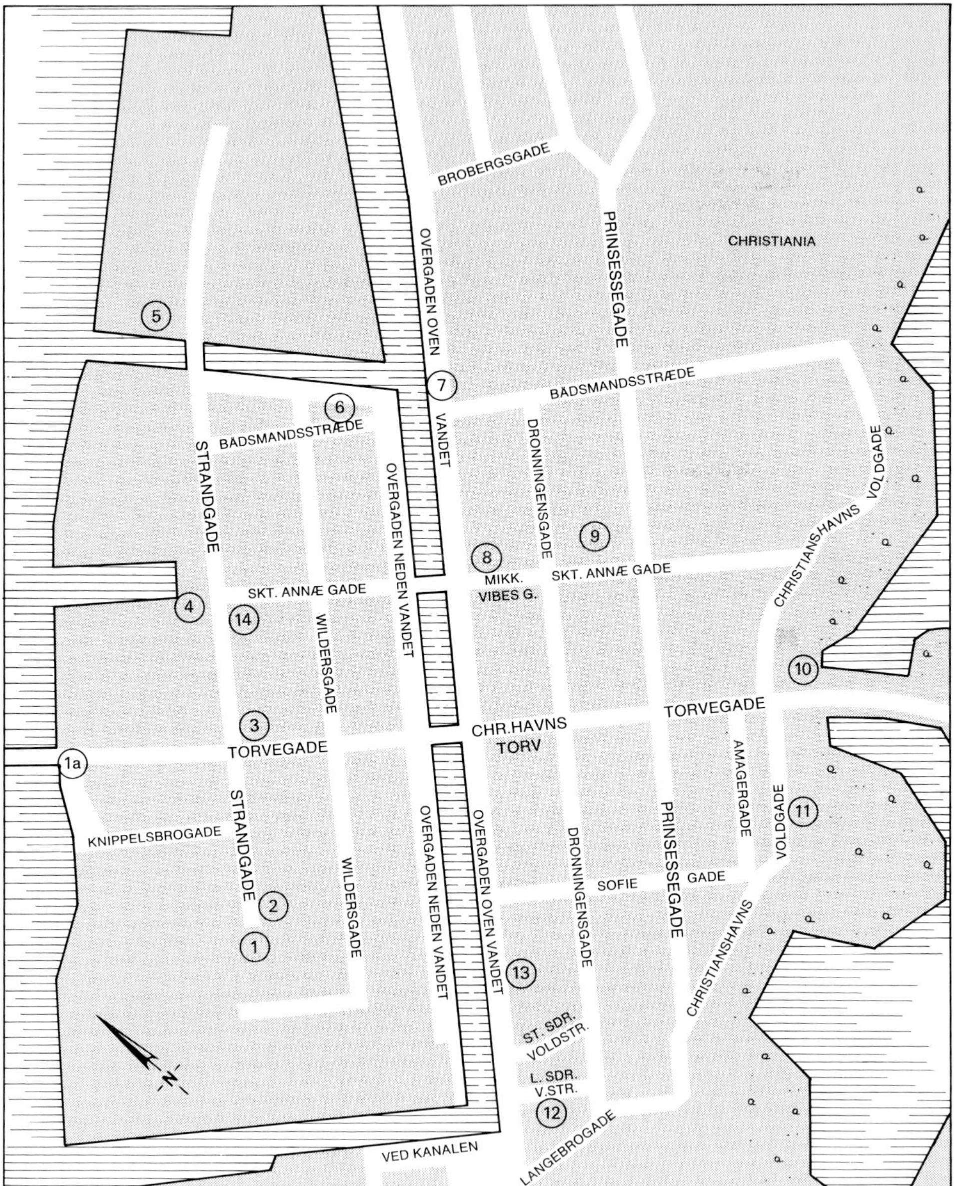

Christianshavn tur **1.** Christians Kirke **1a.** Knippels Bro **2.** Burmeister & Wain Museet, Strandgade 4 **3.** Cort Adelers Gård, Strandgade 22 **4.** Asiatisk Plads **5.** Wilders Plads **6.** Bådmandsstræde **7.** Overgaden Oven vandet (Bombebøssen) **8.** Skt. Annægade **9.** Vor Frelsers Kirke **10.** Amagerport (Bomhus, Accisebod) **11.** Christianshavns Voldgade **12.** Lille Sdr. Voldstræde **13.** Brøstes Samling **14.** Mikke Vibes Gård

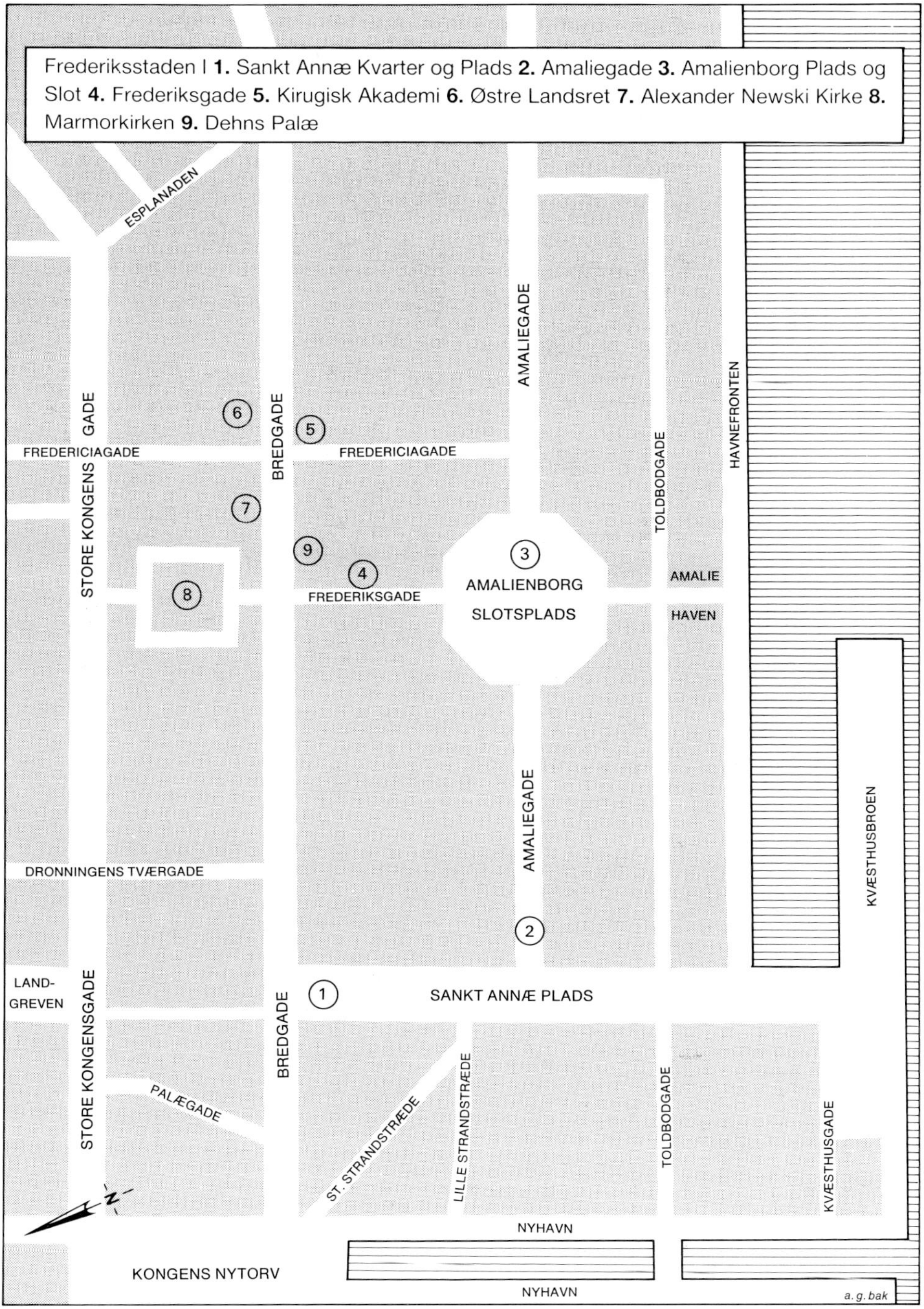

Frederiksstaden I **1.** Sankt Annæ Kvarter og Plads **2.** Amaliegade **3.** Amalienborg Plads og Slot **4.** Frederiksgade **5.** Kirugisk Akademi **6.** Østre Landsret **7.** Alexander Newski Kirke **8.** Marmorkirken **9.** Dehns Palæ

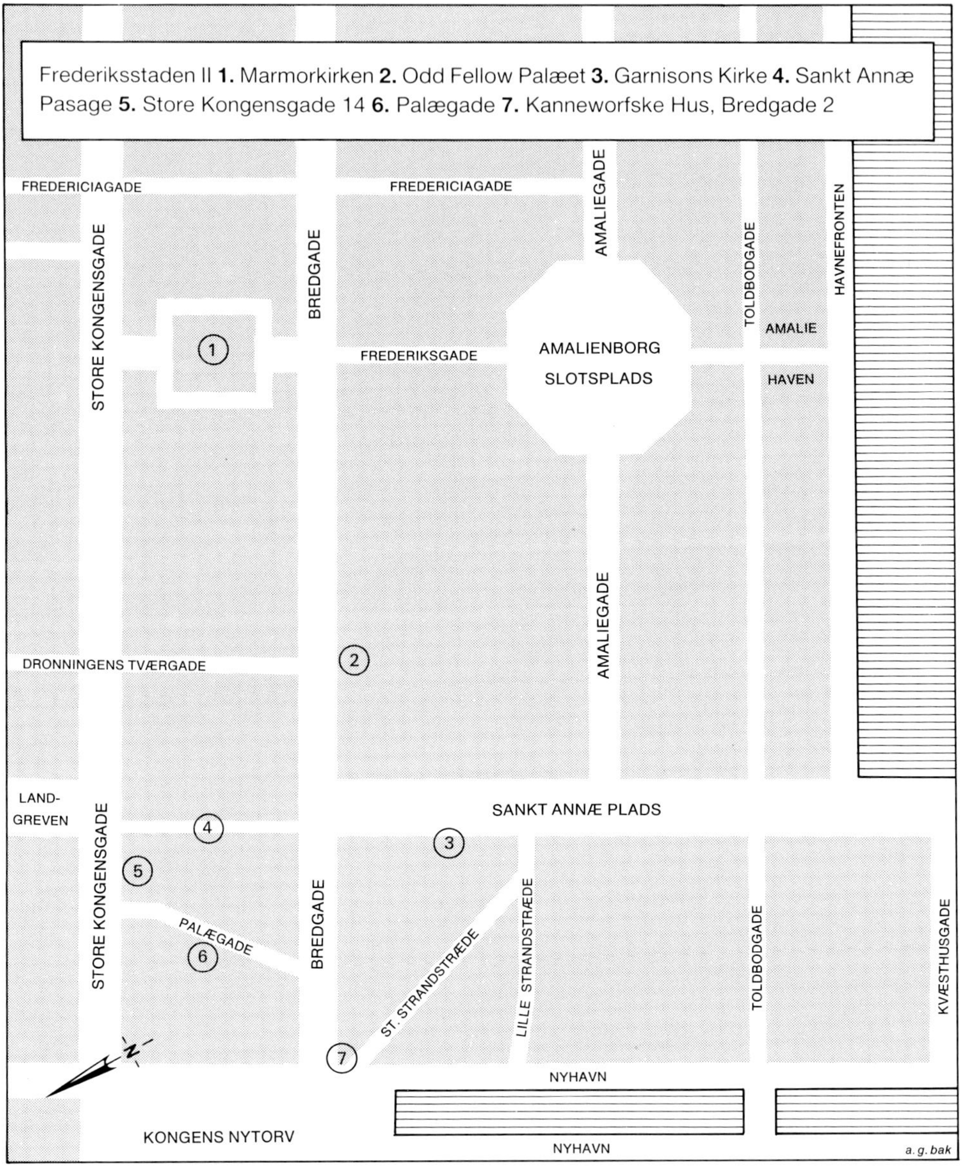
Frederiksstaden II **1.** Marmorkirken **2.** Odd Fellow Palæet **3.** Garnisons Kirke **4.** Sankt Annæ Pasage **5.** Store Kongensgade 14 **6.** Palægade **7.** Kanneworfske Hus, Bredgade 2
FREDERICIAGADE
FREDERICIAGADE
AMALIEGADE
STORE KONGENSGADE
BREDGADE
TOLDBODGADE
HAVNEFRONTEN
AMALIE
HAVEN
FREDERIKSGADE
AMALIENBORG
SLOTSPLADS
DRONNINGENS TVÆRGADE
AMALIEGADE
LAND-
GREVEN
SANKT ANNÆ PLADS
STORE KONGENSGADE
PALÆGADE
BREDGADE
ST. STRANDSTRÆDE
LILLE STRANDSTRÆDE
TOLDBODGADE
KVÆSTHUSGADE
N
NYHAVN
KONGENS NYTORV
NYHAVN
a. g. bak

Personenregister

Personen, über die im Buch ausführlicher berichtet wird, sind kursiv gedruckt.

Das dänische Königshaus

Christian I.
1426, 1448–81
seit 1460 Herzog von Schleswig
und Graf von Holstein
ↀ 1449 mit Dorothea v. Brandenburg
ca. 1430–1495

Hans
1455,1481–1513
ↀ 1478 mit Christine
v. Sachsen 1461–1521

Christian II.
1481–1559
Kg 1513–23
ↀ 1515 mit Elisabeth
von Habsburg

Friedrich I.
1471,1523–33
ↀ 1502 mit Anna von Brandenburg,
1518 mit Sophie von Pommern

Elisabeth
1524–86
ↀ 1556 mit
Ulrich von Mecklenburg

Christian III.
1503, 1534–59
ↀ 1525 mit Dorothea v.
Sachsen-Lauenburg 1511–71

Adolf
1526–86
1. Herzog
von
Schleswig-
Holstein-
Gottorf

Friedrich II.
1534, 1559–88
ↀ 1572 mit Sofie von
Mecklenburg
1557–1631

Christian IV.
1577, 1588–1648
ↀ 1597 mit Anna Katharina
von Brandenburg
1575–1612

Seine Nebenfrauen waren:
Kirstine Madsdatter,
Karen Andersdatter,
Kirsten Munk und
Wiebeke Kruse

Friedrich III.
1609, 1648–70
ↀ 1643 mit Sophie Amalie
von Braunschweig
1628–85

Christian V.
1649, 1670–99
ↀ 1667 mit Charlotte Amalie
von Hessen-Kassel
1650–1764

Friedrich IV.
1671, 1699–1730
ↀ 1695 mit Louise
von Mecklenburg-Güstrow
1667–1721

Seine Nebenfrauen waren:
Elisabeth Helene von Vieregg
und Anna Sophie Gräfin Reventlow

Christian VI.
1699, 1730–46
⚭ 1721 mit Sophie Magdalene
von Kulmbach-Bayreuth
1700–70

Friedrich V.
1723, 1746–66
⚭ 1743 mit Louise von Großbritannien
1724–51
⚭ 1752 mit Juliane Marie von
Braunschweig-Wolfenbüttel
1729–96

Christian VII.
1749, 1766–1808
⚭ 1766 mit Caroline Mathilde
von Großbritannien
1751–75

Friedrich VI.
1768, 1808–39

Vilhelmine
1808–91
1828–37
⚭ mit Friedrich VII.

(der Vater war Struensee)
Louise Augusta 1771–1843
⚭ 1786 mit
Friedrich Christian,
Herzog von Augustenburg
1765–1814

Wilhelmine
Caroline
1747–1820
⚭ 1764 mit
Wilhelm von
Hessen-Kassel
1743–1821

Louise
1750–1831
⚭ 1766 mit Karl von Hessen
1744–1836

Louise Caroline
1789–1867
⚭ mit Wilhelm
seit 1825 Herzog von
Glücksburg
1785–1831

Christian IX.
1818, 1863–1906
⚭ 1842 mit Louise v. Hessen-Kassel
1817–98

Friedrich VIII.
1843, 1906–1912
⚭ 1869 mit Louise
von Schweden
1851–1926

Christian X.
1870, 1912–47
⚭ 1898 mit Alexandrine
von Mecklenburg-Schwerin
1879–1952

Friedrich IX.
1899, 1947–72
⚭ 1935 mit Ingrid von Schweden
1910–

Margrethe II.
1940, 1972–
⚭ 1967 mit Graf Henri de Laborde de Monpezat 1934
jetzt Prinz Henrik von Dänemark

Erbprinz Friedrich
1753–1805
⚭ 1774 mit
Sophie Friederike von
Mecklenburg-Schwerin

Christian VIII.
1786, 1839–48
⚭ 1806–10 mit
Charlotte Friederike von
Mecklenburg-Schwerin
1784–1840
⚭ 1815 mit
Caroline Amalie von
Augustenburg

Friedrich VII.
1808, 1848–63
⚭ 1828–37 mit
Vilhelmine von
Dänemark 1808–91
⚭ 1841–46 mit
Marianne von Mecklenburg-
Strelitz 1821–76
⚭ 1850 mit Gräfin Danner